海峡两岸法学研究

海峡两岸关系法学研究会　编

（第九辑）

九州出版社
JIUZHOUPRESS｜全国百佳图书出版单位

图书在版编目（CIP）数据

海峡两岸法学研究. 第九辑／海峡两岸关系法学研

究会编. --北京：九州出版社，2019.7

ISBN 978－7－5108－8143－5

Ⅰ.①海…　Ⅱ.①海…　Ⅲ.①法学－中国－文集

Ⅳ.①D920.0－53

中国版本图书馆 CIP 数据核字（2019）第 120481 号

海峡两岸法学研究·第 9 辑

作　　者	海峡两岸关系法学研究会　编
出版发行	九州出版社
地　　址	北京市西城区阜外大街甲 35 号　（100037）
发行电话	（010）68992190/3/5/6
网　　址	www. jiuzhoupress. com
电子信箱	jiuzhou@ jiuzhoupress. com
印　　刷	北京九州迅驰传媒文化有限公司
开　　本	787 毫米×1092 毫米　　16 开
印　　张	18. 5
字　　数	348 千字
版　　次	2019 年 10 月第 1 版
印　　次	2019 年 10 月第 1 次印刷
书　　号	ISBN 978－7－5108－8143－5
定　　价	68. 00 元

《海峡两岸法学研究》
编委会

序　言

改革开放以来，大陆法治建设取得了历史性成就。经过四十多年的努力，一个立足国情和实际、适应改革开放和现代化建设需要、体现人民意志和人民利益，以宪法为统帅，以民法、刑法、诉讼法、行政法、社会法等多个部门法为主干，由法律、行政法规、地方性法规等多个层次的法律规范构成的中国特色社会主义法律体系已经形成。在这个过程中，大陆的人权法制保障不断加强，促进经济增长和社会和谐的法治环境不断改善，依法行政和公正司法水平不断提高，对权力的制约和监督进一步加强。

中国特色社会主义法律体系的形成基本解决了无法可依的问题，在这一新的历史起点上还需进一步完善中国特色社会主义法律体系，全面落实依法治国方略。大陆的法治发展在坚持从国情和实际出发的同时，也注意借鉴境内外法治建设有益经验，包括台湾法治建设的经验。两岸法制同根同源，同为中华法系的组成部分。尽管当前两岸社会制度不同，但推进法治、维护人民权益、服务社会发展的目标是一致的。加强两岸法制的比较研究，既有利于加深两岸互信，也有利于两岸相互学习，取长补短，共同促进法治文明和社会进步，造福两岸人民。

两岸人民之间各领域的交往需要法治的保障。为适应 1987 年后台湾民众往来大陆逐渐增多、两岸贸易投资规模不断扩大的情势，大陆适时采取和完善了一系列司法、立法、执法措施，基本形成了对两岸交往的法治保障体系，起到了维护台湾同胞权益，规范两岸交往秩序，促进交流合作的重要作用。两岸关系稳健发展，需要用制度化、法律化的手段，不断解决人民交往中出现的各种问题，妥善处理各种交往矛盾。从理论上探索解决现实具体问题的方案，是两岸关系法学研究的目的。为此，两岸法学界、法律界有必要加强相关学术研究，深入交流研讨，为两岸法治文明、社会进步和两岸交往的法治保障提供智力支持。

2008 年 5 月以来，两岸双方在反对"台独"、坚持"九二共识"的共同政治基础上推进两岸关系，开辟了两岸关系和平发展新局面。在两岸同胞的共同努力下，两岸人民交往日益密切，经济合作日益深化，文化交流日益加强。在两岸法学法律界朋友的支持和参与下，海峡两岸关系法学研究会通过两岸和平发展法学论坛、学术座谈会、学术年会等形式推动两岸法学交流，促进对两岸关系中法律问题的研究，取得了一些成绩。《海峡两岸法学研究》就是展示这些交流和研究成果的载体之一。

《海峡两岸法学研究》收集的论文既着重从不同角度探讨两岸交流合作中需要解决的各种法律问题，也关注两岸法制的比较研究，展示了两岸专家学者对于这些问题的深入思考。当然，论文集所选编的论文仅代表作者个人观点，不代表研究会的立场。出版论文集的目的更主要是为抛砖引玉，促进两岸法学法律界更多地关注两岸关系各领域法律问题。

希望两岸法学界、法律界密切往来，关注现实，围绕两岸关系和平发展的需要，进一步破解影响两岸关系和平发展的各种问题、难题，为巩固和深化两岸关系和平发展、服务两岸同胞福祉做出积极贡献！

是为序。

海峡两岸关系法学研究会

会长　张鸣起

2017 年 6 月 18 日

目　　录

3

//第一部分//

两岸经济社会融合发展的法理基础

促进两岸经济社会融合发展的内涵与路径探讨

张冠华[*]

推动两岸经济社会融合发展，是大陆自中共十八大以来提出的发展两岸关系的重要主张，是大陆新形势下推动两岸交流与合作的新理念。促进两岸经济社会融合发展的主张，有着深刻的背景和丰富的内涵，它不仅将习近平总书记有关两岸关系发展和国家统一的重要论述有机衔接起来，还是针对两岸关系新形势、出现的新问题、新挑战提出新的解决思路与治理方式，是习近平总书记治国理政新理念新思想新战略在对台领域的体现，对于丰富国家统一理论与指引两岸关系实践有着重要意义。

一、促进两岸经济社会融合发展主张的提出

大陆领导人关于融合发展的主张，最早出现于两岸经济交流与合作领域。2014 年李克强总理在政府工作报告中即指出，"我们将全面贯彻对台工作大政方针，坚持'九二共识'，维护一个中国框架，巩固增进两岸政治互信，促进经济融合，推动交流合作，开展协商谈判，秉持'两岸一家亲'的理念，维护骨肉情谊，凝聚同胞心力，为建设中华民族美好家园、实现祖国和平统一大业贡献力量。"[①] 此后，促进两岸经济融合发展屡屡出现于大陆领导人讲话和官方文件中。2014 年 4 月 10 日，李克强总理会见参加博鳌亚洲论坛的台湾两岸共同市场基金会荣誉董事长萧万长一行时，进一步提出促进两岸经济融合与共同发展，表示"当前经济全球化和区域经济整合的势头不减，两岸进一步扩大经济合作，促进经济融合，也有利于为台湾参与区域经济合作创造更好的条件"。[②] 2014 年 5 月 7 日，习近平总书记会见宋楚瑜一行时指出，"经济融合有利两岸互利双赢，任何时候都不应受到干扰"。[③] 2015 年后，推进两岸经济融合

———————————————

[*] 张冠华，中国社会科学院台湾研究所副所长、研究员。

① 李克强，《政府工作报告》，2014 年 3 月 14 日，中央政府门户网站 www.gov.cn。

② 《李克强总理会见萧万长一行》，新华网，2014 年 4 月 10 日。

③ 《习近平总书记会见宋楚瑜一行》，新华网，2014 年 5 月 7 日。

发展相继写入了对台工作会议、政府工作报告等官方正式文件①，在"十三五规划"中，"促进两岸经济融合发展"列为第 55 章涉台部分第一节的标题，成为大陆发展两岸经济关系的新论述与重要方向。

2016 年，大陆对融合发展的概念进一步深化，进一步提出促进两岸经济社会融合发展的主张。3 月 5 日，习近平在两会期间参加上海代表团审议时指出，"我们将持续推进两岸各领域交流合作，深化两岸经济社会融合发展，增进同胞亲情和福祉，拉近同胞心灵距离，增强对命运共同体的认知"。② 同年 11 月 1 日，习近平总书记会见国民党主席洪秀柱时发表重要讲话，就两岸关系发展提出六点意见，其中第三点提出"推进两岸经济社会融合发展"，指出"两岸开展经济合作具有得天独厚的优势。秉持互利双赢，促进两岸经济社会融合发展，符合两岸同胞共同利益"。③ 随后，2017 年对台工作会议提出要"持续推进两岸民间各领域交流合作，促进两岸经济社会融合发展，不断扩大两岸基层民众和青年的参与度和获益面"。④ 2017 年 6 月 18 日，全国政协主席俞正声出席海峡论坛并发表讲话，对促进两岸经济社会融合发展作了进一步阐述。

融合发展，已成为近来大陆领导人涉台讲话及大陆政策宣示中的高频率词汇，成为涉台学界讨论的热点问题。事实上，促进两岸经济社会融合发展的提出并正式写入官方重要文件，并非简单提出一个新的政策语汇，而是显示了新形势下大陆发展两岸关系的新理念、新思路和新的治理方式。李克强总理在 2014 年政府工作报告中刚提出两岸经济融合发展概念时，即引起两岸媒体关注。台湾《工商时报》社论更指出，"我们特别关注'促进经济融合'的说法，因其建设性十足，将受到台湾方面的高度重视。"并认为"两岸经济的'融合'，是比以往双方常说的'整合'，字义更为深刻。整合只是走在一起，融合却是'你中有我，我中有你'，彼此变成一体，且荣枯相共"。⑤

二、融合发展主张提出的意义与内涵

促进两岸经济社会融合发展主张，有深刻而丰富的内涵，它将中共十八大以来习近平对台工作有关重要论述有机结合起来，丰富了国家统一理论，对指引新形势下两

---

① 参见 2015 年、2016 年政府工作报告，对台工作会议新闻稿。
② 《习近平参加上海代表团审议》，2016 年 3 月 5 日，新华社。
③ 《习近平总书记会见中国国民党主席洪秀柱》，新华社，2016 年 11 月 1 日。
④ 《俞正声出席 2017 年对台工作会议并作重要讲话》，2017 年 1 月 20 日。
⑤ 《社论－从两岸角度看李克强的"两会"报告》，台湾《工商时报》，2014 年 3 月 6 日，http：//www. china-times. com/cn/newspapers/20140306000071－260202。

岸关系发展具有重要实践意义。

（一）提出了两岸由和平发展到和平统一的推进路径与方式

党的十八大以来，习近平总书记从中华民族伟大复兴高度把握两岸关系方向，在两岸关系和平发展重要思想的基础上，提出两岸共圆中国梦、追求两岸同胞心灵契合的国家统一，明确指出两岸关系和平发展是实现和平统一的途径，进一步发展了国家统一理论。促进两岸经济社会融合发展主张的提出，确定了由两岸关系和平发展到实现和平统一的方式与路径，丰富和发展了国家统一理论。

第一，国家统一是中华民族伟大复兴的必然要求。习近平总书记指出，"实现中华民族伟大复兴，是中华民族近代以来最伟大的梦想。现在，我们比历史上任何时期都更有信心、更有能力实现这个梦想"。在两岸关系上，习近平总书记指出，"我们始终从全民族发展的高度来把握两岸关系发展方向"。"我们真诚希望台湾同大陆一道发展，两岸同胞共同来圆'中国梦'"。在国家统一和中华民族伟大复兴的关系问题上，习近平总书记指出，"推进祖国和平统一进程、完成祖国统一大业，是实现中华民族伟大复兴的必然要求"。还指出，"国家统一是中华民族走向伟大复兴的历史必然"。明确指出了国家统一与中华民族伟大复兴的密切联系，把完成祖国统一的历史使命同实现中华民族伟大复兴的宏伟目标紧密联系起来，赋予对台工作目标新的时代内涵。①

第二，着眼于中华民族的伟大复兴，两岸和平统一是实现国家统一的最佳方式。习近平总书记不仅强调，"'和平统一、一国两制'是我们解决台湾问题的基本方针，我们认为，这也是实现国家统一的最佳方式"。还进一步提出，"我们所追求的国家统一不仅是形式上的统一，更重要的是两岸同胞的心灵契合。"实现两岸同胞心灵契合条件下的统一，是习近平总书记站在中华民族伟大复兴高度，对国家统一提出的更高要求。实现两岸同胞心灵契合的和平统一对中华民族伟大复兴最为有利，是"两岸共圆中国梦"的最佳方式。

第三，推动两岸关系和平发展是实现和平统一的正确道路。习近平总书记指出，"两岸关系和平发展是通向和平统一的正确道路"，明确指出了实现和平统一的路径。自2008年以来，大陆确立了两岸关系和平发展重要思想，提出了两岸关系和平发展框架，两岸并在"九二共识"政治基础上，共同开启了推动两岸关系和平发展的实践，取得了一系列重大成果。促进两岸经济社会融合发展主张的提出，不仅指出了大陆在新形势下继续推进两岸关系和平发展的方向，深化了两岸关系和平发展的内涵，

---

① 《俞正声在第八届海峡论坛开幕式上的致辞》，人民网，2016年6月14日。

更明确了以融合发展作为由两岸关系和平发展走向和平统一的重要方式与路径。通过融合发展主张更紧密地将两岸关系和平发展与国家和平统一有机结合起来，丰富和发展了国家统一理论。

（二）融合发展增进两岸共同命运共同体认知的重要基础

增进两岸命运共同体的认知，是拉近两岸心理距离，实现两岸同胞心灵契合的重要条件与基础，是两岸关系和平发展追求的目标，实现国家和平统一的重要基础。习近平总书记提出"大陆和台湾是休戚与共的命运共同体""两岸是割舍不断的命运共同体"等重要论述，并从多个层次阐释其重要意涵：从历史角度，提出"透过近代历史风云，两岸同胞深刻体会到，大陆和台湾是不可分割的命运共同体，我们的命运从来都是紧紧连在一起的"。从民族高度，提出"民族强盛，是两岸同胞之福；民族弱乱，是两岸同胞之祸。实现中华民族伟大复兴，与两岸同胞前途命运息息相关"。从两岸共圆中国梦角度，提出实现中华民族伟大复兴，需要两岸同胞共同努力。"兄弟齐心，其利断金"。呼吁"两岸同胞要相互扶持，不分党派，不分阶层，不分宗教，不分地域，都参与到民族复兴的进程中来"。从全球化格局，提出"在经济全球化深入发展、两岸联系日益密切的今天，两岸是割舍不断的命运共同体"。两岸命运共同体的论述，表明两岸关系虽然尚未完成统一，但从根本上不是博弈和零和关系，而是命运与共。

习近平总书记关于两岸命运共同体的论述与主张，如同在国际上提出"人类命运共同体"的重要理念，是其治国理念新理念在对台工作领域的具体展现与运用。人类命运共同体理念，在国际上倡导"对话协商、共建共享、合作共赢、交流互鉴、绿色低碳"，其核心价值也可同样运用于构建"两岸命运共同体"之中。增进两岸同胞对命运共同体的认知，除了增强历史、民族层次的共同认知外，在现实层面推动合作共赢、增强两岸的利益融合更为重要。促进两岸经济社会融合发展，是增强两岸利益融合的最有效途径。尤其在步入新型全球化发展时期，两岸面临的挑战与机遇相近，深化两岸经济社会融合更有利于增强两岸共同应对挑战的能力，提高两岸在全球经济治理中的地位，在新型全球化进程实现命运与共。习近平总书记在首次提出深化两岸经济社会融合发展主张时，即将其与"增进同胞亲情的福祉，拉近同胞心灵距离，增强对命运共同体的认知"联系在一起。

（三）共同发展和壮大中华民族经济的重要途径

两岸经济同属中华民族经济，是大陆领导人从民族复兴高度提出的对台经济工作重要主张。早在 2010 年时任国家副主席的习近平会见钱复一行时即指出，"两岸同胞同属中华民族，两岸经济同属中华民族经济。我们倡导和推动两岸加强经济合作，有助于共同促进民族经济繁荣发展，有助于维护和扩大中华民族的整体利益"。2013 年后，习近平总书记又多次做出两岸经济同属中华民族经济的重要表述。这一论述不仅仅表达了两岸经济的民族属性，更赋予民族复兴的内涵。中华民族的伟大复兴离不开中华民族经济的壮大与繁荣，壮大中华民族经济需要两岸经济共同发展与繁荣，正如习近平总书记所指出的，"大陆和台湾取得的每一项发展成就，都值得两岸中国人自豪"。

两岸经济的共同民族特性是促进两岸经济交流的重要动力。两岸经济关系能够在过去三十多年时间内摆脱政治阻碍和干扰持续快速发展，很大程度上与两岸经济的共同民族属性相关。两岸经贸关系的恢复与发展，得益于台湾产业向大陆的梯次转移。但台湾产业向大陆产业转移特点，不同于国际上一般对外投资以跨国公司为主导特性，而是呈现出以中小企业打头阵、大中型企业跟进转移的特征。其主要原因，就是因为两岸同文同种，台商中小企业赴大陆投资基本不需要付出一般跨境投资须克服语言、文化、习俗等差异造成的成本，而这些成本对于一般中小企业来说是难以承受的。从未来发展看，促进现代服务业合作是两岸经济关系转能转换的新领域，而服务业合作更注重文化、制度因素，两岸同文同种优势将体现更为明显。

促进两岸经济社会融合发展是共同壮大中华民族经济的重要途径。两岸经济不仅在生产要素、产业结构、经济发展阶段等总体互补，而且在全球经济深刻变革和新型全球化进程中有着许多共同的挑战与机遇，如两岸产业在工业 4.0 时代面临的境遇相似，两岸现代服务业合作有着互补发展的巨大空间。促进两岸经济社会融合发展，不仅有助于两岸共同应对挑战、促进经济转型升级，更有利于提升中华民族经济在新型全球化进程中的地位，共同在新型全球化治理中承担更大责任、发挥更重要影响力。

（四）深化两岸关系和平发展的新理念和新治理方式

促进两岸经济社会融合发展，是针对当前两岸关系形势的复杂变化，加大以民间力量维护和促进两岸关系和平发展与稳定。同时，也是应对传统全球化格局下两岸经济关系发展面临的空前挑战，需要着重应对和解决的一些新问题，提出的有别于传统经济合作概念的新的解决方案，体现了新的发展理念与治理方式。

第一，在两岸政治对抗局面下，展现出大陆加大以民间动力维护两岸关系和平发展的意志。从政治角度看，民进党重新执政后拒不承认"九二共识"，执政一年多以来在岛内从政治、经济、社会、文化全方位推进"渐进式台独"，两岸关系和平发展格局面临重大挑战。在此形势下，要不要维护两岸关系和平发展，如何维护和推动两岸关系和平发展，关系到两岸关系发展方向和未来国家统一的方式。大陆站在中华民族伟大复兴和"两岸共同圆中国梦"的战略高度，一方面坚持"九二共识"和反对"台独"，另一方面提出促进两岸经济社会融合的主张，显示了大陆继续维护两岸关系和平发展的决心。同时，着眼于两岸关系复杂形势，将维护两岸关系和平发展的重点转向促进经济社会融合发展，更强调以民间动力维护和推动两岸关系和平发展。正如俞正声主席指出的，"两岸关系和平发展的根基在基层，动力在民间"，"两岸关系形势越复杂，越需要两岸民众加强交流，展现两岸关系和平发展的坚定意志和强大力量"。①

第二，以融合发展为两岸经济关系注入新动能。当前，两岸经济关系发展动能面临重大转换，即传统的以台湾产业向大陆梯次转移带动两岸贸易投资持续增长的动能趋于式微，两岸现代服务业合作与创新驱动的新动能尚在培育。同时，民进党重新执政后拒不承认"九二共识"，不仅导致两岸经济合作制度化进程停摆，还力推增强台湾"经济自主性"的"经济发展新模式"，全力推动"新南向政策"以转移对大陆投资、贸易依存等，使两岸相互经贸政策由过去的良性互动转向对抗与博弈，不仅造成两岸市场开放与制度创新的驱动力减弱，两岸经济关系发展的新旧市场动能转换也受到强力制约，近年来两岸贸易投资增长趋缓。深化两岸经济社会融合发展，有利于在两岸关系和平发展既有成果基础上，通过密切两岸民间交流与合作，促进两岸市场开放与经济整合水平的提升，促进两岸经济交流与合作更深地与大陆经济转型升级、中国制造2025、"一带一路"等相衔接，将两岸特别是大陆经济转型升级的动能、创新驱动与现代服务业发展动能更有效地转化为两岸经济关系发展的新动能，加快两岸经济关系发展的动能转换。

第三，以新的政策理念化解两岸经济关系中出现的新问题。自两岸经济关系恢复和发展以来，两岸无论是生产要素还是产业结构均高度互补，并成为推动两岸经济关系发展的重要市场动力。但近十年来，随着两岸经济实力消长和大陆产业追赶效应，两岸经济发展阶段上总体互补，但在局部产业领域出现竞争性发展势头，特别是台湾一些传统上的优势产业与产品被大陆赶超，台湾产品在大陆竞争优势相对减弱，被台湾岛内炒作成"红色供应链"威胁。两岸竞合关系的变化，使岛内部分企业特别是中小企业对两岸经济交流与合作产生疑虑，岛内社会对两岸经济合作的态度也由过去的高度自信转向趋于保守。对于两岸产业竞合关系的变化，马英九执政时两岸曾建立产

---

① 《俞正声在第八届海峡论坛开幕式上的致辞》，人民网，2016年6月14日。

业合作机制，努力通过两岸产业制度化合作和政策协调，转化两岸产业竞争性发展为供应链、产业链融合发展。但两岸经济合作制度化进程的停摆，加上民进党当局布局依靠美日和"在地化"发展的"5＋2"创新产业体系，规划以公权力主导成立产业"台湾队"来抗衡"红色供应链"，两岸产业竞争性将继续扩大，不利于中华民族经济的共同发展与壮大。促进两岸经济社会融合发展，蕴含着推动两岸经济产业协同性发展的新理念，通过建构两岸产能合作和产业链合作的民间机制，推动两岸企业尤其是台湾企业与大陆市场与供应链的嵌入式发展，促进两岸产业合作的利益共享。

第四，更注重促进两岸经济与社会交流的包容性发展。传统意义全球化背景下以产业转移为主要特征的两岸经济关系，在给台湾带来产业转型加快、出口持续扩张等财富效应的同时，也产生一定的收入分配效应；尤其近年来两岸经济关系发展趋缓使财富效应相对减弱，分配效应相对上升，开始被岛内政治操弄成为"民众无感、财团获益"，岛内部分民众对两岸经济交流与合作的疑虑上升。从社会文化角度看，两岸社会文化交流在继续发展的同时，也不可避免受到两岸政治对抗、国际上博弈、经济竞合与利益分配等问题的影响，台湾前"国安会秘书长"苏起曾指出，民进党执政后，"在民间层面，大陆'武统'声浪日益高涨，台湾'去中国化'、去'中华民国'化、去国民党、去蒋化的反中情绪是原因之一。在两岸民间对立情绪大幅升高的情况下，两岸没有任何管控分歧的机制，会导致意外、引爆冲突"。[①] 在此背景下，促进两岸经济社会融合发展不是简单的经济融合与社会融合相加，以经济融合带动社会融合，以社会融合促进经济融合，经济政策与社会政策要更紧密结合。这是融合发展新理念的重要表现，即是要摆脱传统意义上的单纯市场法则，在两岸经济交流中更注重增长效应与分配效应的平衡，追求包容、普惠、共赢的发展方向。

三、深化两岸经济社会融合发展的路径

促进两岸经济社会融合发展，应在"九二共识"政治基础上，本着"两岸一家亲"理念，从促进中华民族伟大复兴的战略高度出发，着眼于当前两岸关系发展新形势，逐步构建和完善促进两岸融合发展的政策思路与推进机制。

（一）以"两岸一家亲"理念促进融合发展

"两岸一家亲"是中共十八大以来习近平总书记提出的对台交流合作的新理念。

---

① 《两岸民意对抗升升高，极易产生误判》，星岛环球网，2017 年 4 月 16 日。http：//news. stnn. cc/hk _ taiwan/2017/0416/422552. shtml。

2013 年 4 月 8 日，中共中央总书记习近平在博鳌论坛会见台湾两岸共同市场基金会荣誉董事长萧万长一行，就提出"希望本着两岸一家人的理念促进两岸经济合作"。此后，习近平总书记等大陆领导人涉台讲话密集表达"两岸一家亲"理念，成为大陆推动对台交流与合作的重要理念。俞正声主席在第九届海峡论坛致辞中，提出"深化融合发展，需要秉持'两岸一家亲'理念"，明确了以"两岸一家亲"作为两岸经济社会融合发展的基本理念。

"两岸一家亲"理念的提出，体现了大陆理解关心爱护台湾同胞的真挚感情，指明了两岸同胞处理彼此关系的基本思路，展现了我们为台湾同胞谋福祉的诚意和善意，是做台湾人民工作的重要指针[①]。以"两岸一家亲"作为促进两岸经济社会融合发展的理念，有着重要意义。

第一，明确了促进两岸经济社会融合发展的原则与方向。"坚持体现一个中国原则的'九二共识'政治基础，维护两岸关系和平发展，是深化两岸融合发展的必然要求"。[②] 能否坚持"九二共识"，不仅是两岸同胞携手排除政治干扰与阻力的前提，也直接决定和影响两岸经济社会融合发展的方向、方式与水平。

第二，赋予两岸经济社会融合发展丰富的内涵。有学者认为，两岸一家亲理念从情的方面强调两岸一家的骨肉亲情、从理的方向强调两岸是命运共同体、从法的方向的强调两岸同属一个国家和中华民族，是一个融合了情、理、法并兼顾到两岸政治现实的概念。[③] 以"两岸一家亲"理念为指引，提高了融合发展的战略定位，丰富了融合发展的内涵，融合发展不仅包括提升两岸经济社会交流与合作水平，更在于通过融合发展厚植两岸共同利益，共同弘扬中华文化，增进两岸亲情与认同，增加两岸命运共同体的认知，维护和建设两岸共同家园。

第三，融合发展成为实践"两岸一家亲"理念的重要载体。"两岸一家亲"是习近平总书记提出的做台湾人民工作的新理念，如何落实于两岸交流与合作的具体实践、体现在对台具体政策中引人关注。促进两岸经济社会融合主张的提出，以及以"两岸一家亲"理念为指引，等于确立了以融合发展作为"两岸一家亲"理念的实践载体，"两岸一家亲"理念与促进两岸经济社会融合发展形成有机结合，新形势下大陆促进融合发展的政策理念与政策框架体系基本确立。

[①] 张志军：《维护和推进两岸关系和平发展 共圆中华民族伟大复兴中国梦》，《求是》，2016 年 10 月 15 日。

[②] 《两岸民意对抗升高，极易产生误判》，星岛环球网，2017 年 4 月 16 日。http：//news. stnn. cc/hk _ taiwan/2017/0416/422552. shtml。

[③] 李鹏：《两岸一家亲"理念下的"将心比心"思维浅析》，《台湾研究》，2015 年 1 期。

（二）实践"两岸经济同属中华民族经济"，创新融合发展模式与空间

两岸经济同属中华民族经济的表述，本身有着丰富的内涵，它不仅表述了两岸经济关系的根本属性，也蕴含着更为积极、开放的政策内涵，为创新两岸经济社会融合发展的政策、机制提供了新的空间。

第一，两岸经济同属中华民族经济，界定了两岸经济社会融合发展的性质与方向。一方面，两岸经济同属于中华民族经济，决定了两岸经济社会融合发展不同于一般的对外经济交流与合作，有着鲜明的两岸特色，融合发展的方式也不同于国际上一般区域经济合作，可以超越国际上区域经济合作的形式与规则，有着更大的发展空间。另一方面，两岸经济同属中华民族经济，也确定了两岸经济社会融合发展要以促进中华民族经济的共同繁荣为目标，为民族伟大复兴和国家统一奠定经济基础与提供强大经济动力。

第二，扩大两岸经济社会融合发展的空间。两岸经济同属中华民族经济，是"两岸一家亲"理念的重要体现，两岸经济关系不是生意伙伴关系和单纯利益关系，都是中华民族经济的重要成员，两岸经济合作应该置于优先地位。李克强总理曾表示，"我们愿意首先与台湾同胞分享大陆经济发展带来的机遇，在两岸经济合作中照顾台湾同胞的利益，在对外开放的时候先一步对台湾开放，或者对台湾开放的幅度更大一些，促进两岸经济融合与共同发展"。[①] 事实上，在 2008 年以来两岸制度化合作进程中，大陆对台湾方面的合理关切予以充分考虑与照顾，成为两岸经济合作的重要特色。

第三，创新融合发展的政策与机制的重要依托。长期以来，大陆着眼于改革开放和照顾台商的利益，在性质上将两岸经贸关系定位为国家主体同其单独关税区间的经贸关系，在政策上总体比照国际经贸和外资进行管理，同时实施"同等优先、适当放宽"政策，体现了对台商的特殊照顾。但从两岸经济同属中华民族经济角度看，在同一个市场空间两岸企业不应存在差别待遇；从政经效益看，也不利于两岸经济的深度融合和"两岸一家亲"的认同感。从中长期看，在两岸经济社会融合发展过程中，两岸应互相视对方为中华民族经济的重要和有机构成，通过建立经济合作机制，推进两岸在贸易投资、产业合作、宏观政策协调等一体化进程，打造共同繁荣的中华民族经济体。从近中期看，在两岸融合发展受到政治制约形势下，大陆经济作为中华民族经济主体，应将台资、台企视为民族资本的重要组成，并在经贸政策上予以具体体现，

---

① 《李克强总理会见萧万长一行》，新华网，2014 年 4 月 10 日。

予台商和台胞特别是青年人在大陆投资创业予以更大的便利性。习近平总书记指出，"两岸同胞同祖同根，血脉相连，文化相通，没有任何理由不携手发展、融合发展。大陆人口多，市场大，产业广，完全容得下来自台湾的商品，完全容得下来自台湾的企业"。①

（三）以多元化目标和包容性发展促进两岸经济社会融合

促进两岸经济社会融合发展不同于传统的区域经济一体化进程，其追求的目标以融合发展为主，而不是单纯追求经济利益的最大化，应以多元化目标和包容性发展推进两岸经济社会融合。

第一，经济一体化仍是两岸经济融合发展的中长期目标。虽然 2008 年后两岸经济合作开启的制度化合作进程停摆，但从中长期看推动两岸经济一体化进程仍应是融合发展的重要目标。在政治条件具备情况下，两岸推进 ECFA 协商仍应是促进融合发展的重要路径。尤其在涉及市场开放与准入、产业合作、金融合作、宏观政策协调等，离不开两岸制度化合作与公权力部门共同推进。从中长期而言，海峡两岸经济作为相互依存的中华民族经济有机组成，高水平的经济一体化是必然要求。

第二，以包容性发展作为融合发展的重要内容。习近平总书记指出，发展必须是遵循社会规律的包容性发展。包容性发展不仅写入大陆"十三五规划"，也成为习近平总书记倡导的人类命运共同体理念的重要内容。"十三五规划"提出，要"使全体人民在共建共享发展中有更多获得感"。包容性发展也应是两岸经济社会融合发展的重要内容。习近平总书记指出，"为两岸同胞谋福祉是我们发展两岸关系的着眼点和落脚点"。"要继续加强两岸同胞交流往来，实施惠及两岸同胞的政策法律措施，扩大台湾基层民众受益面和获得感"。以包容性发展促进两岸融合发展，就是要在推进两岸经济交流与合作中促进公平正义，"欢迎更多台湾同胞参与到两岸大交流进程中来，成为两岸关系和平发展的支持者、参与者"。要增加两岸经济社会交流中公共产品的有效供给，让两岸合作成果惠及两岸更广大同胞，增加两岸民众的利益交融，增强两岸关系和平发展的社会动力。

第三，以协调发展促进两岸经济社会融合。习近平总书记指出，"协调既是发展手段又是发展目标，同时还是评价发展的标准和尺度"。协调发展应该两岸经济社会融合发展的重要目标与评价尺度。两岸经济社会融合发展过程中，涉及的各种层面关系十分复杂，如两岸政经互动关系、产业竞合关系、利益分配关系、政策互调关系等

---

① 《习近平福建见台商：大陆完全容得下台湾企业》，华夏经纬网，2014 年 11 月 4 日。

等，大陆涉台各部门、各领域、各区域间也存在关系协调问题，这些关系错综复杂、相互影响，应该统筹兼顾、协调发展，促进互利共赢和可持续性的融合发展。

第四，应更注重融合发展的过程。促进两岸经济社会融合发展，既要追求融合的目标，更要注重发展的过程。自两岸经济关系恢复和发展以来，两岸贸易投资持续快速增长，但规模的增长与融合的程度存在一定的落差，这不仅反应在许多台商大陆投资并未融入大陆产业和市场体系，形同经济"飞地"；还体现在经济交流与社会交流相对脱节，经济合作的政治社会外溢效果不够深广，甚至一定时期内出现反向互动走势，等等。注重发展而欠缺融合的方式，不仅可持续发展因环境剧变而面临挑战，其对两岸关系的政治社会影响程度也受到制约，甚至因经济利益的不平衡而出现不利政治社会后果。因此，未来促进两岸经济社会融合发展，更应重视融合的发展，而不是单纯的以发展求融合。

（四）构建推进融合发展的治理机制与路径

第一，构建促进融合发展的动能转换与开放机制。在经济全球化面临新挑战、产业步入工业 4.0 时代及两岸经济加快转型升级大背景下，创新驱动和现代服务业合作将成为推动两岸经济社会融合发展的新动力。这不仅仅是因为现代服务业发展和产业技术自主创新是两岸经济转型升级的主要方向，还在于服务业合作与创新驱动更有助于促进两岸融合。两岸现代服务业合作不仅符合两岸经济转型升级方向，还由于两岸同文同种优势及当地化发展特点，与两岸产业与市场体系以及社会、文化有着更密切的关联。同时，以移动互联网、大数据、人工智能等为技术支撑的创新产业，正在带来新的产业发展模式和发展规则，并推动了共享经济的迅速发展。探讨两岸新经济合作方式与路径，鼓励大陆新经济产业与台商传统产业的密切结合，增强两岸融合发展的创新驱动，既有利于两岸经济合作发展动能的转换，也是提升两岸经济融合水平的重要方向。促进两岸现代服务业合作和创新驱动，需要从"两岸一家亲"理念和两岸经济同属中华民族经济出发，促进两岸构建更为开放的合作机制。在当前两岸经济合作机制受政治阻碍停摆现实下，大陆应建构包括市场准入、同等待遇、投资便利、居民待遇、政治待遇等更大包容性的单方开放平台与机制。

第二，深化产业合作提升两岸经济融合发展水平。2008 年后两岸建立起产业合作的制度化平台与机制，一方面促进两岸产业合作，另一方面化解两岸产业竞合问题。从中长期看，推动两岸产业政策协调将建立起两岸更高水平的合作。促进两岸经济社会融合发展，深化两岸产业合作是重要基础。在两岸产业制度化合作停摆后，应着力加强两岸民间企业的合作平台与机制。深化两岸产业合作，要改变过去台商在大陆经营的"飞地"状态，促进两岸产业链、供应链、价值链合作，使大陆台商经营更深地嵌入到大陆的产业与市场体系之中，并将两岸产业合作与"中国制造2025""一带一路"建设及全面深化改革相衔接，使产业融合成为两岸经济社会融合发展的重要载体。

第三，在融合发展中推动经济与社会的相互促进。推进两岸经济社会融合发展要在尊重市场机制的同时，更注重社会效益，两岸经济合作要充分考虑两岸双方社会的心理感受，构建经济融合与社会融合的相互促进机制。首先，注重将两岸经济交流政策与社会交流政策有机结合起来，政策设计上要更重视经济合作的社会效应，优先推动社会效益高、带动人群广的产业或企业加强合作，加强推动两岸中小企业合作，注重两岸教育培训、就业创业等合作交流。其次，注重增长效应与分配效应的平衡发展，既要培育两岸经济关系的新动能，又要避免和化解经济增长尤其是新经济发展可能产生的知识与技能错配挑战。再是两岸企业应担当更多的政治与社会责任，两岸企业是融合发展的受益者，也应当负起促进两岸关系和平发展的政治责任，担当两岸青年特别是台湾青年在大陆就业、创业、实习的重要平台，热心两岸公益事业，担起更大社会责任。

第四，构建和完善促进融合发展的民间平台与机制。在两岸经济合作制度化进程因政治阻碍停摆形势下，民间平台和机制应该发挥更大作用。2008年以来两岸两会达成的23项协议，对于不直接涉及政治敏感议题、已经实施的内容，应尽力维护和推动实施；对于过去由两岸两会推动的内容和议题，如两岸产业合作及各专业领域合作等不涉及政治的内容，应扩大或构建两岸民间经济合作平台加以继续推动。同时，要充分利用大陆加快改革开放机遇促进两岸融合发展，特别是已经设立的各地自贸区尤其是福建自贸区与平潭综合实验区，可率先进行高水平的经济一体化实验及高水平的社会融合，发挥先行先试作用。

台胞投资中有关居民待遇的法律问题

——以《台胞投资保护法》及细则为基础

冯 霞[*]

引 言

两岸关系一直是一个备受瞩目和热议的话题，它伴随着两岸的政治环境变化跌宕起伏。在改革开放之前，大陆和台湾之间基本处于敌对状态，改革开放之后首先开放老兵探亲，然后才逐步转向了经济贸易合作。20 世纪 80 年代后期，两岸关系开始在经济交流领域找到了突破口并取得了迅猛的发展，2010 年 ECFA 协议的签订更是奠定了未来两岸经济贸易关系的基础。纵观发展历程，两岸的经贸关系主要可以分为以下几个阶段。

第一个阶段是 1949 年到 1987 年的（台湾当局）全面禁止时期。当时，大陆的对台政策是"解放台湾"，并有 1979 年的《告台湾同胞书》，倡议尽快结束两岸军事对峙状态，实现通航、通邮、通商，进行旅游观光、探亲访友、学术、工艺等交流。并曾一度由当时的对外经济贸易部于 1979 年 5 月颁布了《关于开展对台湾贸易的暂行规定》对两岸交易的产品给予优惠（随后大陆取消该优惠政策）。

在 1981 年，大陆又进一步提出来实现两岸和平统一的九条方针政策。而该时期，台湾当局和大陆处于敌对状态，采取的是"不接触、不谈判、不妥协"三不政策。经贸交流几乎全面禁止。

第二个阶段是 1987 年到 1992 年的间接交流时期。该时期两岸的贸易是处在持续发展的态势。台湾当局于 1987 年 11 月，被动开放一般民众赴大陆探亲，拉开两岸经贸关系的序幕。随着新台币的升值，大量台商将生产基地转移到大陆。

大陆方面，国务院于 1988 年颁布来《国务院关于鼓励台湾同胞投资的规定》，各省市也纷纷制定了一系列鼓励台商投资的地方性法规以配合其实施。

第三个时期是 1992 年到 1996 年的法制化时期。随着台湾当局于 1992 年颁布实施

---

* 冯霞，中国政法大学教授、台湾法研究中心执行主任、法学博士。

"台湾地区与大陆地区人民关系条例"，而大陆方面，原外经贸部会同海关总署于1993年颁布了《对台湾地区小额贸易管理办法》。1994年3月全国人大常委会通过《台湾同胞投资保护法》，正式奠定了大陆对台胞投资保护的法律基础。然而在此期间，自李登辉成为台湾当局领导人后，逐渐暴露出其台独倾向。1995年6月李登辉访美后两岸关系恶化，两岸对话中止，一度造成了两岸经贸关系发展的巨大障碍。

第四个时期是1996年到2008年的经贸迅速发展时期。虽然在此期间，两岸出现过台海危机，但台湾当局面对国际一体化的挑战和岛内企业的压力，宣布对两岸经济贸易"积极开放，有效管理"。大陆方面自加入WTO以后，逐渐放对外贸易方面的管制。相继颁布了1999年《台湾同胞投资保护法实施细则》、2003年《台湾同胞投资企业协会管理暂行办法》《对台湾地区贸易管理办法》《大陆居民赴台湾旅游管理办法》等相关规定。在两岸一系列政策指引和经济利益的驱使下，两岸贸易高位迅速发展。

第五个时期是2008年实现"三通"以来至今，经济贸易关系上升到新的台阶。"三通"的实现极大地促进了两岸的经济交流。两岸高层互动频繁，两岸两会成果丰富。两岸更是于2010年签订的ECFA，该协议属于两岸经贸往来纲领性协议，明确了两岸经济往来的目标，逐步消除两岸贸易壁垒，力图建立多层次全方位的经贸关系。在ECFA的框架背景下，截至当前，两岸两会已经签署了23个协议。

根据商务部统计[①]，2015年11月，大陆批准台商投资项目281个，环比上升35.8%，实际使用台资金额1.8亿美元，环比上升195.5%。截至2016年2月底，大陆累计批准台资项目95706个，实际使用台资631.2亿美元。按实际使用外资统计，台资占大陆累计实际吸收境外投资总额的3.8%。

诚然，两岸经贸合作制度化与机制化取得一定进展，但明显动力减弱、阻力增大，两岸经贸关系发展进程中的深层次矛盾进一步凸显。而2016年5月民进党执政至今，两岸经贸合作将遭遇空前的挑战。本文通过梳理两岸的经贸关系发展历程，以《中华人民共和国台湾同胞投资保护法》（以下简称《台投法》）为重点，来尝试分析两岸经贸关系中的台胞在大陆的居民待遇问题。

一、台胞的"居民待遇"与"国民待遇"辨析

（一）"居民待遇"与"国民待遇"

在国际上，"国民待遇"早已成为通行的一项基本原则。但具体到两岸之间，台

---

① 参见商务部统计数据网，http://www.mofcom.gov.cn/article/tongjiziliao/fuwzn/diaoca/201601/20160101234858.shtml，2016年6月23日最后一次访问。

商要求大陆给予的与大陆其他商人同等的待遇的原则也能顺理成章地被称为"国民待遇"吗？在新闻报道和学术期刊中我们也看到"居民待遇"这样的称谓，那么哪一个更为妥当呢？因此笔者就此问题，从"国民待遇"及"居民待遇"起源概念进行介绍，最后就两概念从语义及内容上进行一个横向辨析。

1. "国民"及"国民待遇"

在我国，"国民"一词出现较早，《左传·昭公十三年》中即有"先神命之，国民信之"的表述，旨在表达本国人民之意。[1] 同样，在西方国家政治学中通常认为，"国民"（nation）多指拥有国籍的国家主权构成者，即法国政论家约瑟夫·塞亚斯（1748—1836）主张的"所谓 nation（国民），便是生活在同一宪法下作为立法代议机构主权代表的人们共同体"。[2] 综上，"国民"是相对于外国人而言的，凡具有本国国籍的人都是本国国民，否则即在本国被视为外国人。"国民"与"公民"意思相近，但"国民"更多的是一种经济述语。在使用"国民"一词时，一般都带有经济方面的色彩。例如：发展国民经济、国民经济计划、国民收入、国民分配、国民生产总值等。[3]

具体到国民待遇原则，则是指"一国给予外国人（主要是自然人和法人）的民事法律地位不低于其给予本国人的民事法律地位，即给予外国人与本国人同等的待遇"。[4] "国民待遇原则最早可追溯到希伯来人的法律"[5]，在11—12世纪各欧洲各条约法中初现端倪。到了17—18世纪，国民待遇原则才被各国确定为一项本国的基本法律原则。首先确定国民待遇原则的国家为法国，在其1804年的《法国民法典》第一章中规定了该法赋予在法国的外国人与法国人相同的民事权利。此后被葡萄牙，瑞典等欧洲各国纷纷效仿，许多国家都相继在本国的法律里规定了国民待遇，由此国民待遇在世界各国逐渐被普及。[6] 在1947年日内瓦通过的《关税与贸易总协定》中，国民待遇原则作为诸多市场经济国家间有约束力的规定被提出。[7]

通过总结上述发展历程，我们可将国民待遇的发展大致分为以下三个阶段：第一阶段为无条件国民待遇，即在本国的外国人和本国国民享受同等的权利；第二阶段为

① 参见夏征农主编：《辞海：1999 年缩印本（音序）》，上海辞书出版社 2002 年版，第 607 页。
② 黄现遗稿，甘文杰、甘文豪整理：《试论西方"民族"术语的起源、演变和异同（二）》，载《广西社会科学》2008 年第 2 期，第 21 页。
③ 参见李增：《什么是人民、国民、公民》，载《中国乡镇企业》1994 年第 8 期，第 48 页。
④ 赵相林主编：《国际私法》（第三版），中国政法大学出版社 2011 年版，第 68 页。
⑤ 转引自达金华：《试论 WTO 体制下的国民待遇原则》，汕头大学法学院 2010 年硕士论文，第 12 页。
⑥ 转引自邹婷婷：《WTO 国民待遇原则探析》，中国社会科学院国际经济法 2014 年硕士论文，第 7 页。
⑦ 参见张之光、陈春燕：《国民待遇产生、演变及实质透析》，载《当代经济研究》2000 年第 7 期，第 37 页。

互惠的国民待遇，如 1804 年《法国民法典》中的规定；第三阶段为以国际法为前提的国民待遇，主要体现在《关税与贸易总协定》的颁布。可以看到，国民待遇的发展是从民事领域向经济领域逐步拓展的过程。[1]

2. "居民"及"居民待遇"

"居民"是指"居住在一国境内受该国管辖的自然人。按照法律地位，分为本国人、外国人、无国籍人等不同类别。本国人构成一国居民的绝大多数"。[2] 按照国际货币基金组织的说明，居民是指在某个国家或地区居住期限达一年以上者，否则即为非居民。一国的外交使节和驻外军事人员等，即使在外国居住长达一年以上，仍属派出国的居民、驻在国的非居民。[3] 大陆在《个人所得税法实施条例》中对"居民"也有一些认定的规则。在条例第二条中规定，"在中国境内有住所的个人，是指因户籍、家庭、经济利益关系而在中国境内习惯性居住的个人。"在时间上，大陆税法也明确指出"在中国境内无住所而居住满一年的个人"为居民纳税义务人。

而"居民待遇"这一概念则目前学界没有对其准确的界定。笔者认为，从字面理解来看，居民待遇即指给予非本地居民以本地居民的同等待遇。其中，非本地居民的含义非常广泛，除了包括不居住于此地的外国人、无国籍人，还包括不居住于此的本国人。而本地居民的"待遇"含义也非常宽泛，应涉及到工作、学习、生活、医疗的方方面面。

3. "国民待遇"与"居民待遇"辨析

在语义方面，"国民"在前述概念中已经阐明，即凡具有本国国籍的人都是本国国民。"居民"则为一国境内受该国管辖的自然人。就两词的语义范围来看，"居民"的范畴大于"国民"，其不仅涵盖了居住在一国境内的本国人，还包涵了外国人和无国籍人。虽然"居民"的范围比"国民"大，但法律上对其也有一定的限制。由此可见，"国民"与"居民"在表示生活在大陆地区的居住群体上并无明显的区别，并且"居民"的范围更为宽泛。

在内容方面，就我国大陆与台湾地区来讲，用"国民待遇"来表达台商要求大陆给予的与大陆其他商人同等的待遇的要求，在表达上较为不妥。与之相较，运用"居民待遇"来表达会更加合理与恰当。主要体现在两个方面：

第一，"居民待遇"比"国民待遇"表意更为恰当。在上述论述中对国民待遇原

---

[1] 参见张之光、陈春燕：《国民待遇产生、演变及实质透析》，载《当代经济研究》2000 年第 7 期，第 39 页。

[2] 夏征农主编：《辞海：1999 年缩印本（音序）》，上海辞书出版社 2002 年版，第 875 页。

[3] 参见《国际收支和国际投资头寸手册》第六版，第 4.117—4.119 项。

则已给出了定义，即特指一国给予外国人（主要是自然人和法人）的民事法律地位不低于其给予本国人的民事法律地位。但在涉及一个主权国家下的两岸之间使用"国民待遇"这个词，可能会有损我国一个主权国家原则，而用"居民待遇"的适用对象中包括了不居住于大陆的本国人，因此运用"居民待遇"更为恰当。

第二，"居民待遇"比"国民待遇"涵盖范围更为广泛。按照国际普遍惯例，国民待遇原则当前主要适用于经济领域，多是指一个成员方（国家或经济体）在境内的境外公民或企业与境内公民、企业享有同等民事权力方面的待遇，现实中主要体现在企业的贸易与投资层面，即境外产品进入境内或境外企业在境内从事相关经营活动，享有与境内企业基本相同或不低于的待遇，不能存在歧视性待遇。[①] 但台商在大陆地区希望享受的待遇除经济领域外，还可能包括子女上学、就业、医疗卫生等涉及日常生活方面，例如《上海市台湾同胞投资权益保护规定》中建议"台湾同胞投资者及其同住配偶、子女、父母，和在上海合法就业的台湾同胞及其同住配偶、子女、父母，可享有与上海常住人口同等的医疗卫生服务待遇"[②] 等。而"居民待遇"中暗含"居住"的意思，因此居住就会涉及生活的方方面面，从经济到生活，从社会保障到医疗卫生，涵盖范围广泛，因此，运用"居民待遇"比"国民待遇"更为全面。

综上所述，笔者认为台商在大陆地区所要求的待遇平等问题上，用"居民待遇"比"国民待遇"一词更为准确、全面与合理。

（二）台投法及细则中"比照外资"的规定与解析

1. "比照外资"的立法背景

台湾投资者于 20 世纪 70 年代末开始以各种形式进入大陆。为了给台湾投资者提供制度支持与规范指引，大陆于 1979—1999 年间颁布了一系列保护台湾同胞投资的法律法规，在台湾投资者待遇方面形成了"法律法规对台湾投资有规定时，适用该规定；无规定时，则适用相关外商投资法律法规"的局面。之所以如此，并非将台资等同外资，而是综合衡量大陆当时社会情境后的务实选择。

改革开放初期大陆实行计划经济体制，为了推动经济增长，有必要引入境外投资，利用他们的资金、技术和管理经验。然而这一时期的特点是社会主义公有制在大陆经济中占绝对主导地位，私人资本的生存发展空间还很小，尽管法律承认私人经济的法律地位，但还不允许私人资本作为单独自主的投资主体申请投资审批。此时如果

---

① 参见王建民：《如何看待台商的"国民待遇"问题》，载《今日中国》（中文版）2014 年第 10 期，第 76 页。
② 孙金诚：《推动大陆台胞享居民待遇或可借鉴上海做法》，载《人民政协报》2015 年 8 月 22 日。

把具备流动资本性格的台资简单当作国内私人资本，会由于缺乏适当的投资立项审批渠道导致实务难以操作，更会使无法纳入国民经济和社会发展计划内的大多数台湾投资者望而却步。

此一时期，《中外合资经营企业法》《外资企业法》《中外合作经营企业法》以及相关细则先后颁行，形成了大陆的外资法律体系。外商投资企业在税收、土地、原材料价格、生产经营自主权等方面享有比内资企业更优惠的待遇。上述情形下，若把台湾投资者等同内资，将产生南辕北辙的效果。而把台湾投资者"比照外资"，则既回避了台湾投资者来大陆投资所面临的法律定位难题与投资体制难题，又极大地保护和鼓励了台湾同胞投资的积极性．是适应当时两岸政治形势与大陆经济环境的务实选择。

2. "比照外资"的制度内涵

在"比照外资"政策下，台湾投资者既比照外资，又不同于外资，有效解决了引进台湾投资者时存在的体制、法律困境。"比照外资"的内容包含两个层次，一为作为特殊的内资，台湾投资者享受外商投资待遇。二为区别于外商投资，台湾投资者享受"同等优先、适当放宽"优惠待遇。

在第一个层次上，最早由国务院于 1985 年 6 月做出《关于厦门经济特区实施方案的批复》。同意在厦门经济特区内，台湾同胞投资享受外商直接投资企业的优惠待遇。1988 年 7 月国务院颁布的《关于鼓励台湾同胞投资的规定》（以下简称"《二十二条》"）第五条第一次从全国立法层面提出台湾投资者"参照执行外资规定"解决了台湾同胞赴大陆投资的法律定位困境。1991 年 3 月第八届全国人大常委会通过《台湾同胞投资保护法》，进一步将《二十二条》关于鼓励台商投资的优惠政策法律化，增强台湾投资者对其投资安全性的信心。1999 年 12 月，国务院颁布《台湾同胞投资保护法实施条例》对台湾投资者待遇做了更明确的规定。第五条规定："台湾同胞投资适用《台湾同胞投资保护法》和本实施细则；《台湾同胞投资保护法》和本实施细则未规定的。比照适用国家有关涉外经济法律、行政法规。"

在第二个层次上，台湾投资者在享受相当于外资待遇的同时。还可基于台胞身份享受特殊优惠"表现在：第一投资领域放宽。① 第二投资审批程序简捷。② 第三不实

---

① 《二十二条》第五条台湾投资者在大陆投资举办拥有全部资本的企业、合资经营企业和合作经营企业．除适用本规定外。参照执行国家有关涉外经济法律、法规的规定．享受相应的外商投资企业待遇。

② 《台湾同胞投资保护法》第二条台湾同胞投资适用本法；本法未规定的，国家其他有关法律、行政法规对台湾同胞投资有规定的，依照该规定执行。

行国有化和特殊情况下征收的补偿。① 国发［1994］44 号文件《国务院关于进一步发展海峡两岸经济关系若干问题的决定》明确确立了台商投资领域、项目、方式方面采取"同等优先、适当放宽"原则。

3. "比照外资"的制度效果

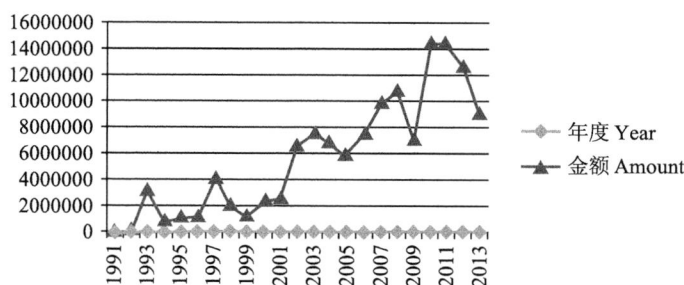

图1　1991—2013 年台湾对大陆核准投资金额（单位：千元美金）②

二、台投法及细则中关于居民待遇的实践运用

《台湾同胞投资保护法》（后文简称为《台投法》）于 1994 年 3 月 5 日由第八届全国人民代表大会常务委员会第六次会议通过。随后，1999 年国务院发布了配套的"实施细则"。《台投法》对于居民待遇的规定在第 19 条台湾同胞投资企业在购买机器设备、原材料及辅料等物资以及获得水、电、热、货物运输、劳务、广告、通信等服务方面，享有与大陆其他同类企业同等的待遇。台湾同胞投资者个人和台湾同胞投资企业中的台湾同胞职工在交通、通信、旅游、旅馆住宿、房产购置等方面，享有与大陆同胞同等的待遇。第 23 条国家机关对台湾同胞投资企业收费的项目和标准，应当与大陆其他同类企业相同。然而自颁布以来，《台投法》在实践执行中不断遇到新的问题，如因经济、地域、文化等因素的不同和各地对台招商引资政策的不一致所造成的台胞的误解，以及在具体实践中该法确实存在法律规定滞后性，导致不能反映台湾同胞的新诉求，可操作性不强等问题。因此，一些地方立法主体结合本地的实际情况，相继出台了一系列有关台湾同胞投资保护的地方性法规以更好地应对前来投资和生活的台胞的在本地实际需要。

作为台商和台胞聚集度最高的城市之一，上海在 2015 年通过并实施了地方性法规来保护台胞投资权益，针对台商提出的一些长期存在的问题作出了相应的规定，在

---

① 参见《二十二条》第四条；《国务院关于进一步发展海峡两岸经济关系若干问题的决定》第二条。
② 数据表来自商务部的统计。

全国范围内受到了瞩目。早在 2008 年，两岸关系实现和平发展之后，就有台湾企业与台商向大陆要求获得与大陆民众同样的居民待遇。而上海此次出台的法规主要回应了台商在居民待遇上两方面的要求：一方面，台商认为在市场进入、政府采购、融资、税务、环保等方面的待遇都比不上大陆企业，还存在不少障碍。台商提出居民待遇要求，希望在投资方面也能够像大陆企业一样参与大陆的基础设施和重大工程建设，简单来说就是大陆企业能做的行业，台商也可以做。另一方面，台胞提出享有居民待遇要求还反映在他们在生活上希望大陆能够为其提供更为完善的环境与保障。比如在日常生活中，台胞与其家属希望可以像大陆居民一样享受便利的生活方式，在网络上购买高铁、飞机票；在子女就学、就医和社会保障等方面能够享受和当地居民同等的待遇。[1]

上海市台湾同胞投资权益保护规定的出台通过立法，细化规定，把之前"一事一办"的政策上升到法规高度，将很多台胞长期提出的问题，落到实处。这个规定最大的亮点是把投资保护升级为权益保护，有助于进一步完善对台商权益的保护，促进台商更好的发展。将攸关台商、台胞在大陆定居生活的一些权益视为台商投资权益的必要延伸，赋予当地居民同等待遇，有效地保障台商权益，推动两岸民众进一步融合。台胞在大陆的权益保护不能仅止于投资领域，还应涉及因其在大陆投资而衍生的在大陆居住等各方面所涉及的权益。法规赋予台胞与本市居民同等待遇，有助于扩大和增强台胞在本市的受益面和获得感。此外，政府通过法规制定具体政策来落实和保障台商及其家属的各种权益，不仅有助于台商及其子女扎根大陆，也有助于大陆留住英才，增强城市竞争力。[2] 但要真正实现和具体落实给予台胞"居民待遇"，涉及两岸现行许多法规条文的修改与接轨问题，是一个较长期的推进过程。

我们将《中华人民共和国台湾同胞投资保护法》《中华人民共和国台湾同胞投资保护法实施细则》及《上海市台湾同胞投资权益保护规定》所有条文做一比照，通过对三者具体规定的对比，我们发现《上海市台湾同胞投资权益保护规定》在对台湾同胞权益的保护、台湾同胞投资企业经营管理的自主权、给予台湾同胞的优惠待遇、居民待遇和争议解决等方面有了更具体、翔实的规定，并且在这些方面规定了有关的权利保障制度，为切实落实这些权益、待遇提供了制度上的保障。另外，《上海市台湾同胞投资权益保护规定》在《中华人民共和国台湾同胞投资保护法》和《中华人民共和国台湾同胞投资保护法实施细则》已有规定的基础上，在有关方面增加了一些

---

① 孙金诚：《推动大陆台胞享居民待遇或可借鉴上海做法》，《人民政协报》2015 年 8 月 22 日第 006 版。
② 孙金诚：《推动大陆台胞享居民待遇或可借鉴上海做法》，《人民政协报》2015 年 8 月 22 日第 006 版。

独有的规定。例如，在国有化和征收问题上，补充了征用问题；明确了台湾同胞及其子女、亲属享有和当地常住人口同等的医疗卫生、就学、住房、社会保险、医疗保险及业主权益待遇，改变了《中华人民共和国台湾同胞投资保护法实施细则》仅仅规定"可以按照国家有关规定进入大陆的小学、中学和高等学校接受教育"以及"可以按照国家有关规定申请设立台湾同胞子女学校"的做法；增加了对台湾青年创业就业提供支持的规定；增加了为台湾同胞和台湾同胞投资企业提供公共事务服务的规定。

《上海市台湾同胞投资权益保护规定》"突破"上位法增加的这些规定是否违背上位法决定了这些规定是否可以真正落实实施。我们认为，上海的这一做法是在上位法已有规定基础之上延伸得出的结合台胞现实需求以及现实发展需要的更为具体细致的规定，这些规定都与之前立法有着不可分割的联系，是依附于其产生的，是上位法能够预设的创制方式和内容。例如，征用与征收类似，在行政法上有着密切的联系；台湾同胞及其子女、亲属享有的医疗、保险等权益与之前立法规定的其子女可以在大陆学校就读一样，都是关于台湾同胞居住、生活的权益，上海的规定是在上位法已有规定、涉足的基础上，进一步拓展范围以及明确台湾同胞在这些方面享有同当地常住人口同等的待遇，这是将上位法隐含的意旨明确，以及结合现实发展增加了一些方面，是与上位法立法相符合的做法；对台湾青年创业就业提供支持以及为台湾同胞和台湾同胞投资企业提供公共事务服务的规定完全符合《台湾同胞投资保护法》第一条关于立法目的的规定，可以视作为这一条延伸出的具体规定，因而不存在违背上位立法一说。

由此，我们可以发现《上海市台湾同胞投资权益保护规定》是完全符合上位法的。因而，根据适用优先理论，在上海市范围内，对具体事件适用法律时，应先适用较低位阶的《上海市台湾同胞投资权益保护规定》这一规定具体的下位法。

三、台投法及细则关于居民待遇在实践运用中的不足与修改建议

关于台湾同胞投资的立法主要有《中华人民共和国台湾同胞投资保护法》和《中华人民共和国台湾同胞投资保护法实施细则》。而作为台胞聚集度最高的城市之一，《上海市台湾同胞投资权益保护规定》针对台商提出的一些长期存在的问题作出了相应的规定，这些规定也在全国范围内受到了瞩目，但同时，由于这一规定在很多方面作出了突破，因而在实践适用中也产生了一些关于如何处理《台湾同胞投资保护法》《台湾同胞投资保护法实施细则》以及《上海市台湾同胞投资权益保护规定》三

者间关系的问题。① 当前大陆作为保障台商投资权益的最主要的法律依据是《台投法》和《实施细则》，上海此次出台的法规可以为其修订提供参考。随着时代的变迁和两岸经贸合作的加深，《台投法》和《实施细则》在具体实施中，关于台胞居民待遇问题逐渐暴露出以下一些不足之处：

第一，对台商的定位存在偏差。《实施细则》第五条规定，在《台投法》和《实施细则》没有规定的情况下，台商投资可以比照适用有关国家有关涉外经济法律、行政法规。现实中，大陆立法对台湾同胞投资的定位是"外资"，实行"同等优先，适当放宽"，给予台湾同胞投资者的优惠待遇是"超外资待遇""超国民待遇"。而且，各地层层加码，几乎全部予以台商特别优惠照顾，层出不穷的各类"涉台绿色通道"和为引起关注的涉台工作"创新"可为例证。然而，这一做法的负面影响却不容忽视：其一，"涉台"显然不属于"涉外"，保障台胞权益参照大陆现行涉外法律中外国人权益保障的相关规定，容易在政治上引发误解，不利于增进台胞对大陆的认同感。其二，依照现行做法，台湾同胞在大陆享受优于大陆一般民众的待遇，俨然处于凌驾于普通民众之上的地位，这样不利于使他们能够从内心真正认同大陆。其三，大陆目前赋予台胞特殊优惠待遇的做法，一旦把握不当，长此以往容易在实践中引发大陆普通民众的反感，不利于双方情感方面的真正融洽，甚至事与愿违，不但无法拉近双方的感情，而且还会撕裂双方现有的因同祖同宗而自然存在的亲近感。其四，台胞虽然因大陆实行"同等优先，适当放宽"将享有优惠待遇，但与之相对应的是，其在某些方面的待遇可能与"居民待遇"原则的要求存在差距，因此，台胞也有享受"居民待遇"的要求。例如由台湾工业总会与大陆台商投资企业联合会联合发布的《2011 白皮书——对大陆投资环境之建言》认为，目前台资企业在政府采购、融资、税务、环保等方面比陆资企业受到更严格的限制，建议大陆给予台商居民待遇。②

第二，调整范围窄，无法回应台商在大陆生活的各方面的要求。许多台胞已经把家业和事业放在一起，希望享有和大陆居民同等的权利。他们在就业、评职称、子女就学、社会保障，还有购房、参加大陆的社会组织，包括当人大代表、政协委员等方面，都有强烈的要求。③ 2010 年，全国人大常委会对《台投法》进行的执法检查过程

---

① 《立法法》第 96 条规定，法律、行政法规、地方性法规、自治条例和单行条例、规章有下列情形之一的，由有关机关依照本法第九十七条规定的权限予以改变或者撤销：（一）超越权限的［（二）下位法违反上位法规定的［（三）规章之间对同一事项的规定不一致，经裁决应当改变或者撤销一方的规定的［（四）规章的规定被认为不适当，应当予以改变或者撤销的［（五）违背法定程序的。

② 郑清贤：《浅谈现行保障台商投资权益规定存在的不足与完善——兼谈〈中华人民共和国台湾同胞投资保护法实施细则〉的修订》，《福建省社会主义学院学报》2015 年第 3 期。

③ 王萍：《保护台胞投资：用法律践行承诺》，载于《中国人大》2012 年第 12 期。

中，许多台胞向检查组反映他们在大陆权益的保护不能仅止于投资领域，还应涉及在大陆居住等各方面的权益。他们希望政府能出台一些具体政策，使他们及其子女能扎根大陆，安居乐业。[①] 但是，台胞的这些要求，在《台投法》和《实施细则》中大部分没有规定，即使稍有涉及的，也语焉不详，无法操作。如《实施细则》第十七条规定，台胞投资者个人的子女和台企中台干的子女可以按照国家有关规定进入大陆学校就学。但迄今为止，有关台胞子女入学的全国性规定尚未正式出台，台胞子女在大陆学校就学通常是依据台商投资所在地的地方性规定操作。该条第二款中的"国家有关设立台胞子女学校的规定"至今也仍未出台，导致台胞子女学校申设工作无章可循。

以上内容对《台投法》与《实施细则》所存在的一些缺陷和滞后性在现实中的表现进行了分析，可以看到这些不足还需要立法作进一步的完善。并且各地的相关立法实践与经济新常态的大背景也将推动和引导《台投法》和《实施细则》相关内容的修改，但鉴于《台投法》修改的立法规划滞后，而理论界和实务界对于《实施细则》的修订已经达成共识，有关《实施细则》修订的准备工作商务部和国台办已经开展好几年了，并拟出了多份修订稿草案，故下文以《实施细则》的修订为讨论重点，并且修改的建议主要围绕台胞投资者的居民待遇问题来探讨。

对于《实施细则》的修订，应当贯彻"和平统一、一国两制"的大政方针，落实"两岸一家亲"的理念，立足于促进两岸经济融合和推动两岸民众融合，以有效维护台商及其眷属在大陆投资、经商、生活、居住等各方面的合法权益作为基本出发点，为台商在大陆的投资发展提供更加良好、宽松的法律环境。

第一，应改变比照外商管理来台胞投资的规定，涉台不同于涉外，保障台胞权益参照大陆现行涉外法律中外国人权保障的相关规定，容易在政治上引发误解，不利于增进台胞对大陆的认同感。建议修订后的《实施细则》应对台商投资权益保护实行居民待遇原则，逐渐实现台胞所拥有的各项基本权利与大陆公民保持一致。为此，应取消先前赋予台商的一些超国民待遇，例如特别优惠的企业所得税率、特定前提下台企对员工社会保险缴纳的豁免特权等。当然，另一方面，针对台湾同胞的非居民待遇也应逐步取消，例如台胞在大陆购买不动产的限制等问题。但是，在强调居民待遇的同时，我们也应当看到作为历史遗留问题的台湾问题导致台胞在居住地上、在相关活动中具有一些特殊性，存在一些与居住在大陆的中国公民所不相同的境况的确存在。由于国家尚未完全统一、两岸情况有别等特定因素的制约，台胞作为中国公民在某些权利义务与大陆居民实际有所不同。根据国家立法的精神、两岸关系形势及人员往来等

---

① 王萍：《保护台胞投资：用法律践行承诺》，载于《中国人大》2012年第12期。

情况，对台胞行使相关权利和承担有关义务，做出一些适当照顾的规定，是符合宪法、国家法精神的，也是符合现实需要的。当然，适当照顾只能是作为居民待遇原则的补充而存在，二者不可分割，过分强调或忽视其中任何一项都不妥当。

第二，要注意台商取得居民待遇时权利义务的一致性。居民待遇本身就是权利与义务的双重体现，台商在与本地企业获得相同的的权利待遇，也需要依法行使相应的义务。台资企业不能只希望获得居民待遇的权利却不愿承担居民待遇应有的义务。台湾工商界一方面强烈呼吁大陆给予台商居民待遇，另一方面却不愿在大陆承担企业的社会责任，希望两岸互免保险金，不愿提拨员工社保资金。居民待遇本身就是权利与义务的双重体现，与本地企业获得相同的的权利待遇，也需要依法行使相应的义务，提拨社保就是居民待遇义务的重要体现。台资企业不能只希望获得居民待遇的权利却不愿承担居民待遇应有的义务。

第三，近几年，台胞对投资等经济政策上的优惠的关注程度开始下降，而对基本待遇、政治、经济和社会文化等全方位权益保护的要求凸现，从对实体权利的关注向对程序权利的关注转变。修法时应注意，涉台立法不应仅仅将注意力集中于投资领域，还应涉及与台商在大陆投资密切相关的社会保障、政治权利问题等，增加台商权益保障内容、完善台胞权益保障救济制度，为营造优越的台胞投资软环境提供制度保障。

总体而言，台商投资权益保护工作事关台商的切身利益，直接影响着两岸关系和平发展大局。大陆应秉承"两岸一家亲"的理念，对现行《实施细则》及相关法规与台商权益保障相悖的规定及做法进行系统调整，结合《海峡两岸投资保护和促进协议》、ECFA、《海峡两岸服务贸易协定》等规定，采取诸如放宽投资领域、降低投资股比限制、扩大出资方式、增加投资形式等，允许台企其同内资企业享受同等待遇，并对台商及其眷属和台干及其眷属在大陆投资兴业、就业、生活、居住过程中可能涉及的问题给予不低于大陆居民的待遇，进一步完善台商投资权益保障规定，保障其在大陆更好地进行投资、工作与生活。

四、结论

随着两岸经济贸易往来日益密切，台胞大陆投资增多，台商投资企业数目逐渐增加。从我国近几十年的立法历程来看，虽对于台胞来陆投资的居民待遇问题给予了一定程度的关注，但仍然存在着很多模棱两可的地方。首先，台胞待遇。究竟大陆给予台胞的是"国民待遇"还是"居民待遇"？在现有的学术著作中，有些学者称之为"国民待遇"，一部分学者以"居民待遇"作为理论的基础，甚至有些文章中这两个词同时出现，混淆不清。其次，对于台商待遇的具体内容存在不合理之处。实践中在投资领域应当给予台商怎么样的待遇和地位同样引人注目。中国大陆法律法规对台湾同胞投资的法律定位是比照外商，同等优先，适当放宽，给予台湾同胞投资者的优惠待遇是"超外资待遇""超国民待遇"[①]。而落实到各地时更是为了引进台资纷纷加码，给予更加宽松的准入条件和优厚的投资待遇，这样失衡的状况引得大陆同胞对台胞投资的反感和抵触情绪增加，并没有达到所创设优惠条件的初衷和目的。再次，有关台胞居民待遇的规定可操作性弱。在相关的法律规定中，多为"依……之规定"，"参照……规定"，而这些参照适用的规定很多都不曾出台，配套的法律制度不完善，导致具体规定在实践过程中操作性弱，难以切实保障有关当事人的合法权益；最后，在台胞投资权益保护法律体系上不够完整，没有形成强有力的立法、司法、行政保护体系，在实践过程中存在着诸多的漏洞及缺陷。

在处理台胞投资待遇问题时，笔者认为应当使用"居民待遇"的概念。如前所述，居民待遇比国民待遇从语义、内容及主体上更加贴合台胞在大陆投资的具体情况，符合主体、客体和内容的基本要求。对大陆和台湾之间的关系进行分析，也可得知"居民待遇"更适合定义该种情况。在实践中，国家应当给予台胞投资者同大陆投资者相等的条件、标准等相关待遇，而逐渐摒弃"超国民待遇"等不平衡的待遇模式，从而形成市场的良性竞争、增强企业的竞争力、提高市场活力等。

同时，应当建立健全台胞投资相关规定，完善权益保护机制，从而更好地吸引台胞来大陆投资。我国规定"比照……的规定"在具体事项上容易出现分歧，由于散见于各种法律规定之中，增强其协调性成为必要。台胞大陆投资无论在经济上，还是政治上，甚至是文化上都具有重大意义。有关台胞投资者的居民待遇问题不仅影响着投资者数量、质量，还决定着投资的种类、地点等多方面问题，是台胞投资权益中最重要的体现之一。这些规定一方面依赖两岸法律法规、经济等多方面的协商和探究，也依赖着国际形势及政治走向的影响，是动态而又复杂的。两岸关系及其相关法制的构建是当代中华儿女面临的挑战，只有在不断探索，结合时事发展的背景下，才能交上令人满意的答卷。

---

① 陈融：《ECFA 的后续篇章——大陆关于台胞投资权益保护法制的成就与完善》，载于《法治研究》2011 年第一期。

台湾居民在大陆的同等待遇的法律和政策

季 烨[*]

引 言

2016 年 3 月 5 日,习近平总书记在参加十二届全国人大四次会议上海代表团审议时首次公开表示,大陆将"持续推进两岸各领域的交流合作,深化两岸经济社会融合发展,增进同胞亲情和福祉,拉近同胞心灵距离,增强对命运共同体的认知"。自此,"经济社会融合发展"成为大陆对台工作的关键词。2017 年上半年以来,大陆持续密集推出一系列政策措施,为台湾同胞在大陆学习、就业、创业、生活提供更多便利,并将这些措施统称为"同大陆居民基本相同的待遇"。[①] 党的十九大报告更是旗帜鲜明地提出,我们秉持"两岸一家亲"的理念,将逐步为台湾同胞在大陆学习、创业、就业、生活提供"与大陆同胞同等的待遇",增进台湾同胞福祉。

事实上,自两岸开启交流交往以来,大陆始终注重强化保护台商的合法权益,1994 年《中华人民共和国台湾同胞投资保护法》的颁布便是具有标志性意义的事件。2005 年出台的《反分裂国家法》进一步明确规定,"国家依法保护台湾同胞的权利和利益",首次将法律层面的权利主体从"台商"拓展为更为一般意义上的"台湾同胞"。然而,需要追问的是上述规定的内涵和外延,即国家将如何"依法保护"?对此,台湾学者引入了"国民待遇"的概念,主张台湾同胞应享有与大陆居民同等的待遇。[②] 大陆学者则持保留意见,认为台湾居民在大陆的经济性权利早已享受甚至超越了大陆居民,要享有政治权利也不具可行性。[③] 由此可见,两岸学者关于台湾居民"国民待遇"的分歧绝不止于概念之争,更是折射出两岸学者对于台湾同胞权益保护

---

* 季烨,厦门大学台湾研究院法律研究所副教授,所长,法学博士,两岸关系和平发展协同创新中心两岸共同事务合作治理平台执行长。本文系 2017 年度教育部人文社科重点研究基地项目"新形势下维护两岸关系和平发展的法治路径研究"(项目批准号:17JJDGAT001)的阶段性成果。

① 中共中央台办、国务院台办:《国台办新闻发布会辑录(2017 - 06 - 28)》,http://www.gwytb.gov.cn/xwfbh/201706/t20170628_11809826.htm,2017 年 11 月 28 日访问。

② 王晓波:《台胞国民化和两岸一体化——也论台湾社会统一动力的重建》,《海峡评论》2008 年第 8 期。

③ 陈动:《中国大陆在涉台立法上不可能这样做》,《联合早报》2010 年 9 月 9 日。

现状的两种描述，以及对于其实施前景的两种判断，其核心争议便是台湾居民在大陆的法律地位问题。

毫无疑问，依法保护台湾同胞权益，为台湾同胞在大陆学习、就业、创业、生活提供更多便利，并非大陆应对 2016 年以来两岸关系趋于紧张的权宜之计，而是大陆"寄希望于台湾人民，争取台湾民心"的一贯政策主张，也是运用法治方式和法治思维处理台湾问题的具体体现。也正因为如此，本文旨在将台湾居民在大陆的权益保护问题纳入宪法学视野，分析大陆上述政策主张的宪法基础，明确台湾居民作为我国宪法基本权利的主体，从实然层面出发勾勒当前台湾居民在大陆享有同等待遇的总体态势及其制约因素，并对其发展趋势做出基本判断。

一、台湾居民在大陆同等待遇的宪法基础

在党的十九大报告明确提出"同等待遇"的概念之前，两岸各界在论及台湾居民在大陆的权益保护问题时，更多采用了"国民待遇""居民待遇"[①]"市民待遇"[②] 等表述。然而，从理论角度分析，上述概念不无商榷之处。一方面，关于"国民待遇"：这是一个源于国际法上的相对待遇标准，指一国以条约或互惠为基础，给予外国人和本国人一样的待遇。它虽然也强调"同等待遇"，但已是一个关于外国人待遇的约定俗成的术语，[③] 将其移用于台湾居民并不恰当。更何况，就国际实践来看，各国政府给予外国公民以国民待遇一般仅限于民事权利和诉讼权利，范围有限，远逊于两岸既有实践。[④] 另一方面，关于"居民待遇"：所谓居民，是指在本地长期从事生产和消费的自然人或法人，它强调强调久住的事实。然而，大陆当前推行的台湾居民"在大陆学习、就业、创业、生活的便利化措施"并未与"久住大陆"这一时限要求相挂钩。那些长期居住在台湾地区、来大陆短暂停留的台湾居民，同样应当成为上述举措的受惠主体和保障对象。

本文主张从宪法视角审视台湾居民的权益保护问题，这是台湾问题作为我国内政这一基本定位的逻辑必然。依法保护台湾居民在大陆的权益和利益，其逻辑起点便是

① 纪焱：《台商"全面国民待遇"透视》，《两岸视点》2014 年第 9 期，第 22 页；张文生：《落实居民待遇 便利台胞生活》，《旺报》2017 年 2 月 9 日版。

② 《台湾民众享上海准市民待遇 新规将于 11 月 1 日实施》，http：//news. ifeng. com/a/20150925/44734824 _ 0. shtml，2017 年 11 月 15 日访问。

③ 尽管在 WTO 体制下，国民待遇也可以作为非主权实体的单独关税区与其他国家或单独关税区之间的制度性安排，但这仅仅是有限的例外规定。

④ 王铁崖主编：《国际法》，北京：法律出版社 1995 年版，第 130 页。

台湾居民可否享有《中华人民共和国宪法》（下文简称《宪法》）所规定的公民基本权利并履行基本义务，而平等权便是检视台湾居民基本权利实施效果的重要参照。平等权既是宪法的基本原则之一，也是宪法基本权利体系的重要组成部分。它不像其他基本权利那样具有特定而具体的内容，而是通过政治平等权、经济平等权、文化平等权与社会平等权体现其权利价值。① 之所以台湾居民提出享受所谓"国民待遇"等诉求，正是由于历史和现实的原因，台湾居民在政治、经济、文化和社会等领域的待遇与大陆居民存在差距（当然也在部分领域曾经或至今仍享有一定程度的优惠），进而造成两岸民众在社会心理层面的身份区隔和认同差异。② 也正因为如此，大陆才提出巩固和深化两岸关系和平发展的政治、经济、文化、社会基础，为和平统一创造更充分的条件。

从平等权角度审视台湾居民的同等待遇问题具有如下优势：第一，它从宪法这一根本法的高度确立了台湾问题的性质。"台独"势力认为，"北京从未对台湾行使过管辖权，《宪法》也从未在台湾地区实施过"，两岸已经"分治分裂"甚至构成"特殊的国与国关系"。作为回应，笔者认为，保护台湾居民在大陆的平等权，便是《宪法》对台湾居民属人效力和对台湾地区属地效力的具体体现，是《宪法》适用于台湾问题的具体体现。它有利于从根本法的高度确认"两岸同属一个中国"的法理，强化"中国的主权和领土完整从未分裂"的认知，也是驳斥上述"台独"论调的有力依据。第二，它以大陆居民为参照，丰富了台湾居民权益保障的内涵和外延。当前，大陆的涉台立法总体上呈现零散性、位阶低的特点，即便在相对成熟的台商投资保护立法也秉承"参照外资"的政策，使得实践中台湾居民在大陆的权益保障呈现出迥异于大陆居民的二元结构。因此，强调对台湾居民的平等权保护，实质上是为台湾居民在大陆依法享有政治、经济、文化和社会等各领域的基本权利提供了更为广阔的制度空间。第三，它能够为台湾居民在大陆既有的差别待遇提供一定的解释力。毋庸置疑，现阶段台湾居民在政治等领域无法享有和大陆居民完全一致的权利。事实上，对于必要而合理的差别待遇，不但并未违反平等权的基本要求，恰恰是其超越形式平等、实现实质平等的更高要求。

二、台湾居民作为宪法平等权的主体

台湾居民是否属于我国《宪法》基本权利的主体，是其享有平等权或同等待遇的

---

① 胡锦光、韩大元著：《中国宪法》（第三版），北京：法律出版社 2016 年版，第 190—191 页。
② 刘震涛、窦勇：《从"比照外资"到"同等待遇"大陆对台资新政透露的信号》，《人民论坛》2013 年第 18 期。

先决问题。我国《宪法》关于平等权的规定主要围绕"公民"展开，即中华人民共和国公民在法律面前一律平等，而凡具有中华人民共和国国籍的人都是中华人民共和国公民。结合《国籍法》第三条至第五条采取的出生地主义和血统主义相结合的原则，以及《宪法》序言关于"台湾是中华人民共和国的神圣领土的一部分"的明确宣示，可以确认，台湾居民具有中国国籍，属于中华人民共和国公民，属于我国《宪法》规定的平等权的主体。

然而，我国《宪法》文本并未提及"台湾居民"的概念，而仅在序言部分唯一一次提及"台湾同胞"，因而需要进一步厘清这两个概念的关系，以确定平等权的主体范围。事实上，无论是《宪法》还是法律都没有对"台湾同胞"一词进行准确界定。结合"同胞"一词的涵义，①"台湾同胞"似乎可以理解为一种出于民族和感情的表达，意指台湾人民和大陆人民同为中华民族，亲如兄弟，实践中主要包括下列人士：（1）居住在台湾地区的中国人（包括从大陆去台湾的人员）［（2）各个不同时期从台湾到大陆工作、生活者［（3）从台湾到国外居住数年后再回到大陆者［（4）生在大陆从未去过台湾，但祖籍在台湾地区者［（5）从台湾旅居国外或港澳地区者。②可见，"台湾同胞"基本上涵盖了一切具有涉台因素的主体，甚至包括取得外国公民身份的台籍人士。因此，它更多是一个蕴含政治和情感意义的词汇，体现了宪法尤其是宪法序言的政治宣示性。③ 与此相呼应的是，"台湾同胞"一词频频出现在诸如《告台湾同胞书》等政策话语中。

"台湾同胞"一词的政治性和宽泛性，在两岸政治对立、社会隔绝的时代，这并不会引发太多的问题。但自 20 世纪 80 年代以来，面对日趋纷繁庞杂的两岸交流交往，上述界定在管制具体事务方面缺乏可操作性的弊端日益凸显。鉴此，1991 年国务院颁布的《中国公民往来台湾地区管理办法》首次以"台湾居民"的概念取代"台湾同胞"，并将其界定为"居住在台湾地区的中国公民"。这一概念此后被大量涉台规范性文件沿用。④ 上述界定具有双重内涵：一是再次确认（绝大多数）台湾居民同样是中国公民，具有中国国籍，自然应当成为宪法平等权的主体；二是首次建立管制

---

① 所谓"同胞"，包括两层涵义，一是同父母所生；二是指同一民族，并且同一种语言文化的人民。
② 《"台湾同胞"所指的范围》，《四川省社会主义学院学报》1996 年第 Z1 期。
③ 陈玉山著：《中国宪法序言研究》，北京：清华大学出版社 2016 年版，第 89—94 页。
④ 例如 1998 年民政部发布的《大陆居民与台湾居民婚姻登记管理暂行办法》，2005 年《台湾香港澳门居民在内地就业管理规定》，2006 年人事部、建设部、国务院台湾事务办公室《关于允许台湾地区居民取得注册建筑师资格有关问题的通知》，2007 年卫生部、国家中医药管理局《关于台湾地区居民和获得国外医学学历的中国大陆居民参加医师资格考试有关问题的通知》，2008 年司法部《台湾居民参加国家司法考试若干规定》和《取得国家法律职业资格的台湾居民在大陆从事律师职业管理办法》等。

标准：面对两岸政治对立、国家尚未完全统一的特殊情况，通过引入"居住地"的标准将两岸人民分为两类主体，从而满足对两岸人员往来进行法律管制的需要。由于在实践中，居住地的认定与户籍相挂钩，台湾居民实际上便是指在台湾地区设立户籍的中国公民。

综上，本文认为，相较于更具政治宣示和道德感召的"台湾同胞"一词而言，"台湾居民"的界定更加精确且符合两岸关系的现实。同时，虽然台湾居民居住在台湾地区且在台湾地区户籍，但同样属于《宪法》和《国籍法》所规定的公民，与国家存在着不可分割的法律联系，因此，台湾居民构成我国《宪法》基本权利的主体，依法同与大陆居民享有同等待遇。

三、台湾居民在大陆享有同等待遇的态势

根据平等权适用的具体领域，平等权可分为经济生活、社会生活、文化生活和政治生活等各领域的平等权。[1] 随着三十年来的两岸关系的演进，台湾居民在上述领域的权利体系逐渐丰富，并向与大陆居民同等待遇迈进。

（一）经济领域

财产权保护是台湾居民权利保护的起点。公民的合法的私有财产不受侵犯，这已经成为宪法的庄严承诺。[2] 早在1988年两岸开启民间交往之初，大陆方面就出台政策，明确对台胞和去台人员的夫妻共同财产、继承权、房产等问题的平等保护。[3] 1988年《国务院关于鼓励台湾同胞投资的规定》也明确规定，台湾投资者在大陆的投资、购置的资产、工业产权、投资所得利润和其他合法权益受国家法律保护，并可以依法转让和继承。同时，台湾投资者在大陆投资举办企业，除适用本规定外，参照执行国家有关涉外经济法律、法规的规定，享受相应的外商投资企业待遇。[4] 对台商投资"参照外资"的定位随后被1994年《台湾同胞投资保护法》及其实施细则所沿袭，当年出台的《国务院关于进一步发展海峡两岸经济关系若干问题的决定》（国发〔1994〕44号）进一步提出"同等优先、适当放宽"的原则。据此，大陆率先向台商开放投资领域，并在税收减免、土地供应、财政支持以及外汇管理等方面，参照外资

---

① 参见胡锦光、韩大元著：《中国宪法》（第三版），北京：法律出版社2016年版，第194—195页。
② 参见《宪法》第13条第1款。
③ 参见1988年最高人民法院公布的《关于人民法院处理涉台民事案件的几个法律问题》。
④ 参见1988年《国务院关于鼓励台湾同胞投资的规定》第6条和第4条。

享受了高于大陆居民投资也高于外资的待遇。

新世纪前后，在两岸加入世界贸易组织（WTO）的大背景下，大陆给予包括台资在内的境外投资的优惠政策开始受制于 WTO 非歧视原则的规制。为避免这些优惠政策在内外投资者之间造成不公平竞争，大陆开始着手"整平游戏场地"，最典型的莫过于 2007 年统一内外企业所得税制。随着 2012 年《海峡两岸投资保障和促进协议》的签署和生效，台湾居民在投资准入后的同等待遇得到进一步确认，① 为数不多的差别或许仅在于投资准入前阶段。换言之，台湾居民在大陆投资时，仍需与外资一样受制于外商投资准入特别管理措施（负面清单）的限制，在投资行业、投资门槛和运营方式等方面无法与大陆投资者等量齐观。

（二）社会领域

随着两岸人员往来的频繁，台湾居民在大陆的交通、就业、生活等方面的权益也日益受到重视。部分地方还进一步规定，获得本地居留签注的台湾居民，在生活消费与医疗卫生、住房等公共服务等领域享有与本市居民同等的待遇。②

在出入境和交通方面，自 1991 年《中国公民往来台湾地区管理办法》颁布以来，大陆持续简化台湾居民往来大陆的手续，陆续施行落地签注、多次入出境签注和居留签注，并于 2015 年 7 月施行免签，极大方便了台胞往来。持台湾地区驾驶证的台湾居民，只需进行理论知识考试，便可直接在大陆申请小型汽车驾驶证。

在就业和社会保险方面，自 1994 年发布《台湾和香港、澳门居民在内地就业管理规定》以来，大陆持续放宽台湾居民的就业范围，简化就业许可手续，并将其纳入社会保险范围。③ 为进一步减轻在大陆未就业、未就读的台湾居民的后顾之忧，2017 年正在起草的《台湾香港澳门居民在内地参加社会保险暂行办法》进一步比照大陆居民，将纳入社会保险覆盖范围，允许其参加城乡居民基本养老保险和城镇居民基本医疗保险。④

1994 年，几乎与大陆对技术性职业施行就业准入制度相同步，大陆就开始逐渐开放台湾居民报考大陆执业证照。尤其是 2001 年以来，大陆陆续向台湾居民开放了多项专业资格考试，包括经济师、会计师、律师、注册建筑师、专利代理人等，共计 39

---

① 参见《海峡两岸投资保障和促进协议》第 3 条第 3 款。
② 参见 2010 年修订的《厦门经济特区台湾同胞投资保障条例》第 34 条，《上海市台湾同胞投资权益保护规定》第 20 条和第 21 条。
③ 参见 2005 年《台湾香港澳门居民在内地就业管理规定》第 11 条。
④ 人社部：《人社部介绍台湾同胞在大陆参加社会保险相关工作》，http：//www.gwytb.gov.cn/jl/zxzx_43777/201708/t20170803_11826592.htm，2017 年 1 月 5 日访问。

类 40 项。凡是符合报名条件的台湾居民均可报考，考试合格就可以取得相应的资格证书。福建省自 2008 年以来在工程技术、经济专业、农业技术、卫生技术等 4 个系列开展专业技术职务任职资格评审试点工作，为台湾专业技术人员在大陆创业就业提供更大便利。2018 年 1 月，国务院台湾事务办公室等部门共同出台的《关于促进两岸经济文化交流合作的若干措施》同时发布了《向台湾居民开放的国家职业资格考试目录》。据此，除了 6 项专业技术人员职业资格外，大陆已单方面向台湾居民开放了其他 53 项专业技术人员职业资格考试和全部 81 项技能人员职业资格考试。

（三）文教领域

祖国大陆高等院校从 1985 年起陆续招收台湾进修学生来大陆学习，截至目前，大陆已经初步建立保护台湾居民在大陆文教权益的法制框架，涵盖了招录程序、学历认证、奖助学金、医疗保险等方面。

台湾居民在大陆就读中小学及幼儿园实行"欢迎就读、一视同仁、就近入学、适当照顾"的政策。原则上，经批准设立的公办和民办普通中小学、幼儿园和中等职业教育机构都可以接收台胞子女就读。对台胞子女在入学（园）和升学条件、学校安排、收费等方面给予同等待遇，并创造条件给予适当照顾。[①]

在高等教育方面，大陆接受台湾学生通过全国联招考试和高校自主招生等方式，就读大陆高校；设立台生预科班、台商子弟学校，接收已获得大专以上（含）学历的台湾学生在大陆高校插班就读；对于台湾学生执行与大陆学生相同的收费标准，可申请免修政治理论和军训课程；享受国家设立的"台湾学生奖学金"；自 2003 年起，教育部留学服务中心面向全国开展对台湾地区学历学位证书和高等教育文凭的认证服务；自 2006 年起，教育部正式认可台湾教育主管部门核准的台湾高等学校学历。此外，全日制台湾学生均纳入城镇居民基本医疗保险范围，享受与大陆学生同等的基本医疗保险待遇。当地财政也将为这些台生的医保提供财政补助。

（四）政治领域

毫无疑问，作为我国公民的重要组成部分，台湾居民理应享有政治权利和自由，事实上也没有任何法律将台湾居民排除在外。我国《宪法》第 2 条规定："人民依照法律规定，通过各种途径和形式，管理国家事务，管理经济和文化事业，管理社会事

---

① 参见 2008 年 1 月 30 日教育部、国务院台湾事务办公室联合发布的《关于进一步做好台湾同胞子女在大陆中小学和幼儿园就读工作的若干意见》（教港澳台〔2008〕7 号）。

务。"《宪法》第 34 条和第 35 条进一步确认,中华人民共和国年满十八周岁的公民,除依照法律被剥夺政治权利外,不分民族、种族、性别、职业、家庭出身、宗教信仰、教育程度、财产状况、居住期限,都有选举权和被选举权。公民亦有言论、出版、集会、结社、游行、示威的自由。台资企业还可根据《台湾同胞投资保护法》以及《社会团体登记管理条例》等法律法规组建社会团体;在主管部门的授权下,台湾地区经贸社团在大陆部分城市设立办事机构也已逐步试点。①

随着两岸关系的发展,台湾居民在大陆要求行使选举权和被选举权的诉求也开始萌发。1993 年,广西壮族自治区阳朔县两名台商要求参加当地选举,对此,全国人大常委会法工委在答复时表示,建议"参照"《选举法》的规定,允许其参加工作地的县乡人大代表选举。1995 年,全国人大常委会法工委在一份答复中,进一步确认了台湾居民被选举为人大代表的可行性。② 鉴于实践中,台湾居民当选人大选举的实践较少,2010 年修订的《厦门经济特区台湾同胞投资保障条例》第 41 条便采取变通办法,规定在厦台湾居民申请旁听市人大常委会会议,列席市人大会议的权利,且当年就有 3 名台商首次列席厦门市人大会议,引起台湾当局的高度关注。台湾居民参与政协活动则起步更早。2005 年,厦门首次邀请台商代表列席市政协会议;2008 年,5 名台商首次担任厦门市政协委员。截至 2012 年,便已有 79 名台湾居民在大陆担任人大代表或政协委员。③

台湾居民在大陆参与其他敏感性较低的社会事务治理方面,更是早已屡见不鲜。例如,2007 年以来,台湾居民越来越多地应邀担任涉台案件的特约调解员、人民陪审员和大陆仲裁机构的仲裁员。符合条件的台湾区民可以在部分城市受聘为"台湾特聘专家"并在机关和企事业单位担任中高层职务;获得当地政府授予的荣誉称号。部分台湾居民被当地聘为社区居委会主任助理、社区治理顾问、业主委员会主任、行风评议员等职务,④ 共同参与大陆基层社会治理。

(五)小结

综上可见,当前,台湾居民在大陆的权益保障已达到较高水平。在经济领域,台

---

① 例如,2012 年 10 月 1 日,《厦门市台湾经贸社团在厦设立代表机构备案管理办法》开始实施。

② 参见乔晓阳、张春生主编:《选举法和地方组织法释义与解答》(修订版),北京:法律出版社 1997 年版,第 204—205 页。

③ 参见陈思豪:《台湾民众到福建平潭担任陆公职 最高罚金 50 万元》,(台湾)今日新闻网,2017 年 10 月 7 日访问。

④ 参见《厦门市台湾特聘专家制度暂行办法》第 4 条,《厦门经济特区台湾同胞投资保障条例》第 38 条,第 43 条。

湾居民的静态财产权已得到与大陆居民的平等保护。在动态的市场准入方面，随着社会主义市场经济体制的完善，台湾投资者早期享有的优惠政策正逐步被清理，实现与大陆投资者的一视同仁。只是因大陆实施"参照外资，同等优先"的政策，台湾投资者在市场准入方面与大陆居民仍有差距。在社会和文化领域，台湾居民已在受教育权、就业、生活等方面享受同等待遇，但囿于两岸技术和标准等方面的差异，在大陆的台湾居民在社会保险、职称评审等方面仍有制度制约。即便是在政治领域，台湾居民在大陆也已享有与大陆居民同等的政治自由权，并在基层社会治理等低阶政治领域享有一定的政治参与权。

四、台湾居民在大陆差别待遇的法律界限

如前所述，台湾居民在大陆享有同等待遇的宪法基础是平等权，而平等权之要义是"相同的事情为相同的对待，不同的事情为不同的对待"。[1] 可见，台湾居民在大陆的同等待遇是一个相对标准，参照对象是大陆居民，前提是"在相同的情况下"。然而，关键在于，在两岸关系实践中，大陆居民和台湾居民在所处的社会制度、政治体制、管理机制等诸多方面存在差异，一味强调绝对或完全相同的待遇非但不现实，而且不合理。事实上，在大陆的台湾居民在政治权利、市场准入、社会保障等领域之所以未能享受同等待遇，除了部分制度缺失之外，还主要涉及国家安全和社会公益等价值考量。无论是高于大陆居民的优惠待遇，还是稍低的差别待遇，其是否违反平等权的重要标志，便是这种差异是否属于"必要而合理"。[2] 换言之，"必要而合理"也构成检视台湾居民享有差别待遇的合法性的重要标尺。

例如，少数台湾投资者认为其在市场准入领域的限制，构成了所谓的"次国民待遇"。然而，即便大陆对外资实行准入前国民待遇和负面清单管理模式之后，台湾投资者也只能在此基础上享有部分特别待遇，而不可能享受与大陆投资者完全的准入待遇。这是因为，台湾投资者毕竟在资本、信息等方面处于台湾当局的控制或影响之下，与大陆的私人投资者并非处于"相同的情况下"，更不可与大陆的国有企业相提并论。因而，其投资于大陆敏感行业或部门应当依法接受审查，从而维护国家安全和社会公共利益。台湾投资者所需面对的禁止或限制的准入领域，以及额外的审查程序，同样不构成对同等待遇的悖离。

---

① 李惠宗著：《宪法要义》，台北：元照出版有限公司2015年第7版，第135页。
② 吴信华著：《宪法释论》，台北：三民书局股份有限公司2015年第2版，第281—283页。

再如，少数在大陆就学的台湾居民提出了服公职、参军、入党等政治诉求。相关案例实践中之所以极少，主要源于两岸政治对立状态下的"宪法忠诚"问题。① 我国《宪法》明确宣示应坚持党的领导、坚持社会主义制度等，而国家工作人员更是负有公开进行宪法宣誓并模范遵守宪法的义务。② 然而，台湾居民长期接受台湾当局的意识形态灌输，与大陆居民并不处于"相同的情况下"，因此，审慎检视其忠诚于《宪法》的言行，并非对其额外的"苛求"或不合理的差别待遇，亦不必然违反同等待遇。事实上，笔者尚未发现大陆有法律规定明确排除台湾居民的上述基本权利。从这个意义上看，台湾居民在大陆行使政治权利并不存在制度障碍，更多是实践中有待进一步明确审查标准的问题。

总之，台湾居民在大陆的权利保障涉及其生活、工作等方方面面，其是否享有与大陆居民的同等待遇，绝不应仅仅根据是否存在表面差异来判断，而应结合特定权利本身，考虑相关差异性措施的影响因素和规范目的，引入适当的审查标准来具体检验其是否具有合理性，从而最终得出是否违反平等权的结论。

五、台湾居民在大陆同等待遇的发展前景

一方面，实现台湾居民在大陆的同等待遇并非一蹴而就，而应与大陆的经济社会发展水平相适应，与政府向民众提供公共产品的能力相匹配。以市场准入为例，如前所述，大陆当前已在《海峡两岸相互投资保护和促进协议》项下赋予台湾投资者与大陆投资者在投资准入后的同等待遇，至于准入前阶段的同等待遇，则取决于大陆构建全方位开放型经济新体制的进程。对此，商务部已在《外国投资法（草案征求意见稿）》中透露，将采取准入前国民待遇和负面清单的外资管理方式，大幅减少外资限制性措施，放宽外资准入。在大陆的台湾投资者在参照适用的基础上，还可享有特别待遇。③ 可见，台湾投资者在市场准入方面将很快接近于大陆投资者同等的待遇。同样，在教育、医疗、社会保障等公共服务领域，随着大陆综合实力的增强和国家治理能力的提升，相关部门出台的政策更具精细性，从而将台湾居民纳入同等待遇的保障范围。

另一方面，大陆将更加注重单边政策驱动来强化台湾居民权益保护。习近平总书

① 陈新民著：《宪法基本权利之基本理论》（下），台北：五南图书出版有限公司2002年版，第160—166页。
② 参见《公务员法》第4条、第11条和第12条，《全国人民代表大会和地方各级人民代表大会代表法》第4条，《兵役法》第6条，以及2015年7月1日十二届全国人大常委会通过的《关于实行宪法宣誓制度的决定》。
③ 参见商务部2015年公布的《外国投资法（草案征求意见稿）》第20条、第22条和第162条。

记指出："从根本上说，决定两岸关系走向的关键因素是祖国大陆发展进步。"[①] 一方面，"台独"势力始终不遗余力地构建将两岸民众相互隔离的社会环境，这就要求大陆反其道而行之，加快推进对两岸居民的一体化对待。另一方面，大陆自身实力的提升，使大陆更有能力推行具有包容性的政策，将台湾居民纳入国家和社会治理的范围。据此，应立足于台湾居民作为中国公民的法理和事实，逐步落实《宪法》和法律赋予台湾同胞的权利。同时，针对两岸尚未正式结束敌对状态且存在两个法域的客观现状，对台湾居民在大陆的权利做出必要而合理的限制。在立法技术方面，以大陆居民权利为参照，总结提炼台湾居民权益保护"负面清单"的时机日臻成熟。即便考虑到地区发展的不平衡性，全国范围内的统一立法可能尚存困难，但地方性的探索则存在制度和政策空间。

六、结语

随着两岸关系的发展和两岸交流交往的绵密，台湾居民融入大陆的制度需求越发迫切，而为其提供与大陆居民的同等待遇是大势所趋。这不仅事关两岸交往秩序的制度化，有助于推动两岸社会融合，更是落实《宪法》赋予台湾居民作为中国公民的平等权的必然要求。然而，同等待遇并不等于绝对相同的待遇。在两岸尚未正式结束敌对状态、国家尚未最终完全统一的情况下，基于国家安全、社会公共利益的整体价值以及两岸分属两个"法域"的客观实际，大陆不得不在台湾居民的政治参与、市场准入等方面做出必要而合理的限制，这些限制并不必然违反平等原则。与此同时，随着经济社会发展水平的提升，大陆势必更加主动作为，在经济、社会、文化教育等公共领域，逐步为台湾居民提供与大陆居民同等的公共产品，从而体现两岸同属一个国家的法理和事实。

---

① 参见《习近平强调：坚持两岸关系和平发展道路　促进共同发展造福两岸同胞》，新华网北京 2015 年 3 月 4 日电。

运用法治方式推动两岸经济社会融合发展

杜力夫*

一、两岸经济社会融合发展是实践"和平统一、一国两制"的关键一步

党的十八大以来,以习近平同志为核心的党中央领导集体,坚持以"和平统一、一国两制"为根本指导方针,在完成祖国统一辉煌伟业的道路上,与时俱进,从国家统一的指导思想和选择路径方面,不断创新。在进一步深化两岸和平发展的基础上,习近平总书记明确提出两岸"经济社会融合发展"的思想,两岸通过经济社会融合走向统一。这为两岸人民建设共同家园,共圆祖国统一的中国梦指明了努力方向,成为我们在新形势下对台工作的基本指导思想。

两岸经济社会融合发展,是"和平统一、一国两制"命题中的应有之义,也是"和平统一、一国两制"这一伟大政治构想在当前可行的实现路径和关键一步。"一国"之所以能够容纳"两制",就是因为在冷战结束的大背景下,无论在发展道路的选择方面还是在意识形态方面,"两制"不再尖锐对立,誓不两立。作为资源配置方式的市场经济体制、作为权力配置方式的相互监督相互制约的权力运行模式以及作为价值观的民主、自由、平等、公正、法治,无论是哪一种制度先提出的,另一种制度没有必要因噎废食,拒绝接纳。人类政治文明和精神文明的优秀遗产,在建设人类共同家园的过程中,完全可以共享。"两制"不再成为人类社会冲突的理由,从和平发展到经济社会融合发展,将是建设人类共同家园的不二法门。

两岸经济社会融合发展的命题,也为两岸化解政治分歧指明了方向。正如胡锦涛同志在 2008 年 12 月 31 日所指出的:"1949 年以来大陆和台湾尽管尚未统一,但不是中国领土和主权的分裂,而是上世纪 40 年代中后期中国内战遗留并延续的政治对立。""两岸复归统一,不是领土和主权的再造,而是结束政治对立。"两岸经济社会融合发展的思想告诉我们:冷战结束后的世界格局下,两岸制度上的差别、政治上的分歧,乃至意识形态上的不同,不再是不可逾越的鸿沟,在浩浩荡荡的世界潮流和纷

---

* 杜力夫,海研会理事、福建师范大学法学院教授、闽台区域研究中心政治所所长。

繁复杂的国际形势面前，两岸人民有着唇亡齿寒的利益联结，有着休戚相关的利益交织，两岸已经成为分则两伤，合则两利的命运共同体。只有不断融合发展，达到心灵契合，走向两岸统一，才能共谋福祉。切不可以陈旧的冷战思维看待两岸关系。政治是经济的集中表现。政治分歧的基础是经济利益的冲突，而经济社会的融合发展则是对政治分歧的"釜底抽薪"之举，也是化解两岸政治分歧的最佳方式。诚如李逸舟先生所总结的，两岸经济社会融合发展的思想，是中共对台战略的一次质的飞跃，实现了规律性和目的性的高度自恰，成为对台工作与两岸关系发展的基本指导思想。①

二、以法治方式落实两岸经济社会融合发展

两岸经济社会融合发展这一命题，可以说是十八大以来，以习近平同志为核心的党中央作出的一项高瞻远瞩的政治决断。这一政治决断，需要可行的实现路径和正确的切入点。在全面依法治国的战略格局中，两岸经济社会融合发展唯一正确、可行、持久、稳定的实现路径，就是它的法治化。党的十八届四中会全作出的《中共中央关于全面推进依法治国若干重大问题的决定》中，对此有明确规定："运用法治方式巩固和深化两岸关系和平发展，完善涉台法律法规，依法规范和保障两岸人民关系、推进两岸交流合作。"《决定》还明确要求："善于使党的主张通过法定程序成为国家意志。"两岸经济社会融合发展必须通过立法、执法、司法、守法等一系列的法治化环节和措施予以落实。

这是因为，法治方式在解决社会问题时，强调存在分歧的双方达成并遵循一定的契约、协议、规则，从而使双方的行为有明确的预期，并处于一种可控的状态。在此基础上，逐步消除分歧。这种契约、协议、规则可以是明示的，也可以是默示的，可以是成文的，也可是不成文的。但必须是双方心知肚明的规则，以便双方按规则出牌。法治的治理方式所强调和依赖的这种契约、协议、规则，都可以看成是广义的法。两岸经济社会融合发展，必须以一定形式的"法"，来作为推进融合发展进程的行为规则，这种"法"可以不必拘泥于形式，只要能够为两岸的经济社会融合发展提供行为规则就行。两岸经济社会融合发展中的"法"，分为两种，一种是两岸双方各自的相关立法，一种是两岸协议。这两种形式的法，都有必要围绕两岸经济社会融合发展这一政治决断来进一步加强制定和实施。目前，在两岸协议的商谈和制定遇到种种阻力和困难之时，尤其要重视两岸各自单方面立法方式的运用。对于大陆一方来

---

① 李逸舟：《大陆对台方针政策几个基本概念的理解与体会》，载《中国评论》月刊2017年8月号。

说，更要有主动性和自觉性，积极作为，在两岸经济社会融合发展的法治化方面，率先采取行动。

当然，在两岸关系的博弈中，两岸双方不是不可以有各自的政策和策略，而是这种政策和策略应当是说服对方形成两岸共同接受的契约、协议、规则的手段，而不再是单方面的谋略和技巧。两岸共同接受的这种契约、协议、规则，背后是两岸不同程度的共识。这种共识的不断积累，就会构筑起两岸经济社会融合发展的坚实基础，这种共识达到约翰·罗尔斯所说的"重叠共识"阶段，就会成为两岸通过经济社会融合走向政治统一的基础。共识是相互说理的结果，不可以强加于对方。法治方式也是一种说理的方式。涉台方面的立法、执法和司法过程，也是一个与对岸说理的过程。通过涉台方面的立法、执法、司法活动来推进两岸经济社会融合发展，既展现出大陆方面促进两岸经济社会融合发展，造福于台湾同胞的诚意和努力，也是大陆方面寄希望于台湾人民，化解政治分歧，建设两岸共同家园的有效举措。

三、推进两岸经济社会融合发展的立法框架

当前，推动两岸经济社会融合发展的立法措施应当以宪制性法律《反分裂国家法》为依据，集中在以下三个主要方面：

一是以落实已经签订的两岸协议为主要目标，围绕相关两岸协议制定具体实施细则和操作规则。两岸协议已经签订了21项，并且达成了多项共识。这些协议涉及经济合作、旅游、海运、食品安全、知识产权保护，投资保护、核安全、共同打击犯罪及司法互助、空运、邮政、金融合作、医药卫生合作、海关合作、服务贸易、气象合作、地震监测合作等许多领域。这些协议在执行过程中，尽管因岛内民进党的执政产生许多阻力和障碍，执行情况有许多不尽如人意之处，但协议的法律效力和维护两岸人民福祉的主旨是任何人也无法否认的。大陆为落实这些协议，真正为台湾同胞谋福祉，做了大量工作。目前，需要总结经验，通过制定相关规范性文件，形成配套的落实这些两岸协议的规则体系，为两岸协议的稳定实施提供立法支持。构成这些规则体系的规范性文件，可以是行政法规、部门规章，也可以是地方性法规、地方政府规章，还可以是具体办事部门的办事规则或作业指引。由于两岸协议涉及的范围十分广泛，这些建章立制的"立法"工作涉及多个部门和单位，更需要统筹规划，协调落实，一抓到底，尽快见效。

二是以两岸文化教育、安全合作交流为重点的立法。随着两岸交流交往不断深

化，经济领域的融合发展必然导引出文化教育领域和安全合作领域融合发展的需求。两岸经济领域的交流合作已经有了规范两岸公权力机关的框架协议，这就是 2010 年 6 月签订的《两岸经济合作框架协议》（ECFA）。而在文化教育和安全合作领域，目前还没有签订类似以规范两岸公权力机关为对象的框架协议。而两岸文化教育和安全合作领域的交流融合，客观上必然会产生签订这种以规范两岸公权力机关为主要对象的框架协议的需求。《两岸文化合作框架协议》（Cultural Cooperation Framework Agreement，CCFA）、《两岸安全合作框架协议》（Security Cooperation Framework Agreement，SCFA）和已经签订的《两岸经济合作框架协议》将会是构成两岸和平协议的三大支柱。目前由于岛内执政当局的消极态度，两岸文化教育和安全合作领域相关协议的商谈签订陷于停滞。面对这一情况，大陆方面应当积极以单方面的立法来适应日益扩大的两岸文化教育交流和安全合作需求，而不应当因为对岸的消极而放慢自己的立法步伐。相反，要以积极主动的立法活动为日益扩大的两岸文化教育和安全合作交流提供行为规则的供给，主动适应两岸文化教育和安全合作领域的融合发展。通过不懈努力，就一定能够为将来两岸签订《文化合作框架协议》和《安全合作框架协议》创造有利条件。

三是保障和便利台湾同胞在大陆创业、就业、工作、投资、入托、就学、购房、定居、婚嫁、支付、医疗、养老以及其他方面权益为目的的立法。随着两岸人民交流交往不断深化，台胞在大陆日常生活和工作的许多方面，需要得到与大陆同胞同等待遇。他们的权益保障不仅需要政策上的优惠，更需要法律上的规范。通过立法满足他们各个方面的需求，保障他们的合法权益，使他们生活工作更加便利，是落实两岸经济社会融合发展的重要方面。《中共中央关于全面推进依法治国的若干重要问题的决定》中特别强调："依法规范和保障两岸人民关系、推进两岸交流合作。""依法保护港澳同胞、台湾同胞权益。"《决定》在谈到加强重点领域立法时，指出，要"依法保障公民权利，加快完善体现权利公平、机会公平、规则公平的法律制度，保障公民人身权、财产权、基本政治权利等各项权利不受侵犯。""实现公民权利保障法治化。"保障台湾同胞的合法权益，是当前中央和地方涉台立法的重点之一。

四、以涉台立法主动引领两岸关系的走向

党的十八届四会全《决定》的公布和习近平总书记首次提出两岸经济社会融合发展，已经过去了近三年。以法治方式推动两岸经济社会发展，是一项需要通过立法规划和立法活动予以具体落实的重大战略行动。对此，我们不能等待，不能受制于人。近年来，涉台立法方面的工作亟须强化，不可松懈。通过大陆方面主动的立法活动推动两岸经济社会融合发展，意义重大。

首先，大陆方面在目前岛内执政当局对签订和实施两岸协议采取消极立场的形势下，更应当掌握两岸经济社会融合发展的主动权和主导权，运用立法措施和行政措施，积极推动两岸交流合作，不必受制于人。规则的制定不仅仅是为双方交流提供行为准则，而且还标志着对局面的把控，规则体系会主导话语权，话语权则会引导人们的思维过程。目前，大陆方面更应当以周密的涉台立法规划和积极主动的规则制定行为，引导两岸关系在经济社会融合发展的道路上不断前行。要意识到掌握两岸经济社会融合发展主导权和规则制定权的紧迫性和重要性，切不可因为对岸民进党执政当局采取消极立场而自己不主动作为。

其次，涉台立法的重要功能还表现在两个方面：一方面，在存在两岸协议的领域，大陆方面的涉台立法可以为这些两岸协议的实施提供可操作的细则，强化这些两岸协议的实际效果，弥补协议中的不足之处，为协议功能的发挥提供支持；另一方面，在不存在两岸协议的合作交流领域，大陆方面的涉台立法为这一领域的交流合作提供行为规范，将这些交流合作初步纳入法治的轨道，并为将来商签相关的两岸协议打下基础。最终为两岸签订和平协议添砖加瓦。

应当看到，两岸和平协议的签订，需要一系列两岸合作框架协议作为支柱，需要大量的两岸交流合作融合发展的协议作为基础。同时，也需要大陆方面众多的涉台立法来引领方向。这是一项艰巨宏伟的法治工程，需要我们一点一滴累积共识、固化成果。两岸经济社会的融合发展和我们实现祖国统一的目标，不应当受岛内政党轮替的左右。越是在困难的情况下，越是要不忘初心，积极作为，加快落实十八届四中全会《决定》中关于"完善涉台法律法规，依法规范和保障两岸人民关系、推进两岸交流合作"的要求。

新形势下推进两岸社会融合发展的若干思考

刘凌斌　孙　璇[*]

　　"推进两岸经济社会融合发展"是新形势下以习近平同志为核心的新一届党中央对台政策的核心内容与关键抓手。[①] 从大陆对台政策与两岸关系的总体脉络看，这是一个重大而深刻的理念、思想、战略演进，成为习近平对台思想的核心与统御性概念。[②] 两岸融合发展是在继续扩大和深化两岸交流合作的基础上，通过凝聚两岸同胞的共同利益，并不断用真诚、善意、亲情拉近两岸同胞的心理距离的方式，来实现两岸和平统一的新思路,[③] 是实现"两岸一家亲""两岸命运共同体""两岸心灵契合"的重要途径，必将为两岸关系由和平发展走向和平统一注入新动力。新形势下推进两岸经济社会融合发展，并非简单的"经济融合 + 社会融合"，而是经贸合作和社会往来相互交融，以经济融合带动社会融合，以社会融合促进经济融合，最终实现两岸心灵契合。可见，推进两岸社会融合发展是新形势下深化两岸融合发展的重要环节，符合两岸同胞的根本利益，是两岸各领域交流合作和人员往来发展到一定阶段的必然要求，是倡导"两岸一家亲"理念和建构"两岸命运共同体"的重要内涵，是新形势下化解分歧，破解两岸难题，实现心灵契合的必由之路。本文拟结合两岸社会融合发展面临的新形势，分析两岸社会融合发展存在的问题与障碍，在此基础上就如何推进两岸社会融合发展提出若干政策思考。

一、两岸社会融合发展面临的新形势

（一）两岸关系出现新变局

　　蔡英文执政以来，其两岸政策主张以"新四不一没有"为主轴，即在处理两岸关

---

* 刘凌斌，福建师范大学社会历史学院博士研究生，福建社会科学院现代台湾研究所副研究员；孙璇，福建师范大学马克思主义学院博士研究生，福建社会科学院现代台湾研究所助理研究员。
① 陈桂清：《推进两岸经济社会融合发展的基础条件与政策建议》，香港《中国评论》2017 年 6 月号。
② 李逸舟：《习近平对台思想统御性概念：两岸经济社会融合发展》，香港《中国评论》2017 年 7 月号。
③ 王英津：《融合发展：大陆推进和平统一的新思路》，香港《中国评论》2017 年 4 月号。

系议题上坚持"承诺不会改变，善意不会改变，也不会在（大陆）压力下屈服，更不会走回对抗的老路"的所谓"新四不"原则的基础上，始终没有回答是否承认"九二共识"及其"一中意涵"这道事关两岸关系和平稳定的"必答题"；以"维持现状"为基本立场，以推行"柔性台独"路线为主要手段，以实现"和平台独"为最终目标。[①] 由于"完全执政"的民进党仍然拒绝承认"九二共识"及其"两岸同属一中"的核心意涵，破坏了两岸关系和平发展的政治基础，导致 2008 年以来的两岸关系和平发展进程遭到干扰与破坏，两岸关系发展陷入停滞不前的"冷和平"局面，呈现"斗而不破"的僵局状态，两岸制度化沟通协商机制停摆，在某些领域的交流合作已产生波折甚至出现倒退的局面；两岸在涉外领域的矛盾和冲突频发，在国际社会发生"冷战"的概率升高；两岸民间交流受政治大环境波及，民众往来减少，两岸民意已呈现某种程度的对抗局面，两岸"大交流、大合作、大发展"的局面恐难得以延续。当前民进党执政状况下两岸关系出现的新变局在一定程度上表明，两岸交流合作对于遏制"台独"的确有效，但对于促进两岸由和平发展走向和平统一的功效并不显著。有鉴于此，大陆的对台政策出现了从交流合作到"融合发展"的新转向，希望在两岸交流合作的基础上不断推动两岸"融合发展"，形成两岸共同利益连结，逐步引导岛内主流民意由"反统趋独"向"反独趋统"转变，为最终实现两岸和平统一奠定基础和创造条件。

（二）岛内民意出现新变化

2008 年国民党重新执政后，马当局奉行"不统、不独、不武"的"三不政策"，没有及时在文化、教育和新闻舆论等领域及时拨乱反正，未能有效遏制"台独"分裂思潮在岛内蔓延，再加上复杂的历史原因及民进党等"台独"势力的恶意操弄，岛内民意发生了新变化。一方面，台湾民众尤其是年轻一代的"中国认同"危机有愈演愈烈之势，认同自己是"台湾人"而非"中国人"，"抗拒统一、维持现状"逐渐成为台湾社会的主流民意，而台湾青年世代的政治心态则可以用"恐中""拒统""容独"来概括，即使被称为"天然独"言过其实，至少也可形容为"天然台"或"人造独"。部分台湾民众在价值判断上认同西方政治价值观，对大陆的社会制度、意识形态和发展模式存在误解与疑虑，对大陆的发展和崛起备感压力与焦虑，心生抗拒与排斥，担心两岸交流合作的不断深化损害台湾的"主权""国家安全"及民众的切身利益。另一方面，也有不少台湾民众意识到两岸统一是大势所趋，台湾追求"独"的力

---

① 参见刘凌斌：《蔡英文执政后的两岸政策主张及其走向探析》，香港《中国评论》2017 年 6 月号。

量及意志不足以抵挡大陆"统"的决心，最后"必然被统"。如 2016 年"中研院"一份民调显示：近半数民众主观上希望"独立"，但是也有近半数预测最后的结果将是台湾被统一。部分台湾民众和年轻人对大陆的崛起"乐观其成"，愿意以更为积极的态度来看待两岸交流合作。随着大陆快速崛起尤其是经济增长创造的巨大机会对台湾年轻人也越来越有吸引力，越来越多的台湾青年出于自身现实利益考虑，愿意到大陆就业，寻求发展机会。岛内民意出现的上述新变化尤其是民众对待两岸关系及大陆发展的矛盾心态，使得推进两岸社会融合发展既面临重大历史机遇，又面临严峻挑战。

（三）大陆经济社会发展进入新时期

"十三五"时期，中国大陆正加快推进"四个全面"（全面建成小康社会、全面深化改革、全面依法治国、全面从严治党）的战略布局，不断壮大综合实力尤其是"软实力"，持续增强对台湾民众的吸引力与向心力。随着大陆宏观经济进入中高速增长的新阶段，大陆经济发展和社会建设正在发生着一场全面而深刻的结构性变革。在经济新常态下，中国经济社会发展将坚持"创新、协调、绿色、开放、共享"的五大发展理念，正着力推动创新驱动和供给侧结构性改革等战略，实现经济结构转型升级，着力改善民生和创新社会治理，着力加强生态建设和环境保护，力争在"十三五"末全面建成小康社会，并为实现第二个百年奋斗目标、实现中华民族伟大复兴的中国梦奠定更加坚实的基础。2008 年随着两岸关系步入和平发展的新时期，两岸人员往来与经济、社会、文化、教育等各领域交流合作蓬勃发展，取得了显著成效。新时期大陆要实现经济社会发展的目标，仍然需要台湾元素的参与。因此，持续全面推进两岸融合发展，不能再只走过去"招商引资"的老路，吸引的不再只是台湾的资金、技术、企业来大陆发展，而是要更加注重利用台湾的人才、智慧与创意助力大陆发展；不能仅仅着眼于两岸经济融合发展，而且要大力推进两岸社会融合发展。大陆要更加积极主动与台湾同胞分享大陆发展机遇，让台湾民众尤其是年轻人参与到大陆的经济社会建设中来，将自己的命运与大陆的发展连结起来，吸引更多台湾同胞尤其是台湾青年到大陆各地就业创业、安家落户、扎根当地，融入大陆社会，实现人生价值，为践行"两岸一家亲"理念，构建两岸命运共同体，实现两岸心灵契合与融合发展夯实基础。

二、两岸社会融合发展的问题与障碍

近 30 年两岸关系发展成果的累积，让大陆单方面推进两岸社会融合发展具备了落地生根的群众基础与现实条件。第一，两岸关系"大交流、大发展、大合作"的格局已经形成，两岸人员往来日益频繁，各领域交流合作成效显著，两岸经济的深度融合发展为两岸社会融合发展提供了坚强的物质基础。第二，大陆对台湾民众的吸引力持续增强，台湾民众尤其是年轻一代前来大陆发展的意愿持续高涨，[①] 在大陆学习、工作、生活，参与大陆经济社会建设的台湾民众和青年人越来越多。第三，大陆对台湾民众的利益保障与生活便利化措施日益完善，对台优惠措施越来越多。未来无论岛内局势与两岸关系如何变化，大陆仍将一如既往地继续坚持推动两岸交流合作与融合发展的对台政策，这是新形势下推进两岸社会融合的最大动力。[②]

尽管两岸民间社会之间的互动已有 30 多年的历史，目前两岸人员往来的年度规模也达到近 1000 万人次的程度，两岸社会融合发展的基础与条件已经具备，但不可否认，当前两岸社会的融合状况并不全然理想，两岸社会融合发展的整体进程仍然相当缓慢，仍然面临诸多的问题与障碍。

（一）"台独"分裂势力阻挠

当前民进党执政格局下，岛内影响两岸融合进程的分离主义势力主要包括传统"深绿"势力、"蔡系"（"英派"）与"时代力量"党。其中，传统"深绿"势力的行为主张较为直接与鲜明，属于"激进台独""急独"势力，主张通过"改国号""公投制宪"等达到分裂两岸的目的。新兴的"时代力量"党集结了在"台独"教育中成长起来的"天然台"与"天然独"的台湾青年支持者，主张推动台湾"国家地位正常化"和"以台湾的名义参与国际活动和加入国际组织"，是诉诸"法理台独"的分离主义势力。蔡英文为首的"英派"则以"柔性台独"的策略，通过政治意识形态、大陆政策以及具体政见主张"拒统"及"去中"。以"蔡系"为主、传统"深绿"势力与"时代力量"党为侧翼的力量，形成一股强大的"台独"分裂势力，从党政意识形态、教育宣传、两岸政策等各领域对台湾社会带来全面而深入的渗透与影响，他们在岛内不断鼓动民粹主义，管控两岸交流，煽动青年群体，培育"拒统去

---

① 岛内不同机构所作民调及两岸学者进行的问卷调查均显示，台湾年轻人中愿意赴大陆就业的比例一直高达四至六成，远高于其他年龄层。2017 年 3 月 27 日《远见》杂志公布最新一季"台湾公共政策民意大调查"结果显示，有高达 58.8% 的民众有意离台工作、求学或投资，其中以来大陆为首选，比例达 51.5%，其中，20 到 29 岁年轻世代前来大陆发展的意愿更高，他们愿来大陆的比例占 59.5%。另据台湾 1111 人力银行执行长、东森财经频道主持人陈晓蓁透露，2016 年 5 月 20 日民进党上台后两岸关系生变，但台湾人才西进的步伐并未停止，愿意到大陆工作的台湾人才反而有所增加。

② 参见陈桂清：《推进两岸经济社会融合发展的基础条件与政策建议》，香港《中国评论》2017 年 6 月号；陈先才：《新形势下推进两岸社会融合发展问题研究》，《现代台湾研究》2016 年第 6 期。

中"势力，是阻碍两岸社会融合的最大制约力量。

（二）两岸社会互信不足

第一，两岸长期分离历史影响下的心理隔阂。2008 年以后，两岸放下包袱、搁置争议、积极交流，实现了两岸"三通"并签署了 20 余项协议，推动两岸经济社会的跨越式的交流发展。但相对于此前长期的敌对与隔阂，两岸和平往来仅八年，两岸互信基础还较为薄弱。2014 年，台湾爆发了"太阳花学运"，助推了民间"恐中"社会心理与民粹主义行为，客观上反映了两岸社会互信基础脆弱。随着 2016 年民进党上台执政，两岸关系发展由于缺乏政治互信基础而陷入瓶颈，两岸公权力层面的交流沟通机制停摆，两岸制度化合作受到显著冲击，政治互信不足与社会互信脆弱的双重矛盾也显现出来。

第二，长期"台独"教育下的认同疏离。李登辉以及陈水扁主政期间，全面推动"去中国化"的文化与教育政策，自上而下地操控宣传、教育、文化等意识形态工具，塑造"两国论"的身份话语体系。受到 20 世纪 90 年代以来"台独"教育的影响，台湾 80、90 后以来的年轻世代已普遍认同"台独史观"编造的历史论述，对两岸同源的历史脉络知之甚少。此外，台湾官方主导的宣传体系推行台湾的"国家"话语体系，大部分非"蓝营"传媒通常称"大陆"为"中国"，称台湾为"国家"，构建两岸异己身份，扭曲和重构了台湾新世代民众的"国族认同"与社会心理认同，形成了台湾民众意识形态上对大陆的心理疏离。

第三，民粹主义煽动下的"恐中"情绪。历史上两岸敌对与互不往来时期，台湾民粹主义势力煽动"武统"的战争恐惧，导致台湾民众对大陆的发展强大有着强烈的防范与畏惧心理。当代两岸经贸往来快速发展的时期，绿营势力制造夸大"台湾经济被大陆吞并""产业空心化""就业机会被剥夺"的舆论，加剧了台湾民众的敏感性与焦虑感，导致部分台湾民众对两岸交往持负面意见。岛内社会"恐中"情绪的过度渲染，引发了 2014 年的"太阳花学运"，形成了民粹主义性质的"恐中"意识与行动，不但冲击了台湾政治格局，导致民进党利用民粹势力的壮大趁势上台执政，同时也进一步加剧传递"反中拒统"的社会价值观。

（三）两岸社会制度差异

第一，两岸社会发展水平有落差。目前台湾已步入"后工业化社会"时期，城市化水平已超过 85%，城乡差别小，社会结构较为稳定，基本上实现了城乡社会一体化发展。台湾人均 GDP 达 14 万元人民币，大专及以上学历人口占比达 42%；大陆正处于"工业化社会"迅速发展时期，城市化程度相对低，城乡差距大，城乡二元社会结构较为明显，离实现城乡一体化发展还有一定差距。两岸民众之间的教育水平、收入水平、文明程度与生活方式尚存一定落差。

第二，两岸社会治理模式有差异。大陆社会治理长期以党政机关为社会治理决策主体，呈现出社会治理意志统一、动员效率与施行成效高、政策连贯性强的特点，"强政府，弱社会"的治理模式下民众对党政机关期望值较高、依赖性较强。台湾的社会治理模式则形成显著的"小政府、大社会"的特点，民众反感精英治理与威权治理，主张"公开化、开放式、民主式"的政社共治模式。

第三，两岸民众公共参与水平有差异。台湾民众不但具有上至地区领导人下至基层民意代表与行政首长（如村里长）的选举投票权，而且在社会治理上具有较大的参与权利，参与程度普遍较高、影响力较强。台湾民众参与社会治理的重要平台是台湾的各类人民团体。据台湾"内政部"统计，2015 年，台湾各级职业团体为 11014 个，各级社会团体达 47833 个，合计 58847 个，平均 25 个人就有一个非政党类人民团体，大陆平均约 2000 人才拥有一个社会组织。

（四）两岸法治文化差异

两岸虽同属大陆法系，但受到历史和政治等多重因素影响，导致两岸之间的法治文化也存在一定差异，台湾地区的法治文化较多受到日本法和美国法的影响，具有鲜明的资本主义特征，与大陆地区已经初步建立的具有中国特色的社会主义法律体系存在明显不同。由于两岸法治文化存在差异、法律制度不同，法治文化乏交流融合，在两岸尚未实现完全统一之前，两岸之间缺乏双方共同认可的法律规范体系，无论是民事法规还是刑事法规，无论是社会管理的具体制度还是普通民众的法律素养，两岸都存在一定的现实差异，两岸对冲突的管辖权确定和法律适用也难免存在分歧，伴随日趋热络的两岸人员往来与交流合作，两岸之间出现法律冲突在所难免。特别是当前台湾通行的很多相关规定不合时宜，不但对台湾的大陆配偶及陆生有歧视，而且也阻止台湾民众在大陆担任公职，甚至严控退休公职人员赴大陆。例如，台湾方面的相关规定禁止拥有大陆配偶的台湾公务员出任诸如科技、财经、大陆事务等六项敏感职务，也禁止台湾民众在大陆担任党务、军事、行政或具政治性机构的职务，违者将处新台币十万到五十万罚款等。2016 年民进党上台后，蔡英文当局加快"修法"管制退役将领、离职政务官赴大陆的步伐。2017 年 7 月 6 日，台湾行政机构通过"两岸人民关系条例修正草案"，规定退离职人员赴大陆管制年限，从现行 3 年修正为至少 3 年，原服务机关只能增加、不能缩减。而曾担任防卫、涉外、安全以及大陆事务部门的官员赴大陆参加政治活动的管制年限更延长至 15 年。如有违反，5 年内将停发全部或部分退休金，以及罚款 20 至 500 万元新台币不等。马英九等历任台湾地区前领导人、吴敦义等副领导人及退休将领等都将受到管制。台陆委会还下发规定，严控台公务员过境或转机大陆。这些台当局的单方面限制措施客观上给两岸交流及融合发展增添新的障碍，当然对两岸社会进一步融合发展有负面的影响。

（五）台胞身份定位不明

两岸同属于一个中国，两岸同胞都是中国人，这不仅符合历史事实与政治现实，也符合两岸的各自的现行法理架构与政策规定。大陆的涉台法律法规均明确规定台湾同胞就是中国公民。例如，1991 年 12 月颁布的《中国公民往来台湾地区管理办法》第一章第二条已经明确在法条中定义，台湾居民就是"居住在台湾地区的中国公民"。但在具体的法律及政策执行层面，事实上却存在对台胞身份定位不明确的问题。一些政府部门在政策执行中实际上将台湾居民当作外籍人士进行管理。例如，大陆一些机场、码头等出入境口岸设有"国内出发（到达）"和"国际/港澳台出发（到达）"，通关签证标识标牌将"台湾居民办证"和"外国人签证"混同在一起，出现了台湾居民走"外国人通道"出入境，与外国人一起办理出入境证件的情况，使得台胞回到大陆仍然感觉自己被当作外国人对待。近年来大陆陆续出台一系列有关保障台胞合法利益、便利台胞生活的政策措施，但在实践中却存在着政策执行不力、某些地方和机构"阳奉阴违"的状况，导致政策措施无法落地。例如，尽管近年来大陆出台一系列政策措施鼓励台湾青年到大陆就业创业，但由于台湾居民在大陆无法享有完整的"居民待遇"，一些企事业单位为了管理方便，仍然不愿意招收台湾人就业。又如，虽然国台办已下发通知取消台湾人到大陆须入住"涉外酒店"的规定，国家旅游局也下发文件，要求各地旅游管理部门加强政策指导，要求旅游住宿企业严格遵守国家法律法规和相关政策规定，不得以任何非正常理由对台湾同胞办理入住设置障碍，但这一最新政策在某些地方并未得到严格执行，近期仍有一些台胞抱怨在某些地方无法入住无法接待外宾的普通宾馆，给他们出行造成不便。此外，由于台胞证（8 位）与大陆居民身份证（18 位）编码的差异，台湾同胞在大陆的日常学习、工作与生活中面临很多不便，无法享受和大陆同胞一样的"居民待遇"。如之前台湾居民使用卡式台胞证无法网购火车票、自助取票并刷卡进站，近期才逐步开放，但仍有许多火车站设备尚未更新无法使用台胞证。在许多网络生活服务、移动支付平台及 APP（如各种金融与保险、共享单车、微信公众号、直播账号及有些地方政务平台服务等），几乎都仅支持大陆 18 位身份证号码，不支持台胞证注册认证，导致台胞面临无法完成身份认证，陷入无法根据需要办理相关业务或享受网络生活便利服务的困境。这一切都与台湾同胞在大陆未取得居民身份，未能享受完整的中国居民待遇有关，换言之，由于在实际的政策执行中对台胞身份的定位不明，反而导致部分台胞因身份认证被当作外国人对待，而产生了"自己是否是真正的中国人"的疑惑，这无疑将不利于两岸社会的进一步融合。

三、新形势下推动两岸社会融合发展的对策建议

（一）赋予台胞与大陆居民相同的身份待遇

在蔡英文当局推行"柔性台独"路线大搞"去中国化"的形势下，给予台湾同胞与大陆同胞完全相同的"居民待遇"就显得尤为紧迫和必要，这不仅可以方便他们在大陆旅行、学习、工作及生活，而且有助于提高台湾民众的"中国认同"和国民意识，从而确立和巩固"两岸一家亲"的理念。建议大陆在 2015 年实行卡式台胞证制度为台胞往来大陆提供便利的基础上，尽快推出完全仿造大陆居民身份证设计的"二代卡式台胞证"，无论是其内置芯片、还是编码规则以及承载功能均应与大陆居民身份证基本一致，并依据中国国家质量技术监督局于 1999 年 7 月 1 日实施的《公民身份号码》国家标准对台胞证进行 18 位编码（台湾地区地址码：710000），解决原有 8 位台胞证号码在许多地方不能认证的困扰，赋予台湾同胞与大陆同胞平等的身份认证权利。在此基础上，大陆应尽快研究出台便利台湾同胞在大陆学习、就业、创业、生活的政策措施，回应并落实台胞在政治、经济和社会文化等全方位权益保护的需求，逐步给予常住台胞"居民待遇"，营造台胞学习就业、投资兴业、交流往来和居住生活的良好社会环境，为两岸社会融合夯实基础。未来条件成熟时，可以考虑让长期居住在大陆的台湾同胞享有某些管理权利或政治权利。可以考虑向台湾民众适度开放某些管理领域的职位，也可以考虑给予台湾同胞适度的政治参与空间，允许在大陆连续居住满一定年限的台湾同胞参加当地选举或担任某些公职。另外，基于台湾是中国的一部分，大陆驻外使领馆可以依照大陆居民待遇对待旅居海外的台湾同胞，如大陆驻外使领馆可以向台湾侨胞核发大陆护照，并在平时提供必要的帮助，在灾难或紧急状

况下提供救援等，让旅居海外的台胞也能感受到身为中国人的自豪感与安全感。①

（二）加快有利于两岸社会融合的法治建设

在过去的近 30 年间，大陆相继出台了一系列涉台法律法规，但随着两岸关系的向前发展，这些法律法规有的已经不合时宜，这就需要与时俱进地对它们加以修订；在某些方面也曾出现过"法律真空"现象或存在灰色地带，这就需要及时跟进，补充完善相关立法。实践证明，有效的法律保障是两岸关系健康、稳定、持续发展的重要保证。未来，推进两岸社会融合发展也一定离不开法律法规的保驾护航。大陆应秉持"两岸一家亲"理念，坚持以人为本，对大陆涉台法律法规进行全面梳理并修订，运用法治手段切实保障台胞合法权益，增进两岸同胞安全福祉，努力扩大两岸关系和平发展成果的受益面和获得感。大陆方面可考虑制定一部全面规范两岸公权力互动、两岸民众往来与各领域交流合作的《两岸关系法》，使之与《反分裂国家法》形成互补与配套，作为国家尚未统一之前规范与处理两岸关系相关事务的根本大法。同时应尽快修订现行的涉台法律法规中不合时宜，制约两岸交流合作的条款，为台湾民众在大陆旅游、学习、生活、就业、创业提供便利，不断健全台胞参与政治和社会活动机制，让台胞分享大陆发展机遇，为他们提供施展才华、实现抱负的平台。②

（三）培育有利于两岸社会融合的文化氛围

一是明确以反"文化台独"为核心目标，加强统筹领导，有效整合资源，扩大两岸文化交流，着力促进两岸传统文化的传承与发展，大力培育有利于两岸社会融合的文化氛围。二是搭建一批两岸文化交流的新载体，加大对闽南文化、妈祖文化、客家文化等地域特色文化交流的支持力度。三是加大力度推进两岸文化产业合作，加强两岸影视传媒机构的交流合作，推动两岸文化业者共同设计、研发、生产和销售具有深厚文化底蕴的文创产品。四是加快实施民间文化入岛战略。鼓励和支持大陆民间文化团队更多地"走出去"，赴台进行民间艺术表演、开展宗亲文化、民俗文化、闽南文化、客家文化交流、民间信仰的庆典展演与神像巡游，入岛举办非物质遗产巡展、族谱巡展、历史名人的纪念活动等，向台湾社会宣扬民间文化。五是大力推动流行文化、精英文化入岛交流。两岸影视媒体可尝试开展合作，共同设计几档符合时代特征、让年轻人感兴趣的综艺节目，合拍制作精良的影视作品，并通过直接入岛录制节

---

① 参见王英津：《融合发展：大陆推进和平统一的新思路》，香港《中国评论》2017 年 4 月号。
② 参见刘凌斌：《构建"法治型"两岸关系刍议》，《台海研究》2016 年第 4 期。

目等方式，吸引台湾年轻人参与、观看。充分发挥"名人效应"，运作在岛内青年群体中粉丝众多的大陆影视明星、体育明星和文化名人入岛，向台湾年轻一代传播大陆流行文化、精英文化。

（四）推动台湾青年来大陆就业创业和发展

一是逐步放宽台湾青年在大陆的就业门槛。简化台湾青年在大陆就业的程序，进一步开放大陆各地非涉密事业单位和公务员职位（尤其是专业技术类）供台湾青年报考。二是加强政府各部门与各类涉台组织的协调整合，建立资源统合平台（如搭建专题网站、微信公众号），为台湾青年提供大陆发展资讯、实习就业岗位等信息资源。建议在大陆经济发达或台胞集中的地区设立台胞就业服务中心，开设针对台胞的人才市场，举行两岸青年创业论坛，设立台胞服务热线，为台湾青年到大陆工作提供就业推荐、政策咨询、职称评定、台湾学历认证等服务。三是注重发挥各地台企协等台商行业组织作用，加强与台湾高校、在陆台资企业合作，为台湾青年提供更多实习与就业机会；出台更多优惠政策，鼓励大陆企业招收台湾青年就业。四是加快推进大陆各地的台湾青年创业园区（基地、示范点）建设，完善青年创业的载体功能，结合各地经济与产业发展特点因地制宜，形成特色，为台湾青年创业提供政策、资金、税收优惠和技术支持，进一步提升青年创业服务水平。做好青创基地的风险管控，避免不具备条件的地方盲目跟进，或各地青创基地之间失序竞争。建立青创基地的考核评估机制，对运营良好的予以奖励，对运营状况较差的予以裁撤、合并。五是鼓励台湾青年投入休闲农业、精致农业、环境保护、生物科技、文化创意等较具优势行业，吸引更多台湾青年到大陆从事支教、扶贫、农村建设、公益慈善、社区管理等工作，为他们深入了解大陆社情民意、融入大陆社会发展创造机会，逐步提升其对祖国的认同感与归属感。

论"两岸一家亲"的核心意涵、落实途径与价值意义

钟厚涛*

2017 年 10 月 18 日，举世瞩目的中国共产党第十九次全国代表大会在北京胜利开幕。习近平总书记所作的重要报告，提出了一系列治国理政的大政方针和基本方略，为新时代中国特色社会主义伟大建设描绘了宏伟蓝图，也为全党和全国人民早日实现包括祖国统一在内的三大历史任务指明了新的方向。在两岸议题部分，习近平总书记在深刻总结十八大以来对台工作的具体实践和理论创新的基础上，将"两岸一家亲"等新理念与新主张首度写入十九大报告，[①] 进一步明确了新时期对台工作的指导思想和工作思路，具有重要的指引意义，为继续维护两岸关系和平发展注入了新的源头活水。

一、"两岸一家亲"理念的核心意涵：情、理、法

"两岸一家亲"理念是习近平对台思想的重要组成部分，也是大陆几代领导集体长期对台政策思想的承继和发展，是一个同时融合了"情、理、法"三位一体的重要理论创新，对于推动两岸同胞携手同心、共圆中华民族伟大复兴的中国梦具有重要指导意义。

（一）亲情、同胞情、民族情，情情感动人心

认真研读习近平总书记近年来历次重要涉台讲话，可以发现贯穿其讲话的主线都是一个"情"字。"两岸一家亲"新理念的提出，[②] 更是如此，充满着浓郁的亲情、

---

* 作者为中国社科院台湾研究所副研究员、博士。

① 按：全文对于十九大报告的引述，均来源于习近平：《决胜全面建成小康社会夺取新时代中国特色社会主义伟大胜利——在中国共产党第十九次全国代表大会上的报告》，北京：人民出版社 2017 年版，第 56—57 页。限于篇幅，下文不再一一赘述。

② 《周志怀谈习近平最新对台讲话：两岸一家亲是新理念》，中新网 2014 年 2 月 20 日，http：//www. chinanews. com/tw/2014/02 – 20/5864208. shtml。

同胞情和民族情。

首先是水乳交融的浓浓亲情。"一个大门分两扇,进进出出一家人。一道海峡连两岸,世世代代一条根"。台湾98%的住民系中国大陆福建、广东和各省的移民,其余2%是高山族,他们同与大陆同胞一样,也都是炎黄子孙、中华儿女,都是中华民族大家庭的重要组成部分。习近平总书记多次强调,两岸本来就是血脉相连、水乳交融的一家人,两岸同胞同根同源、同文同宗,心之相系、情之相融,没有什么力量能够把两岸同胞给人为割裂开来。显然,"两岸一家亲"理念的提出,是对两岸现实的一种客观表述,这既根植于两岸同胞共同的血脉传承,也扎根于彼此相通的历史文化。

无论是几百年前跨越"黑水沟"到台湾"讨生活",还是几十年前因为特殊历史原因迁徙到台湾,广大台湾同胞都是大陆同胞的骨肉天亲,都是打断骨头筋连着筋的同胞兄弟,是血浓于水的一家人。这种骨肉之情是与生俱来的,是浑然天成的,也是任何力量都不可能将之磨灭的。在过往的历史风云中,无论两岸关系如何起起伏伏,但两岸同胞对于亲情的渴望却从未中断,两岸同胞对于团圆的向往也成为两岸关系发展的重要原动力之一,并直接催生促成了30年前两岸交流的正式开启。"两岸一家亲"理念从两岸血脉情缘出发,显然有助于弥补两岸同胞的情感隔阂,拉近两岸同胞的心理距离,进一步增进两岸同胞的家国认同。

其次是休戚与共的炽热同胞情。两岸同胞并非岛内某些别有用心的政治人物所虚构出来的"远亲"或是"近邻"关系,而是都是流着相同血液、都是炎黄子孙的一家人。既然是一家人,大陆对于台湾同胞的历史遭遇向来感同身受。习近平总书记也一直念兹在兹,记在心头,多次深情地表示,台湾同胞因为特殊的历史遭遇和社会环境,产生了特定的心态,大陆对此充分理解,完全可以感受到台湾同胞的心情。

对于如何化解台湾同胞因为历史原因造成的特殊心结,习近平总书记也开出了自己的"灵丹妙方",那就是以"两岸一家亲"的亲情去换位思考,将心比心、推己及人,耐心倾听他们的所思所想所痛,以同理心去感受台湾同胞的历史境遇,以包容心去化解台湾同胞的心灵隔阂。习近平总书记指出,慰平心里创伤需要亲情,解决现实问题需要真情,我们有耐心,但更有信心。大陆其他领导人也多次表示,我们愿意秉持"两岸一家亲"的理念,用精卫填海的毅力填平心壑,用春风化雨的善意化解心结。亲情不仅能疗伤止痛,化解心结,而且能实现心灵契合。显然,"两岸一家亲"不仅是对两岸同胞关系的客观描述,它同样也是化解台湾同胞心理悲情和认同错位的一剂良方。既然两岸同胞是命运与共的一家人,彼此就不会有解不开的心结。两岸一家亲，自然就会家和万事兴。

再次是共圆中国梦的民族情。两岸虽然隔着一湾浅浅的海峡，但两岸同胞的命运却始终是紧密相连。温故知新，鉴往知来。过往数百年的历史经验告诉我们，民族强盛，两岸同胞则会共享盛世之福；反之，民族若是羸弱，两岸同胞也必然会遭受灾祸。今天，我们比历史上任何时期都更接近、更有信心也更有能力实现中华民族伟大复兴的目标，正在逐步实现国家富强、民族振兴、人民幸福这一几代人的夙愿。

在这一伟大进程中，台湾同胞自然不能缺席。实现中国梦是全体中华儿女共同的心愿，需要两岸同胞携手并进，精诚合作。未来两岸同胞需要在"两岸一家亲"理念的指引下，相互扶持，不分你我，共同参与到民族复兴的伟大进程中来。

（二）以"一中原则"作为义理根基

"两岸一家亲"理念既是对两岸同胞亲情的一种殷切呼唤，也是对两岸同胞彼此关系性质的一种政治定位，背后具有深刻的政治意涵，它的核心要义是"两岸同属一个中国"。或者说，在两岸关系语境下，习近平所说的"两岸一家亲"其实就是"两岸同属一个中国"的代名词。只有在"两岸同属一个中国"这一根本前提下，"两岸一家亲"才能有其得以成立的基础和空间。如果脱离了"两岸同属一个中国"这一基本事实，那么"两岸一家亲"就成了无根之木、无源之水，或将难以平稳落地。

台湾自古以来就是中国不可分割的重要组成部分。由于各种错综复杂的历史原因和现实因素叠加效应，两岸至今没有实现统一，但两岸同属一个中国、同属一个民族的客观现实，却从来没有发生过任何变化，也不可能发生任何变化。两岸在主权和领土上的一体地位从未发生过改变，未来两岸之间的统一不会是主权和领土的再造，而是两岸政治对立的现状被彻底终结。在"两岸同属一个中国"这一根本前提下，中国大陆本着"两岸一家亲"的理念，从未忘却过近在咫尺却又看似"远在天涯"的广大台湾同胞，一直心系于此，不断为增进两岸民众交流，增加广大台湾同胞福祉进行着不懈的努力。

为打破两岸封闭隔绝的冰冷状态，早在1979年全国人大常委会就发表《告台湾同胞书》，向台湾当局隔空喊话，呼吁两岸通过商谈尽快结束敌对状态，尽快实现通航通邮，以利同胞直接接触，互通信息。① 此后，中国大陆采取了一系列重要举措，坚定不移地将强化两岸交流、推动两岸和平发展作为对台各项工作的重中之重。在我们的政策感召和两岸同胞的共同努力下，1987年两岸紧闭38年之久的大门终于被缓

① 《全国人大常委会告台湾同胞书》，《人民日报》1979年1月1日，第1版。

缓打开，此后两岸各项交流如雨后春笋，遍地开花，两岸政治、经济、文化、人员往来等各个领域都屡屡打破历史纪录，为两岸关系和平发展描绘了一道又一道靓丽的风景线。

两岸交流30年的历史经验证明，一个中国原则是两岸关系的政治基础，是两岸关系和平发展的关键，也是"两岸一家亲"理念能否落地生根的根基。没有"一中"原则这一定海神针来稳定大局，和平发展之舟就会遭遇惊涛骇浪，"两岸一家亲"理念的落实也将遭遇严峻考验。

历史同样证明，"两岸一家亲"理念的全面落实既是扎根于一个中国原则这一根基之上，又会进一步维护和强化岛内民众对于一个中国原则的认知。李登辉、陈水扁执政时期，台湾当局由于特定的意识形态作祟，竭力通过"两国论""一边一国论"等错误的宣传话语来误导台湾同胞。而蔡英文上台后，同样在文化、社会等领域大肆推动"去中国化"进程，妄图使台湾同胞特别是广大青少年"只知有台湾不知有中国"，进一步扭曲他们的身份认同，淡化他们的中国认知。但从岛内各项民调来看，无论李登辉、陈水扁、蔡英文等政治人物如何歇斯底里地在岛内全面推行分离意识，岛内民众对于中华民族的认同感却从未有根本性下降，始终维持在80%到90%左右，具有高稳定结构。铁的事实说明，中国大陆以"两岸一家亲"理念为指导，坚守不渝地推动两岸同胞交流，既为广大同胞的现实福祉带来了实实在在的利益，也对他们的家国认同产生了正确的导向性作用，避免被一些错误的"台独"言论所诱导。

（三）以法治思维巩固"两岸一家亲"理念

30年来，两岸交流从无到有，从少到多，从小到大，虽然历经风风雨雨，却始终在正确的轨道上前行，这其中既与两岸同胞的不懈努力息息相关，也与中国大陆运用法治化思维为"两岸一家亲"理念提供制度化保障密不可分。

在两岸经贸往来方面，为切实保护广大台湾同胞在大陆的合法权益，鼓励和促进广大台湾工商企业和基层民众来大陆投资兴业，深度参与大陆经济社会发展进程，分享大陆发展机遇，中国大陆与时俱进地根据时代需求果断推出了《台湾同胞投资保护法》。这也为广大台湾同胞特别是几十万台商在大陆的发展和壮大提供了最为坚强的法律保障，从事务层面真正将"两岸一家亲"理念落至实处。《台湾同胞投资保护法》的出台，也进一步掀起了广大台商西进的热情。相关数据表明，1987年至2016年，大陆方面累计批准台湾同胞投资项目高达10万个，实际使用台资658.4亿美元；两岸贸易额累计达到2.2万亿美元，2014年达到历史高点1983亿美元。

在人员交流方面，中国大陆向来鼓励两岸同胞自由往来，增进了解，并专门制定《中国公民往来台湾地区管理办法》，切实为两岸同胞探亲访友、旅游观光，开展教育、科技、文化、卫生、体育等各领域交流提供具有可操作性的法律保障。目前两岸人员交流已经形成了不可逆转的良好格局，从 1987 年至 2016 年，两岸人员往来累计达 1.2 亿人次，2015 年达到历史高峰 985 万人次。在两岸民众如此密切的互动当中，广大台湾同胞也对"两岸一家亲"理念有了更加切身的体会。

在反对"台独"方面，中国大陆因应形势需要通过《反分裂国家法》，对"台独"分裂分子给予了当头棒喝，也为继续推动"两岸一家亲"理念创造了良好的内外部环境。两岸 30 年的交流，一路披荆斩棘，遭遇坎坎坷坷，其中最大的威胁就是"台独"分子的屡屡挑衅。为了进一步明晰大陆立场，挫败"台独"分裂势力的图谋，中国大陆于 2005 年推出《反分裂国家法》，首次明确提出了在三种情况下大陆将使用"非和平手段"处理台湾问题的底线。这一法律的通过，对形形色色的"台独"势力构成了强大的震慑效应，也进一步清除了落实"两岸一家亲"理念时曾经遭遇到的种种干扰因素。

简而言之，"两岸一家亲"理念作为习近平对台思想的重要组成部分，内容丰富，意涵深远，兼具情、理、法三个重要维度，既有感性的呼唤，又有理性的彰明，同时还有法律的保障，三者相得益彰，缺一不可。无论是血脉相连的亲情，命运与共的同胞情，还是共圆中国梦的民族情，都是"两岸一家亲"理念最为动人心弦的核心要义，极富号召力和感染力。而"两岸一家亲"理念要想落地生根，开花结果，就必须建立在"两岸同属一中"这一义理基础之上，同时还需要运用法治思维提供制度化保障，只有如此才能够确保"两岸一家亲"理念行稳致远，进一步推动两岸关系长远发展。

二、以融合发展全面落实"两岸一家亲"理念

"两岸一家亲"固然是天然形成的历史、文化、血缘关系，但仍需要精心呵护和继续培养，否则就有可能会因为岛内外各种复杂因素的负面冲击而被逐渐淡化。而两岸融合发展就是落实"两岸一家亲"的重要载体，[①] 其核心功能就是在两岸交流互动中来巩固"两岸一家亲"及其背后的"两岸同属一个中国"理念。整体来看，巩固和增强"两岸一家亲"理念是个综合性的系统工程，需要从政治、经济、文化、社会

---

① 张冠华：《两岸经济社会融合发展的内涵与路径探讨》，《台湾研究》2017 年第 5 期。

等各个领域全方位推进，才能够确保将之落至实处。

首先，政治上坚定捍卫一个中国原则，以民意为杠杆，撬动蔡英文当局早日两岸政策调整节奏和幅度。“两岸一家亲”理念植根于两岸是一家人即都是中国人的政治基础之上，如果不承认两岸都是一家人或是“两岸同属一中”这一基本前提，“两岸一家亲”自然也就无从谈起。所以“两岸同属一中”既是对两岸关系性质的明确界定，也是“两岸一家亲”能够付诸实践的根本前提。对于承认“九二共识”及其核心意涵“一中原则”的广大台湾同胞，中国大陆当然愿意本着“两岸一家亲”的精神，继续加强与他们的交流互动，向他们提供更多的政策优惠。而对于那些拒不接受“两岸同属一中”这一客观事实，也不愿承认两岸是一家人的部分岛内人士，中国大陆将坚决抵制，不可能也没有必要放弃原则，完全是为接触而接触。即如孙亚夫所言，在民进党及其当局不放弃“台独”分裂立场、不承认“九二共识”和不认同“两岸同属一中”的情况下，中国大陆更要强调坚持“一中原则”、坚持“九二共识”，由此才能发挥维护国家主权和领土完整的中流砥柱作用。[①]

由于蔡英文当局始终拒不接受“九二共识”及其核心意涵“一中原则”，当前两岸政治关系出现僵局，两岸官方交流全面停摆。在这种背景下，中国大陆继续高举“两岸一家亲”大旗，坚定不移地推进两岸各项交流合作，相继出台了一系列亲台惠台措施，为维护台海稳定、推动两岸关系和平发展注入了强大动力，也进一步深化了岛内民众对于两岸是休戚与共的命运共同体的认知。两岸交流所汇聚起的强大民意，为推动两岸关系向前迈进提供了强大的力量支撑，沛然莫之能御。两岸民间交流的持续热络与两岸官方交流的持续僵冷也构成了鲜明的反差，越来越多的岛内民众开始对蔡英文的两岸政策产生不满情绪，认为蔡英文“挟美日抗大陆”的政策根本无助于岛内经济社会发展，只会让“亲者痛、仇者快”。

根据岛内《联合报》民调显示，56%的台湾民众对于蔡英文两岸政策都不满意，不满意度比去年增加8%，这说明，岛内一半以上的民众都并不认同蔡英文的两岸政策。岛内是一个选举社会，“水能载舟，亦能覆舟”，在强大的民意压力下，蔡英文两岸政策若不早日完成根本性调整，反而继续制造两岸敌意，煽动“仇中反中”情绪，其连任之路恐将岌岌可危。从这个意义上讲，“两岸一家亲”理念的不断落实，既可以增进两岸同胞的亲情和福祉，同时还可以产生“以民促官”的外溢效应，为蔡英文当局两岸政策调整形塑更大的民意压力。

---

① 孙亚夫：《孙亚夫在香港详细解读十九大涉台部分内容》，中评网2017年11月19日，http：//www.crntt.com/crn-webapp/touch/detail.jsp？coluid=240&docid=104883213。

其次，在经济领域加速两岸深度融合，共同壮大中华民族经济。从历史发展脉络的角度来观察，大陆对于两岸融合发展的表述，最早就是发端于对于两岸经济合作的规划。2014年3月，李克强总理在做《政府工作报告》时就已经明确指出，大陆将在坚持"九二共识"，维护一个中国框架的基础上，不断促进两岸经济融合。同年5月，习近平总书记会见宋楚瑜一行时也特别强调，"经济融合有利两岸互利双赢，任何时候都不应受到干扰。"在大陆的强力推动下，两岸经贸合作呈现出了蓬勃发展的良好态势。两岸交流30年来，两岸贸易额增长120多倍，大陆已经成为台湾最大出口市场、最大贸易顺差来源地和最大岛外投资目的地。

中国大陆多次明确表示，我们时刻把台湾同胞的福祉挂在心上，愿意首先同广大台湾同胞分享大陆发展机遇，努力扩大两岸经济合作的社会效益，增加两岸同胞的受益面和获得感，不断深化两岸经济社会融合发展的广度和深度。中国大陆之所以愿意首先与广大台湾同胞分享大陆发展机遇，愿意向他们提供资源和机会，愿意向他们让利，主要原因就是因为两岸是一家人。既然两岸是一家人，自然就应该守望相助，彼此扶持，而不应争长论短，斤斤计较。但如果脱离了"两岸一家亲"这一理念指导，两岸经济关系将只能是合作而非融合，大陆对于台湾也不可能有如此之大的政策倾斜力度。

大陆反复强调两岸经济融合，就是想在"两岸一家亲"理念的指导下，进一步提升两岸经济合作水平，厚植两岸共同利益，扩大两岸同胞的利益交集，壮大中华民族经济整体实力。早在2010年习近平在会见钱复一行时就已经指出，"两岸同胞同属中华民族，两岸经济同属中华民族经济。我们倡导和推动两岸加强经济合作，有助于共同促进民族经济繁荣发展，有助于维护和扩大中华民族的整体利益"，此后习近平总书记对于"中华民族经济"的这一重要论述又不断地进行了深化和发展。由此可以看出，中国大陆对于两岸经济融合的推动，本身就是从中华民族的高度和两岸一家的情怀来看待的，是从两岸同属中华民族这一整体而非大陆和台湾这两个独立个体的角度来考虑的。"兄弟同心其利断金"，两岸只有从高处着眼，从中华民族经济的整体利益出发，才能形成大格局与大气象，才能志同道合，携手并进，联起手来，"共同赚世界的钱"。显然，如果大陆不是从中华民族经济的整体来考虑，不是把台湾同胞当做一家人来看待，而只是把台湾视为一个普通的贸易合作伙伴，那么就不可能重点强调战略性的两岸经济融合，而只会凸显功能性的两岸经济合作。

再次，在文化社会领域全方位对接，形塑两岸命运共同体意识。多年来，无论两岸关系风云如何变幻，大陆对台政策的着眼点和落脚点始终都是要推动两岸交流，为两岸同胞谋福祉，促进两岸同胞心灵契合。为此，大陆方面积极强化两岸文化社会各领域交流合作，不断推出惠及广大台湾同胞的政策措施，增进同胞亲情和福祉，成果斐然。两岸交流 30 年来，双方交往领域之广、社会联系之密、利益交融之深，都是前所未有。仅以两岸婚姻为例，目前已有近 38 万对两岸同胞喜结连理，步入婚姻殿堂。两岸婚姻家庭的建立，无疑是"两岸一家亲"的一个缩影，证明无论两岸之间的政治分歧如何走向，也无论岛内政治人物如何进行意识形态误导，都不可能阻止两岸民众对于友情、爱情、亲情的向往和追求。

对于两岸在社会制度、生活方式等方面存在的差异，大陆本着"两岸一家亲"的理念，也愿意对台湾方面给予充分尊重。对此，习近平总书记在十九大报告中专门指出，"两岸同胞是命运与共的骨肉兄弟，是血浓于水的一家人。我们秉持'两岸一家亲'理念，尊重台湾现有的社会制度和台湾同胞生活方式"，并且再次重申大陆将坚持"一国两制"方针，推进祖国和平统一。习近平总书记的这一表态，等于是给岛内各界吃下一粒"定心丸"，因为这意味着，大陆"和平统一、一国两制"的大政方针没有发生任何变化，在未来两岸统一后，两岸虽然制度不同，但可以平等以待，和睦相处，台湾依然可以维持其社会制度与生活方式不变。

两岸同胞是命运与共的骨肉兄弟，是血浓于水的一家人。为深入贯彻"两岸一家亲"理念，中国大陆目前正按照习近平总书记在十九大报告中做出的相关规划，积极研究出台相关政策措施，为广大台湾同胞在大陆施展才华、实现抱负搭建舞台，提供便利，逐步为台湾同胞在大陆学习、创业、就业、生活提供与大陆同胞同等的待遇。中国大陆不遗余力地为广大台湾同胞排忧解难，提供帮助，无疑可以让他们充分感受到祖国大陆浓浓的温暖与诚意，特别是在与其他国家和地区进行对比之后，他们更会深切地感受到，这个世界上没有谁比祖国更关心爱护台湾同胞，感受到两岸同胞确实是命运与共的一家人，感受到台湾的命运只有与祖国的发展连接一体，才有可能取得更为美好的未来。即如江泽民在《为促进祖国统一大业的完成而继续奋斗》中明确指出的，"只有实现和平统一后，台湾同胞才能与全国各族人民一道，真正充分地共享伟大祖国在国际上的尊严与荣誉"。① 如此一来，他们自然会更加深切地感受到两岸就是一家人，双方一损俱损、一荣俱荣；如此一来，他们内心深处的"两岸一家亲"意识也就会逐步升华至"两岸命运共同体"意识。

---

① 江泽民：《为促进祖国统一大业的完成而继续奋斗》，《人民日报》1995 年 1 月 31 日，第 1 版。

十九大报告指出，"解决台湾问题、实现祖国完全统一是中华民族根本利益所在"。① 站在新的历史起点上展望未来，近代以来久经磨难的中华民族正在经历这从站起来、富起来到强起来的伟大飞跃，即将实现中华民族伟大复兴的光明前景。两岸同胞同属中华民族，实现中华民族伟大复兴的中国梦是两岸同胞共同的梦，需要大家勠力同心，一起圆梦。"潮平两岸阔，风正一帆悬"。未来两岸同胞应该站在中华民族伟大复兴的高度，树立两岸一盘棋意识，寻找两岸利益的最佳平衡点和契合点，从政治、经济、文化等各个方面夯实基础，从融合发展的角度将"两岸一家亲"理念转化为共谋和平发展、助推中华民族伟大复兴的原动力。

三、"两岸一家亲"理念的重要意义

两岸交流，归根结底是人与人的交流，是心与心的沟通。秉持"两岸一家亲"理念的宗旨，就是要推动两岸同胞以诚相待，彼此交心，尽力消除各种因为历史遗留问题造成的疑虑和误解，共同增进对中华文化和中华民族的身份认同，携手推动两岸关系和平发展。

首先，"两岸一家亲"理念是大陆长期对台政策思想的进一步深化与升华。

两岸同胞同根同源、同文同宗，具有斩不断的文化连接和历史传承关系，无论两岸关系如何风云变幻，中国大陆始终念念不忘与台湾同胞的骨肉亲情。1979年全国人大常委会《告台湾同胞书》中，中国大陆将广大台湾同胞称为是"父老兄弟姐妹"，是大陆同胞的"亲骨肉"。1995年江泽民表示，无论是台湾同胞还是大陆同胞，"都是中国人"，"都是骨肉同胞、手足兄弟"。2009年，胡锦涛提出"两岸同胞是一家人"，"两岸同胞是血脉相连的命运共同体"，从命运共同体的高度来论述两岸同胞的血脉情缘，表明中国大陆对于两岸同胞关系性质的认知有了新的升华。②

习近平总书记对于台湾同胞的关切之情，也是从这样的历史脉络中因循而来，既有一以贯之的延续性，也有与时俱进的创新性。2012年以来，习近平总书记多次表示，"两岸同胞血脉相连，是一家人"，"希望本着两岸同胞一家人的理念促进两岸经

---

① 按：从中华民族的高度来看待台湾问题其实是中国大陆一以贯之的立场，1986年邓小平在论述到两岸统一问题时就表示，这是"民族问题"，是"民族的感情问题"，"凡是中华民族的子孙，都希望中国能统一，分裂状况是违背民族意志的"。（中共中央文献研究室编：《邓小平思想年谱（1975—1997）》，北京：中央文献出版社1998年版，第360页。）

② 按：参见胡锦涛2003年12月26日会见各地台资企业协会会长的讲话，2005年3月4日在全国政协小组会的讲话，2006年4月16日在会见连战率领的国民党访问团时的讲话，2008年4月12日会见萧万长的讲话，2008年12月31日在纪念《告台湾同胞书》发表30周年座谈会上的讲话等。

济合作"。2013 年习近平总书记表示，两岸应该"倡导'两岸一家亲'的理念，加强交流合作"。这是"两岸一家亲"理念的首度登场，此后对于两岸经济、文化以及人员往来等各项交流产生了重要的指导意义。2017 年 10 月，习近平总书记首度将"两岸一家亲"理念写入十九大报告，明确提出，"我们秉持'两岸一家亲'理念"，"愿意率先同台湾同胞分享大陆发展的机遇"。习近平总书记"两岸一家亲"的重要表述，以及与之密切相关的两岸是"血浓于水的一家人"、两岸是"命运与共的骨肉兄弟"等一系列极富感情色彩的表述，标志着中国大陆对于两岸同胞关系性质的认识又达到了一个新的历史高度，[①] 既是对过往大陆对台政策的延续，又是对未来大陆对台工作的指引，势将对产生重要的深远影响。

其次，"两岸一家亲"理念将为新时期两岸关系发展指明方向。

"两岸一家亲"理念并非凭空而来，而是根植于两岸割舍不断的血脉亲情，扎根于两岸共同的历史传承和文化记忆。对于两岸同胞而言，这是与生俱来的、自然而然的，是任何人或任何政治势力都无法切断的。在目前两岸关系发展背景下，高举"两岸一家亲"理念，尤其具有重要的意义。

近年来，岛内社情民意发生深刻变化，"台独"分裂势力一直蠢蠢欲动，为两岸关系和平发展增加了新的风险。特别是 2016 年 5 月民进党再度上台以来，由于台湾当局拒不接受"九二共识"及其核心意涵"一中原则"，使得两岸官方交流全面停摆，两岸民间交流也被蒙上沉重阴影，两岸关系和平发展面临着复杂研究的态势。"兄弟阋于墙，外御其侮"。两岸关系出现波动，美日等外部势力自然见猎心喜，进一步加大对于台海地区的干扰力度。在这样关键时刻，十九大报告中高举"两岸一家亲"理念，显然将会为两岸各个领域的交流与合作产生重要的推动作用，将有助于持续深化两岸经济社会融合，为两岸关系继续保持和平发展态势打下良好基础。

在过往几年中，中国大陆本着"两岸一家亲"理念，相继出台了实行卡式台胞证、修改《台湾同胞投资保护法》等一系列亲台惠台举措，并取得了卓有成效的可喜成绩，使得两岸经济合作水平持续提升，两岸社会联系更趋密切。在十九大报告中，习近平总书记强调，我们将秉承"两岸一家亲"理念，不断"扩大两岸经济文化交流合作，实现互利互惠"，"逐步为台湾同胞在大陆学习、创业、就业、生活提供与大陆同胞同等的待遇，增进台湾同胞福祉"。可以乐观期待，在未来一个时期内，在

---

① 按：即如章念驰所说，"两岸一家亲"的提法表明，习近平将两岸关系清清楚楚地定位为骨肉同胞关系，是一家人关系，是亲人关系，不是邻居或朋友，更不是敌人关系。（章念驰：《习近平的"一家亲"论说与当前两岸关系》，香港《中国评论》2014 年第 8 期。）

"两岸一家亲"理念的指导下，中国大陆将会本着"将心比心""推己及人"的思维方式，① 以诚相待，为广大台湾同胞在大陆的学习就业等创造更加良好的条件，将会持续推动两岸各项民间交流更趋紧密、两岸民众的情感交流更加密切。

两岸经济社会融合的不断发展，还将产生重要的外溢效应。两岸同胞在彼此往来和沟通交流中，将会"越走越近，越走越亲"，将会越来越深切地感受到，两岸本来就是打断骨头筋连着筋的一家人，是割舍不断的命运共同体，因而台湾当局目前全力推行的企图磨灭台湾同胞中华民族意识的"去中国化"行径完全是意识形态作祟的产物，其"台独"理念完全是自我虚构的一套话语体系，根本不攻自破。

"两岸一家亲"理念的持续推进和两岸各项交流的不断深化，还将对蔡英文当局构成巨大的民意压力。目前蔡英文在意识形态等多种因素的驱动下，在两岸政策上始终故步自封，既不敢否认"九二共识"，又不愿承认"九二共识"，对于两岸关系性质这一根本性问题始终不愿正面表态，这也使得两岸官方交流被迫中断。但两岸民间交流的日益热络，无疑将与目前两岸官方交流的冰冷状态形成鲜明对比。两相反差，蔡英文当局在两岸政策上的保守性和顽固性将进一步凸显，其只顾其一己私利，只顾民进党一党意识形态而不顾岛内两千多万民众福祉利益的做法，也将被岛内民众识破手脚。如此一来，势将对蔡英文形成巨大的民意压力，有可能迫使其在强大的民意下不得不在两岸政策上做出根本性调整。

再次，"两岸一家亲"理念将推动两岸同胞共圆中华民族伟大复兴的中国梦。

习近平总书记曾多次强调，"中国梦是两岸同胞共同的梦"，"两岸同胞要携手同心，共圆中华民族伟大复兴的中国梦"。由此可见，中华民族伟大复兴的实现，不仅是中国大陆同胞单方面的历史责任，同样也是广大台湾同胞的历史担当。"兄弟齐心，其利断金"。两岸同胞只有携起手来，共同奋进，才有可能为早日实现中华民族伟大复兴注入源源不断的动力源泉。

习近平总书记强调，"实现祖国完全统一，是实现中华民族伟大复兴的必然要求"。与以往历次报告相比，习近平总书记更加强调祖国统一与中华民族伟大复兴之间的辩证统一关系，而且通篇阅读整个十九大报告，实现中华民族伟大复兴一直是习近平总书记最为强调的核心内容之一，对于台湾问题的论述也是在实现中华民族伟大复兴的框架下来完成的。也正是由于这种原因，在涉台内容的最后部分，习近平总书记才特别强调，"实现中华民族伟大复兴，是全体中国人共同的梦想"，"只要包括港澳台同胞在内的全体中华儿女顺应历史大势、共担民族大义"，"就一定能够共创中华

---

① 李鹏：《"两岸一家亲"理念下的"将心比心"思维浅析》，《台湾研究》2015 年第 1 期。

民族伟大复兴的美好未来"。习近平总书记的这一重要表述颇具画龙点睛意味，既是对实现中华民族伟大复兴这一历史使命的再度确认，也是对广大台湾同胞和港澳同胞的亲情呼吁。期待着在"两岸一家亲"理念的指导下，两岸同胞可以顺势而为，齐心协力，推动两岸关系和平发展取得更多成果，共圆中华民族伟大复兴的中国梦。

四、结语

"两岸一家亲"是习近平对台重要思想的核心理念之一，也是未来大陆对台工作的重要政策指南之一，将为两岸关系和平发展注入新的源头活水。"人之相知，贵相知心"。习近平曾提出，"我们所追求的国家统一不仅是形式上的统一，更重要的是两岸同胞的心灵契合"。而"两岸一家亲"的论述，显然可以有效地增进两岸同胞的情感连接，减少彼此之间因为各种历史因素造成的误解和隔膜。更重要的是，"两岸一家亲"背后的核心意涵乃是"两岸同属一中"，因而"两岸一家亲"理念的不断深化，将有助于进一步增进广大台湾同胞对于中国的家国情怀，导正他们因为"台独"毒害而出现的身份认同危机。历史潮流，浩浩荡荡。两岸统一乃是大势所趋、民心所向。在"两岸一家亲"理念的指引下，相信两岸同胞可以携起手来，共同为实现国家统一和民族复兴的伟大中国梦而奋斗。

台湾同胞在中国大陆的法律地位

王鹤亭[*]

2016 年 11 月 1 日，习近平在会见中国国民党访问团时强调"促进两岸经济社会融合发展，符合两岸同胞共同利益"，大陆"将本着'两岸一家亲'的理念，同台湾同胞分享大陆发展机遇，将研究出台相关政策措施，为台湾同胞在大陆学习、就业、创业、生活提供更多便利"。2017 年 1 月 20 日的对台工作会议也进一步明确要进行研究，此后更有系列便利措施出台。在此背景下，台湾同胞在何种意义上以何种方式具有何种权利享有何种待遇就成为值得探讨的问题。大陆应在梳理、解析与确立台湾同胞在中国大陆法律地位的基础上完善相应的法规体系并出台相关政策措施，进而在为台湾同胞在大陆生活提供便利等方面做到"有法可依"，也为"两岸一家亲"及"心灵的契合"铺设法治路径。

一、优化台湾同胞法律地位的重要意义

首先，梳理并明确台湾同胞在中国大陆法律中的地位，有助于优化台湾同胞大陆就业、创业、就学与生活的法治环境，有助于逐步推进两岸人民在非政治领域的经济社会融合发展与生活一体化。两岸人民的交流互动日益频繁密集，两岸在经济、社会、文化等领域的整合度也在不断提升。两岸在高阶政治领域的共识、协议与安排难以达成之前，可以在非政治领域或者是低阶政治领域里让两岸人民自由交往、自主选择，使得两岸同胞在非政治领域的社会融合与生活一体化成为两岸关系和平发展进程中的新增长极。台湾当局长期以来对于大陆人民赴台采取种种限制措施，而祖国大陆则鼓励台湾同胞来大陆就业就学等，长期居住大陆或往来两岸的台湾同胞规模庞大，使得台湾同胞对祖国大陆的融入以及两岸人民的融合成为可能。在当前两岸关系发展态势下，中国大陆虽然未能按其法理将其管辖权拓展及台湾地区，但理应在其有效管辖范围内积极落实台湾同胞作为中国人的合法权利和平等待遇，在大陆的台湾同胞则

---

[*] 王鹤亭，河南师范大学政治与公共管理学院副教授。原文发表于《现代台湾研究》2018 年第 2 期。

可以成为两岸人民"心灵契合"的引领者，大陆地区可以成为"两岸一家亲"的先行区。

其次，明确并优化台湾同胞在中国大陆法律中的地位，有助于体现或者落实祖国大陆对台湾同胞应有的权利和义务。台湾地区人民也当然是中国这个国家的国民，"中华人民共和国政府以唯一中国政府代表自居，虽国家未统一，有效统治不及台湾，但台湾人民仍是中国人，是中国国民。任何的中国政府都有责任视台湾的中国国民为国民"①，中央政府理应对台湾同胞具有相应的管辖权和保障义务。事实上，台湾同胞在大陆被区别对待会强化或自证其因两岸"政治分立"所衍生的"区隔感"。因此，中央政府应逐步修正相应法规、完善政策举措，保障台湾民众在中国大陆的自由流动、婚姻、迁徙、就业、就学、就医、社保等权益，实现其在中国大陆地区相应的同等"居民待遇"，妥善处理大陆法规政策等对台湾同胞的适用问题。主动将台湾同胞纳入与大陆居民相同模式的社会管理与公共服务范围，可以让中央政府对台湾同胞的服务与管理首先在大陆地区得以落实，将有助于培育台湾民众的在地归属感及对大陆的认可度。

相应地，检讨并完善台湾同胞在法律中的权利与待遇有助于在个体层面促进台湾同胞实践中国公民的权利与义务。台湾同胞对于中国公共事务及福利等都拥有应然的权利，这其中不仅限于台湾地区，应然包括大陆地区，而以往两岸政治对立格局对于这部分权利的限制并不能消除其存在。而台湾当局限制台湾人民的大陆公共参与，用意就是要固化两岸"分治"局面。代表中国的中央政府的自我定位、在中国代表权上的竞争优势以及对统一目标的坚持，使得中国大陆政治体系成为维护祖国领土主权完整、追求两岸复归统一、促进两岸人民心灵契合的主导力量，承载着主要的能动性和主动性，在争取台湾人民的支持、吸纳台湾人民的公共参与上具有必然性与更大的开放性。相比于台湾当局对于大陆人民在台湾的种种限制，台湾人对大陆的公共参与对于祖国统一进程而言却更为重要。只有厘清台湾同胞在大陆的法律地位，通过相应的法规体系和政策措施来保障或吸引台湾同胞在祖国大陆实践作为中国公民应有的权利，让其"中国公民"身份从应然走向实然，参与所产生的能效感有助于逐步增强台湾民众对于中国的国家认同，并有机会培育其对中华人民共和国的政府认同和制度认同。

综上所述，梳理、解析并确立台湾同胞在中国大陆法律中的身份、权利及待遇等

① 王晓波：《台胞国民化和两岸一体化——也论台湾社会统一动力的重建》，《海峡评论》，2006 年 8 月，188 卷第 8 期。

也就成为构建相关法律体系和制定政策措施前必须面对的基础性问题。

二、台湾同胞在大陆的身份类别

在中国大陆，"台湾同胞"是最常用的称呼，这一称呼更多是在强调其政治意义、文化意义和情感意义上的内涵，即"台湾同胞"是政治意义上的中国国民、文化意义上的中国人、情感意义上的一家人。为了争取台湾民心、保障台湾同胞权益，中国大陆制定了相当多的法律、法规、条例和政策，"但仍没有一部完整的法律能够说明或规范台湾同胞的身分，所以台湾同胞的法律身分为何，更只能从相关的法律文件及司法实践中加以归纳"。[①]

身份（台湾地区写作"身分"）本义为"人的出身、地位或资格"，也被解释为"人在社会上或法律上的地位"。从法律意义上，"身份"的实质在于法律对一个人的法律地位做出判定。台湾同胞作为中国公民，在中华人民共和国的法律体系与政策实践中具有多种身份，而不同的身份也对应着不同的地位、权利及待遇。

（一）去台人员

"去台人员"是一个相对较为特殊的台湾同胞身份类别，主要是指原居住在大陆但于1949年前因各种原因赴台的中国公民，还包括两岸开放交流之后赴台定居的台胞、台属等。处理"去台人员"的婚姻、继承、债务等民事事项以及相关刑事问题，是大陆涉台法律初期所面临的主要事项，相关法律也多是围绕"去台人员"权益的单行法规、解释等，例如，1954年10月28日《最高人民法院关于一方在台湾的离婚问题的批复》、1984年7月30日《最高人民法院关于杨志武由台湾会大陆定居，起诉在台湾的配偶离婚，人民法院是否受理问题的批复》、1988年4月16日《民政部、司法部关于去台人员与其留在大陆的配偶之间婚姻关系问题处理意见的通知》、1988年3月14日《最高人民法院、检察院关于不再追诉去台人员在中华人民共和国成立前的犯罪行为的公告》、1989年1月3日《关于我军被俘去台人员要求回大陆定居问题的处理意见》、1990年2月20日《关于去台人员回大陆挖掘隐（埋）藏物品的处理意见》等。20世纪90年代以后，中国大陆法律体系基本上不再对"去台人员"单独作出立法、解释、裁定等。

---

① 洪健桦：《台湾人在中国的法律身分》，《法令月刊》，2008年4月，第59卷第4期。

（二）台湾同胞投资者

台湾同胞投资者是两岸开放交流初期旅居祖国大陆的台湾人民的主要身份之一。1994 年 3 月 5 日全国人大常委会颁布的《中华人民共和国台湾同胞投资保护法》、1999 年 12 月 7 日国务院发布的《中华人民共和国台湾同胞投资保护法实施细则》以及 2016 年 9 月 3 日全国人大常委会修正后发布的《中华人民共和国同胞投资保护法（2016）》中都强调立法宗旨是"为了保护和鼓励台湾同胞投资，促进海峡两岸的经贸发展"，而"台湾同胞投资"是指台湾地区的公司、企业、其他经济组织或者个人作为投资者在其他省、自治区和直辖市投资。因此，法律条文中所指称的"台湾同胞投资者"应为台湾地区在大陆投资公司、企业、其他经济组织的法人代表、所有权人等，同时因"台湾同胞投资者"衍生的身份还包括"台湾同胞投资企业中的台湾同胞职工"。

（三）台湾居民

"台湾居民"在大陆法律体系中的定义为"居住在台湾地区的中国公民"，是真正具有法律意涵的"身份"。最为典型而且明确的规定可见于 1991 年 12 月 17 日国务院颁布、并在 2015 年 6 月 14 日修订的《中国公民往来台湾地区管理办法》，其中第二条规定"居住在大陆的中国公民（以下简称大陆居民）往来台湾地区（以下简称台湾）以及居住在台湾地区的中国公民（以下简称台湾居民）来往大陆，适用本办法"。从这种法律定义来看，台湾居民的身份是以居住地、户籍等作为依据的，台湾居民的范围也可以说是以"法域"为界限的。"台湾居民"是在"中国公民"这个大类下面与"大陆居民"相对应、对等的概念。"台湾居民"也是大陆既有法律体系中使用最频繁的一种台湾同胞"身份"，同时在个别法规中也以"台湾地区居民"来指代，如 2006 年 12 月 4 日《人事部、建设部、国务院台湾事务办公室关于允许台湾地区居民取得注册建筑师资格有关问题的通知》。而早期的相关管理规定如 1987 年 5 月 23 日发布的《公安部关于加强台湾同胞入出境管理工作的通知》、1987 年 12 月 2 日发布的《公安部关于做好来大陆探亲旅游台湾同胞的边防管理工作的通知》中的"台湾同胞"本质上也是"台湾居民"的身份。

三、台湾同胞在大陆的权利限制

《中华人民共和国宪法》在序言明确昭示"台湾是中华人民共和国神圣领土的一

部分"，还规定"凡具有中华人民共和国国籍的人都是中华人民共和国公民"。同时1980年大陆制定的《中华人民共和国国籍法》第四条规定："父母双方或一方为中国公民，本人出生在中国，具有中国国籍"，第五条规定："父母双方或一方为中国公民，本人出生在外国，具有中国国籍；但父母双方或一方为中国公民，并定居在外国，本人出生时即具有外国国籍的，不具有中国国籍"，第六条规定："父母国籍不明，或无国籍，定居在中国，本人出生在中国，具有中国国籍"。因此，按照以上法律规定，台湾同胞显然不能被当作外国人看待，台湾同胞也不能是法律体系下所指称的外国人，也不能将台湾同胞视为无国籍人。依照中国法律，台湾同胞无论是出生于大陆或是台湾地区，都是出生于中华人民共和国领土，也当然具有中华人民共和国国籍，是居住于台湾地区的中国公民，这一点在大陆涉台法律中已有明文规定，未来涉台法律体系构建与政策实践也当然不能背离这一基准。

同时，《中华人民共和国宪法》还规定"凡具有中华人民共和国国籍的人都是中华人民共和国公民，中华人民共和国公民在法律面前一律平等。国家尊重和保障人权。任何公民享有宪法和法律规定的权利，同时必须履行宪法和法律规定的义务"。依照宪法精神，台湾同胞当然具有中华人民共和国公民所享有的各项权利，也应履行相应的义务。但是由于两岸关系格局所限，台湾同胞目前只是政治意义上的中国公民，在具体的法律、行政法规、规章、解释等也并没有或无法将此权利完全加以落实。从政治意义上的中国公民到法律意义上的中国公民、从规范性上的权利到操作性上的权利的转换，在实践上仍需要一个过程，这使得台湾同胞的权利在事实上受到限制，或者说还没有完全实践，甚至出现台湾同胞在大陆是"名义上的中国人、实践上的外国人"的不正常情形。

造成台湾同胞作为中国公民的权利仍受到一些限制的原因是多方面的。首先，台湾同胞的权利问题有其独特的历史背景，中华人民共和国政府成立以来，相当长时期内秉持"解放台湾"的方针，被解放并统一后的台湾人民的权利及义务自然与大陆人民一样受相同的法律制度的规范，并不需要单独制定适用于台湾同胞的法规，但随着两岸民间交流开放以来，尚未有效管辖台湾地区的中央政府不得不开始面对如何定位台湾同胞、如何管理赴陆台湾同胞问题，因此，相关的权利保障、法规完善和政策实践等必须经历一个从无到有、从个案到一般的发展过程。其次，台湾同胞在大陆的权益保障也需要依循中国公民权利实践的过程规范，对于公民的工作权、居住权、经营投资权以及各项政治权利的实施与保障，大陆均有相应的法律、行政法规等来加以落实，对于大陆居民而言，具备大陆户籍并以居民身份证等为据来实践或获得各项权益是非常自然的事情，但对于旅居大陆的台湾同胞而言，因其暂不具备大陆居民的身份等，而相关行政法规及实施细则又以"户籍"作为依据，进而因程序问题造成台湾同胞应然的"公民权利"与实践脱节。第三，台湾方面的对于台湾同胞赴大陆投资、旅游、就业、求学等所施加的各种限制也间接影响到了大陆方面的相关措施的出台，比如台湾方面对于台湾人民在大陆公职及事业部门担任职务、在大陆申请居民身份证与护照、申请大陆相关公共福利等都做出了禁止性或排斥性的规定，为了更好地维护和增进台湾同胞的相关权益，大陆并未对台湾同胞直接适用与大陆居民相同的法规，也尚未将台湾同胞的权利加以法制化。

四、台湾同胞在大陆的待遇变化

待遇与权利相关，因权利而生成，也体现了权利。事实上，两岸法律体系都面临着如何定位对方人民法律身份、权利和待遇的问题，但是台湾政治体系随着其"本土化"的加深而在具体的法规和政策中搁置甚至否决了这一问题，不仅在其法律体系内部存在诸多矛盾之处，而且也存在着法律与政策之间的脱节；而大陆在中央政府定位和和平统一导向之下，越来越注重推动台湾同胞在其法律体系中的身份、权利与待遇的协调，台湾同胞作为中国公民的身份被确认，其权利将尽量通过相关法规被细化，而对应的待遇则可以在权利法制化之前先行落实、优化。

（一）去台人员

对于相当数量的"去台人员"，大陆首先肯定并保障其相关的权利，待遇也从"特殊化"走向"正常化"。在民事权利上，1954 年 10 月 28 日《最高法院关于一方在台湾的离婚问题的批复》、1984 年 7 月 30 日《最高人民法院关于在台湾的合法继承人其继承权应否受到保护问题的批复》、1990 年 2 月 20 日《司法部关于转发国务院台湾事务办公室〈关于去台人员回大陆挖掘隐（埋）藏物品的处理意见〉的通知》等都保障了"去台人员"的婚姻权益、继承权和财产权等。在刑事相关问题上，最高人民法院、最高人民检察院于 1988 年 3 月 14 日联合发布了《关于不再追诉去台人员在中华人民共和国成立前的犯罪行为的公告》。该公告明确指出，"对去台人员中在中华人民共和国成立前在大陆犯有罪行的，根据《中华人民共和国刑法》第七十六条关于对犯罪追诉时效的规定的精神，决定对其当时所犯罪行不再追诉"；1989 年 1 月 3 日民政部、公安部、财政部、总政治部印发的《关于我军被俘去台人员要求回大陆定居问题的处理意见》要求对被俘去台人员"不审查、不追究、不表彰"，作为一般公民对待。对于"去台人员"要求回大陆定居的，1981年10月21日《公安部、粮食部转发广东省公安厅、粮食厅关于台湾回归定居人员户口和粮食供应问题的通知》赋予了台湾同胞高于大陆居民的待遇，1987年5月23日《公安部关于加强台湾同胞入出境管理工作的通知》则要求必须经过申请、审批环节，相应的政策从开始的鼓励、优待转为正常待遇。而1989年12月20日劳动部、人事部、财政部等《关于台胞、台属赴台湾地区定居有关待遇的规定》也明确强调到台湾地区定居的离休、退休、退职台胞与台属的离休费、退休费、退职生活费与内地离休、退休、退职人员享受同等待遇。

（二）台湾同胞投资者

台湾同胞投资者及台湾企业在大陆享有一定程度上的"超国民待遇"或"外资待遇"，如1999年的《中华人民共和国台湾同胞投资保护法实施细则》规定，台湾同胞投资依照国家有关法律、行政法规和本实施细则的规定，享受优惠待遇；台湾同胞投资适用《中华人民共和国台湾同胞投资保护法》和实施细则；《中华人民共和国台湾同胞投资保护法》和本实施细则未规定的，比照适用国家有关涉外经济法律、行政法规；符合国家产业政策和投资导向要求的台湾同胞投资企业，比照适用国家关于指导外商投资方向的规定。当然，这种"待遇"也因为两岸加入WTO以及经济全球化的影响而产生变化。

同时，在审批、运营、人员权益等具体事项上逐渐享有"同等待遇"，如1994年及1999年的相关法规中，均采取申请审批制，即"设立台湾同胞投资企业，应当向国务院规定的部门或国务院规定的地方人民政府提出申请"，但在2016年颁布的修正后《中华人民共和国台湾同胞投资保护法》虽然也重申了台湾同胞投资企业需要申请，但其第十四条则规定"举办台湾同胞投资企业不涉及国家规定实施准入特别管理措施的，对本法第八条第一款规定的审批事项，适用备案管理"；1994年《中华人民共和国台湾同胞投资保护法》第十条规定台湾同胞投资者可以在台资企业集中地区依法成立台湾同胞投资企业协会；1999年的《实施细则》则大大便利了台湾同胞投资者，包括台资企业可以获得大陆必要的信贷支持，台湾同胞投资者个人及其随行家属和台湾同胞投资企业中的台湾同胞职工及其随行家属可以依照法规申请办理一定期限多次入出境和期限的暂住手续，台湾同胞投资者个人和台湾同胞投资企业中的台湾同胞职工在交通、通信、旅游、旅馆住宿等方面享有与大陆同胞同等的待遇，台湾同胞投资者个人的子女和台湾同胞投资企业中的台湾同胞职工的子女可以进入大陆的小学、中学和高等学校接受教育，或者在台湾同胞投资集中的地区可以申请设立台湾同胞子女学校，以及台湾同胞投资企业在购买机器设备、原材料及辅料等物资以及获得水、电、热、货物运输、劳务、广告、通信等服务方面享有与大陆其他同类企业同等的待遇。

（三）台湾居民

对于一般意义上的"台湾居民"在大陆的相关权益，大陆以个案、便利或权宜立法的方式来加以保障，程序不断精简，所涉及的项目和范围也在不断扩展，相关方面的待遇也逐渐与大陆居民趋同。

对于台湾居民在大陆旅行、定居等事项，按照《中国公民往来台湾地区管理办法》及其附属规定，台湾同胞来往大陆最初需要申请旅行证（台胞证）、暂住证发展为台胞证加注暂住手续再到台胞证免签注；对于台湾居民在大陆定居、办理常住户口、申领身份证以及由台胞证申办护照等都有一些原则性的规定；更为重要的是该管理办法明确了台湾居民在大陆完全实现作为中国公民的法律权利所需要遵循的基本程序。

对于台湾居民在大陆就业，劳动和社会保障部对 1994 年发布的关于台湾、香港、澳门居民在内地就业的管理规章进行了修订，并于 2005 年 6 月 14 日公布的《台湾香港澳门居民在内地就业管理规定》，台湾居民在内地就业实行就业许可制度，由用人单位为其申请办理就业证并实行备案制度，其在内地就业受法律保护。历年来司法部《关于台湾居民参加司法考试若干规定》等都基本赋予台湾居民与大陆居民的同等待遇。2013 年 6 月 28 日人力资源和社会保障部、国务院台湾事务办公室《关于继续向台湾居民开放部分专业技术人员资格考试有关问题的通知》又继续向台湾居民开放 10 类（项）专业技术人员资格考试，而此前已经开放 29 类（项）。2009 年 1 月 4 日卫生部《台湾地区医师在大陆短期行医管理规定》允许台湾医师经申请可以在大陆医疗机构从事不超过三年的临床诊疗活动。此外人社部已开放福建、江苏、天津、上海、浙江、湖北、北京、河北、山东、广东、广西、海南 12 省区市为台湾居民在大陆事业单位就业试点地区。

对于台湾居民在大陆创业，2011 年 12 月 27 的《国务院台湾事务办公室、国家工商行政管理总局、公安部等关于开放台湾居民申请设立个体工商户的通知》开放了台湾同胞可在北京、上海、江苏、浙江、福建、湖北、广东、重庆、四川等省市无需经过外资审批即可申请登记为个体工商户，2016 年 1 月 1 日国台办、中宣部、发改委等《关于扩大开放台湾居民在大陆申请设立个体工商户的通知》将范围扩大到 26 个省市。

为了鼓励和吸引台湾学生来大陆就学，相关政策也给予台湾居民较为平等的待遇。1991 年 1 月 18 日国家教委、国台办、公安部《关于接受在大陆投资的台湾人士的随行子女到大陆的中小学、幼儿园就读的有关事项的通知》规定台湾投资人士的子女与大陆学生同等标准和待遇。1999 年 4 月 2 日施行的《教育部、国务院台办、国务院港澳办、公安部关于印发〈关于普通高等学校招收和培养香港特别行政区、澳门地区及台湾省学生的暂行规定〉的通知》以及 2011 年 1 月 1 日《教育部关于普通高等学校依据台湾地区大学入学考试学科能力测验成绩招收台湾高中毕业生的通知》等基本解决了台湾同胞大陆就学的问题。

在台湾同胞公共福利与生活保障等方面，相关的政策举措也逐渐建立起来，如一些地方已经先行先试，2015 年 9 月 24 日《上海市台湾同胞投资权益保护规定》表明台湾同胞可以申请公租房。此外，今年以来大陆陆续公布或即将出台一批为台湾同胞在大陆学习、就业、创业、生活提供便利的政策措施，主要有：在大陆就业台湾居民将平等享有住房公积金待遇，可在大陆参加社会保险，为在大陆高校就读台湾学生增设具有较高荣誉性质的奖学金项目，国家旅游局要求旅游住宿企业为台湾同胞提供更加便利的旅游住宿服务，银行业将改进台胞小额信用卡服务，为意愿在大陆就业、符合条件的大陆高校应届毕业生发放《就业协议书》、签发《就业报到证》，等等。

五、台湾同胞法律地位优化的路径选择

台湾同胞作为中国国民和公民，其在大陆地区的法律身份、权利和待遇仍需要通过一定的程序和路径而生成和落实。从中国大陆的法律规定和政策实践来看，相关权利和待遇的实现与保障是以"居民"身份为依据或参照的。

自 1958 年全国人大常委会颁布第一部户籍制度《中华人民共和国户口登记条例》其，中国大陆就确立了一套严格的户口管理制度，在现行户籍制度下，中国境内定居的中国公民必须完成有效的户籍登记，才能保证并实践基本的公民权。户籍和政治、经济、文化教育等权利相挂钩，被认为赋予太多"附加值"。与此同时，大陆还有一套身份登记制度来证明身份并确立公民权利和行为能力。《中华人民共和国居民身份证法》第一条规定，"为了证明居住在中华人民共和国境内的公民的身份，保障公民

的合法权益，便利公民进行社会活动，维护社会秩序，制定本法"，第二条规定，"居住在中华人民共和国境内的年满十六周岁的中国公民，应当依照本法的规定申请领取居民身份证"。因此可以说，身份证是在证明"居民"的身份的，而这一身份又是与户籍相结合的，经过居民身份登记才能真正使公民权利成为一种法律意义和实践意义上的存在。显然，按照这些制度，大陆户籍、户口和居民身份证并不是台湾同胞权利清单上的默认配置。但《身份证法》第九条也规定台湾同胞迁入内地定居的，应当依照本法规定申请领取居民身份证"。而依《中华人民共和国公民出入境管理法》《中国公民往来台湾地区管理办法》《公安部关于简化办理台湾居民在大陆暂住手续的通知》等规定如果台湾同胞申请来大陆定居，经批准取得《批准定居通知书》，办理《台湾居民定居证》并办理常住户口登记，同时取得中华人民共和国居民身份证，完成落户手续。这也说明台湾同胞经过申请及批准，经过定居证、户口登记、居民身份证三个环节，就具备了与大陆居民相同的法理地位和权利①。

因此，对于优化并确认台湾同胞在大陆的法律地位至少存在两条可行的路径：其一是台湾居民按照既有法律所规定的程序申请拥有大陆居民的身份进而自然具备相应的权利以及随之而来的居民待遇，其二是在不改变其台湾居民法律身份及权利的前提下，大陆方面采用"便利"或"权宜"做法在各个方面参照大陆居民权利给予台湾同胞无异于大陆居民的同等待遇。第一种路径在法律体系中已经相对完备，但台湾同胞循此路径获取相应的居民权利及待遇所需流程和时间较长，对于很多旅居大陆的台湾同胞而言，这一路径的可操作性及吸引力不足，尤其是短期来往的台湾同胞而言可行性相对较低；同时台湾方面对此也有诸多限制，根据"两岸人民关系条例"规定，台湾地区人民不得在大陆地区设有户籍或领用大陆地区护照，在大陆地区设有户籍或领用大陆地区护照者，除经有关机关认有特殊考量必要外，丧失台湾地区"人民身份"及其在台湾地区选举、罢免、创制、复决、担任军职、公职及其它以在台湾地区设有户籍所衍生的相关权利，并由户政机关注销其台湾地区的户籍登记。这也意味着，台湾同胞在大陆设有户籍的同时，台湾方面就不再承认其在台湾地区作为台湾居民的身份和权利。综合而言，严格依循第一种路径在短期内难以便利并有效地保障与增进台湾同胞作为中国公民在大陆的权益。相较之下，第二种路径的可行性和可操作

---

① 这不同于外国人获取中国永久居留权。《中华人民共和国出入境管理办法》规定了外国人获得中国永久居留权的条件、程序及管理等，其中第四十七条"对中国经济社会发展作出突出贡献或者符合其他在中国境内永久居留条件的外国人，经本人申请和公安部批准，取得永久居留资格"。第四十八条"取得永久居留资格的外国人，凭永久居留证件在中国境内居留和工作，凭本人的护照和永久居留证件出境入境"。台湾同胞居留资格及户籍和身份证的获得并不需要如此条件。

性较高，也更能够切实有效为台湾同胞在大陆生活等提供便利。

第二种路径在当前情况下更为便捷与可行的原因在于台湾居民在中国大陆地区的权利实现的结果仍然是获得同等的"居民待遇"①，这些待遇可以在实践中通过行政管理等手段来加以落实，而不需要通过修法的方式去实现，也并不以台湾同胞失去在台湾地区的相关权益为代价。尤其值得注意的是，对于中央政府而言，台湾同胞是中国公民，但因台湾居民并非大陆居民，暂未能在大陆地区实现与大陆人民同等权利而影响其在大陆的相应待遇，所以台湾同胞在大陆处于"有公民权利、求居民待遇"的境地，这不同于非中国公民的外国人在中国大陆处于"无公民权利、求国民待遇"②的情形，当然也不适用一般国家对外国人要求先定居、再入籍的路径设计③。两岸人民相关权益的落实与保障都是以户籍为依据的，就主观意愿和客观限制而言，台湾居民在当前不太可能同时拥有台湾户籍和大陆户籍，也缺乏动力放弃台湾户籍及其所衍生的在台湾的相关权利。与此同时，中央政府赋予台湾同胞在大陆地区完全的居民权利的条件也尚不成熟，以台湾同胞按法律程序在大陆设立户籍、申领身份证为基准条件来落实居民待遇则更是缓不济急。事实上，在大部分情况下，台湾同胞在大陆的法律地位与权益保障并没有遵循从"中国公民"到"大陆居民"再到"大陆居民待遇"的路径，而是直接略过中间环节，采用从"台湾地区的中国公民"直接到"大陆居民同等待遇"的路径。而从历史发展的视角来看，前述各类人员在中国大陆的待遇逐渐在各个领域趋于与大陆居民相同，尤其是近年来政府逐步在经济、文化、教育等方面赋予台湾同胞"居民待遇"，逐步形成一种"参照大陆居民"的涉台社会管理与公共服务体系。

对中国大陆而言，应延续既有的工作成绩，持续保障与优化台湾同胞在大陆法律地位，相关的政策思维与实践路径应从建立"以身份证为基准的立法体系"为核心转轨为构建"以台胞证为核心的执行体系"为重心。先以台胞证为切入点，台胞证最初的功用仅为台湾居民入出境中国大陆之旅行证件，然而随着近年来两岸交流密切，越来越多的台湾人在中国大陆长期定居生活，作为旅行证件的台胞证，成为台湾居民在

---

① 从实践来看，现在台湾同胞所缺少的，并非是没有在大陆外国人的"国民待遇"，因其本身就已经是中国国民，而是在大陆法政框架下符合现行证件名称与大陆居民一样的合法"居民待遇"。当前大陆所给予台湾同胞的各种便利等其实是"居民待遇"，而不是给予无中国籍外国人的"国民待遇"。参见王裕庆：《有关台胞"国民待遇"或是"居民待遇"不同称谓》，http：//www. nownews. com/n/2017/03/03/2405887/1。

② 国民待遇是国际习惯法中重要的原则，意思是外国人与当地居民有同等的待遇。根据国民待遇，如果一个国家将特定的权利、利益或特权授予自己的公民，它也必须将这些优惠给予处在该国的他国公民。

③ 如一般人移民往澳大利亚时，会先申请永久居留权。成为永久居民后，便可以在该国永远居住，并可以在很多层面获得与该国公民同等的待遇。然而，永久居民没有选举权及不能从事部分政府工作等只公民才能享有的权利和义务。任何人欲申请成为澳洲公民前，需先成为永久居民，并在当地住满一定年期，才可申请做公民。

中国大陆唯一的合法身份证明及法律证件，所以台胞证已经不再仅是旅行证件，中国大陆境内的台湾居民可持凭台胞证旅行、就业、就学、就医、考试、置产、开户、贷款、结婚，未来应持续推动台湾同胞逐步享有与大陆居民同等的社会福利等等。基本上，虽然台湾居民不是大陆居民，但可以参照大陆居民；待遇不等同于权利，但大陆应逐渐落实台湾同胞在大陆的"居民待遇"；台胞证不是居民身份证，但台胞证将能逐步具有与身份证相同的各种功能。

两岸社会融合的制度性因素作用与路径选择

叶世明[*]

在新形势下，两岸社会融合充分展开将会构造一类新的社会空间，即一种"两岸间社会"或"跨海峡共同体"。这就需要实现两岸社会规范认同与组织机制的有机结合。换言之，当前，相关公共政策和制度安排的缺失是两岸社会融合进程的主要障碍。为此，建构促进两岸社会融合的制度性基础与保障，培育共享规范，方可超越两岸社会融合的障碍。本文在阐述两岸社会融合制度性因素作用的基础上，探讨促进两岸社会融合的路径选择。

一、两岸社会融合的制度性因素的作用

吉登斯的"结构二重性"强调人们生活的世界，是一个充满规则和制约的世界，人们可以发挥主观能动性，建构自身的行为，适应社会规则，但仍然要受到外部宏观结构性制度和政策的制约。鉴于此，可以认为，制度性因素是造成当前两岸社会融合发展困境的关键因素，包括求学、就业、创业、出行、社会福利保障制度等显著影响着当前台湾同胞的社会融合。换言之，制度性因素对两岸社会融合有着显著推动作用。

制度性因素涉及生活的方方面面，包括平等的就业权，与本地居民一样的社会保障权利和义务教育、住房保障等公民保障权利相关配套制度等，这既保障台湾同胞的权利和利益，对他们的社会融合产生深远影响，将显著提高他们自觉融合与两岸社会融合的水平，显示了制度接纳的重要性，从而为社会融合提供保障和信心。反之，制度性排斥必然导致台胞被排除在大陆的医疗、就业、就学、养老等社会保障制度权利之外，限制他们的认同和融合。

两岸社会融合的制度性因素的作用主要体现在如下三个方面：一是规范的政策机制将更好地为两岸社会融合发展提供政策支持。两岸关系多年发展的历程与经验证

＊ 叶世明，福建社会科学院台湾所副研究员。

明，两岸制度化协商谈判是推动两岸关系和平发展、有利于两岸民众福祉的重要途径，相关协议的及时签署，为两岸社会融合提供了制度化保障，如厦门致和社工服务中心再次与台湾爱加倍社会福利关怀协会签订《闽台社会服务工作交流合作协议》，将促进闽台之间社会工作行业的交流合作；福建山亚海峡两岸青年创业孵化中心与台湾高雄市创业育成中心签署《两岸创业发展合作协议》，将搭建平台推动两岸青年互动、扶持两岸青年创业创新；二是两岸社会交流的空间、平台、网络的制度建设，持续推进了两岸社会各类交流活动的便利化，大力简化通关手续以及行政手续，拓展了两岸民间交流的跨境空间，实现在物流、金流、人流、信息流、文化流等领域的便利化；三是两岸社会融合发展是一个系统的、全面的、复杂的工程，是一个长期的循序渐进的过程，需要在政策、法律、机制等方面的突破，相关制度的建构将有利于统筹各部门协调推进工作，也是推进两岸社会融合健康、稳定、持续发展的重要保证。

二、两岸社会融合制度建构的路径选择

（一）修订及出台推进两岸社会融合的相关法律法规

一方面，在过去三十年里，大陆出台了一系列涉台法律法规，但随着两岸关系的发展，有些法律法规已不合时宜。两岸之间经济、文化、社会等领域的交流、合作越来越多，涉及婚姻、财产、债务等方面的民事纠纷也不少，这就需要与时俱进地对它们加以修订，并补充相关立法。强化两岸社会交流的法制建设，为两岸社会深度融合提供制度保障，有助于更好地处理和解决这些纠纷，有助于两岸社会的融合；[①] 另一方面，由于历史原因造成的两岸制度不同，大陆方面多年来对台胞实行经济行为比照外资、社会行为比照外籍人士的特殊性管理。但随着大陆经济社会的发展，全面深化改革开放的推进，台胞在大陆生活、发展面临的障碍逐步显现，突出体现在局部发展领域及生活便利性受到限制。两岸民间社会融合在某种程度上还受到两岸法律规定规范差异性的限制，无论是民事法还是刑事法规，无论是社会管理的具体制度还是普通民众的法律素养，两岸都存在一定的现实差异，这都需要进一步完善法律与制度建设，保障两岸社会融合持续深化。

（二）加强完善涉台交流合作机制建设

两岸社会交流领域与规模拓展，层级提高，两岸社会交流的机制化趋势在不断增

---

① 王英津：《融合发展：大陆推进和平统一的新思路》，《中国评论》，总第 232 期，第 12 页。

强。2017 年 2 月，国台办发言人表示，大陆有关部门正就大陆台胞关心的问题积极研拟相关措施，5 月以来陆续出台新的便利措施并取得良好反响。今后，应进一步全面推动各部委、省市对台政策的完善，让台湾同胞享有全面的国民待遇，为台湾民众在大陆就业、创业、工作、生活提供便利与保障，促进两岸社会的深度融合，这是迈向两岸共同家园命运、共同体的重要过程。两岸社会的融合发展需要两岸双方在政策面的配合，也就是要双向开放，以便养成共同利益和共同观念。值得一提的是，我们在两岸事务的交流制度设计上应重视授权社会组织与台湾的社会团体进行对接，开展更为丰富的两岸社会交流。

（三）全面推进社会管理服务创新，营造台胞台商投资兴业、交流往来和居住生活的良好社会环境

两岸社会融合是个循序渐进的漫长过程，必然会不断遇到新的事务和新问题，这就要求改革和完善现有的管理机制与制度，形成新的管理体制，必须建立更为有效的社会管理与服务创新机制，例如制度创新、组织创新、服务供给方式创新、管理创新等，尽快研究出台便利台湾同胞在大陆学习、就业、创业、生活的政策措施，回应并落实台胞在待遇、政治、经济和社会文化等全方位权益保护的需求，落实公共服务和福利均等化，为两岸社会深度融合提供制度保障。当前工作的重点应放在如下三个方面：一是在医疗卫生、社会保障、工作就业、出入境等方面加大社会管理创新力度，为台胞来大陆生活、定居提供更宽松的社会环境。同时，通过社会融合发展，大陆可以更好地学习台湾先进的社会管理服务经验，完善社会福利制度，进一步提高社会服务水平。并让台胞通过参与大陆的社会建设来实现融合发展。大陆提出了"两个一百年"的奋斗目标，正在全力实现中华民族伟大复兴的中国梦。在这一历史进程中，大陆可以给台湾居民来大陆就业、创业提供很多资源和机会。同时，研究解决在大陆台胞以及两岸跨境工作、生活人员的社会保障衔接问题以及医疗、教育和民间合作等具体内容。通过推进社会管理服务创新以及社会政策的衔接有效推动两岸社会融合发展，可行性和强大的生命力。

（四）创新基层对台工作机制，创新台胞融入社区生活社会管理体制，着力建设两岸同胞融合的温馨家园

社区是两岸民众生活工作的重要基层单位，也是两岸基层社会融合的重要实验场。当前两岸日常生活方式存在一些差异也是两岸社会融合的重要障碍，主要与两地

社会生活发展阶段及发展水平有一定关系，因此，重视发挥社区机制的作用，推动两岸民众在日常生活中的社会融合相当重要。毕竟日常生活与普通民众的关系最为密切，感受也最为深刻。发挥两岸民间社会力量，应用社会方法，推动两岸社会共同体建设与两岸在日常生活的社会融合的过程，也是两岸人民共同生活经验、集体记忆的再造，以及"两岸一家亲"归属感的深化。一是以社区为抓手，通过文化活动带动、强化社区服务，并激发台湾同胞积极参加社区活动（比如募捐活动、志愿者活动、社区文体活动）、更有利于推动台湾同胞的社会融入，推进融合。比如，可以引导社区成立登山队、摄像队、游戏队、网球队等组，使之成为社区同胞交流的重要平台，同时也是两岸同胞融合的平台。无论在生活、语言还是细节方面，都要让台胞感受到这里就是家的感觉，让台湾同胞觉得自己所处的社区文化与台湾的社区文化并无多大的差异；二是创新台胞融入大陆社区生活的社会管理体制，建立与台湾社区的交流合作机制，进一步推动两岸社区友好往来，例如，鼓励街道社区等基层组织加强与当地常住台胞的沟通联络，帮助他们协调处理具体问题，促进民众感情的融合；三是吸取台湾社区治理的经验，同时邀请更多台湾基层社区治理者和基层民众来大陆，交流和感受社区治理、服务的经验和成果；聘请台胞担任社区主任助理，通过聘请台胞主任助理，助力台胞参与社区治理的平台和机制的建设，在更大范围、更高层次上促进台胞融入社区，构建两岸同胞融合的温馨家园。

（五）推动建立两岸社会基层单位、社会团体之间的社会融合机制

一方面，两岸基层单位是两岸关系和平发展的社会基础力量。乡镇基层组织起着联系广大民众的功能，积极推动两岸乡镇基层单位之间的交流与互动，对于推动两岸社会深度融合至关重要；另一方面，两岸的社会团体是两岸社会关系连接的基本单位，在两岸互动中扮演着不可或缺的角色与地位。特别是在台湾，很多社会功能与职责都是由社会团体来，主导与推动，因此，要积极推动两岸社会团体进行深入交流与合作。这两者都有助于夯实两岸融合的社会基础。[1]

（六）要进一步推动台胞包括青少年的日常与体验式交流交往的机制化、发展

一是大力推动台湾义工文化、慈善文化进校园，完善学校志愿服务机制，引导广大师生积极投身社会公益事业；二是精心组织两岸中华经典诵读等各类文化、艺术、

① 肖日葵：《两岸社会整合的理论意涵与两岸桥接平台的架构——兼论"闽台社会共同体"建设之可能》，《台湾研究集刊》2015年第6期，第88—92页。

体育交流活动，引导两岸学生弘扬民族文化，增强民族意识，促进相互了解，增进彼此友谊，营造"两岸情、一家亲"的良好氛围；三是以"帮困助学""敬老爱老""文明礼仪""低碳环保"为主题，组织两岸中小学生开展联合志愿服务活动，增强学生融入大陆的社会责任感和服务意识。四是强化融合意识，搭建交流平台，如台湾高校杰出青年赴大陆参访团以及在"两岸青年之友"沙龙等，让台湾青年更多了解大陆。五是每年传统节日，如春节、端午、中秋等，都要拨出专款，组织台胞到福利机构看望孤残老弱者，为他们送温暖，激发他们热心社会公益，捐资助学、扶贫济困，主动参与各项社会公益事业建设及和谐社会的创建。同时，也利用传统佳节举办联谊活动，走访重点台胞台属和困难台胞，开展贫困台胞台属救济帮扶工作，调动好他们融入社会的积极性。六是组建台胞志愿服务队，通过搭建志愿服务平台，带动台胞参与志愿服务，鼓励台胞将台湾地区优秀志工经验带入社区，让台胞志愿者在幸福参与公益服务的同时提升台胞对两岸一家亲的价值认同感，构建和谐幸福的共同家园。

（七）坚持以人为本，为台胞服务，争取台湾民心作为对促进两岸融合台工作的出发点和落脚点，不断创新对台工作机制

完善台商座谈会制度，密切政府与台商的联系，优化台商服务机制；重视发挥民主党派、台商协会、涉台机构、社团组织在联系台湾相关团体和人士中的优势，以及在处理相关涉台事务中的特殊作用；充分发挥台胞调解员、陪审员的桥梁沟通作用，利用台胞调解员、陪审员具有的"同乡、同业"优势，积极邀请台胞调解员、陪审员参与调处涉台案件，加强与台商协会之间的诉调衔接机制，形成多方参与的涉台矛盾纠纷解决机制，形成经济、高效化解矛盾的合力，创新维护台胞权益的调解机制。

三、结语

两岸社会融合涵盖了两岸社会的诸多领域，也包括了两岸诸多建设主体，以及相应的社会制度、认同、情感等内容，推进两岸社会融合发展也是一项重大的战略政策工程。实践证明，制度性因素才是两岸社会融合真正的深层次关键影响因素，若要两岸社会融合发展持续推进，需要建立可长治久安之法治与制度基础。这使得相关制度建设显得十分重要。今后，应秉承民主、平等、公开透明、有序的原则，协调政府、市场、社会民间组织、广大民众之间的权力与责任，也即是建立合理有效的治理结构，扫除制度性障碍，建立起正式的制度，以确保良好制度运行的稳定性，形成一个

保障两岸同胞共享发展机会和平等权利，拥有共同利益和价值认同，体现"两岸一家亲"理念的和谐、开明的两岸共同社会，其目标在于通过两岸社会个体、群体之间相互影响和适应，最终实现相互融合。十八大以来，大陆方面努力推动两岸社会合作的深化发展，积极为两岸社会进一步走向合作共赢提供法律与制度的保障，尽管受到来自台湾内部绿营的干扰与阻碍，但两岸制度性协商仍有序推进并取得重要成果，与此同时，大陆不断完善涉两岸事务的法律与制度建设，确保两岸社会融合发展的进程不因岛内政局变化而停滞。总之，通过制度推动两岸社会融合发展，是克服和解决两岸社会融合深层次问题的重要方式与途径，打造各层次各类型的交流平台，形成有利于两岸社会融合发展的政策导向，提供一个平等、尊重和包容的制度环境，对社会融合发挥正向支持作用，使台湾同胞能够享有必要权利，才是解决两岸社会融合问题的关键所在。

大陆涉台投资地方立法对台胞投资权益的保护及其完善思考

宋锡祥*

为了更好地贯彻落实《台湾同胞投资保护法》（以下简称《保护法》）及其与之相配套的《台湾同胞投资保护法实施细则》（以下简称《实施细则》），大陆各省、自治区、直辖市及一些较大的市也相继制定和颁布了一系列有关台湾同胞投资保护的地方性法规和规章。通过地方立法形式规范和调整本地涉台投资实务，推动了各自地区交流交往的发展，保护和促进了台胞在各自地区的投资，同时也为国家层面涉台立法积累了宝贵经验，为上位法的进一步修改和完善提供了很好的立法"试验田"的作用，并创造了有利的条件。

一、大陆涉台地方保护和促进台胞投资立法概况及其最新发展

20 多年来，大陆众多省、自治区、直辖市及某些较大的市根据各地区的实际特点，对地方投资立法进行了大量和卓有成效的探索，取得的成绩有目共睹。截至 2017 年 7 月，现行有效的此类地方性法规共计 21 部，包括：福建、江西、浙江、安徽、江苏、四川、黑龙江、广东、河南、广西、湖北、湖南各省，天津、上海、重庆三个直辖市，汕头、厦门两个经济特区，以及南京、福州、宁波和武汉四市。从地域分布看，主要集中在长三角、珠三角等台商投资比较集中的区域。以江苏为例，截至 2015 年 3 月，江苏累计批准台商直接投资、经第三地转投资项目超过 2.5 万个，实际吸收台资 670 亿美元。约占两岸贸易总额近中四分之一。目前，已连续 13 年引进台资规模居于祖国大陆首位。台资企业在大陆获利前 50 强中九成在江苏有布局，其中，前 20 强均在江苏有大项目投资。2016 年上半年，苏台经贸交流合作持续升温，指标大增，新批台资项目（含第三地转投资）超过 250 个，同比增长 21%；协议利用台资超过 27 亿美元，同比增长 86%。如今，台商和台资企业已成为江苏经济社会发展中的

---

* 宋锡祥，上海对外经贸大学法学院教授，法学博士。

一个重要群体，也是一个独特群体。[①] 随着西部开发和中部崛起的战略实施，作为承接台商投资的中部区域，也制定了地方性法规。这些对于吸收台胞投资和保护其合法权益发挥了重要的积极作用。

除了地方法规之外，某些省、自治区、直辖市及某些较大的市在1988年国务院出台《关于鼓励台湾同胞投资的规定》之后，先后出台了有关政府规章，部分地区在此之后还对政府规章进行多次适当修改、充实和完善，包括：吉林省、安徽省、山东省、云南省、内蒙古自治区、北京市以及大连市等，以适应新形势的发展需要。目前，尚未失效的地方政府规章还有九部，除了有些条文窒碍难行或不合时宜之外，在一定程度上和范围内起着保护和促进台胞投资的作用和功能。

当然，涉台投资立法既要保持其相对的稳定性，切忌朝令夕改。同时也需要进行适时的修改工作。1999年大陆《实施细则》颁布之后，四川、浙江、广东、重庆等省市对涉台投资法规进行了修正。自2008年之后，台湾地区实现政党轮替，台湾领导人马英九上台，两岸形势发生了新的变化。与之相适应，广西壮族自治区、厦门市、南京市、宁波市对法规进行了修正，浙江、重庆对法规作了第二次修正，进一步强化对台胞投资及其合法权益的保护。

祖国大陆有关省市在修改地方法规的同时，自2010年以来湖南省、江苏省、安徽省、武汉市、汕头市、上海市等地又先后制定了地方性法规，体现了涉台投资地方立法与时俱进和涉台投资地方立法某些地区零的突破。

目前，在台商投资比较集中的地区主要有：江苏、浙江、上海、福建和广东五个省市都有涉台投资保障条例的地方立法，《江苏省保护和促进台湾同胞投资条例》于2012年12月31日起正式施行。该《条例》无论是在名称上，还是在内容上，都体现了与《海峡两岸投资保护和促进协议》（以下简称《两岸投保协议》）相衔接，体现了两岸交流新成果，也是《两岸投保协议》签署后颁布出台的大陆第一个相关地方性法规。《条例》不仅细化了国家法律、行政法规的规定，而且还认真总结了江苏省在保护和促进台胞投资方面好的做法和经验，按照促进和保护两个主线，分别从台湾同胞来苏投资的政策扶持、权益保障、政府服务等方面作了具体规定。《条例》的贯彻实施，为进一步保护和鼓励台湾同胞在江苏投资，促进江苏与台湾两地经济的合作与发展营造良好的法制环境。

值得一提的是，2015年9月24日《上海市台湾同胞投资权益保护规定》，共计

---

① 江苏台办主任杨峰：《台企已成江苏经济重要组成部分》，http：//www.dzwww.com/xinwen/xinwenzhuanti/2008/ggkf30zn/201609/t20160919_10812169.htm，载中国台湾网，2017年7月9日访问。

26 条，经上海市人大常委会第 23 次会议审议通过并于同年 11 月 1 日施行。该《规定》的颁布和实施，结束了上海无涉台投资权益保护法规的历史，并填补了这方面地方立法的空白。应当看到，该《规定》在投融资、企业转型升级、服务上海五个中心建设、创业、就业、就医、就学、社会保障等方面体现了上海的特色，其中，在本市创业、合法就业的台胞可以按照规定申请上海市的公共租赁住房。与此同时，要根据上海产业升级的需要，加快推动沪台企业的转型升级，鼓励更多的台资大企业、大财团投资上海的高新技术产业，并把其地区营业总部和研发总部落户上海，以接轨上海建设成为科创中心的需要。同时，大力推进台资企业的品牌建设，进一步促进和发展包括金融、会展、旅游、医疗、工程设计等服务业，拓展上海的支柱产业。[①]

继上海之后，《安徽省保护和促进台湾同胞投资条例》于 2016 年 1 月 1 日起生效。《条例》也有许多值得提及的亮点，主要有：

第一，从有利于台胞投资者入户"三园区"的发展出发，专门设立发展资金，以解决其融资问题。《条例》明确规定，由省政府设立台湾产业园区发展资金，用于鼓励、支持和引导台湾工业园、台湾农民创业园和台湾青年创业园等园区的发展，在土地使用、基础设施等方面进行统筹并给予政策支持。[②]

第二，彰显鼓励投资的领域。鼓励投资的领域，也是最能体现国家和当地对产业导向以及重点发展的领域，是充分体现涉台立法地方特色的主要方面。由于大陆《台湾同胞投资保护法》及其《实施细则》均没有对鼓励台胞投资领域的范围作出详细的规定，安徽省结合本地的经济和社会发展状况，在符合国家和本省的产业政策和投资导向的前提下，对于台胞投资者投资下列行业的，依照国家和省有关规定享受优惠，其中包括：（1）电子信息、节能环保、新能源汽车和新能源产业〔（2）生物、新材料、高端装备制造产业〔（3）文化产业〔（4）养老服务等社会事业〔（5）现代服务业和现代农业等。[③]

第三，鼓励台商在本省设立企业运营总部、全球研发或地区研发机构和技术转移平台，支持其入驻创新综合试验区、集中示范园区和各类开发园区等。[④] 旨在引领实体经济产业升级换代，向高科技方向转化，以提升本省的朝阳产业的经济实力。

第四，妥善解决隐名投资并作出合理规范。早期台商及其企业、公司来大陆投资的法律障碍和限制颇多，包括由台湾"投审会"对台商赴大陆投资进行审批。而台商

---

① 参见宋锡祥、朱柏燃：《两岸投资保护制度的立法体系及其完善思考》，《海峡法学》2016 年第 2 期，第 15 页。
② 详见《安徽省保护和促进台湾同胞投资条例》第 11 条。
③ 详见《安徽省保护和促进台湾同胞投资条例》第 12 条。
④ 详见《安徽省保护和促进台湾同胞投资条例》第 13 条。

如果经过"投审会"的报批手续再到大陆投资，将来面临双重征税的可能。为了避免这种不合理的双重征税，规避超额投资受到台湾当局法律禁止或处罚，台商采取不向主管部门报备，简化到大陆投资设立公司的手续，并设法绕开台湾地区"投审会"的审批，在大陆采用借"人头"即隐名方式投资。同时，在投资大陆对外资限制的产业时，这种隐名投资现象也时有发生。其他如为了方便办理公司设立手续、投资金额小或因扶持家乡亲戚创业等因素，采取隐名投资的情况也较多。所谓隐名投资方式，即出资人为了某种原因，以他人名义出资成立公司、合伙企业或个人独资企业，但记载在工商登记资料上的出资者为被借用的他人（显名投资者），实际出资者（隐名投资者）未在工商登记资料中出名登记。隐名投资造成实际出资人和公司显名股东不一致，这不仅给甄别是否属于台资企业并实施鼓励和优惠政策增加了难度，而且为利益纠纷和投诉的产生埋下了隐患。一方面，隐名投资规避了国家的法律法规，使国家登记信息失去真实性，造成国家对经济主体的错误评价和政策失灵；另一方面也造成了企业产权不明，极易产生纠纷和投诉；同时，也给日后司法部门处理纠纷带来困扰。[1]基于此，《条例》明确规定："实际出资人与登记出资人不一致，作为实际出资人的台湾同胞投资者请求确认其为出资人身份的，可以依照有关规定，向工商、司法等有关国家机关提出申请，有关国家机关应当依法处理"。[2]这势必为台商采取隐名投资产生利益纠纷后请求确认其股东身份、界定产权并确定其份额提供了依据，在一定程度上弥补了国家上位法有关隐名投资规定欠明确之不足。

二、大陆涉台投资地方立法的创新与特色

总体来说，大陆各地在国家法律和《实施细则》的基础上，根据自身的特点和功能定位，进行一定程度的细化，使之更具有可操作性。随着改革开放进入深水区，以及两岸关系形势的新变化，涉台投资立法也呈现出新的发展趋势。归结起来，主要体现在以下几个方面：

（一）从鼓励投资为主朝着保护和促进并重方向转变

从涉台地方立法的历程看，涉台立法已从早期的鼓励台胞投资为主，逐渐转向保护和促进并举，并处于同等重要的地位，2012颁布的《江苏省保护和促进台湾同胞

---

① 参见宋锡祥：《沪台经贸投资法律问题漫谈》，《上海法制报》2009年3月1日，第2版。
② 《安徽省保护和促进台湾同胞投资条例》第9条。

投资条例》无论是其名称还是内容均注重两者的内在一致性和整体性，既重视保护投资，同时又强调促进投资；为了促进投资，必然要保护台胞投资的合法权益，两者不可偏废，彼此构成辩证的统一关系，相互依存，相得益彰。《条例》就是最好的例证。这表明，近几年来地方涉台投资立法已不再将保护和促进作出明显的区分，而是更加注重其内在联系和同等重要性。

（二）从吸收台胞投资为主向注重同等权益保障和提供优质服务转变

从各地的法规的内容上审视，不难看出有关给予台胞投资的优惠的条款在逐步减少，随着大陆"入世"之后，一些针对台胞投资的优惠措施在地方法规中逐渐消失。取而代之的是，强调台资与外资一视同仁，平等保护。例如，《江苏省保护和促进台湾同胞投资条例》第 18 条规定："地方各级人民政府及其有关部门应当依法为台湾同胞投资企业或者个体工商户的合格产品进入市场提供服务，不得限制其合格产品进入本地市场，符合条件的产品纳入政府采购目录。台湾同胞投资企业或者个体工商户生产的合格产品出口销售与本省其他企业或者个体工商户享受同等政策和服务。"这就意味着《条例》从省级层面的法规否定了地方性保护的合法性，确保台胞投资企业和个体工商户的同等待遇。实际上，对台胞仅仅是在同等条件下，实行台资优先的政策。因此，针对特殊群体制定专门优惠待遇的空间越来越小，尤其是未来将要实行新的外资管理模式，对包括台资在内的外资都要实行准入前国民待遇。改变以往依靠政策优惠来吸引台资的做法，转向依靠政府提供高品质的服务鼓励台胞投资，并在优化政府服务上下功夫，营造良好的投资软环境。

江苏在维护和确保台商的合法利益的经验值得借鉴，包括依托省内各级领导对涉台工作的高度重视、依托各个涉台部门的相互配合以及依托台办有一支最前沿的队伍，做好对台工作。在制度化建设方面，省里县级以上台办成立了 13 个协调委，制订投诉和协调规则，处理涉台投诉事宜。与省高级人民法院民三庭诉调对接，聘请 26 位台商作为调解员参与调解工作；另外，还设立社会服务团，借助由律师、会计师、评估师和金融服务人士等组成的顾问团的作用，与台资企业进行对接，为其提供免费咨询服务。与此同时，利用诸如江苏发展周等大型活动，推动涉台历史积案的合理解决。①

（三）从保护台胞投资权益为主向多元化权益保护转变

早期的地方立法对台胞投资权益的保护，大都集中在投资权益的保护范畴，权利

---

① 以上内容是本人和其他课题组成员一行 4 人于 2013 年 4 月 27 日赴南京实地调研的材料。

保护的范围较窄，内容相对比较单一，这是不争的事实。随着两岸关系不断向前推进，越来越多的台胞、台干和台籍管理人员及其子女、配偶融入大陆社会的方方面面，对权益的诉求也将呈多元化趋势。与此相配合，新颁布的涉台地方立法也在积极回应台胞多元化的利益诉求，对台胞的政治、经济、文化、社会等各领域的权利保护作出制度性安排。[①] 例如，2015年生效的《上海市台湾同胞投资权益保护规定》在创业、就业、就医、就学、社会保障等方面作出明确规定，尤其是对于在上海创业、合法就业的台胞可以享受公共租赁住房的待遇。这种规定在以往的地方立法是不曾有过的。又如，江苏和安徽省对于台胞投资者个人的子女和台胞投资企业中台胞职工的子女在本省就学，与当地学生享受同等待遇，并可获适当照顾。[②] 2010年12月2日厦门市十三届人大常委会第25次会议审议通过的《厦门经济特区台湾同胞投资保障条例（修订草案）》，并于2011年1月1日起付诸实施。该《条例》共计55条，内容详实，具体而细化。在执法主体、参政议政（申请旁听市人大常委会会议、经市人大产委会决定，可邀请台胞列席市人大会议、居住满1年的台胞，可依照选举法在区、镇两级人大代表选举期间参选）、投资领域及居民待遇等方面都做了修改。除了惠及台胞投资者之外，还新增了医疗卫生保健、社会保险等一系列优惠措施也照顾到了台胞投资者的家属，他们与厦门市居民享有同等待遇。这无疑解决了台胞及其职工和随行家属的后顾之忧，使他们能够安心在大陆打拼、创业和就业。更有甚者，安徽省规定台胞投资者个人及其随行家属和台胞投资企业中的台胞职工及其随行家属，依照国家和本省有关规定享受法律援助服务。[③] 这是对台湾同胞实行多元化权益保护的又一例证，从而进一步深化和拓展了对台胞社会权益的保障机制。事实上，这些地方《条例》是对《台湾同胞投资保护法实施细则》第19条有关台胞投资人及随行家属、子女享受的"同等"待遇的引申、补充和进一步发展。

（四）从落实和细化上位法向主动与两岸签订的《投保协议》相衔接转变

在立法技术上，地方涉台立法不仅仅考虑如何落实和细化上位法的规定，保障上位法的实施，而是主动与两岸签订的协议进行衔接，以符合两岸关系新形势的发展需要。如江苏省在制定地方性立法的过程中，主动对接当时两岸正在商谈的《两岸投保协议》，在地方立法的程序上作出适当的微调。2012年上半年《条例》提交江苏省人

---

① 程维荣、风懋伦、纪昌荣、黄来纪主编，宋锡祥、傅泉胜副主编：《海峡两岸投保协议框架下完善保护和促进两岸投资法规问题研究》，中国民主法制出版社2016年版，第117页。
② 《江苏省保护和促进台湾同胞投资条例》第24条第1款；《安徽省保护台胞投资条例》第23条。
③ 《安徽省保护台胞投资条例》第27条。

大常委会第一次审议，第二次审议由同年的 7 月延迟至 9 月 26 日进行，并获得通过，同年 12 月 31 日起付诸实施。而《两岸投保协议》于 2012 年 8 月 9 日签署，《条例》的出台考虑了《两岸投保协议》的衔接问题，它是祖国大陆在投保协议签署后，首例地方颁布的涉台地方立法，对于今后的涉台地方立法具有很强的示范效应。

（五）将地方散见于各个部门的保护和促进台胞投资的政策性规定进行整合并上升到地方性法规的高度

安徽省在涉台地方投资立法上起步较晚，起草《安徽省保护和促进台湾同胞投资条例》工作始于 2013 年，历时近三年时间。为了有针对性地了解台资企业，立法部门曾多次前往在皖台资企业与台湾产业园进行实地调研，与台商面对面交流，广泛征询和听取各方意见，为《条例》体现地方特色铺平道路。与此同时，将安徽各个部门行之有效的涉台投资规范性文件和政策进行适当的梳理和整合，由地方政策调整向地方法规的调整方向转变，使其朝着规范化、法制化的方向迈进。该《条例》于 2015 年 11 月 20 日获得通过，并于 2016 年 1 月 1 日起施行。《条例》的亮点和特色明显，它不仅进一步明确了台胞投资优惠的行业问题，而且明确了促进台湾工业园发展和设立信贷风险补偿基金等台胞迫切关注的难题。为了解决困扰台商在大陆投资融资难的瓶颈问题，《条例》首次明确了台资企业投融资问题，鼓励台胞投资企业协会设立台胞投资企业信贷风险补偿基金，引导金融机构扩大对台胞投资企业信贷投放。此项规定在很大程度上有助于缓解台资企业融资难问题。《条例》还鼓励和支持台胞投资者在安徽企业总部、研发机构和技术转移平台，[①] 旨在鼓励更多的新兴产业来皖投资或科技研发机构落户和扎根安徽，并开花结果。

事实上，《条例》的颁布和实施结束了华东地区安徽省无涉台投资地方性法规的历史，值得庆贺。目前，台资已成为安徽省第二大外资来源地。

（六）征收与补偿的程序和实体条款更加规范、合理，弥补了上位法的缺失

在对台胞投资征收补偿问题上，各地涉台投资法规进行了有益的探索和进一步细化，防止其随意性。这一点值得肯定。一是征收审批权归于省、自治区、直辖市政府或其确定的有关部门，还是归所在区、县政府，国家层面的法律并不明确，地方立法诸如福建省、重庆市、厦门市等政府有这方面的规定，将征收审批权予以具体化，收

---

① 《安徽首部保护台胞投资条例通过 2016 年起实施》，http://www.chinanews.com/tw/2015/11 - 20/7633776. shtml，载中国新闻网，2017 年 7 月 15 日访问。

归省市政府或省、直辖市政府批准，或其确定的主管部门，即省台办批准方可实施，而有的地方立法没有类似的规定。二是启动征收补偿的前置程序在福建和江苏的地方立法中均有所体现，并建立了提前告知和充分协商制度。在征收告知上，福建省规定，确定征收时，明确提前一年的告知期，在大陆涉台地方立法中实属首创，这势必有利于被征收的台商能对生产、经营活动作出安排，减少不必要的经济损失。为了保证台胞投资者的知情权和参与权，江苏省要求政府有关部门在拟定征收补偿方案时，理应征求台胞投资者的意见。三是补偿范围有所扩充。由于《台湾同胞投资保护法》和与之配套的《实施细则》均没有做出专门的规定，有赖于地方立法的进一步细化。江苏省和安徽省在立法中明确征收补偿的三个具体项目：第一，针对被征收资产进行补偿；第二，因征收造成的停产、停业损失的补偿；第三，搬迁、临时安置的补偿。这些具体项目补偿操作性更强，有效防止和避免了征收者的随意性更改。四是补偿标准进一步具体化。福建省、江苏省和安徽省等地的立法中在原《实施细则》的基础上，对补偿标准作了细化，强调要以征收之日的"市场价格"为标准，并加收征收之日至交付之日止按合理"商业"利率计算的利息。五是征收补偿金额的支付期限得以明确。江苏省、安徽省均要求确实需要搬迁的，在搬迁之日前征收补偿款应足额补偿到位。安徽省还要求在征收实施前，征收方应当和被征收方签订征收补偿协议，约定补偿款兑现期限。福建省规定征收方在实施征收之日起三个月内付清款额。广东省对补偿款支付期间的利息计算、给付时间以及争议处置作了相当细致而明确的规范，包括从实施征收之日起计算，并按当时中国人民银行公布的活期存款利率计算利息，征收方应当在实施征收之日起三个月内付清补偿本金和到期利息。一旦被征收方对补偿标准有异议，经协议仍无法达成协议的，可依法向人民法院提起诉讼。可见，地方立法对征收补偿的规定明确提出了时间的要求，属于台胞权益保障的核心条款，这势必有利于保障被征收的台胞投资者合法权益落到实处。①

三、大陆涉台地方投资立法存在的问题与不足

与两岸关系形势发展的需求相比，大陆涉台投资立法相对滞后的矛盾逐渐显现出来，归结起来，主要存在以下几个方面问题：

---

① 程维荣、风懋伦、纪昌荣、黄来纪主编，宋锡祥、傅泉胜副主编：《海峡两岸投保协议框架下完善保护和促进两岸投资法规问题研究》，中国民主法制出版社 2016 年版，第 130—132 页。

（一）涉台地方立法相对比较陈旧，无法满足两岸关系深入发展的需要

从颁布时间上看，无论是涉台地方法规还是地方政府规章最早出台于20世纪90年代初，规范的内容相对简单、单一，应时性强，缺乏系统性和前瞻性的考量。即使是有些省市后来对地方法规和规章有所修改、调整、充实和完善，大多集中在2009年和2010年期间，如福建省、浙江省、厦门市、重庆市、广西壮族自治区、湖北省、南京市、宁波市等地根据形势发展的需要及时对法规进行了修订，也是小修修补，但更多地考虑如何与1999年国务院颁布的行政法规《台湾同胞投资保护法实施细则》进行协调、衔接和细化，便于可操作性。由于时过境迁，某些条款已不合时宜，迫切需要与时俱进的修改，以体现其适应性和一定程度的系统性和前瞻性。新形势下带来的新情况和新问题无法解决，总体上涉台地方立法在推进两岸关系深入发展的作用没有得到有效发挥，这种滞后性亟待改变。

（二）早期颁布的地方政府涉台投资规章尚未得到有效更新，修改的力度明显不足

早在1994年10月24日北京市就颁布了《北京市鼓励台湾同胞投资的若干规定》（以下简称《若干规定》），共计30条，对于投资形式、适用的法律、投资比例、国有化和征收补偿、投资项目的纠纷解决等做了规定，并台资实行"同等优先，适当照顾"的原则，给予台商投资一定的优惠。时至今日，该《规定》的相关条款未作任何修改，而是通过《补充规定》和《实施细则》的方式来取代《若干规定》，使其归于失效之功能，从而达到涉台投资地方规章的内容得以逐步更新和进一步细化之目的。具体来说，为了进一步鼓励台胞来京投资，促进京台经济交流与合作，使引进台资规则的政策系统化、透明化和法制化，1998年5月12日出台了关于《北京市鼓励台湾同胞投资的补充规定》，（以下简称《补充规定》），并于2011年出台了与之相配套的《实施细则》，便于实际可操作性。可见，北京的做法不具有普遍性，但仍颇具特色，通过《实施细则》对接《补充规定》的内容并予以具体化的方式，构成较为完整的规章体系，同样能够起到地方规章与时俱进的作用和功效。然而，我们也应看到，除了《大连市鼓励和保护台湾同胞投资的规定》于2008年作了小幅修改之外，其他省市政府颁布的地方涉台投资规章，包括吉林省、安徽省、山西省、山东省、云南省等没有任何变化，其内容大多停留在20世纪90年代初或中期的水平上，后续的修改工作没有及时跟进，使得这些规章的时效性大打折扣，名存实亡或成为"摆设"。

（三）有些地方立法对于征收补偿的规定不是过于笼统、抽象，就是呈碎片化趋势

在对台胞投资征收补偿问题上，有的诸如上海基本上是照抄照搬《台湾同胞投资保护法实施细则》第 24 条规定并在《台湾同胞投资保护法》的基础上，增加了征收的原因和补偿的标准，即指："补偿相当于该投资在征收决定前一刻的价值，包括从征收之日起至支付之日止按合理利率计算的利息，并可以依法兑换外汇，汇回台湾或者汇回境外"。有的如重庆市对补偿标准规定得比较简单，即根据评估机构的评估价值，给予合理补偿。[①] 有的如湖南省、天津市仅规定……依法对台胞投资者的投资实行征收并给予补偿或给予合理补偿。[②] 上述规定的条款与大陆 1994 年颁布的《台湾同胞投资保护法》第 4 条基本相同或相似。但问题在于，这些地方立法对于征收的程序（包括前置程序）、被征收物价值的确定、补偿款的支付及期限等问题并没有进一步作出规定，加之，上位法在这些条文的表述上同样过于原则、实际不易操作，导致实践中经常因这些问题产生争议。地方立法需要进一步细化和具体化的配套功能和作用无法显现出来，造成具体操作上的无法可依、无章可循的境地。

值得一提的是，如前所述，有些地方如福建和江苏等地对于台商高度关注的征收与补偿问题进行了卓有成效的探索，体现在相关具体条文之中，开拓性地弥补了上位法所面临的困境，对于确保台胞在征收补偿上的合法权益是相当有利的。但立法的碎片化也是不容置疑的，征收补偿条款完整、严密的地区，这方面享受的待遇和标准就高，反之亦然。同时也会引发在不同地区进行征收与补偿的不尽相同结果，造成不同的差别待遇。

四、进一步完善大陆涉台投资立法的法律思考

大陆涉台地方投资法规在日益发展和壮大，在不违背大陆《台湾同胞投资保护法》和《实施细则》的原则精神的基础上，各地群策群力，各显神通，进行了有限度的制度创新和细化的工作，这有力地推动了涉台投资立法向纵深发展，并弥补了现行涉台投资法律、法规的不足，使得大陆涉台投资地方立法初具规模，不断与时俱进，并构成了较为完整的能够调整和规范涉台投资各方面的法规体系。同时，也有一

---

① 《重庆市台湾同胞投资保护条例》第 20 条第 2 款。
② 《湖南省〈实施中华人民共和国台胞投资保护法〉办法》第 5 条；2016 年修订的《天津市实施〈中华人民共和国台胞投资保护法〉办法》第 12 条。

些地方涉台投资规章的问世和一定程度上的修订、充实和更新，对台胞投资者的权益保护也起到了积极的推动作用。在完善涉台地方投资立法成绩的同时，我们也应清醒地认识到，从两岸关系发展新形势着眼，大陆许多地方涉台投资法律规范已经明显不能适应形势发展的需要，有必要结合两岸关系最新进展适时作出修订和完善。

（一）在考虑与涉台投资地方法规衔接的同时，通过适时修法发挥上位法指导和引领作用

随着两岸关系进入深水区，错综复杂，法制在深化两岸关系的作用日益凸显。相对而言，涉台地方投资立法通过不断修订和新的地方投资法规的问世，已经走在了1994年的《台湾同胞投资保护法》及其1999年《实施细则》的前面，这些与时俱进的地方法规既考虑与上位法的配套和衔接问题，又有适当的立法创新，其规范的内容和范围更具有系统性、先进性、明确性、可操作性和可预期性等特色，确实起到了拾遗补缺的作用。从某种程度上说，下位法的内容已经超越了上位法，这是不争的事实。实际上，下位法的不断更新和发展对上位法的修改形成了倒逼态势，毕竟《保护法》已经实施了23年，与其配套的《实施细则》施行了18年，迄今为止，两部法律没有作过任何修订。随着两岸经贸投资交往的日益深入，制约两岸经贸发展的诸多问题已不同程度暴露出来，这一瓶颈势必影响了涉台地方立法的进一步制度创新。因此，在时机成熟或条件具备时，启动修法程序势在必行。依笔者看来，似乎可以分两步走，第一阶段建议在2018年下半年先考虑修改《实施细则》的相关内容，可以将地方行之有效的新条款吸收进来，并在此基础上，对涉台投资立法进行一定程度的顶层设计，在制度上应有新的创新和突破，以把握两岸经贸投资关系的总体方向。第二阶段，即2019年下半年将《保护法》的修订提上议事日程，总结20多年来的立法经验，将各地区制度性创新和突破经过实践证明是有成效的做法，经过提炼和梳理，上升至法律的高度，使之更具有稳定性、权威性和一定程度的前瞻性。

（二）有条件地将《两岸投保法》的有关条款吸收到国家和地方涉台投资立法之中

2012年8月6日海协会会长陈云林与台湾海基会董事长江丙坤在台北共同签署《两岸投资保护和促进协议》（简称《两岸投保协议》）作为履行《两岸经济合作框架协议》（简称"ECFA"）的重要步骤，也是ECFA四大后续协议之一，已于2013年2月1日施行。《两岸投保协议》开拓了两岸促进投资交流的新局面。这不意味着两岸相互投资法律和政策框架的最终建立，而应被视为两岸相互投资制度化、规范化的新

起点。根据协议精神，两岸都应落实协议的相关规定，细化相关条款，出台和完善相关制度，并通过各自法律、法规的修订和完善，逐渐使得各自涉台和涉陆投资法律制度相互吻合、协调和互动，从而最终达到协议所设定的保护和促进两岸双向投资的目标。因此，当务之急是《两岸投保协议》生效实施过程中两岸都面临对各自涉台和涉陆投资法律制度的修改、充实和改进工作，以及配套制度的跟进与后续完善事宜。这是摆在海峡两岸立法、司法和相关部门的一项需要解决的紧迫任务。

就大陆而言，主要应从两方面入手：一是在修改大陆《台湾同胞投资保护法实施细则》时，既要考虑与地方投资立法的协调问题，吸收和借鉴其合理成分和有益经验，又要考虑将《两岸投保协议》的有关内容纳入《实施细则》的范畴，便于协调和具体实施。在《两岸投保协议》生效四年之际，大陆有必要在原有实施细则修订草案的基础上，结合《两岸投保协议》的相关内容，进一步提出细化完善条款。有的可以采取直接转换的方式纳入其中；有的则针对两岸经贸投资出现的新情况和新问题对《实施细则》进行补充、修改和必要的删除，并增加新形势下顺应两岸关系发展需要的内容。二是在地方涉台投资法规和规章的修订和完善方面，不妨参考和借鉴《两岸投保协议》中的有关内容，以便与其逐步相衔接或与之靠拢，毕竟《两岸投保协议》代表了未来的发展方向。

（三）地方涉台投资立法在推动和鼓励大陆经济转型升级、优化产业结构上应理应得到充分体现

目前，大陆正处于全面深化改革的深水区，全面建设小康社会的关键时期。为实现这一发展目标，关键在于加快转变经济发展模式，大力推进经济结构的战略性调整，提高自主创新能力，提升经济整体素质和国际竞争力。[1] 同时，台湾同胞投资企业也面临转型升级，近几年新出台的大陆涉台投资地方法规在这方面得到淋漓尽致地体现，如《上海市台湾同胞投资权益保护规定》第15条无疑顺应了国家和上海市创新转型的战略要求，积极引导和鼓励台胞投资企业加快实施产业的转型升级，支持其中的传统制造业企业开展产业结构调整、节能减排技术改造和清洁生产。支持台胞投资"专精特新"（专业化、精细化、特色化、新颖化）的中小企业，并在能源供应等方面予以保障。实际上，台胞投资企业的转型升级，有利于推动大陆的产业结构的调整和优化。在这方面，新旧地方涉台投资法规存在明显的落差，需要及时跟进，并进

---

[1] 程维荣、风懋伦、纪昌荣，黄来纪主编、宋锡祥、傅泉胜副主编：《海峡两岸投保协议框架下完善保护和促进两岸投资法规问题研究》，中国民主法制出版社2016年版，第147页。

行大幅度的修改和完善。与此同时，大陆服务业在整个 GDP 中所占的比重只有 50% 多一点，与发达国家存在较大的差距。而台湾服务业的优势明显，两岸现代服务业的合作和发展，有利于大陆产业结构的优化和产业升级。据初步统计，现代服务业列入大陆各地鼓励投资领域的省市并不多，只有江苏省、湖北省、安徽省、上海市、厦门市和武汉市，仅占 21 部地方法规的 28.5%，这是远远不够的，因为大陆现代服务业还有很大的发展空间，需要大力培育和发展。因此，完善涉台地方投资法规和规章，促进台资企业的发展，进一步推动经济转型升级势在必行。

（四）及时总结涉台投资地方立法中的成功经验，并相互借鉴

一方面，大陆有必要对涉台投资地方法规和规章进行适当的整合，避免过度碎片化的现象出现。同时对于陈旧、过时的地方法规和规章进行废、改、立的工作，该废除的废除，如有些规章颁布年代久远，又没有及时修订的，可以作废止处理；取而代之的是出台或修改地方性投资法规，并注入适应两岸关系发展的新内容。另一方面，吸收台资比较多的省、直辖市在涉台投资立法方面有了一些新的尝试和探索，积累了较为丰富的涉台立法经验，并取得了可喜的成效，这些成功的做法完全可以供其他省市在制定和修改本地涉台投资法规中参考和相互借鉴，取长补短，也便于总体上地方立法的协调和相对的统一。

我们相信，各地不同区域投资法律环境的不断健全和改善，势必会博得台胞投资者的青睐而前来投资布局，这有助于吸引更多的台资入驻，并形成较为完整的鼓励和促进台商投资的政策法规投资体系，对台商投资提供更加有力的制度保障。

大陆有关台胞权益保障立法现状与前瞻

——以现行涉台地方性法规的规定为分析对象[*]

郑清贤^{**}

导　语

据统计，目前长期在大陆生活的台胞已超过百万人。而且，近年来随着大陆的崛起，越来越多的台胞选择"西进"大陆以谋求更好的发展，"据台湾当局统计部门今年 4 月公布的数据显示，自 2005 年至 2015 年的十年间，台湾赴境外就业人口由 34 万激增至 72.4 万，这其中赴大陆就业者最多，十年间由 29 万增加至 42 万"①。另据岛内"远见研究调查"2017 年 3 月的"台湾公共政策民意大调查"结果显示，民众若想要离台发展，仍以大陆为首选，且比例高达 51.5%，远高于东盟各国比例。同时，岛内 20 至 29 岁青年受访者中，59.5% 以登陆发展为首选。②

大陆高度重视台胞权益保障工作，陆续出台了一系列便利台胞、保障台胞权益的政策措施。自 2016 年以来，由于台湾蔡英文当局拒不接受"九二共识"导致两岸关系陷入僵局，大陆转而更加重视推动两岸民间交流，注重减少惠台措施的中间环节，增加台胞的获得感，积极响应台胞对在大陆生活工作的便利化等的期待和要求，又出台了一批新的便利台胞在大陆学习、就业、创业、生活政策措施。

"与大陆相比，台湾地区社会法治相对完善，生活在那里的老百姓对于法治有相当程度的认同，民众的法治意识、规则意识、依法办事的意识很强，对法制的权威比较认同。"③ 基于上述认识，大陆相当部分地区在其出台的涉台法规中将中央出台的便利台胞政策吸收上升为地方立法，有部分地区还结合本地区对台工作的实际需要在地

---

* 本文的研究只涉及地方性法规，不讨论地方政府规章，特此予以说明。本文部分发表于《海峡法学》2018 年第 1 期。

** 郑清贤，福建省涉台法律研究中心助理研究员。

① 《赴大陆就业成台湾人才境外就业主流》，载《福建日报》2017 年 4 月 6 日，第 6 版。

② 王思羽：《蔡英文"新南向"遭民意打脸　近 6 成青年首选登陆发展》，中国台湾网 2017 年 3 月 27 日，http：//news. 163. com/17/0327/13/CGHO5F0N00014AEE. html。

③ 郑清贤：《平潭开放开发立法研究》，法律出版社 2015 年版，第 18 页。

方立法中扩展作出了一些有关台胞权益保障的规定，较好地回应了台胞在当地学习、就业、创业、生活期间有关权益保障的需要，推动了当地对台交流合作工作的发展，也为中央进一步出台便利台胞政策发挥了"试验田"作用。

《中共中央关于全面推进依法治国若干重大问题的决定》要求，"运用法治方式巩固和深化两岸关系和平发展，完善涉台法律法规，依法规范和保障两岸人民关系、推进两岸交流合作。"为此，为了有必要对大陆现行地方立法中有关台胞权益保障的内容进行梳理、剖析，探求其发展趋势，以因应台胞对关于其权益保障的法制需求，进一步提升台胞权益保障的法制化水平，为台胞在大陆发展营造良好的法制环境，更好地落实中央有关对台工作"寄希望于台湾人民"的要求，推动两岸民众加快融合。

一、大陆有关台胞权益保障立法概况

（一）国家涉台立法现状

国家层面制定的涉台专项法规只有五部，有关台胞权益保障的内容主要体现在《台湾同胞投资保护法》和《台湾同胞投资保护法实施细则》，具体内容有：1. 财产权。明确规定，台湾同胞投资者投资的财产、工业产权、投资收益、其他合法收入和清算后的资金以及台资企业中的台籍职工的合法收入，应当依法予以保护。2. 经营管理自主权。明确规定，台资企业的经营管理自主权，不受非法干预和侵犯。3. 结社权。在台资企业比较集中的地区，台资企业可以依法结社，即依法成立台湾同胞投资企业协会，且台湾同胞投资企业协会的合法权益及合法活动受法律保护。4. 融资权。现行立法明确规定，国家支持和保护台资企业因生产经营需要而进行的融资信贷活动。5. 居住和出入境便利权。台湾同胞投资者个人及其随行家属和台资企业中的台籍职工及其随行家属可以在大陆居住。且为便利台胞出入境，避免因重复办理出入境手续而影响其出行，涉台专项立法明确规定，台胞可以申请办理一定期限多次入出境手续。6. 受教育权。明确规定，台胞投资者个人的子女和台资企业中台籍员工的子女，可以在大陆各类学校就学。7. 举报权。对于侵犯台资企业合法权益的行为，如乱收费、强制评比、乱摊派、滥检查等，台资企业可以举报。8. 人身权。台胞投资者个人、台胞投资者随行家属、台资企业中的台籍职工和台籍职工随行家属等的人身自由和人身安全，受法律保护。9. 担任仲裁员。台胞可以受聘担任大陆仲裁机构的仲裁员，并参与相关纠纷的解决。10. 消费同等待遇权。法律规定，台企的生产消费与大陆同类企业享有同等待遇，台胞在大陆期间的生活消费与大陆居民享有同等待遇。

此外，国家在部分立法中还以个别条款的形式对部分涉台事务作出规定。据时任全国人大常委会法工委国家法室副主任孙镇平在 2012 年发表的《保障台胞经济、社会权益的立法概况》① 一文显示：现行有效的涉台法律及有关问题的决定有 31 部，涉及台湾省籍（代表台胞利益的大陆居民）全国人大代表名额分配和选举事项的有 19 部，占 61%；涉及维护我国主权和领土完整以及台湾地区政治地位事项的有 10 部，占 32%；涉及除选举权等政治权利以外的台胞其他权益保障的有 3 部（其中《反分裂国家法》与维护我国主权的类别交叉），占 10%，分别是台湾同胞投资保护法、反分裂国家法、居民身份证法（修正）。② 另，目前我国已有国务院制定的各类涉台行政法规、文件共计 93 部。③ 从相关行政法规和文件调整的内容看，涉及台湾同胞在大陆投资、贸易和设立各类企业等方面的最多，共有 32 部，约占全部法规文件的三分之一。另外，还有涉及台湾地区在国际、国内地位等政治层面的 6 部；涉及两岸在相关领域交流合作的 9 部；涉及各类突发事件应对的应急预案 4 部。其他还有 40 多部行政法规和文件对于台胞在大陆地区进行新闻采访、婚姻、宗教、教育、科研、税收、房产、出境入境等诸多方面的权益保障作出了规定。④

（二）大陆现行有关台胞权益保障地方立法概况

1980 年 7 月 4 日，福建省第五届人民代表大会常务委员会第四次会议通过的《福建省县、社两级直接选举实施细则》中有关人大代表比例确定必须考虑台籍同胞的实有人数和工作需要的规定⑤，开启了大陆地方涉台立法的先河。自那以后，大陆各地相继出台了一系列涉台地方性法规，有力地推动了对台交流合作的开展。经检索中国人大官方网站的中国法律法规信息库，笔者发现截至 2017 年 6 月底，现行有效的大陆涉台专项地方性法规共有 28 部，具体情况详见下表。

此外，还有部分涉台规定以涉台条款的形式分布在普通地方性法规中，由于此类

---

① 该文载《海峡两岸法学研究——两岸关系和平发展的法制保障》（第二辑），九州出版社 2014 年版，第 297—309 页。

② 孙镇平：《保障台胞经济、社会权益的立法概况》，《海峡两岸法学研究——两岸关系和平发展的法制保障》（第二辑），九州出版社 2014 年版，第 297—298 页。

③ 孙镇平：《保障台胞经济、社会权益的立法概况》，《海峡两岸法学研究——两岸关系和平发展的法制保障》（第二辑），九州出版社 2014 年版，第 299 页。

④ 孙镇平：《保障台胞经济、社会权益的立法概况》，《海峡两岸法学研究——两岸关系和平发展的法制保障》（第二辑），九州出版社 2014 年版，第 300 页。

⑤ 该条的具体内容为："第十一条代表比例。各地可参照历届人民代表大会各方面代表的比例，按现有工人、农民、知识分子、爱国人士、干部、人民解放军、台籍同胞、归侨、侨眷以及其他劳动人民的实有人数和工作需要，确定各方面代表的适当比例。在代表总数中，非党代表不少于 35%，妇女代表不少于 20%。"

规定为数不少，限于文章篇幅，本文不一一列出。以涉台地方立法最为发达的福建省为例，迄今为止，福建省两级人大常委会的地方性法规中现行有效涉台条款共100多个。

大陆现行涉台专项地方性法规一览表

序号	法规名称	制定时间	备注
1	福建省实施《中华人民共和国台湾同胞投资保护法》办法	1994 年	2010 年修订
2	福建省台湾船舶停泊点管理办法	1994 年	
3	厦门市台湾同胞投资保障条例	1994 年	2010 年修订并更名为《厦门经济特区台湾同胞投资保障条例》
4	南京市鼓励和保护台湾同胞投资条例	1995 年	2010 年修正
5	宁波市台湾同胞投资保障条例	1995 年	2010 年修正
6	四川省实施《中华人民共和国台湾同胞投资保护法》办法	1995 年	2001 年修正
7	江西省实施《中华人民共和国台湾同胞投资保护法》办法	1995 年	2010 年修正
8	黑龙江省实施《中华人民共和国台湾同胞投资保护法》条例	1996 年	
9	福建省接受台湾同胞捐赠管理办法	1996 年	2010 年修正
10	福州市保障台湾同胞投资权益若干规定	1996 年	
11	天津市实施《中华人民共和国台湾同胞投资保护法》办法	1996 年	2010 年修正
12	福建省闽台近洋渔工劳务合作办法	1996 年	
13	广东省实施《中华人民共和国台湾同胞投资保护法》办法	1997 年	2003 年修正
14	河南省实施《中华人民共和国台湾同胞投资保护法》办法	1997 年	2010 年修正
15	广西壮族自治区实施《中华人民共和国台湾同胞投资保护法》办法	1997 年	2010 年修正
16	重庆市台湾同胞投资保护条例	1998 年	2005 年修正
17	厦门海沧台商投资区条例	1998 年	
18	福建省招收台湾学生若干规定	1999 年	2010 年修订
19	浙江省台湾同胞投资保障条例	2001 年	2004 年第一次修正、2009 年第二次修正
20	湖北省实施《中华人民共和国台湾同胞投资保护法》办法	2007 年	
21	福建省促进闽台农业合作条例	2009 年	
22	湖南省实施《中华人民共和国台湾同胞投资保护法》办法	2010 年	
23	汕头经济特区台湾同胞投资保障条例	2011 年	
24	武汉市鼓励和保护台湾同胞投资办法	2011 年	
25	江苏省保护和促进台湾同胞投资条例	2012 年	
26	上海市台湾同胞投资权益保护规定	2015 年	
27	福建省促进闽台职业教育合作条例	2015 年	
28	安徽省保护和促进台湾同胞投资条例	2015 年	

备注：数据来源于中国人大网的中国法律法规库信息库，访问时间：2017 年 7 月 3 日。

二、大陆现行涉台地方立法规定的台胞权益情况①

在国家层面涉台专项立法对台胞权益保障做出上述规定的基础上，遵循与国家法律、行政法规不抵触的原则，根据大陆涉台政策，大陆各地结合各自对台交流合作的实际发展状况以及拓展对台交流合作工作的现实需要，通过制定涉台地方性法规的形式，对台胞权益做出了进一步的细化乃至延伸规定，具体如下：

（一）台胞及其子女受教育优惠

目前有 11 部地方性法规 13 个涉台条款就台胞及其子女在大陆就学可以享受一定优惠待遇做出了规定。从可以享受的待遇方面看，相关优惠有：优先入学、入学考试成绩加分、考试形式更多元、部分课程免修、定向招生等。作出此类规定的地方有：福建省、河南省、江苏省、上海市等省（市）和汕头、宁波、厦门、武汉等设区市（经济特区所在地）。

（二）台胞就业权

1. 目前共有 10 部地方性法规 11 个涉台条款就台胞在当地就业作出规定

（1）从就业主体来看，主要为具有一定技能的专业技术人员，如科技人员、知识产权专业人才、医生、律师，也有在大陆就学的台籍高校毕业生 [（2）从就业方式来看，以受聘在大陆的企事业单位工作为主，如科研机构、高校、知识产权中介服务机构，也可以自主创业。另，基于平潭综合实验区建设"两岸同胞共同家园"的需要，福建省人大常委会通过的《平潭综合实验区条例》允许，符合条件的台胞担任实验区管委会工作机构、各功能区管理机构、公共服务机构的管理人员。（3）从法规适用区域看，主要为福建省、江苏省和汕头、厦门经济特区以及武汉市、平潭综合实验区。

2. 担任特定职务权

目前有 6 部地方性法规 13 个条款（其中 4 部为涉台专项法规）就台胞担任特定职务作出了规定。6 部法规均允许担任仲裁员。此外，有 2 部法规还规定可以担任政

---

① 本部分的分析主要依据前文所列的现行涉台专项地方性法规和福建省现行地方性法规中的涉台条款，特此说明。

风行风评议代表；另有 1 部更允许担任人民陪审员、商事调解机构调解员、涉台案件调解员、检察事务联络员、律师等。

3. 参评职称权

截至目前有五部涉台专项法规就台胞参评职称作出规定。（1）从法规制定时间看，主要为 2008 年两岸关系形势发生积极变化以后。（2）有权在大陆参评职称的台胞范围包括台胞投资者个人、台资企业中的台籍职工、从事农业专业技术的台胞。（3）涉及的地域主要为福建和江苏两省。

（三）台胞申领驾照

目前有 24 部涉台专项法规就台胞申领驾照作出规定。（1）从领证方式来看，主要为换领，也有申领和经确认或认证后再核发的。（2）从申请发证的依据看，包括台湾地区有效机动车驾驶证照或者其他国家、地区有效机动车驾驶证及证明文件，即申请人实际已经具备的驾驶技能。（3）从颁发的驾照类型看，包括中华人民共和国机动车驾驶证（大陆同类型机动车驾驶证、小型机动车驾驶证）、临时机动车驾驶证。（4）核发驾照程序要求方面，绝大多数法规不做具体规定以为实践中简化程序提供方便，少部分法规明确要求必须经过体格检查、考核交通法规及安全驾驶常识合格等程序予以核发。（5）从有权申领驾照的主体看，包括台胞投资者个人、台胞投资者随行眷属、台企中的台籍员工和台籍员工的随行家属。部分地区甚至放宽至在当地居留的所有台胞，如湖北、宁波。

（四）台胞申领护照权

迄今为止，共有九部涉台专项法规就台胞申领中华人民共和国护照作出规定。（1）从申请原因看，包括"因商务活动需要"，少数法规进一步放宽为"因经济活动或者商务需要"。（2）从可以申请的台胞范围看，台胞投资者本人均可，有的法规还放宽至台胞投资者随行眷属及台籍员工。

（五）台胞出入境便利

1. 口岸健康免检

目前共有八部涉台专项法规就台胞入境时享受口岸健康免检的便利作出规定。（1）从可以享受便利人员的范围看，主要为台湾同胞投资者，但很多法规将之进一步扩展为台胞投资者个人、台胞投资者随行家属、台资企业中的台籍员工和台籍员工随行家属，还有的甚至扩展为所有经当地口岸入境的台胞。（2）从享受便利的依据看，已经在台湾地区或者其他国家、地区取得的有效健康证明均可以作为依据。（3）从程序方面看，只需经出入境卫生检验检疫机关验证或确认合格后即可享受，相当简便。

2. 落地签注便利

目前共有四部涉台专项法规就台胞入境时可以享受落地签注的便利作出规定。有权享受便利的主体，包括台湾渔民、船员，有的法规还扩展为台胞投资者个人、台胞投资者随行家属、台资企业中的台籍员工及台籍员工随行家属。

（六）台胞政治权利

1. 参加选举权

目前共有三部涉台专项法规就台胞参加大陆地方人大代表选举作出明确规定。（1）允许参选的均为实施直接选举的人大代表选举，即县、乡两级人大代表。（2）从法规所涉区域看，主要为福建省范围，福建省以外的其他地区均未作此规定。（3）可以参选的地域为台胞原籍地或原居住地或现居住地。

2. 列席、旁听人大会议

目前共有三部涉台专项法规就台胞列席、旁听人大会议作出规定。（1）从有权列席或旁听会议的台胞的范围看，必须为在投资地居住一定时间的台胞。（2）允许旁听的会议为设区市人大常委会会议，允许列席的会议为设区的市人大大会。（3）从法规制定的时间看，均为2008年两岸关系发生积极变化以后。

3. 控告、申诉、批评建议权

目前共有22部地方性法规规定了控告、申诉、批评建议权。这些地方性法规在国家已有规定的基础上，对台胞行使控告、申诉、批评建议权的原因、形式、受理机构、处理期限等做出进一步细化规定。除此之外，有的地方性法规还做出延伸规定，使台胞与大陆居民可以同等享受这方面权利，如，《福建省各级人民代表大会常务委员会信访工作条例》第13条规定"香港、澳门特别行政区公民，台湾同胞、海外侨胞和外国人的信访事项适用本条例。"依据该规定，台胞可以进行信访的事项范围进一步扩展为：对人大及其常委会工作的建议、批评和意见；对"一府两院"的行政、司法行为的批评和意见；对"一府两院"生效的决定、判决、裁定的申诉；对人大及其常委会选举和任命的国家权力机关、行政机关、审判机关、检察机关工作人员违法渎职行为的检举和控告。

4. 台胞结社权

目前共有五部涉台专项法规规定了台商可以依法设立台湾同胞投资企业协会这种形式的结社权。

（七）台胞荣誉权

目前共有 11 部法规（其中有 9 部涉台专项法规）就台胞获得所在地颁发的荣誉作出明确规定。从台胞可以获得荣誉的内容看，包括劳动模范、荣誉市民及其他荣誉称号、荣誉证书等；从有权获得荣誉的主体范围看，包括台胞投资者、台胞投资者的随行家属、台资企业中的台籍职工和台资企业中的台籍职工的随行家属、台资企业。

（八）台胞参加社会保险权

迄今为止只有四部涉台专项法规就台胞享受所在地社会保障待遇作出明确规定。（1）台胞可以享受的社会保障待遇标准为城镇职工社会保险的一部分（城镇职工基本医疗保险）或全部（城镇职工社会保险具体包括养老保险、医疗保险、失业保险、工伤保险和生育保险五种）。（2）有权享受社保的主体，包括台胞投资者个人、台资企业中的台籍职工、在所在地非台企中就业的台胞等。

（九）台胞从事科研权

目前有 9 部地方性法规 12 个涉台条款（其中 8 部为涉台专项法规）仅就台胞可以从事科研活动作出规定。（1）可以在大陆从事科研的台胞范围看，包括台胞个人、台资企业、台资研究开发机构。（2）台胞在大陆从事科研的形式为：申请科研项目，研究开发新产品、新技术、新工艺，设立科研机构。

（十）台胞其他方面同等待遇权

1. 生活消费
目前有四部涉台专项法规规定台胞在生活消费方面与当地居民享受同等待遇。

2. 公共服务
目前有三部涉台专项法规规定台胞在享受公共服务方面与当地居民享受同等待遇。

3. 参与所在地公共事务
目前仅有上海市制定的《上海市台湾同胞投资权益保护规定》规定，保障台胞依法享有的对社区公共事务知情权、建议权和参与权。

4. 医疗卫生服务

目前有三部涉台专项法规台胞可以享受与当地居民相同的医疗卫生待遇。

5. 申请法律援助权

到目前为止仅有两部涉台专项法规就台胞可以获得法律援助作出规定。有权申请法律援助的台胞，必须为在当地居住的台胞。

此外，有五部法规（其中有四部涉台专项法规）对台胞在当地所享受的待遇，作出了"与本省居民享有同等待遇，并享有国家和本省规定的其他优惠待遇"的原则性规定。

三、台胞权益地方立法保障所呈现的趋势

（一）权益受保障对象范围不断扩大

从文后附表所列的法规内容看，以地区为划分标准，大陆涉台地方性法规规所保障的台胞范围呈不断扩张趋势。如根据《南京市鼓励和保护台湾同胞投资条例》第41条的规定，只有台胞投资者个人本人才可以领取机动车驾驶证；而依据《河南省实施〈中华人民共和国台湾同胞投资保护法〉办法》第17条的规定，河南省扩大到"台湾同胞投资者及随行眷属、所聘台湾管理人员"，增加了台干这个群体；广西壮族自治区依据《广西壮族自治区实施〈中华人民共和国台湾同胞投资保护法〉办法》第25条的规定，又将受保障台胞的范围扩大到"台湾同胞投资者本人和随行眷属以及受聘于台湾同胞投资企业的台湾同胞"，而不仅限于台企中的台籍管理人员（即台干）；《福建省实施〈中华人民共和国台湾同胞投资保护法〉办法》第19条又将其范围扩大至"台湾同胞投资者个人及其随行家属和台湾同胞投资企业中的台湾同胞职工及其随行家属"，把台籍职工的随行家属也列入保障范围；依据《武汉市鼓励和保护台湾同胞投资办法》第29条的规定，武汉市更将其范围扩展到在本地居留的台湾同胞；《福建省各级人民代表大会常务委员会信访工作条例》规定该条例对所有台湾同胞都适用，不管其是否在当地居住。

（二）台胞受保障权益内容不断丰富

从文后附表所列的规定内容可以得知，随着时间的推移和两岸紧张对峙局势的缓

和，以及两岸关系和平发展新局面的形成和不断巩固，台胞权益受保障的领域呈现不断拓展的趋势。最早的涉台专项法规——1988 年颁布的《国务院关于鼓励台湾同胞投资的规定》只对台胞在大陆的投资以及因投资而形成的资产、工业产权、投资所得利润与其他合法权益、台企的经营自主权、台胞个人的出入境证件和成立台商协会等内容作出概括性规定，其内容基本局限于经贸领域。《中国公民往来台湾地区管理办法》则只专门对两岸居民来往管理问题做出规定，进行调整。《台湾同胞投资保护法》有关台胞权益保障的内容相当原则，基本上属于对《国务院关于鼓励台湾同胞投资的规定》内容的重述，并无明显新内容。1999 年制定的《台湾同胞投资保护法实施细则》则在它们的基础上予以扩展，增加了如下内容的规定：台胞子女教育，台企生产消费与陆企享有同等待遇，台胞在大陆期间生活消费方面与大陆居民享有同等待遇，控告、申诉、检举，人身自由和人身安全，台胞担任大陆仲裁机构仲裁员等。这些内容涉及公民基本权利中不少权利：（1）政治权利中的结社权 〔（2）社会经济权利中的财产权 〔（3）人身权 〔（4）监督权中的申诉、控告、检举权 〔（5）社会文化权利中的受教育权，涵盖政治权利、人身权、监督权、社会文化权利等领域。涉台地方性法规则进一步延伸，从上文罗列可知，除了上位法已作出规定的内容外，涉台地方性法规还增加规定了以下内容：（1）就业 〔（2）申领驾照 〔（3）申领中华人民共和国护照 〔（4）入境时享受口岸健康免检 〔（5）入境落地签注 〔（6）参加选举 〔（7）列席、旁听人大相关会议 〔（8）获得荣誉 〔（9）享受所在地社会保障待遇 〔（10）生活消费、享受公共服务等方面同等待遇 〔（11）获得法律援助 〔（12）担任特定职务 〔（13）从事科研活动 〔（14）参评职称，等等。另外，涉台地方性法规也进一步细化了对如下内容的规定：（1）台胞子女就学优惠 〔（2）出入境手续便利 〔（3）控告、申诉、检举、批评建议，等。这些内容涉及公民基本权利中的社会经济权利中的财产权、劳动权和社会保障权、政治权利中的选举权、人身与人格权中的人身权和人格权，社会文化权利和自由中的受教育权和科研自由，涵盖政治权利、人身与人格权、监督权、社会文化权利、社会经济权利等领域。

（三）台胞受保障权利领域不断拓展

前文已经具体阐述过，《国务院关于鼓励台湾同胞投资的规定》《中国公民往来台湾地区管理办法》《台湾同胞投资保护法》中有关台胞权益保障的内容主要集中于经贸领域，《台湾同胞投资保护法实施细则》有关台胞权益保障的内容除了涉及经贸领域外，已扩展至政治权利、人身权、监督权、社会文化权利等领域的部分权利，涉台地方性法规更进一步扩展，其内容涵盖政治权利、人身权、监督权、社会文化权利、社会经济权利等领域。

（四）台胞权益保障工作日益综合化

从上文所列的有关台胞申诉、控告、举报、批评建议权的规定可知，台胞权益保障工作呈现综合化的趋势，不但有专门设立的专事台胞投诉协调工作的机构参与，也有台湾事务综合协调部门参与，还有由政府中与台胞投资相关的部门组成的台湾同胞投资权益保障协调委员会，甚至政府自身在必要时也及时介入组织协调处理。例如，依据《福州市保障台湾同胞投资权益若干规定》第 18 条的规定，如果认为政府有关部门在保障其投资权益方面处理不当，台胞投资者可以向福州市台商投诉协调中心或有关主管部门投诉。其中，福州市台商投诉协调中心是福州市台办专门成立负责台胞投诉协调的机构，其宗旨是为台胞投资提供优质、高效的服务，依法保护台胞合法权益，促进闽台经济合作良性发展，其主要任务是受理、协调处理台胞与福州市有关企事业单位或个人之间，在投资、贸易过程中或在其它经济活动中出现的各种纠纷的投诉，做好协调工作，切实维护台湾台胞合法权益。而根据《广东省实施〈中华人民共和国台湾同胞投资保护法〉办法》第 25 条的规定，台胞投资者的投诉由台办直接受理。江苏省台胞权益保障工作则更进一步，依照《江苏省保护和促进台湾同胞投资条例》第 5 条的规定，台胞投资权益保障的重大问题由台湾同胞投资权益保障协调委员会负责协调解决，台湾同胞投资权益保障协调委员会由政府各相关部门组成。为了进一步加大台胞权益保障工作，促进台胞投诉重大事项或跨部门事项的尽快解决，《汕头经济特区台湾同胞投资保障条例》第 43 条更是规定由汕头市政府直接组织协调处理。

此外，有些地方性法规还把台胞权益保障工作进一步延伸，不仅仅协调解决台胞投诉事宜，还帮助解决台胞在当地生产生活中遇到的具体问题。如《福建省实施〈中华人民共和国台湾同胞投资保护法〉办法》第 25 条规定，台商投诉、求助协调机构负有对台胞求助事项提供帮助的职责。

（五）台胞权益保障规定可操作性不断增强

虽然《台湾同胞投资保护法实施细则》在第 23 条第三款规定"台湾同胞投资企业对违反上述规定的行为，有权拒绝并向政府有关部门举报"，为实践中台胞通过行政部门维护其权益提供了法律依据，但该款规定内容相当原则，可操作性不强。从上文所列的有关台胞申诉、控告、举报、批评建议权的地方性法规规定可知，为了促进台胞投诉事项的尽快解决，避免因投诉事项的存在而影响台胞在当地投资、生活，有效保障台胞权益，构建良好投资软环境，各涉台地方性法规对《台湾同胞投资保护法实施细则》第 23 条第三款从受理台胞投诉的部门或机构、答复期限、行使投诉权的主体范围、投诉材料形式要求等方面做出了进一步细化规定。如，《福州市保障台湾同胞投资权益若干规定》第 18 条规定，福州市台商投诉协调中心或有关主管部门等投诉机构受理台胞投资者的投诉后，应在 20 日内将处理结果答复投诉人；如因投诉事项复杂，不能按时处理完毕的，应向投诉人说明情况。《汕头经济特区台湾同胞投资保障条例》第 44 条规定，台商投诉中心受理投诉后，应当在 10 日内将办理的有关情况反馈投诉人；如需要投诉人提供补充材料的，台商投诉中心应当一次性书面或者当场告知；台商投诉事项必须在 30 日内办结，并将处理结果答复投诉人。因投诉事项复杂而确需延长处理期限的，台商投诉中心应当向投诉人说明情况。同时为了加强监督，对于由有关部门直接受理的台胞投诉案件，《汕头经济特区台湾同胞投资保障条例》第 44 条还要求"将处理结果报市台商投诉中心备案"。此外，为了确保一次性告知义务得到切实履行，《汕头经济特区台湾同胞投资保障条例》第 44 条规定，因承办人员不履行一次性告知义务造成申办人两次以上往返的，直接负责的主管人员和其他直接责任人员将因此受到行政处分。天津市的立法则注重对由台办之外的其他部门处理台胞投诉事项的规范，依据《天津市实施〈中华人民共和国台湾同胞投资保护法〉办法》第 34 条的规定，对应由政府其他部门处理的投诉事项，台办应在 7 日内转交并督促其他部门处理；其他有关部门在接到投诉或者接到台办转交的投诉事项后，应及时调查、依法处理，并在 30 日内将处理意见答复投诉人，并告知同级台办；投诉事项重大或需由几个部门共同处理的，台办可以提请同级人民政府或者上级台办依法处理。

为了加大台胞权益保障工作力度，强化台胞权益保障，力求实效，对于国家机关工作人员侵害台胞投资者权益的，各涉台地方性法规还赋予台办提出追究责任人员法律责任的建议权，如《福建省实施〈中华人民共和国台湾同胞投资保护法〉办法》第 29 条规定，对于国家机关工作人员损害台湾同胞投资者合法权益的情况，县级以上台办可以向其所在单位或者主管部门提出追究其责任的意见和建议；有关主管部门或者单位对台办的意见建议应当认真研究并将处理结果告知台湾同胞投资者及台办。江苏省也有类似规定，《江苏省保护和促进台湾同胞投资条例》第 31 条规定，台湾同胞投资权益保障协调委员会、县级以上台办对于国家机关工作人员损害台湾同胞投资者合法权益的情况，可以向国家机关工作人员所在机关或者上级主管部门提出追究其责任的意见和建议，所在机关或者上级主管部门应当及时办理并告知办理结果。这些规定有力地推动了台胞权益保障工作的开展，为当地投资软环境的改善发挥了重要作用。

四、大陆台胞权益保障立法前瞻

作为法的表现形式之一，保障涉台行为主体（既包括大陆居民，又包括台湾地区居民）的合法权益，增进两岸同胞认同，推动两岸民众融合，是涉台法律规范的重要任务之一。随着"西进"大陆发展台胞人数的日益增加，且融入在地社会的程度不断加深，其要求与大陆居民享受同等待遇的愿望将愈加强烈，参与在地社会管理的呼声也将随之出现并日趋升高，这对未来制定有关台胞权益保障的规定提出了新要求。笔者认为，未来大陆台胞权益保障立法将呈现如下变化：

（一）受保障的台胞范围将可能扩展至所有在大陆的台胞

随着大陆政经实力的崛起、文化的繁荣，居民素质将不断提高，投资和居住环境也将不断优化，大陆对于台胞的吸引力将愈加凸显。而且，台胞赴大陆的原因将日益多元，除了目前常见的从事商务活动、观光旅游外，在大陆的"台湾新娘"已不少见，从台湾直接赴大陆求学的台籍学生也有相当数量，此外还有因创业等其他各种原因留在大陆的台胞。有关这些人的权益保障的内容在现行国家涉台立法中缺乏明确规定，现行涉台地方性法规虽然作了些探索，部分扩大了受保障台胞的范围，但也仅涉及其中部分人群，尚未扩及到所有在当地的台胞，导致有相当部分在大陆的台胞权益游离于法律保障之外，这不利于维护他们的合法权益。当他们在大陆期间遭遇权益受侵害、维权却无法可依时，他们可能因此对大陆产生负面观感；部分思想极端的，还将因此而走上反对两岸交流的歧途，这显然不符合中央涉台政策的要求，也不利于做台湾人民工作。由此，笔者建议，未来有必要将受立法保障的台胞范围将扩展至所有在大陆的台胞。

（二）台胞权益受保障的程度将日趋"居民待遇"

当前，大陆对台湾同胞法律地位的定位还不够科学，且存在很大模糊空间。根据大陆的司法实践，台湾地区居民在大陆参照适用大陆有关外国公民（法人）在华活动的规定，并在经贸等部分领域享受"同等优先、适当照顾"的特殊待遇。然而，这一做法的负面影响却不容忽视：尽管大陆对台湾同胞所享受待遇作出这一规定的初衷是好的，目的在于应对现实生活中涉台立法严重缺乏的现状，借助已经相对完善的涉外立法，来更好地保障台湾同胞在祖国大陆的权益。但客观评价，在实践中参照现行涉外法律适用的规定来处理海峡两岸民众间发生的法律纠纷，有积极的现实效用，其负面影响也不容忽视，尤其是在当前蔡英文当局顽固坚持"台独"立场，回避、模糊、拒绝"九二共识"，不承认"两岸同属一中"并且推动"去中国化""柔性台独"小动作不断的情况下，特别需要引起警惕。

与此同时，对台湾同胞投资比照"外资管理"，对台湾同胞权益保障参照适用涉外规定处理的做法，有时在一定领域也会给台湾同胞投资在大陆的发展构成障碍，对台湾同胞在大陆的一些日常活动造成不必要的困扰。因此，在大陆台胞也有享受"居民待遇"的迫切愿望和需求。比如，大陆实行有利于内资企业的"自主创新"规定，以及使外资企业感觉受到不公平对待的政府采购政策；又如对台胞在大陆就业实行就业许可制度，尚未开放台湾同胞担任公务员，等等。

涉台地方性法规系对实践中成熟做法的总结和提升，与之相对应，其必然根据实践做法的调整，而在立法上确立台胞享受"居民待遇"。当然，由于台胞"居民待遇"[①]的落实需要一个过程，在这个过程中大陆仍然会对台胞权益加以特殊保护，与之相适应的是有关台胞权益保障工作仍然会继续得到加强，各种有关台胞权益保障的新做法依然有望在实践中不断涌现，涉台地方性法规必然会加以关注，并予以总结提升。台胞"居民待遇"全部落实后，则台胞权益保障将适用大陆居民权益保障的立法。

（三）台胞受保障的权益内容将更加丰富

与大陆居民相比，目前台胞在大陆受保障的权益范围还比较有限，且受保障程度存在一定限制。例如，有关台胞在大陆的出版自由，大陆还没有法律、法规作出具体的规定。又比如，台胞被选举权问题，在大陆的立法中，除了宪法之外，基本上属于空白状态。再如，台胞参与所在地社会保障，享受社会保障待遇问题，目前仅有四部地方性法规做出规定，其地域限于福建省、上海市和汕头经济特区。进一步分析，汕头只是规定台胞可以参加大陆现行社会保险制度的一部分——仅为医保，养老、工伤、生育、失业这四种社保待遇，台胞还无法参与，更不用说享受其所带来的待遇问

---

① 参见《平潭综合实验区总体发展规划》第七章第二节

题，只有福建省这一涉台先行地区把台胞纳入社保保障范围，并赋予台胞全面享受五种社保待遇的权利，以帮助解决台胞在闽生活期间的后顾之忧。2015年，上海市也立法允许台胞参与五种社会保险，除此之外的大陆其他地区立法均未涉及，这显然不利于台胞在大陆长期生活居住。还比如说，目前已有不少台胞在大陆购房并长期居住，但其能否参与所在社区的治理事务、以什么名义参与、如何参与、享有哪些权利、需要承担哪些义务，等等，目前除了上海外其他地区均没有明确规定予以规范和保障，这实际上剥夺了台胞的参与权，无助于其形成主人翁意识，不利于其进一步融入所在地。因此，随着在大陆台胞人数的日益增多、台胞在大陆居住生活时间的增加、台胞融入所在地社会程度的加深，笔者有理由相信，台胞受保障的权益内容将更加丰富，所涉领域将不断扩展。

五、结语

经过立法工作者多年的努力，台胞权益保障已经在大陆现行立法中得到一定程度的反映。但是，随着形势的发展，中央对台政策越来越关注台胞的获得感，更加注重直接福泽于所有台湾人民，由此，大陆现行有关台胞权益保障的立法与台胞希望加强对其权益保障的需求产生了背离，而且内容已远远滞后于已经出台的政策措施。因此，有必要在对大陆现行有关台胞权益保障的立法进行系统梳理剖析的基础上，根据中央对台工作新要求并总结已出台政策措施实施中的经验，予以充实完善，以进一步便利台胞在大陆的工作、学习、生活、创业，营造出台胞融入大陆的良好法制环境，促进两岸民众深度融合。

自贸区背景下的台商投资保护与争端解决机制研究

李　桦　许荣锟[*]

引　言

2015 年 4 月 21 日，中国（福建）自由贸易试验区（以下简称福建自贸区）正式挂牌设立。福建自贸区是位置上最接近台湾地区的自由贸易园区，有其自身特色，肩负着对台交流合作和深度对接的重任，更有利于两岸经济融合。两岸经贸合作伴随福建自贸区建设步入新的历史机遇期。医疗、金融、增值电信、旅游、人力资源、电子商务等 50 多个领域率先对台开放。许多台商、台企也积极适应大陆经济发展新常态，充分发挥台湾在先进制造业等方面的产业优势，对接大陆重点产业发展和产业结构调整。台商、台企参与大陆自贸区建设过程中产生的两岸投资争端在主体、类型、数量等方面的特点相应产生了对台商投资保护和争端解决机制的创新需求。如何为台商参与自贸区建设提供有力的法治保障也日益引发关注。本文介绍了现行两岸投资争端解决机制的主要内容，分析了自贸区对台商投资保护和两岸投资争端解决机制的新挑战，据此提出在现有规范基础上构建两岸投资争端多元化解决机制的设想，并提出了拓展两岸投资争端解决机构平台、整合提升两岸投资争端行政协处系统、实行投资争端案件指定管辖、建立两岸投资争端替代性解决机制等建议。

一、现状：两岸投资争端解决机制的主要内容

（一）形成背景

2010 年 6 月，大陆海协会与台湾海基会受权签署了《海峡两岸经济合作框架协议》（ECFA），首度触及两岸投资争端解决议题。根据 ECFA 第五条"投资"要求，两岸应"在 ECFA 生效后六个月内，就建立投资保障机制等事项展开磋商，并尽速达

---

　*　李桦，厦门市中级人民法院民一庭庭长，三级高级法官，法学硕士；许荣锟，厦门市中级人民法院法官助理，法学硕士。

成协议"。2010 年 12 月 20 日至 12 月 22 日，两会第六次领导人会谈在台北举行。期间，双方就投保协议的主要内容达成了一致，基本确定了投保协议的原则和框架。但之后，投保协议商谈一度陷入困境。其中争议之一即在于投资者与投资所在地政府争端的纠纷解决机制问题。磋商过程中，时任国台办主任王毅提出了"两岸设计出一系列调解解决方式，同时采必要形式，使调解结果可以具有执行力、约束力"的思路。[1]在此基础上，两会于 2012 年 8 月正式签署了《两岸投资保障和促进协议》（以下简称《投保协议》）。

（二）主要架构

两岸投资争端在性质上并不是国际投资争端，而是一个主权国家内部两个经济体间的争议。也因此，投保协议所建构的两岸投资争端解决机制既借鉴了国际上处理投资争端的一些作法，也具有两岸特色。

1. 适用范围

国际经济贸易合作中的投资争端从广义上包括外国投资者与东道国企业或公司、自然人之间的争端（即 P – P 争端）；外国投资者与东道国政府间因为投资引发的争端（即 P – G 争端），以及政府之间对投资条约的解释及适用而发生的争端（即 G – G 争端）；[2] 从狭义上则专指私人投资者与投资所在地一方因为投资引发的争端（即 P – G 争端）。《投保协议》系采狭义定义，将投资争端规定为"一方投资者主张另一方相关部门或机构违反本协议规定的义务，致使该投资者受到损失产生的争端"，对平等主体之间的争端即"投资商事争议"和"协议双方的争端"进行了另外规定。

2. 适用主体

根据《投保协议》，有权主张适用协议约定的争端解决机制的必须是"一方投资者"。由于台湾当局长期以来对于台商赴大陆投资有诸多限制，历史上有大量的台商系通过第三地转投资大陆。因此，就投资者的定义而言，《投保协议》除了将一方自然人和一方企业纳入其中外，还包括了"根据第三方规定设立，但由本款第一项或第二项（即一方自然人或企业）的投资者所有或控制的任何实体"。该规定扩大了一方投资者的范围，明显广于对外商投资者的认定。而认定投资行为的标准则为"一方投

① 王建民：《两岸投保协议签署一再延后的警讯》，载华夏经纬网，http://www.huaxia.com/thpl/sdfx/2909576.html，访问时间 2014 年 5 月 8 日。
② 董世忠：《国际经济法》，复旦大学出版社 2009 年版，第 411 页。

资者依照另一方的规定，在该另一方所投入的具有投资特性的各种资产"。[①]

3. 适用程序

《投保协议》规定了五种两岸投资争端解决适用程序：争端双方友好协商解决；由投资所在地或其上级的协调机制协调解决；由协议第十五条所设投资争端协处机制协助解决；因协议所产生的投资者与投资所在地一方的投资补偿争端，可由投资者提交两岸投资争端解决机构通过调解方式解决；依据投资所在地一方行政复议或司法程序解决。

二、挑战：自贸区设立对台商投资争端解决机制的新需求

建立自由贸易实验区，是大陆新形势下推进改革开放的重大举措。继上海自贸区之后，广东、天津、福建等第二批自贸区以及辽宁、浙江、河南、湖北、重庆、四川、陕西等第三批自贸区陆续挂牌成立。至此，我国自贸区建设形成"1+3+7"的新格局，自北至南、自东向西、从沿海到内陆纵横分布整个中国。自贸区对包括台资在内的外商投资实行新的准入前国民待遇加负面清单管理模式，在投资领域和贸易自由方面也施行一系列新举措。自贸区内的两岸投资争端的特点产生了对于争端解决机制的创新需求，对现行两岸投资争端解决机制构成了新的挑战。

（一）自贸区内台商投资争端的特点

1. 争端主体方面

自贸区内中只存在台商对大陆的单向投资，故该区域内的两岸投资争端主体只能是台湾地区的个人或企业及台商第三地转投资企业与自贸区相关政府部门或机构。

2. 争端类型方面

自贸区在投资管理体制、投资待遇、投资贸易自由、投资开放领域和监管体制等方面做出了新的规定，实际上构成了当地政府在投资待遇、保护方面应遵守的新的义务。投资者主张当地政府部门违反该类"新"义务致使其收到损失产生的争端，即为自贸区内独有的投资争端类型。以福建自贸区为例，其在推进与台湾地区投资贸易自由方面，推出了扩大通信、运输、旅游、医疗等行业对台开放的举措。如，在电信和运输服务领域，允许台湾服务提供者在自贸试验区内试点设立合资或独资企业，提供

---

① 《投保协议》第一条。

离岸呼叫中心业务及大陆境内多方通信业务、存储转发类业务等，允许台湾服务提供者在自贸试验区内直接申请设立独资海员外派机构并仅向台湾船东所属的商船提供船员派遣服务，无须事先成立船舶管理公司。在两岸金融合作方面，提出支持台湾地区的银行向自贸试验区内企业或项目发放跨境人民币贷款；允许台资金融机构以人民币合格境外机构投资者方式投资自贸试验区内资本市场；支持在自贸试验区设立两岸合资银行等金融机构。探索允许台湾地区的银行及其在大陆设立的法人银行在福建省设立的分行参照大陆关于申请设立支行的规定，申请在自贸试验区内设立异地（不同于分行所在城市）支行。[①] 相应的，自贸区政府部门在执行自贸区特殊台资投资政策和待遇的过程中，在其新开放的投资领域、新准入的投资业务中都可能产生相应的新类型投资争端。

3. 影响力方面

自贸区在通关便利、管理体制创新和开放领域等方面的优势，对台商投资形成了巨大的虹吸效应。以福建自贸区为例，截至 2016 年底，福建自贸片区新增台资企业 1411 家，占福建省新增台企的九成。作为台商投资集聚区，区域内发生的投资争端不可避免地会相应增加，其最终解决方式具有较强的示范作用，影响面也较广。

（二）对台商投资争端解决机制的新需求

自贸区台商投资争端在主体、类型、数量、影响等方面的特点对两岸投资争端解决机制的构建提出了新的需求。

一是更加专业。自贸区内投资争端覆盖投资待遇、透明度、投资便利、征收补偿、转移投资等方面，涉及跨境投资、国际贸易、离岸金融等领域，要解决该类争端不但需要良好的法律知识还需要相关领域的专业知识储备。此外，自贸区内除了政府因执行一般的经济管理和社会管理措施而产生的争端，也包括政府因执行自贸区特殊投资法律与政策而产生的自贸区内独有的投资争端类型，如：如因实施负面清单管理模式而产生的对"负面清单"解释上的争端，或因服务业扩大开放而产生的暂停或取消投资者准入限制措施方面的争端等。[②] 该类纠纷并无先例可循，对于争端解决的专业能力提出了更高的要求。

二是更加高效便利。自贸区优惠的政策、措施都旨在为自贸区内的国际投资、国际金融、国际贸易提供一个法制化、国际化、便利化的营商环境，这种高效便利的营

---

① 参见《中国（福建）自由贸易试验区总体方案》。
② 陈力：《上海自贸区投资争端解决机制的构建与创新》，载《东方法学》2014 年第 3 期，第 100 页。

商环境也要求自贸区内的争端解决方式具有高效、灵活等特点。① 纠纷处理的延宕、救济的迟缓不但影响当事人的合法权益，还可能影响该领域投资活动的整体运转。因此，应提供多元的解决方式供当事人根据实际情况自主选择，保障纠纷处理的自主性与灵活性；纠纷解决方式应有规范的程序、充分的信息披露和一定的时间限制，能够让当事人在纠纷处理的各个阶段都最大程度地、高效的保障自己的权益。

三是更加中立权威。如前所述，自贸区内的两岸投资争端均为台湾地区投资者与政府部门之间的争端，且其解决方式具有较强的示范作用，影响面也较广。考虑到两岸关系的特殊性和敏感性，台商投资争端极易被过度渲染，影响政府部门形象。故而，在争端解决机制中应尽量通过与处理结果不具利害关系的第三方处理，由其通过规范的程序寻求解决争端；纠纷解决应有权威性，有相应的执行机制保障执行。

三、创新：自贸区台商投资争端多元化解决机制的构建

建立完善的投资争端解决机制对于促进自贸区健康发展有重要意义。从某种程度上说，是否能公正、便捷地进行争端调处，事关自贸区的前途和命运。② 《投保协议》搭设了两岸投资争端解决的制度化平台，让两岸投资获得了一定程度的制度性保障，但与高效公正解决两岸投资争端的需求尚有一定差距。因此，自贸区应充分利用政策先发优势，在现有的规范基础上创新自贸区台商投资争端多元化纠纷解决机制。

（一）拓展两岸投资争端解决机构调解平台

两岸投资争端解决机构是体现两岸特色的全新制度设计。但是，该机制仅限于通过调解方式解决争端，在当事人难以达成一致的情况下无法作出裁断，可能会导致案件久拖不决。同时，两岸投资争端解决机构并非司法机关或其他公权力部门，而系两岸指定的以调解方式处理投资补偿争端的民间组织。故而，该机构所作出的调解协议并不具有直接的法律效力。关于调解协议的执行问题，《投保协议》仅规定双方应确保建立、完善与调解协议执行相关的制度。但截至目前，两岸并未出台相应的制度。缺乏强制执行力将大大降低当事人选择两岸投资争端解决机构的意愿。

笔者以为，可从以下几个方面积极拓展两岸投资争端解决机构平台：首先，应尽快补充确定投资争端解决机构名单。目前，大陆仅确定贸促会调解中心和国际经济贸

---

① 袁杜娟：《上海自贸区仲裁纠纷解决机制的探索与创新》，载《法学》2014 年第 9 期，第 29 页。
② 沈国明：《法治创新：建设上海自贸区的基础要求》，《东方法学》2013 年第 6 期。

易仲裁委员会作为大陆指定的调解机构。从资源整合的角度，应尽快赋予自贸区内的仲裁机构，如中国（上海）自由贸易试验区仲裁院、中国（福建）自由贸易试验区厦门片区厦门国际商事仲裁院等对两岸投资争端进行调解的权限。其次，适当扩大受理范围。根据《投保协议》，两岸投资争端解决机构受理范围仅限于"投资补偿争端"，即有关征收和损失补偿等补偿事宜的争端。其他违反协议规定致使投资者受到损失所产生的投资争端如因为投资待遇、准入、转移等事项产生的纠纷并不适用该调解程序。[①] 考虑到自贸区内投资争端类型较多，在双方同意的前提下，可尝试将受理范围扩大至其他类型的投资争端。再次，赋予特定情况下的仲裁权限。若双方经两岸投资争端解决机构调解不成后均同意由该机构直接作出仲裁，应允许其根据当事人要求作出仲裁裁决。最后，建立相应的执行保障模式。投资者与投资所在地一方产生的投资补偿争端在达成调解协议后，已经转化为金钱补偿、返还财产等债务的履行，属于典型的民事权利义务关系，可参考对人民调解协议的司法确认程序，构建两岸投资争端解决机构所作调解协议的司法确认程序。

（二）整合提升自贸区台商投资争端行政协处系统

投资所在地协调解决和投资争端协处机制协助解决均为行政主导的争端解决方式。两岸投资争端的协调机制，最早可上溯至1991年海协会成立初期。当时，国台办就授权海协会成立经济部，专门负责保护台商合法权益工作，从而在两岸两会间建立了一个受理、承办台商台胞求助陈情的工作渠道。之后国台办专门设置了投诉协调局，专司台胞权益保护工作。各地各级台办也建立起专业工作机构和队伍，推动涉台纠纷调处工作。投资争端协处机制则是《投保协议》新确立的协调机制。

该二种解决方式都是行政权高度介入的过程，其中更涉及两岸公权力的磋商。其经常有利于推进个案的解决，在两岸当前的政治经济背景下也有其特殊价值。但是，行政权的行使本身具有一定的任意性，在操作中容易夹杂政治性的考量，其在实践中若过度介入个案处理可能造成对于一方压力而导致最终的解决方案丧失公平性。因此，应从以下几个方面整合提升自贸区台商投资争端行政协处系统：一是强化行政协处通报、反馈功能。不论是投资所在地及其上级的协调机制或是两岸投资争端协处机制，均不应介入个案实体处理。其应主要发挥通报、反馈功能，根据当事人或对口单位要求向相关机构了解相关纠纷处理进展，并将获得的信息进行反馈，或对当事人的

① 任清：《简析〈海峡两岸投资保护和促进协议〉》，载海峡两岸关系学研究会编：《第二届海峡两岸和平发展法学论坛论文集（下）》，2013年8月，第812页。

纠纷解决提供指引。二是要规范协处程序。协处单位对于受理程序、反馈时限和回复方式应有明文规定并对外公示，使当事人可以对于信息反馈情况有合理的预期。三是整合统一协处窗口。投资所在地及其上级的协调机制与台商投资争端协处机制应有效衔接，避免出现多头马车的情况。

（三）实行台商投资争端行政案件指定管辖

上海自贸区成立后，在自贸区设立了上海浦东新区自由贸易区法庭，福建自贸区各片区内也纷纷设立专门法庭。在自贸区设立专门法庭，对于营造司法软环境，高效化解辖区纠纷，提升大陆司法公信力有积极意义。但是，根据《最高人民法院关于审理国际贸易行政案件若干问题的规定》，自贸区法庭对辖区内的国际贸易行政案件没有管辖权。依该规定，自然人、法人或者其他组织认为我国具有国家行政职权的机关和组织及其工作人员有关国际贸易的具体行政行为侵犯其合法权益的，可以向人民法院提起行政诉讼，但一审国际贸易行政案件由具有管辖权的中级以上人民法院管辖。国际贸易行政案件包括有关国际货物贸易、服务贸易、与国际贸易有关的知识产权和其他国际贸易的行政案件，这其中包括了许多当事人对自贸区管委会或者有关部门的具体行政行为不服而提起的行政诉讼。将国际贸易行政案件的管辖权收归中级人民法院背景是中国加入世贸组织不久，为了避免基层法院不能很好地解释和运用影响国际贸易的法律法规和部门规章。[1] 随着改革开放的不断深入，经济发达地区的基层人民法院尤其是自贸区专门法庭完全具备了受理国际贸易一审行政案件的能力。由自贸区法庭统一受理包括国际贸易行政案件的投资争端行政案件，有利于统一裁判尺度，为自贸区建设提供更好的法制保障。因此，建议以指定管辖的方式将包括两岸投资争端在内的自贸区内行政案件指定由自贸区法庭集中管辖。

（四）建立两岸投资争端替代性解决机制

除了传统的诉讼、仲裁解决方式之外，两岸投资争端还应积极利用替代性解决机制（以下简称 ADR）。目前，替代性纠纷解决方法主要有单方行动、早期中立评价、非正式的协商、和解、调解等。两岸投资争端在性质上属于行政争议，关于行政纠纷能否适用 ADR 曾有争议：第一，行政纠纷当事人之间的地位不平等，行政相对人较之行政机关而言，在资源、技能、获得信息等诸多方面处于劣势；第二，许多行政纠

---

① 黄洁：《上海自贸区争端解决机构的建立与相关国内法制度创新》，载《中山大学学报（社会科学版）》2014年第4期，第181页。

纷涉及的利益往往关乎公共福利或者国家利益，适用 ADR 机制就存在着行政机关被某些利益集团掌控的风险，从而危及公共利益。第三，用 ADR 解决行政纠纷，实际上是允许行政机关与行政相对人讨价还价，这就为行政自由裁量权的滥用提供了空间。[①] 但是，随着行政理念的更新，行政纠纷也可以适用 ADR 渐成公论——与其让行政机关基于单方面的判断和斟酌而行使这种权力，显然还不如鼓励行政机关在通过协商对话获得合意的基础上行使这种权力。事实上，《两岸投保协议》也将"争端双方友好协商解决"作为纠纷解决方式之一。因此，自贸区在两岸投资争端解决方面，应先行先试，充分发挥 ADR 在解决两岸投资争端中的作用，使其成为解决该类纠纷的常态。例如，厦门市已经制定了《厦门经济特区多元化纠纷解决机制促进条例》，可以依据该条例对争端解决的范围、机构、程序、方式以及各方式之间的关系进行明确规定，进一步扶持自贸区内经济、法律、咨询服务等社会机构的成长。

---

① 骆念荣：《替代性纠纷解决机制在行政法上的运用》，载《东方企业文化》2012 年 10 月版，第 155 页。

大陆台商转型升级的现状、瓶颈与对策研究

——基于对福建台商实证调查的分析

近年来，世界经济面临新一轮的调整，大陆经济步入新常态，大陆台商在内外环境的多重压力下主动或被动进行转型升级。台商是中华民族的重要组成部分，是两岸关系和平发展的重要群体。在两岸关系新形势下，福建作为对台先行区域，应积极探索，支持和辅导台商转型升级，促进两岸经济社会融合发展。

一、研究背景与框架设定

（一）研究综述

台商来大陆投资初期，主要以广东及福建两省为重心，尤其是珠三角地区成为台商投资最为密集的区域之一。随着国际经济形势的变化及改革开放的不断深入，闽粤两省的台商也最先备感转型升级压力，其中，作为台商投资集聚度最高的城市，东莞台商的变化尤其引人关注。2000 年后，广东台资企业即面临产业转型升级的压力，一方面是制鞋业等劳动密集型企业成本提高，利润率下降，另一方面是上海、江苏和浙江两省一市在内的长三角地区吸引台资迅速增长。[①] 此后，台商投资重心逐渐在大陆沿海城市扩大，在 2008 年国际金融危机之后，大陆台商转型升级问题，已成为大陆台商良性发展所面临的共有课题。龚锋等（2010）[②] 认为，作为珠三角主要经济主体之一的台商，承受着国际金融危机带来的考验。陶东亚（2010）[③] 认为，转变经济增长方式已成为大陆新政策调整的内在动力，在此背景下台资企业如何完成转型，是两

---

[*] 苏美祥，福建社会科学院台湾研究所副研究员。
[①] 《珠三角台商面临产业转型升级压力》，《经济参考报》2006 年 5 月 15 日，第 17 版。
[②] 龚峰、刘继云：《转型升级背景下的珠三角台商：困惑与出路》，《广东经济》2010 年第 6 期。
[③] 陶东亚：《台资企业在大陆新经济环境下的转型升级》，《企业导报》2010 年第 9 期。

岸经贸关系持续、健康发展的重要因素。周忠菲（2011）① 分析指出，国际金融危机冲击到实体经济之后，在上海的台湾企业也受到影响，重视大陆内需市场是未来台商发展的主要趋势。曹小衡等（2013）② 基于长三角、珠三角等台资企业的调研，认为当前大陆台资企业转型已经起步，部分行为转型效果已初步显现，但受多方面因素制约，其进程仍有待加快。翁海颖等（2013）③ 分析指出，金融海啸后，台商采取设备升级，并参与政府资助的生产力辅导计划，但因产品设计、内外贸模式差异等因素，至今尚未成功进入内销体系。伍湘陵等（2015）④ 在全球市场持续疲软不振及大陆转变经济发展方式的背景下，台资企业大陆投资发展的困境凸显。突破发展困境，转型升级已成为台资企业实现再发展，尤其是大陆沿海台资企业的主要选择。熊俊莉（2016）⑤ 以对珠三角20多家台企的实地走访和调研为基础，分析现阶段台商转型的路径、困难及如何把握和利用"一带一路"的潜在机遇。

（二）框架设定

台商转型升级的动因、要素及成败等，受多方条件制约。李保明（2013）⑥ 分析认为，企业转型升级既包括转型也包括升级。台资企业转型升级的压力来自经营环境的巨大变化，对其转型升级的观察应从经营环境入手，构建"环境—能力—战略"的分析框架。本文在此基础上，增加对台商群体特性之考量，拟以"价值导向—政策诉求—环境营造"为框架，对台商转型升级的现状与对策加以分析。

1. 价值导向

利润最大化是企业战略价值的最终诉求，在利益驱动下，企业着手战略调整，努力降低成本压力、提高创新能力、拓展新兴市场。

2. 政策诉求

长期以来，大陆台商对政府鼓励或限制企业经营行为的政策措施有较高依赖度，台商为再造竞争力而展开的转型升级，同样对当地政府的相关政策有甚高期待。

---

① 周忠菲：《金融危机与大陆台资中小企业发展——基于上海台资企业的问卷调查》，《世界经济研究》2011年第2期。
② 曹小衡、高一、朱航：《大陆台资企业转型分析——基于长三角、珠三角等台资企业聚集区的调研》，《调研世界》2013年第1期。
③ 翁海颖、封小云：《金融海啸后广东台商的转型升级动向及挑战》，《亚太经济》2013年第1期。
④ 伍湘陵、邓启明：《大陆沿海台资企业转型升级模式研究》，《台湾研究》2015年第3期。
⑤ 熊俊莉：《台商转型路径与"一带一路"机遇》，《台湾研究》2016年第3期。
⑥ 李保明：《台资企业转型升级的环境、能力与战略分析》，《台湾研究》2013年第1期。

3. 营商环境

当前中国大陆正在积极推动高水平"引进来"和大规模"走出去"的宏大战略，对外开放的力度不断加大。顺应国际化营商环境建设趋势，是大陆台商转型升级的关键。

（三）调研方式

在大陆经济发展方式转型和国际经济形势变化下，大陆台商经营环境发生深刻变化，转型升级成为台资企业提高竞争力的必然选择。通过在福州、厦门和漳州等地台资企业中开展以"台商转型升级"为主题的问卷调查，结合与若干台资企业的访谈，就福建台资企业的生产经营情况、存在问题及转型升级的需求等进行调研。本次共发放问卷200份，回收有效问卷160份，回收率高达80%。

1. 受访企业以制造业为主，行业分布较广

样本中，主营业务属于农业的企业有8家占5%、属于制造业101家占63%、建筑业4家占3%、服务业28家占18%、其他行业19家占12%，制造业则涵盖电子、石化及橡胶、机械装备、纺织、食品、造纸、皮革及制品、非金属矿物及金属制造、其他制造业等。

2. 受访企业以中小型企业为主

样本中，近三年平均年营业收入2000万元以下有71家，占45%；2000万元—1亿元以下有35家，占22%；1亿元以上共计53家，占33%。从样本企业规模看，受访企业中，中小微企业占多数，这与台商以中小型企业为主的特征基本吻合。

3. 问卷设计考虑

围绕"基本情况""发展环境""用工及人才""创新能力""增资计划"等五大板块设置34个问题，了解福建台商转型升级的情况、问题和政策诉求。为克服一般问卷客观题的束缚，本次问卷设计时，特别针对市场拓展、融资、人才、技术等重要问题设置了开放性问答，共收集到近百条意见建议。

二、台商转型升级现状与需求

（一）总体特征

自20世纪80年代以来，福建就是祖国大陆对台贸易、吸引台资的重点省份，闽

台经贸往来持续热络。截至 2016 年 12 月底，福建累计批准台资项目（不含第三地）14222 个，实际到资 139.35 亿美元；如果包含第三地，项目数和实际到资数分别为 16405 个和 266.08 亿美元。[①] 台资企业已经成为台商集中地区支撑工业经济发展的重要力量。近年来，在闽台商逐步推进转型升级，主要呈现如下特征：

1. 转型升级加速推进

福建是台商投资最早、最为集中的地区之一，台资企业转型升级起步较早，但总体进展缓慢，且基于企业自身需要、能力差异、策略选择等因素，各企业个体之间的进度不一。问卷分析显示，转型升级"尚未启动"的台资企业占 38%，"刚刚启动"占 41%，正处于转型升级过程中（含"明显加快"和"有所放缓"）的台企合计占 21%，比重相对较小。可见，福建台资企业转型升级的总体进展较为缓慢，但"明显加快"与"刚刚启动"合计占比达 54%，显示已呈现加速态势。

2. 市场转向内销为主

国际金融危机后，发达经济体消费需求下降，对台商以外销为主的经营模式造成重大冲击，台企不得不加快了市场向内销转型的步伐。从本次调研分析，近年来台企大都已经在着手拓展内销市场，目前内销比例超过 50% 的企业比重达 55%，内销市场比例已超过外销比例；正在加大拓展内销的台企占 82%，不打算拓展内销市场的台企占 18%，形成较鲜明的对比，显示内销市场已成为台企市场转移的主导方向。

3. 重视技术改造升级

推进产品多元化、差异化，实现产业链由低端向高端的升级，要以企业技术改造与升级为基础。问卷分析显示，台企近两年新增投资领域的选择，用于本企业技术改造升级的比重高达 57%，拟投资生产性服务业和战略性新兴产业各占 21%、19%。近年来，台商投资大陆的结构正在发生变化，高新技术产业和现代服务业渐渐成为台资追逐的热点领域。问卷关于台商新增投资领域的调查结果，也印证了这一趋势。

4. 人力因素最受关注

长期以来，台资企业多为"台湾接单、大陆加工生产、产品外销"的"两头在外"的经营模式，缺乏深耕大陆的远见，在国际市场紧缩之下，企业发展面临人才缺乏、缺乏品牌影响力，以及创新能力不足等。问卷分析显示，台企转型升级过程中遇到的困难，有 68 家企业选择"人才缺乏"（占总频次的 23%，比重最高），其后依次为创新能力（18%）、资金不足（16%）、品牌难培育（13%）、同业恶性竞争

---

① 《闽台经贸合作增长显著》，《人民日报海外版》2017 年 2 月 24 日第 11 版。

（12%）。从成本角度，人工成本上涨让台商备感压力。有 106 家企业（占样本数的 66%）认为"人工成本"对企业发展影响较大，占总频次的 24%。其后，77 家企业选择"原材料成本"、58 家选择"缴税负担"、54 家选择"社保成本"。综合"人工成本"和"社保成本"，足以反映人力成本对台企造成了极大困扰。

（二）市场拓展

1. 主要压力来自成本上升

台商长期以"两头在外"为经营模式，在外贸环境低迷的形势下，面临出口萎缩，转而寻求大陆市场。但从问卷调查结果看，出口订单和内需并非企业最关心的问题，仅 45 家受访企业选择"出口订单减少"，26 家企业选择"大陆市场内需不足"，分别占总频次的 13% 和 8%；反而有 122 家受访企业选择"成本上升"，104 家企业选择"利润下降"，分别占总频次的 35% 和 30%。由此说明，台企在市场转型过程中，降低成本（尤其是人工成本）是其最大诉求。

2. 主攻内销市场

经过近年来的市场转型，大陆市场已占据台企市场相当比例，并成为今后主攻方向，正在拓展内销市场的台企占 82%。从内销拓展情况看，受访台企的表现喜忧参半："正在拓展内销且较为顺利"的企业占 38%，"正在拓展内销但遇到困难"的占 44%，前者略高出 6 个百分点。在拓展内销遇到的主要困难中，有 24 家企业选择"市场竞争"，占总频次的 47%，"市场信息"和"物流成本"各占 20%。

3. 主要诉求

台企在拓展大陆市场过程中，由于市场观念差异，缺乏对市场的跟踪与积累，加上台企自身品牌培育不足，因此在拓展内销时，需要在市场信息、推广平台、营销渠道（含电商）等方面予以支持。在供给侧，主要是基于人才、原材料和资金等三大成本考虑，希望政府予以扶持。政策面的诉求，主要是由于税收负担因素，希望政府改革税收，减轻税负，并在资质申请和土地取得等方面予以扶持。

（三）缺工问题

1. 缺工问题较为突出

人力因素最受台企关注，"人才缺乏"是台企转型升级过程遇到的最大难题。问卷显示，企业缺工问题较为严重，表示"不缺工"的台企仅占 16%，84% 的受访企业在不同程度上缺工，其中缺工比例超过 10% 未达 50% 的企业占 62%。台企最急缺的人才分别是"技工人才""研发人才"和"管理人才"，其中，84 家受访企业（超过一半）缺"技工人才"，56 家企业缺"研发人才"，51 家企业缺"管理人才"，频次占比分别为 44%、29% 和 27%。台资企业缺工，与一向从事加工制造业务，不重视培养专业人才的内部培养有很大的关系，"技工人才"本来就是大陆各大企业争夺的焦点，所以也增大了台企招工的难度。

2. 主要诉求

培训是解决企业"用工难"的有效途径，但目前台企缺乏社会中介及技工学校的资源支持，76% 的台企通过"自主培训"来缓解技工缺口，依靠"委托培训"和"社会培训"分别占 14% 和 10%。为缓解人才困境，企业从优化环境、奖励补助、拓宽平台、多元渠道等四个方面提出多项建议。建议放宽条件给骨干人才提供公租房、实施更开放的政策吸引各地精英人才至闽安居乐业、提供优良的工作和生活环境、加强执法检查，优化企业引进人才的环境；通过增加专业性强的人才招聘市场、组织人才交流会、提供人才信息，为企业提供招人平台；加强技工人才培养、通过产学研合作和校企合作聘请技工、提供专业人才培训、鼓励从台湾引进人才等，拓宽人才培训渠道。

（四）技术创新

1. 主要依靠自主开发，基本不存在技术瓶颈

台企重视研发资金投入，但研发人力不足。从近三年企业研发投入占主营业务收入的平均比重看，研发投入占主营业务收入 2% 以上的企业占受访企业总数的 65%，5% 以上占 36%，10% 以上占 13%。但企业研发人员占员工总数比例在 5% 以上的企业数仅占 43%，尚未过半，20% 以上的企业数仅占 6%，普遍偏低。研发人力配备不足，一方面是因为研发人才缺乏，另一方面有很大一部分企业技术创新依靠台湾母公司。

2. 主要诉求

由于研发的资金需求大，回收期较长，风险较高，需要政府给予必要的辅导与鼓励。受访企业大多认为未获得过技改资金支持，仅 23% 的台企享受过技改资金。当然，资金支持只是众多支持举措当中的一项，有企业提出，政府应提供更多平台，牵头组织产学研合作，人才资源配置予以倾斜等诉求。

（五）投融资方面

1. 利润始终是资本追逐的核心目标

对于影响企业投资信心的主要因素考量，"产业利润率低"列在首位，有95家受访企业选择，占频27%。造成利润低的主要因素是成本上涨，是故"要素成本快速上升"成为影响投资信心的另一个主要因素，排在第二位，有78家企业选择。"产能过剩"排在第三位，这是台商长期以"两头在外"为经营模式，在国际市场需求大幅下降的必然结果，亟待通过市场转型加以解决。

2. 资金来源相对单一

大多数受访企业（136家）的投资资金来自"自有资金"，占频66%；通过间接金融获得资金的企业有49家，占频24%；仅11家企业通过资本市场融资。资金来源渠道相对单一，主要依靠自有资金，也反映出企业融资渠道不畅。

3. 融资难题并不突出

虽然如此，融资难题并非困扰台企的主要因素：影响企业投资信心的主要因素中，融资问题排在第六位；企业转型升级遇到的困难中，融资问题在人才缺乏、创新不足之后，排在第三；影响企业发展的成本中，融资成本排在第五。可见，融资难题不是束缚台企的最主要因素。受访企业中，有43家认为不存在融资难题，26家认为已有缓解，9家认为明显缓解，"无缓解"和"不降反升"的合计占33%。

（六）投资环境

1. 政策获得感评价不高

从调研看，台企对"政策获得感"评价并不理想，仅16家企业认为"已形成完备的政策服务体系"约占11%，认为"配套举措不够细化量化"的企业占39%，"政策措施不完善"占27%，"政策执行落实不到位"占23%。台商对政策"不满意"或"无感"，与心里预期过高有较大关系。由于相当一部分台商长期以来享受着大陆给予的土地、税收等"超国民待遇"，获得了丰厚的回报，也养成了遇到困难便寄望于大陆给予纾解的惯性思维。在当前全球性经济景气低迷状态下，这种观念更加凸显，他们不仅对当前经营中出现的问题不能客观看待和积极应对，片面要求大陆提供更多的优惠政策。

2. 税费负担偏高

当前政府税收政策对企业内销的税费体系，相对台资企业而言，比较复杂且税负较重。问卷显示，影响企业发展的主要成本中，"缴税负担"列在第三位，占频13%，仅次于人工成本和原材料成本。另外，还有3%企业认为缴费负担高。另外，问卷调查得知，认为涉企行政许可收费负担降低的占63%，未降低的占37%；认为仍存在非行政许可收费的企业占20%，不存在的占80%；中介服务收费降低与未降低的，各占一半。

3. 主要诉求

一是加大政策扶持，主要包括降低税费负担，降低"五险一金"负担比例，促进自贸区的优惠政策外溢，对于技改投资增产给予政策扶持，以及提供给有实力且发展好的企业一定的土地等。二是强化政府服务功能，加快审批企业"三旧"改造的审批；简便办事程序；拓展平台，协助企业缓解"用工难"问题；调动社会资源提高技能培训。三是土地取得。由于工业区转型升级改造，希望政府协助企业找到合适土地让企业搬迁。四是不断优化环境。如对周边脏乱差环境的整治、工厂环保的困扰、对理顺服务窗口等。

三、主要结论与建议

通过调研发现，在大陆经济发展方式转型和国际经济形势变化下，福建台资企业对转型升级的需求较为强烈。当前两岸关系新形势下，应分析台资企业的发展需求，本着"两岸一家亲"的理念，加强引导，做好服务，有效促进台企转型，帮助台商排除困难。

（一）主要结论

1. 福建是台商投资最早、最为集中的地区之一，台资企业转型升级起步较早，但总体进展相对缓慢，目前正呈加速态势。

2. 许多台商对开拓新领域的信心不足，台企转型升级更多选择产业内转移，主要采取销售市场转移、向相关产业延伸、技术创新与改造等方式。

3. 近年来台资企业已在努力拓展内销市场，过半企业的内销比例已超过50%。目前，内销市场已成为台企市场转移的主导方向。

4. 企业技术改造升级的投资正在加大，以推进产品多元化、差异化，实现产业链由低端向高端的升级。

5. 台资企业多为"两头在外"，缺乏深耕大陆的远见，在国际市场紧缩之下，企业发展面临人才缺乏、缺乏品牌影响力，以及创新能力不足等问题，尤其是人工成本上涨让台商备感压力。人力因素最受台企关注，"人才缺乏"是台企转型升级过程遇到的最大难题。

6. 技术创新主要依靠自主开发，基本不存在技术瓶颈。企业重视研发资金投入，但研发人力不足，主因在于研发人才缺乏，另有很大一部分企业技术创新依靠台湾母公司。

7. 适用资本逐利性原则，对于影响企业投资信心的主要因素考量，并非两岸关系，"产业利润率低""要素成本快速上升"和"产能过剩"等台企增加大陆投资的最关心的问题。

8. 政策获得感评价不高，除配套举措不够细化量化、政策措施不完善、政策执行落实不到位等原因外，有相当一部分台商长期以来享受着大陆给予的土地、税收等"超国民待遇"，获得了丰厚的回报，也养成了遇到困难便寄望于大陆给予纾解的惯性思维。

（二）对策建议

1. 营造法制化营商环境

福建作为大陆对台的前沿区域，涉台地方立法工作起步早、数量多，经过多年实践，积累了宝贵的经验，具备了良好的基础。福建省共制订专门的涉台法规 10 余部，在福建省和福州、厦门人大常委会制订的地方性法规中也含有近百个涉台条款。1994 年 9 月通过的《福建省实施〈中华人民共和国台湾同胞投资保护法〉办法》，是大陆根据《中华人民共和国台湾同胞投资保护法》制订的第一部配套性的地方性法规。随后，福建省先后出台《厦门市台湾同胞投资保障条例》《福州市保障台湾同胞投资权益若干规定》，尽可能给予台湾同胞与本省居民同等待遇。2010 年修订了《福建省实施〈中华人民共和国台湾同胞投资保护法〉办法》，该办法规定，"台湾同胞来闽投资的，与本省居民享有同等待遇，并享有国家和本省规定的其他优惠待遇"，具体包括社会保险、子女就学、在机动车驾照、在资格证书等四个方面。

可见，福建省十分重视和先行探索地方涉台立法工作，保护台胞投资权益。但是，随着祖国大陆自贸区、一带一路等发展战略的实施，营造平等、公开、透明的法治化环境建设被提上日程，相关涉台地方法规亟待修订。比如，为适应自贸区建设需求，2015 年 4 月，福建省人大常委会表决通过了《福建省人大常委会关于在中国（福建）自由贸易试验区暂时调整实施本省有关地方性法规规定的决定》。与此同时，两岸交流合作出现许多新情况，两岸经济社会融合渐成主流。新修订的《中华人民共和国台湾同胞投资保护法》已于 2016 年 9 月 3 日获全国人大常委会通过。福建省应秉持"两岸一家亲"理念，从闽台区域融合发展的实际需要出发，组织专题调研，以解决台胞在闽投资及相关权益保障中遇到的实际问题为目标，以维护台商及其家属、台干及其家属在闽投资、生活等各方面合法权益为着力点，以回应福建台企台商反映较为集中的问题和诉求为落脚点，对福建地方涉台法规进行全面梳理并修订，保护台胞合法权益，给予台胞居民待遇。

2. 建构高效率辅导体系

就政策而言，福建省发挥先行先试优势，在协助台商转型升级方面有不少超前于其他省市的新作法，相比广东、江苏、上海、浙江等地，福建省扶持台资企业发展的政策较为全面，涉及领域广、惠及台资企业更多，比如福建省级财政安排 5000 万元扶持台企专项资金、为台资企业提供担保的担保机构风险补偿金提高一倍、给予台资中小企业出口信用保险 50% 的补助等政策，不乏亮点。然而，优惠政策作为市场机制的有益补充，是资源配置的手段之一，其效果可能因执行情况而不同，而且受边际效应递减规律的作用而缺乏后续推动力。因此，应创新对福建台企发展的支持体系，发挥政策的杠杆，尽可能整合、引导社会资源向台企倾斜，有效辅导台企发展。一促政策落地，重点落实福建《进一步促进台资企业发展的若干意见》《加快台湾农民创业园建设的若干意见》等系列政策措施，切实让台商"有感"，以增强发展信心；二抓难点攻关，针对一些历史遗留的老、大、难问题，可因企因案施策，力求有所突破；三要以台辅台，利用岛内企业战略咨询机构的资源，更贴近辅导台企。

3. 引导台商差异化转移

主要基于台商的市场导向需求，包括就近转移和跨省域转移两个方面。首先是引导台商在福建省内合理转移。福建省内的厦门经济特区、国家生态文明试验区、福建自贸试验区、海峡蓝色经济试验区、平潭综合实验区、福州新区等均以对台为特色，还有福州、海沧、泉州、漳州等国家级台商投资区，以及漳浦、漳平永福、仙游、清流、福清、惠安等国家级台湾农民创业园，还有各类专门对台的工业园区，有利于台商群聚福建，发展空间十分广阔。目前，各园区之间发展不平衡，有的相对饱和亟待转型升级，有的还有空间潜力，应力促台商在省内实现转移。其次帮助在台商向北向西。积极响应国家"一带一路"发展战略，搭建平台，主动引导。如对台主管部门可与"一带一路"沿线省市加强联动，共同在政策了解、项目选址、工商注册等方面为台商提供服务，促进项目顺利落地。

增强台湾青年"登陆"创业就业的磁吸效应

姜俊禄　潘发鎏*

一、台湾青年"登陆"创业就业的磁吸效应

早于 2011 年，就有媒体从统计数字指称大陆磁吸台湾投资及就业。从投资方面看，台商赴大陆设厂以扩大产品全球竞争力，或以大陆为市场，扩大产品在当地市占率；从就业方面看，大陆薪资水准快速成长，与台湾薪资水准差距逐渐缩小。这两个方面都体现了大陆对台湾持续的磁吸效应①。

随着中国大陆经济实力的增强以及"大众创业、万众创新"政策的落实，不少台湾青年会选择前往大陆进行创业、就业。而在 2017 年 10 月召开的中共十九大会议上，中共中央总书记习近平更在报告中指出："两岸同胞是命运与共的骨肉兄弟，是血浓于水的一家人。我们秉持'两岸一家亲'理念，尊重台湾现有的社会制度和台湾同胞生活方式，愿意率先同台湾同胞分享大陆发展的机遇。我们将扩大两岸经济文化交流合作，实现互利互惠，逐步为台湾同胞在大陆学习、创业、就业、生活提供与大陆同胞同等的待遇，增进台湾同胞福祉②。"要实现"逐步为台湾同胞在大陆学习、创业、就业、生活提供与大陆同胞同等的待遇"的目标，就包含如何增强台湾青年"登陆"创业、就业之磁吸效应的举措。

从台湾方面来看，台湾劳动事务主管部门今年 6 月公布的数据显示，15—24 岁的青年失业率逾 12%，几乎是平均失业率的三倍，且台湾 20 年来薪资涨幅几乎冻结，经济增长乏力，不少在台湾坐困愁城的年轻人只能选择远走高飞③。此外，台湾《联

---

　*　姜俊禄，北京市金杜律师事务所合伙人，北京大学法学博士。
　潘发鎏，北京市金杜律师事务所律师，台湾政治大学劳资关系硕士。
　①　郑太南：《台湾如何面对大陆的磁吸效应?》，载《台声》2011 年第 8 期，第 49 页。
　②　习近平：《决胜全面建成小康社会　夺取新时代中国特色社会主义伟大胜利——在中国共产党第十九次全国代表大会上的报告》，网址：http://www.gov.cn/zhuanti/2017 - 10/27/content_5234876.htm，最后浏览日期：2017 年 12 月 14 日。
　③　大公报：《台湾陷"闷经济"困局　台青掀"西进"热潮》，网址：http://tech.sina.com.cn/roll/2017 - 12 - 03/doc-ifyphtze3742699.shtml，最后浏览日期：2017 年 12 月 14 日。

合报》在 2017 年 11 月 20 日发布的两岸关系年度调查显示，台湾民众对大陆民众的观感首次逆转成好评居多，40% 受访者愿意赴大陆就业，较去年大幅增加 9 个百分点①。在这些因素的影响下，也促使更多的台湾青年考虑"登陆"创业、就业。

大批台湾青年赴大陆就业、创业还产生了另一种效应，那就是打破了岛内特定政治势力和绿色媒体对大陆的扭曲和诬蔑，改变了台湾青年的"大陆印象"；同时，激发岛内更多台湾青年正面面对大陆迅速崛起和台湾迅速衰退的鲜明对比态势，重新思考自身发展定位，从而对岛内特定政治势力的蛊惑性教化产生质疑、抵制，进而以自身选择瓦解"台独"势力对年轻人的"天然独"论述②。

本文尝试从吸引台湾青年"登陆"创业就业的政策及实践进行探讨，进而提出增强台湾青年"登陆"创业就业的磁吸效应之建议。

二、增强台湾青年"登陆"创业就业磁吸效应的合理性与基础条件

（一）增强台湾青年"登陆"创业就业磁吸效应的合理性

过去三十年，两岸经济交流合作模式主要是以吸引台商、惠及台商为主。大陆经过 30 多年的改革发展，要素禀赋结构发生了很大变化，资本要素已经非常充裕，此时更需要引进大量技术人员和青年的创新创业活动来推动供给侧结构的转变，让台湾青年在供给侧改革的过程中贡献力量③。

有观点指出，在未来 30 年，台湾技术人员和青年创业者将在两岸经济合作中扮演主力军的重要角色，他们不仅要搭建起两岸产业合作与创新的桥梁，还要为保持台湾经济活力与促进两岸融合夯实基础④。

（二）增强台湾青年"登陆"创业就业磁吸效应的基础条件

目前祖国大陆在政策和市场两个方面的基础条件吸引台湾青年"登陆"创业就业。

---

① 新华社：《台媒：中共十九大后台民众对大陆好感提升》，网址：http：//military. china. com/important/11132797/20171126/31720037 _ all. html#page _2，最后浏览日期：2017 年 12 月 14 日。
② 刘澈元：《中国大陆吸引台湾青年就业创业成就显著》，网址：http：//www. taiwan. cn/plzhx/zhjzhl/zhjlw/201710/t20171017 _ 11853300. htm，最后浏览日期：2017 年 12 月 14 日。
③ 朱磊、蔡礼辉：《现阶段推进两岸经济合作的背景与建议》，载《常州大学学报（社会科学版）》2017 年 9 月第 5 期，第 59 页。
④ 朱磊、蔡礼辉：《现阶段推进两岸经济合作的背景与建议》，载《常州大学学报（社会科学版）》2017 年 9 月第 5 期，第 59 页。

1. 政策方面

首先，国台办已经授牌设立 53 个基地和示范点以支持台湾青年来大陆就业、创业，很多地方政府为吸引台胞到当地发展也出台了一系列的支持政策。这些支持政策包括辅导培训、经营场地使用、创业资金扶持等，在便利台湾青年来大陆创业、工作等方面已经做出了一定的努力。

其次，大陆在鼓励台湾青年创新、创业方面有很多政策优势，比如中关村为台湾人才到大陆工作提供了很多政策上的支持，还为台湾青年在大陆创业量身打造了专业孵化器，提供了一系列周到快捷的服务，如今大陆有很多平台和政策能为台湾创客提供保姆式服务。

2. 市场方面

首先，大陆市场巨大，为台湾青年创业、创新提供更多的机会。大陆与台湾两地有一定的互补性，大陆市场巨大，有很大的发展潜能，能够为来大陆发展的台湾青年提供良好的发展机遇，而台湾在基础教育及人才培养方面存在一定的优势。

其次，大陆不少行业的待遇比台湾高。最明显的是影视娱乐行业，台湾的综艺节目主持人或影视演员到大陆来从事与台湾类似节目，收入可能是台湾的几十倍甚至几百倍。

最后，大陆与国际接轨的速度与进度高于台湾。在大陆设立总部的跨国公司越来越多，自 2014 年以来，到北京设立总部的跨国公司占世界 500 强企业的比例已经高达十分之一，超越东京问鼎全球，这对有志做出事业的台湾青年创业就业者而言是不可替代的吸引力。

三、吸引台湾青年"登陆"创业就业的地方政策及实践

（一）地方政策方面

目前，中国大陆有不少地方政府已制定相应的政策措施鼓励台湾青年赴大陆创业、就业，这些地方实践都丰富和增强了对台湾青年到大陆来创业、就业的磁吸效应。

福建省继在 2015 年发布的《关于鼓励和支持台湾青年来闽创业就业的意见》（闽政〔2015〕28 号）后，又在 2017 年发布《关于进一步鼓励和支持台湾青年来闽就业创业若干措施的通知》（闽政办〔2017〕70 号），提出以下促进台湾青年在福建就业

创业的若干举措（非完全列举）：1. 设立省级青年就业创业基地；2. 对省内电子信息、机械装备、石油化工、现代服务业等重点发展行业的规模以上企业，以及商协会、养老机构招收台湾青年的用人单位实行就业补助政策；3. 在原有示范基地认定及奖励标准的基础上，增加一档奖励标准，即对累计引进 10 家以上台湾青年创业企业、吸引台湾青年 30 人以上，且持续经营满 1 年以上的示范基地，省级财政给予 100 万的奖励；4. 对引进台湾高校和中职学校全职优秀教师、台湾优秀医师、台湾社工到福建省就业的用人单位实行就业补助政策；5. 协调学校、医疗机构、农业机构、行政服务中心、经济类园区、社会组织等基本公共服务单位开放一批就业岗位用于招收台湾青年。

广州市天河区的科技工业和信息化局和台湾事务办公室在 2017 年 11 月 21 日发布《关于印发广州市天河区推动台湾大学生实习和台湾青年创新创业实施办法的通知》（下称《通知》）。《通知》明确对台湾青年的创新创业项目给予落户奖励和租金补贴两项支持，其中落户奖励为对每个项目给予 10 万元人民币落户奖励；而租金补贴则为自合同生效之日起计算，前 6 个月对项目办公场地给予 100% 租金补贴，后 6 个月给予 50% 租金补贴，但单个项目补贴总金额最高不超过 10 万元人民币。

（二）地方实践方面

除了政策支持以外，部分地方政府以组织征才博览会等形式，向希望到大陆就业的台湾青年伸出橄榄枝，扩大对台湾青年到大陆创业、就业的磁吸效应。

2017 年 7 月上旬，由广东省台办和两岸企业家峰会协同举办一场为期三天的"台湾青年大楼征才博览会"，招聘报名范围包括即将从两岸高校毕业，已毕业正待业中，年龄 40 岁以下的台湾青年。在东莞国际会展中心主展场，设置了来自大陆 12 个省市的 16 个主题展馆，集结 378 家大陆国营和民营企业，开出 3200 个招聘岗位，包括中国四大国有银行、腾讯旗下的网络银行微众银行、海南航空集团旗下天津航空、家电大厂海尔等知名大陆企业，都在现场设置摊位[1]。

此外在 2017 年 7 月初，由福州、厦门、漳州、泉州、莆田、平潭、福清等七地的台资企业协会联合主办的"台资企业协会北区征才博览会"在台北登场，博览会上共有 106 家台资企业，计划招聘 1767 人。在 2017 年 9 月 13 日，由福州市台班和彩虹桥台湾青年互联网创业孵化器举办的 2017 年台湾青年创（就）业福州行活动，也鼓

---

[1] 蔡金刚：《营造台湾青年来大陆发展的良好环境》，载《海峡科技与产业》2017 年第 8 期，第 31—32 页。

励台湾青年跟上大陆这列时代发展快车①。

四、增强磁吸效应的建议

两岸发展的根基在基层、希望在青年。在两岸和平关系发展进度停滞的情况下，基于前述基础条件、地方政策及实践，为增强台湾青年"登陆"创业就业的磁吸效应，建议从以下方面着手：

（一）立法政策方面

2017年6月，人社部在官网上发布关于正在研究起草之《台湾香港澳门居民在内地参加社会保险暂行办法》（下称《暂行办法》）的答记者问，通过制定《暂行办法》以保障内地居住、就业和就学的台港澳居民社会保险权益。但该《暂行办法》截至目前未能出台，人社部应该根据十九大的精神，加快推动《暂行办法》的发布实施。

另外就公积金缴纳方面，住房城乡建设部、财政部、人民银行、国务院港澳办、国务院台办在2017年11月底发布《关于在内地（大陆）就业的港澳台同胞享有住房公积金待遇有关问题的意见》（建金〔2017〕237号，下称"237号文"），规定在内地（大陆）就业的港澳台同胞均可按照《住房公积金管理条例》和相关政策的规定缴存住房公积金，明确已缴存住房公积金的港澳台同胞，与内地（大陆）缴存职工同等享有提取个人住房公积金、申请住房公积金个人住房贷款等权利。地方政府应根据237号文的精神制定相应的地方指引，便利台湾青年通过缴存使用住房公积金实现在大陆安居。

（二）实践活动方面

政府应完善两岸青年创业园区的体制机制。对已建立的两岸青年创业园、台湾青年创业园等组织机构，消除台湾青年在园区内就业创业方面的身份识别限制，开放教育咨询和医疗诊所等服务机构便利台湾青年使用。

此外，政府也需要进一步优化台湾青年来大陆的创业就业环境，应结合当地与台湾的各自优势创新项目，宣传推介，开展交流，深度挖掘适合台湾青年创业、就业的载体，通过多种渠道推介大陆相关的创新创业环境及政策优势，从而吸引更多的台湾

---

① 新华社：《2017台湾青年创（就）业福州行活动启动》，网址：http：//m.xinhuanet.com/2017－09/13/c_1121659098.htm，最后浏览日期：2017年12月15日。

青年来大陆发展。

对持有台湾居民身份证的台湾青年开放与大陆居民同样的待遇，使之可以像大陆居民一样在大陆订票、网购、申请课题、定居、置业、工作、养老、参加社团活动等。如福建省委书记在 2017 年 11 月 16 日举行的福建省委十届四次全体会议中提出，继续推进便捷往来通道建设，推动两地资金、技术、人才等要素自由流动；坚持社会化、市场化、机制化方向，探索以就业为重点、实习带动就业、就业促进创业的模式，提升台湾青年来闽工作的内生动力①。

---

① 中国新闻社：《福建省委书记于伟国：率先推动台企台胞实现基本相同待遇》，网址：http：//news. xinhuanet. com/tw/2017 - 11/17/c _ 129743243. htm，最后浏览日期：2017 年 12 月 15 日。

對於臺灣青年法律人在大陸發展的幾點建議

劉陽明[*]

近年來，隨着兩岸關係日趨緊張，使得原於臺灣前領導人馬英九執政時代，兩岸間好不容易建立的互信基礎，亦逐漸崩解，甚有由"冷和"走向"冷對抗"之勢。但堅信和平是兩岸關係唯一的出路，也是兩岸人民共同的心聲。故在官方間互動交流已幾近停滯之際，兩岸人民更須借由在文化、教育、法律、經濟、醫療、環保等領域多元交流並加强合作，方能爲兩岸融合與發展締造新的機遇。

而在思索兩岸政策何去何從的同時，不得不關注兩岸青年對於兩岸議題所抱持的態度與想法。尤其，臺灣青年在經歷多年去中國化教育，並被具臺灣主體意識課綱教育的結果，造成現在臺灣青年對於中華民族歷史認知的斷層，對於大陸現況與發展未能真正瞭解的情形下，又如何能宏觀看待兩岸議題，並得以理解、包容、尊重彼此間的差異性，建立互信互助的基礎，共同携力解決兩岸歷史爭議？因此，筆者於本文試着從臺灣法律青年的角度，對於所受教育與面臨就業困境，及在大陸發展的可能機遇進行探討，期能爲兩岸關係的和平之路，提出小小建言。

一、加强兩岸青年交流，填補國族教育缺口

根據臺灣競争力論壇發佈的民調顯示，在 20 到 29 歲之間的臺灣民衆，有高達73.7% 不認同自己是中國人，僅有 21.7% 青年覺得自己是中國人^①。去年（2016 年）在上海交通大學舉行的第一届"海峽兩岸暨港澳青年中山論壇"上，來自臺灣的年輕獨立時事評論人許陳品這樣表示："我們的歷史教科書裏，對於 1949 年以後大陸的發展只有兩節課，60 多年的歷史 100 分鐘就講完了。"許陳品表示，在教科書關於這段歷史的叙述中，大都只提及 1949 年到 1979 年歷史，很少提及 1979 年大陸改革開放以

---

* 劉陽明律師，1989 年臺灣律師高考及格，2009 年通過大陸司法考試，現於上海、臺北兩地執業。

① 2016 年 7 月 13 日，中時電子報，"去中國化教育　影響文化認同" http：//www.chinatimes.com/newspapers/20160713000419－260102（最後瀏覽日：2017/7/8）

後的情況，這就讓許多臺灣年輕人對大陸的印象停留在前 30 年①。因此，過去 20 年教育的結果，年輕世代的臺灣青年，在強調本土文化及去中國化的教育政策影響下，基本上對於大陸是陌生的、不理解的。對於這群已經成年且獨立自主的年輕人，如何突破因教育所造成對於中國歷史認知的斷層現象，唯有透過與大陸方深切的交流才能促進瞭解，經由瞭解才能期以更爲宏觀的角度看待兩岸關係，此已是當前刻不容緩的重要課題。

二、"太陽花學運" 的省思與觀察

2014 年於臺灣所發生的"太陽花學運"事件，乃繼 1990 年"野百合學運"之後的大型學生運動，學生們認爲通過《海峽兩岸服務貿易協議》將影響臺灣年輕人的就業、工作機會等，而受到不斷宣傳的結果，參與的人數一度達到 50 萬人；事件過程中，"國會"議場更是歷史上首次遭到學生佔領。學生們對於違法的行爲，卻認爲這是站在"民主憲政"高度上的活動，是爲了挽救瀕臨懸崖的"民主憲政"所發起的必要運動，他們也以"公民不服從""公民可抵抗權"作無罪答辯，並認爲"立法院"審查《海峽兩岸服務貿易協議》有代議政治失靈的"憲政"危機，所以他們有阻卻違法的事由。而學運爲首的幾位領袖像是黃國昌教授是"中央研究院"法律研究所副研究員、林飛帆是臺灣大學政治研究所研究生，陳爲廷是清華大學社會研究所研究生，這些人都是臺灣法政青年的菁英，也可看出事件是由法政青年所引領的。事件的結果，臺北地方法院對"太陽花學運"黃國昌等 22 人作無罪判決，無罪理由主要是認爲被告辯解發動的運動，是行使公民不服從以及抵抗權；被告等人被指控犯行符合相關要件，有法律上阻卻違法的事由，因此判決他們全部無罪②。此判決的結果，有人說臺灣社會逐步進入"法律虛無主義"，法律作用受到嚴重的破壞；也有人說"法治的政治化"，法律成爲政治的僕役。這些過往只有在革命運動中會發生的行爲，卻在以民主制度爲傲的臺灣發生了③。

由"太陽花學運"事件中，可以看出臺灣青年對政策及臺灣未來的關心，其中不乏法政青年的參與，而在這群青年的身影上，可預見其將在一定程度上影響着臺灣的

---

① 2016 年 7 月 3 日，壹讀，"臺灣青年：不了解大陸　因教科書只講前 30 年歷史" https：//read01. com/k0mnEg. html（最後瀏覽日：2017/7/8）

② 2017 年 3 月 31 日，聯合新聞網，"太陽花無罪　法官：因爲他們符合了這 7 大要件" https：//udn. com/news/story/1/2376329（最後瀏覽日：2017/7/8）

③ 2017 年 4 月 20 日，中時電子報，"太陽花判決　沉淪轉折點" http：//opinion. chinatimes. com/20170420005598 – 262105（最後瀏覽日：2017/7/8）

未來；然而，從該事件中，也顯現臺灣青年對於兩岸與全球經濟情勢及大陸現況發展未予深入的認識與瞭解，以致無法以更長遠宏觀的角度看待並思索兩岸議題。對於馬英九先生就任臺灣領導人以來，所努力建立的兩岸和平、經濟活絡等和諧友善的關係，亦因此事件受到嚴重的挑戰。探究其原因，與臺灣青年受"去中國化"教育不無關連，其不了解大陸是前因，太陽花事件則是後果。

"太陽花運動"迄今已滿三年，這三年來，國民黨隨着"大選"失利已爲强弩之末；民進黨取得政權，代表"太陽花學運"的"時代力量"政黨也參政了，但是臺灣年輕人還是身陷"五悶"之中，徘徊在"薪水太低淪爲青貧族""畢業即失業且求職困難""學歷貶值只有持續昇學""學校教育無法學以致用""買不了房無法成家"等對前途的惶惶不安中，最諷刺的是《海峽兩岸服務貿易協議》依然沒有立法通過，少了陸資、陸客的臺灣，還在爲如何"拼經濟"傷透腦筋，依然未能引領年輕世代看到經濟的曙光[1]，臺灣年輕人從苦悶、失望，轉而成爲憤怒，於是"青年世代的憤怒"持續燃燒中。

三、現階段臺灣法律係青年的出路

臺灣目前有將近 40 所學校有法律相關係所，每年畢業生高達 5000 人。這些年輕的畢業生，對於其未來出路的選擇，如果想學以致用投入法律相關行業，則其可能遇到以下的困境：

（一）如果選擇投入律師行業，首先需要通過律師高考，並完成半年的實習，於及格後才能執行律師業務。近幾年臺灣每年錄取的律師人數約 900 多名，而攸關律師生涯的案源，這些年來却没有成長，於是在粥少僧多的情形下，通過高考的新科律師有時連找個律師事務所實習的機會都不容易，更有許多律師雖順利完成實習並取得律師資格，却因無案源的支持變成流浪律師。[2]

（二）如果選擇投入司法官（檢察官或法官）之列，須先通過司法官考試，於考取受訓及格後，依據分發擔任檢察官或法官。然而，要通過臺灣司法官考試難度更高，每年錄取率約 1%，錄取人數在 100 名上下。[3] 想要成爲一名法官或檢察官，確屬不易。

---

① 2017 年 3 月 20 日，商周.COM，"《太陽花三週年》諷刺！臺灣最大問題第一名還是'拼經濟'" http：// opinion. chinatimes. com/20170318003654 – 262101（最後瀏覽日：2017/7/8）

② 2015 年 6 月 2 日，天下雜誌，"律師，你可以不必流浪" http：//www. cw. com. tw/article/article. action？ id = 5068064（最後瀏覽日：2017/7/8）

③ 2017 年 1 月 21 日，聯合新聞網，"月薪 10 萬！司法官超難考 過 3 關、錄取率僅 1%" https：//udn. com/ news/story/6939/2243405（最後瀏覽日：2017/7/8）

於是在扣除律師、司法官的錄取人數，每年約有 4000 名法律相關科係青年若想投入公司法務或其他相關法律工作，但因臺灣是以中小企業爲主的經濟型態，未具一定規模的公司，其公司内部多無設置法律專職人員的需求；縱有公司法務人員，亦因企業規模不大，難有一展法律長才的機會。

四、臺灣法律係青年前往大陸發展的機遇

承前所述，臺灣目前經濟環境未能爲年輕人提供有利其發展的機會，法律相關科係畢業的青年，若想學以致用，其出路更窄，且基於市場規模考慮，不少乘夢飛翔的青年，最終落得鎩羽而歸；然而，若着眼大陸 30 年改革開放的經濟成果，及多年來兩岸間經貿往來已打下良好的基礎，筆者認爲這給了臺灣法律青年一個千載難逢、歷史上絕無僅有的發展契機，只要臺灣青年願意前往大陸發展，或許也是在臺灣之外，另一個不錯的選項。其理由如下：

（一）大陸具 13 億人口遠超過臺灣 2300 萬人的市場規模

大陸人口有 13 億，排名全球第一；這 13 億人共同生活，且遵循同一套中央法律體系，若能取得大陸律師執業資格，便得至全中國執行律師業務；相較臺灣法律僅適用於臺灣的 2300 萬人而言，毫無疑問的以市場規模而論，學習、熟悉大陸的法律，並取得其律師執業資格，無疑是含金量最高，最有市場且發展可期的選擇。

（二）使用共同的語言，且同屬歐陸法係

"兩岸同宗同源""兩岸一家親"無論在血源、文化、語言、文字上均無隔閡，不像與世界上大多數國家的溝通，須要藉助英語爲媒介，臺灣人民完全可以憑藉共同語言，快速融入大陸當地生活，並與大陸人民共謀發展。且兩岸在法律體系上，又同屬歐陸法係，且有許多相似之處，因此在臺灣所學習奠定的法律基礎，只要再稍加學習大陸法律，並得將其熟悉、運用，對於兩岸法律事務的掌握與處理，自然要較只懂單一法域法律的律師更具有市場競爭力。

（三）長三角、珠三角百萬臺商的發展先天優勢

據統計 2002 年於上海臺商約有 40 萬人，全大陸的臺灣人民約計 100 萬人。至 2012 年，上海臺商已達 7、80 萬人，全大陸的臺灣人民亦約有 200 萬人。前後十年，

人數增加了一倍，等於臺灣人民約有 1/10 已前住大陸生活、就業。^① 自 2012 年迄今，又過了 5 年，在大陸的臺灣人民估計已超過 200 萬人。而這 200 多萬臺商，大多集中在長江三角洲、珠江三角洲等周邊城市，許多在大陸的臺商、臺資企業，亦已進入了第二代經營。在如此龐大由臺灣人民長年在大陸扎根經營的商業組織、企業團隊，本諸臺灣同鄉的天然近親優勢，相信臺灣法律青年應很容易在臺資企業取得工作或發展機會。

（四）"一帶一路""新南向"的發展機遇

2013 年習近平主席訪問東南亞時倡議與東盟共建 21 世紀海上絲綢之路，携手建設更爲緊密的中國—東盟命運共同體。三年多來，"一帶一路"倡議一呼而應者衆，得到東盟國家的高度支持，"一帶一路"建設從無到有，由點及面，收穫豐碩。^② 在臺灣方面，日前臺灣領導人蔡英文在接受東盟六家國際媒體聯合專訪時表示"新南向"政策用意"不是在這個區域内發表政治宣示，而是與國際社會建立互惠互利關係""不是與大陸競争，而是强調臺灣做爲本區域成員，以自身優勢促進互惠互利發展"。^③ 對於臺灣法律青年而言，配合大陸的"一帶一路"、臺灣的"新南向"政策，加以深耕學習，相信在未來數十年，於東南亞各國亦將有無限的法律服務商機。

五、大陸當前對臺灣法律青年赴大陸從事律師業務的鼓勵政策

（一）自 2008 年起開放臺灣居民參加大陸司法考試，取得職業律師資格

司法部於 2008 年 6 月 4 日發佈了司法部令第 110 號《臺灣居民參加國家司法考試若干規定》，從 2008 年度起允許臺灣居民報名參加國家司法考試^④。2008 年 12 月 12 日又發佈了司法部令第 115 號《取得國家法律職業資格的臺灣居民在大陸從事律師職業管理辦法》。依據該管理辦理第四條規定："臺灣居民獲准在大陸律師事務所執業，可以擔任法律顧問、代理、諮詢、代書等方式從事大陸非訴訟法律事務，也可以擔任

---

① 2013 年 3 月號，遠見雜誌，"從前登陸像成吉思汗，現在臺青登陸是白骨精"https：//www. gvm. com. tw/Boardcontent _ 22051. html（最後瀏覽日：2017/7/8）

② 2017 年 4 月 18 日，人民日報，"'一帶一路'建設在東盟生根發芽（'一帶一路'互利互惠）"http：//paper. people. com. cn/rmrb/html/2017 – 04/18/nw. D110000renmrb _ 20170418 _ 1 – 03. htm（最後流覽日：2017/7/8）

③ 2017 年 5 月 5 日，中時電子報，"蔡英文：新南向政策不是政治宣示 而是與國際建立互惠互利"http：//www. chinatimes. com/realtimenews/20170505005600 – 260407（最後瀏日：2017/7/8）

④ 《臺灣居民參加國家司法考試若干規定》第二條："具有臺灣地區居民身份的人員可以報名參加國家司法考試。"

訴訟代理人的方式從事涉臺婚姻、繼承的訴訟法律事務。"換言之，取得大陸律師職業資格的臺籍律師，除可從事非訴訟業務外，亦可辦理涉臺的婚姻、繼承訴訟案件。至於刑事訴訟案件、民事訴訟案件（除涉臺婚姻、繼承訴訟以外之其他民商事案件）則不得辦理。執業範圍受到一定程度的限制。

（二）2010 年開放臺灣地區律所在福州、廈門設立代表處

2010 年 9 月福建省司法廳頒佈了《臺灣地區律師事務所在福州、廈門設立代表機構試點工作實施辦法》①，2010 年底經福建省司法廳批準，臺灣地區葉大慧律師事務所、冠綸國際法律事務所、張北兩岸聯合法律事務所、大然法律事務所、長江大方國際法律事務所、永然聯合法律事務所、理律法律事務所等七家律師事務所在福州、廈門設立代表處。②

（三）2016 年司法部研議放寬臺灣居民取得大陸律師執業資格的執業範圍

去年底據媒體報導，司法部公佈將進一步開放執業範圍，即將擴大取得大陸法律職業資格並獲得大陸律師執業證書的臺灣居民，在大陸從事涉及臺灣居民、法人的民事訴訟代理業務範圍。在 2008 年已開放的涉臺婚姻、繼承訴訟業務基礎上，新增涉臺合同糾紛、知識產權糾紛、與公司、證券、保險、票據等有關的民事訴訟以及與上述案件相關的適用特殊程序案件，開放範圍擴大至五大類 237 種民事案件。③

（四）2017 年擴大對臺開放法律服務

近日，據媒體報導，為進一步擴大法律服務對臺開放，司法部出臺了三項政策，一是將臺灣律師事務所在大陸設立代表處的地域範圍由現在的福建省福州市、廈門市擴大到福建全省、上海市、江蘇省、浙江省、廣東省。二是允許已在大陸設立代表機構，且該代表機構成立滿三年的臺灣律師事務所在其代表機構所在的福建省、上海市、江蘇省、浙江省、廣東省與大陸律師事務所聯營。三是允許福建省、上海市、江蘇省、浙江省、廣東省的律師事務所聘用臺灣執業律師擔任律師事務所法律顧問，提供臺灣地區法律諮詢服務。據有關部門負責人介紹，上述開放措施將為更多臺灣法律

---

① http：//www. fjsf. gov. cn/fjsf/html/5/2376/85665 _2015528113. html。
② 2010 年 12 月 26 日，法制網，"首批 7 家臺灣地區律所在福建設立代表處"http：//news. xinmin. cn/domestic/gnkb/2010/12/26/8531448. html（最後瀏覽日：2017/7/8）
③ 2016 年 11 月 15 日，法制日報，"司法部決定放寬取得大陸律師執業證書的臺灣居民在大陸從事民事訴訟代理業務範圍"http：//www. chinacourt. org/article/detail/2016/11/id/2350217. shtml（最後瀏覽日：2017/7/8）

界人士特別是青年法律人來大陸就業、創業提供更廣闊的發展空間，爲維護兩岸同胞合法權益營造更加有利的法治環境。①

六、現階段對臺灣法律青年鼓勵政策的幾點建議

（一）關於臺灣律師前往大陸執業的建議

筆者認爲，基於以下幾個理由，建議應"全面開放"取得大陸法律職業資格，並獲得大陸律師執業證書的臺灣居民的執業範圍：

1. 從宏觀角度言

臺灣律師縱使依據現階段政策前往大陸從事法律顧問、設立辦事處或是成立聯營事務所，但這些方式都只能提供臺灣法律諮詢的服務，無法爲客户提供大陸法律的服務。爲突破執業上的限制，依上述方式提供法律服務的臺灣律師，終會期待以取得大陸執業律師的身份，讓自己能成爲全方位服務的律師。而大陸司法考試是全面瞭解、學習大陸法治建設，依法治國的重要過程，若能讓臺灣居民通過司法考試取得與大陸律師相同的執業範圍，才能讓更多臺灣律師願意參與到大陸的法治建設工作。長遠而言，對於臺灣居民瞭解大陸法律制度及落實法治，亦具有深遠且重大的意義。

2. 從公平角度言

臺灣居民與大陸居民參加相同的司法考試，通過考試的及格綫也相同，並沒有受到特殊的待遇，且同樣也歷經一年實習及格，方取得律師執業資格。但在最後階段的執業範圍上卻受到限制，似有失公允。放眼其他國家，一旦通過律師考試，即可全面職業，似亦無業務範圍的限制。再舉一個極端的案例，某些自幼在大陸成長、就學的臺灣居民通過大陸司法考試，申請加入律師事務所成爲實習律師的過程中，只因爲臺籍的身份，以致無法處理刑事訴訟案件、非涉臺的婚姻繼承以外的民商事訴訟案件，最終律師事務所拒絕其實習的申請；或者雖然接受其實習、執業，但日後在律師事務所對於未能承辦的案件，只能擔任"推薦、中介"的角色，將案件給大陸同事辦理，面臨窒礙且難以推展業務的困境，情何以堪？臺灣居民的身份，對於這些在大陸"土生土長"的臺灣人民而言，反倒成爲其"原罪"？

3. 從政策成效言

臺灣律師普遍關切大陸司法考試的相關訊息，亦在觀察像筆者這樣真正在大陸執

---

① 2017 年 5 月 5 日，央視網，"司法部：臺灣律師事務所大陸代表處設立地域範圍擴大" http：//news. sina. com. cn/c/2017 - 05 - 05/doc-ifyexxhw2524557. shtml（最後瀏覽日：2017/7/8）

業的臺灣律師的動態；這幾年臺北律師公會舉辦的大陸司法考試、執業漫談，筆者均擔任與談嘉賓，參加人數可謂場場爆滿。但吊詭的是，臺灣報考大陸司法考試的人數正逐年下降，而其問題核心就是臺籍大陸律師執業範圍受限，無法從事訴訟業務，只能辦理涉臺婚姻和繼承案件。[①] 因此，若未能進一步擴大執業範圍，恐使當初開放臺灣居民參加大陸司法考試並取得律師執業的政策美意，大打折扣。這樣的發展，着實令人憂心！

4. 從律師業務言

臺灣律師大部份以辦理訴訟業務爲主，亦熟悉相關訴訟程序。於通過大陸司法考試以後，如果僅能處理非訴訟業務及涉臺的民商事訴訟案件，將使大部份的臺灣律師面臨是否真能放下臺灣業務轉往大陸執業的抉擇。在執業轉換的過程中，必然須面對時間、金錢、適應等壓力，從而影響臺灣律師前往大陸發展的意願。因此，若是基於政策循序漸進的考慮，建議至少將"涉臺"的民商事案件限制取消，讓臺灣律師在通過大陸司法考試之後，可以辦理各類型的民事訴訟案件，日後再開放刑事訴訟業務，相信有更多的臺灣律師願意來大陸執業，有助於大陸司法制度的發展與進步。

(二) 關於臺灣法律係在學或畢業青年赴大陸交流、實習的建議

臺灣設有法律係的大學遍佈全臺灣，但與大陸有交流較多的學校卻多集中在臺灣北部，例如：臺灣大學、政治大學、臺北大學、東吳大學、輔仁大學、文化大學等，中南部的大學雖亦設有法律係，但少有與大陸交流的機會，更遑論在大學有介紹大陸法律課程的學校，寥寥可數。因此，重北輕南的結果，將無法發揮全面交流的效果，建議日後大陸各院校應該多與中南部大學的法律係建立交流平臺，以達全臺交流的效果。

筆者參與的上海市靜安區舉辦的"臺灣青年法律人才實踐基地"，主要是讓臺灣青年法律學員瞭解大陸司法制度和司法實踐，感受大陸社會生活，已辦理二期成效良好，[②] 值得推廣到其他臺商聚集的城市。特別像是長江三角洲、珠江三角洲等地擁有數百萬的臺商企業，得提供足夠的資源與就業機會，具備舉辦暑期夏令營的優勢條件。而任何創新的政策，除了要有地方的試點、改革，更需要中央領導的指導與支持。有鑒於前述上海市舉辦的"臺灣青年法律人才實踐基地"試點成效良好，爲兩岸

---

① 2016 年 3 月 29 日，中時電子報，"陸方限執業範圍 臺灣報考大陸司法考試人數逐年降" http：//www. chinatimes. com/realtimenews/20160329003718 - 260409（最後瀏覽日：2017/7/8）

② 2017 年 7 月 6 日，新華社，"上海再度啓動'臺灣青年法律人才實踐基地'項目"，http：//news. xinhuanet. com/2017 - 07/06/c_1121277630. htm（最後瀏覽日：2017/7/8）

法學交流開創新管道，經由專業角度切入，增進臺灣青年法律人才對大陸的認知。若能全面開展，使全臺灣北至南各大院校學生均有機會與大陸學生、臺商企業及律師事務所進行交流、學習及實踐，在數百萬臺商的雄厚後盾，及國臺辦、司法部的領導、牽頭下，相信能爲臺灣法律青年開闢一條於大陸就業的康莊大道！

七、結語

歷史的傷口，只能用愛與包容使其癒合，並轉化爲新的生機。數千年以來，具有相同文化、血脈的中國人，不論生在何處，在其內心都一個歸去的方向。對於兩岸的關係，縱使一時陷於僵局，但企望得攜手共赴和平之路的聲音從未停歇。

身係國家未來希望的青年們，我們深切期望能擁有更寬闊的胸襟，更深遠的見識，能不畫地自限，願意給予自己機會去認識出於同源的血脈，縱使彼此存有差异，也願試着理解並給予尊重，互信、互諒、互爲砥礪，攜手共創發展的機會，並寫下新的歷史篇章。然而對於這一切，不能僅是殷切期盼，更須在艱難的時刻，爲兩岸尤其是臺灣法律青年，引領他們邁向一條或許並不輕鬆但影響深遠的一條道路。這是你我共同的使命，也是維係兩岸和平的重要命題。

两岸婚姻中的法律、政策与政治

王伟男[*]

两岸婚姻是两岸关系的产物，它的发生与发展全过程受到两岸关系的重大影响。我们甚至可以说，政治因素是两岸婚姻最根本的决定因素。例如，1987 年 11 月台湾当局开放台湾民众赴大陆探亲，就是一个重大的政治决定，正是这个政治决定导致了两岸婚姻的发生。在基于政治考量的基础上，两岸当局、特别是台湾当局提出相应的政策思路与主张，然后据此制定相应的法律框架来规范两岸婚姻。两岸行政部门再根据立法部门出台的法律框架，制定出详细的、可以实际操作的实施细则和/或各种"办法"，构成日臻完善的法律体系。简单地说，两岸婚姻中的法律、政策和政治这三要素的基本关系是：政策的制订反映政治现实和政治考量；法律法规是政策的具体表现和实施工具。在此基础上，本文将从两岸婚姻的发展历程与现况入手，探讨两岸婚姻中的法律、政策与政治。需要说明的是，出于避免繁琐的原因，本文以下部分并不对相关法律和政策进行严格区分。

一、两岸婚姻的发展历程与现况

众所周知，台当局于 1987 年底开放岛内民众赴大陆探亲。当时首波涌向大陆的岛内民众，以 1949 年前后随蒋介石集团退据台湾、但在大陆仍有亲属的退伍军人为主体。这部分人当年赴台后除少数人在台结婚或再婚外，其余多数人（尤其是军阶较低者）在台当局开放岛内民众赴大陆探亲时仍孑身一人，所以他们的回乡探亲行程往往演变成相亲与结婚之旅。这成为 1987 年后两岸婚姻的最初形态。[①] 此后，随着越来越多的台湾老兵通过返乡探亲之旅实现结婚成家梦想，台湾地区的繁荣景象也通过他们的配偶及其在大陆的亲属口口相传，导致更多大陆居民希望通过与台湾居民结婚的

　＊ 王伟男，男，博士，上海交通大学台湾研究中心常务副主任，硕士研究生导师，主要研究两岸关系和中美关系。

　① 笔者访谈到的台当局"退辅会"官员表示，迄今约有 2 万多名老兵与大陆女性结婚。虽然与目前已达 33 万例左右的两岸婚姻总量相比，"老兵婚姻"并不占多数，但其在两岸婚姻大潮中的"开拓者"地位却不容否认。

方式到台湾地区生活和工作，借以改善自身生活状况。

20世纪90年代中期起，来大陆投资兴业的台商人数快速增长，许多台商、台干及其在台家属和亲友们也加入与大陆居民婚配的行列，甚至一度成为两岸婚姻的主力军。2000年5月民进党首次上台执政，也没能对两岸婚姻的迅猛发展势头造成即时的实质性打击。但2003年底，陈水扁当局推出大陆配偶（以下简称"陆配"）入台面谈制度，使得两岸婚姻发展进程遭受严重挫折。从台当局"移民署"历年来的统计数据，我们可以看到两岸婚姻经历了一个从无到有、从少到多、从剧增到剧降、再到稳定发展的曲折过程。自2010年起，两岸婚姻数量呈现出逐年缓慢下降的态势，2015年更是首度跌破一万例。如下图所示。①

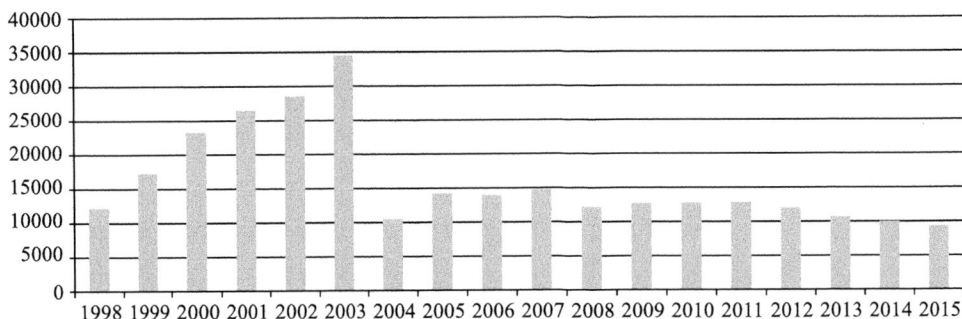

图1 历年来两岸婚姻数量（1998—2015）

根据台当局"移民署"公布的数据，截至2016年3月底，台湾地区（包括台湾、澎湖、金门、马祖）共有51万多例"涉外"婚姻，其中两岸婚姻有33万多例，占台湾地区全部"涉外"婚姻的64.6%，即大约三分之二。在这33万多位陆配中，已经取得"中华民国国籍"和身份证、因而拥有选举投票权者为11.7万人；长期在台湾居住、但由于各种原因尚未取得台湾身份证者为10.5万人。也就是说，总共约有22.2万陆配长期在台湾生活。其余约11万人虽然与台湾居民结婚，但仍以大陆为长期居住地，只是偶尔到台湾探亲或度假。此外，由于绝大多数（95%）跨两岸婚姻中的大陆当事人是女性，所以台湾社会也常把这个群体称为"大陆新娘"。

二、台湾方面的主要法律与政策②

在两岸婚姻产生的早期，由于台当局并没有相应的法律和政策准备，两岸婚姻在

---

① 图表来源：笔者根据台当局"移民署"网站发布的数据制作而得。该机构并没有提供1987—1997年期间的两岸通婚数据。

② 本节内容主要参考台当局"行政院大陆委员会"于2015年9月编印出版的《大陆事务法规汇编》一书，第三章：法政社会类，第177—434页。

相当长一段时期处于"无法可依"的状态。随着这个群体数量的增加，台当局越来越感到有必要通过法律和政策加以规范。台当局"立法院"于1992年7月制定《台湾地区与大陆地区人民关系条例》（简称"两岸条例"），成为台当局规范两岸人民之间包括通婚在内的各项交流事务和交往行为的法源性文件。此后，台当局先后制定《台湾地区与大陆地区人民关系条例施行细则》《大陆地区人民进入台湾地区许可办法》《大陆地区人民在台湾地区依亲居留长期居留或定居许可办法》《大陆地区配偶在台湾地区停留期间工作许可及管理办法》《大陆地区人民在台定居或居留许可办法》《大陆地区人民申请进入台湾地区面谈管理办法》等政策性文件，以及修订既有的《入出国及移民法》。此后，台当局对两岸婚姻政策的调整，主要通过对上述法律政策文件进行修订而体现。从下文分析可以发现，台当局对大陆配偶实际上采取了一系列歧视性政策。台当局制定这些歧视性政策和法律的根本动因，在于特殊而又复杂的两岸政治关系。这些歧视性政策始自李登辉执政时期，陈水扁执政时期进一步强化和细化。马英九上任后，大幅减少了对大陆配偶的歧视性限制。这些政策和法律主要涉及陆配群体在台的身份权、工作权、福利权、财产权、子女抚养权，以及人格尊严、人身安全等方面。

鉴于多数大陆女性与台湾男性结婚后的主要生活地为台湾，台当局从一开始便确立了处理大陆配偶赴台生活的若干基本原则，主要有：短期从宽，长期从严；生活从宽，身份从严；来往从宽，工作从严。① 也就是说，大陆配偶在台长期居留的条件比短期居留要苛刻；取得台湾居民身份和户籍的条件比只以大陆居民身份在台生活要苛刻；在台工作的条件比只是赴台探亲、短暂居留要苛刻。尽管如此，从李登辉和陈水扁执政时期台当局的具体操作看，实际上在各方面都采取了严格措施，给大陆配偶赴台和居留造成很大不便。2008年5月国民党重新执政后，情况有了较大改善。

根据2008年以前的法规，大陆配偶在台身份演进可以划分为四个阶段：团聚（结婚后2年内）、依亲居留（结婚后6年内）、长期居留（结婚后8年内）、定居/取得户籍（结婚后至少满8年），并且从上一个阶段进入下一个阶段都必须满足一定的条件，并详细规定了大陆配偶在相应阶段的赴台次数、居留时间、居留期间的权利和义务、办理赴台和居留的程序等内容。上述四个阶段的身份并非时间条件满足后即可自动取得，而是要根据台当局的配额指标、提出申请、并获得批准后方可取得。也就

① 这一原则在李登辉和陈水扁执政时期执行较严，到马英九执政时期不再强调。蔡英文于今年5月20日上台后，新的陆委会负责人张小月曾于6月14日再次提出"未来秉持'生活从宽'、'身份从严'原则，保障大陆配偶在台权益"，显示出新的台当局陆配政策可能倒退的倾向。参见星岛环球网：《陆妹嫁台湾 陆委会：生活从宽、身份从严》，http://news.stnn.cc/hk_taiwan/2016/0615/324820.shtml。

说，时间期限只是最基本的条件。

2008年5月马英九当局上台后，开始着手研究修改部分涉及两岸婚姻的法律和政策，并于一年后的2009年6月正式推出，主要包括：

1. 取消婚后最初2年内的所谓"团聚"期，陆配取得台湾户籍的时间期限从此前的最短8年缩短为最短6年；

2. 陆配与台湾居民结婚后无须向台当局提出申请，即可在台参加工作。而在此前时期，须在提出工作申请并取得许可后方可工作，否则属于违法；

3. 陆配与台湾居民结婚后即可参加健康保险，而在此前时期须在取得长期居留权后才能参加健康保险；

4. 取消陈水扁时期规定的陆配最多只可继承其台籍配偶遗产200万元新台币的上限规定，已经取得长期居留权者还可继承不动产，而在此前只有取得台湾户籍的陆配才有资格继承不动产；

5. 陆配在台依亲居留期间若台籍配偶死亡，台当局不再视为其依亲原因消失，可继续留在台湾申请长期居留和定居。而在此前时期，若台籍配偶死亡，陆配除非尽快另有新的婚姻，否则将被迫离开台湾；

6. 若陆配在大陆尚有未满14周岁的子女（无论是否婚生），可申请来台依亲居留和就学（但有配额限制，每年60人）。而在此前无此权利；

7. 杜绝陈水扁时期面谈不尊重陆配人格和隐私的现象，改为访视为主、面谈为辅，在面谈时还可以申请让亲属陪同。

此外，台当局还放宽了陆配在大陆的直系亲属来台探视的相关规定，放宽了保证人制度，删除了申请定居时须提交财力证明的规定，等。

马英九当局第二波陆配政策调整酝酿自2010年，并于随后陆续推出，主要包括：陆配若犯微罪，无须驱逐出境（2010年2月）；凡已有指纹在档的陆配，再次入境时无需再按指纹（2012.9）；彻底取消保证人制度；放宽陆配参加公职的限制，等。但关于把陆配取得身份证年限由最短6年进一步减少到4年的提案，于2012年11月由台当局"行政院"送交"立法院"后，由于民进党的一再阻挠，迄今未获通过，并成为最近一段时期陆配群体向新的台当局抗争的最主要诉求。

根据笔者近年来赴台调研时获得的陆配群体普遍意见，目前台当局陆配政策中仍存在如下主要的不合理之处：

1. 对大陆高等学历的全面承认问题。目前台当局只承认155所大陆高等院校（以985和211院校为主）的学历，且时间只追溯到2010年9月3日以后，远远不能满足陆配群体的需求，严重影响到她们在台湾的就业机会、就业质量和薪资收入；

2. 陆配参加公职仍然存在若干限制，如陆配须在取得台湾户籍满 10 年后才能考取一些较低级别的公务员岗位，而某些特殊岗位仍然禁止陆配进入；

3. 陆配在台长期居留仍然存在数额限制，现在为每年 1.5 万人，尽管基本够用，但与无配额限制的外籍配偶相比，仍属歧视；

4. 虽然陆配和东南亚外配一样，首次入境台湾以及发生身份转换时，需要接受面谈，但其他国家（如日、韩、欧美等）的外配无需接受面谈，因此有部分陆配和东南亚外配都认为面谈制度属政策性歧视，应予废除。①

此外，在陆配的大陆直系亲属来台探视、陆配对其台籍配偶遗产的继承权、夫妻双方权利与义务相平衡等方面，近年来虽有所调整，但并未达到陆配群体的预期。2016 年 5 月民进党再次上台后，这种预期完全实现的可能性已经微乎其微。根据笔者今年 4 月份在台湾对 293 位陆配进行的问卷调查，有 45.1% 的受访陆配担心蔡英文当局的陆配政策会朝更加歧视的方向调整，另有 25.9% 的陆配认为会维持现有政策基本不变，只有 1.4% 的陆配认为会向偏友好的方向调整，其余 27.3% 的陆配表示难以判断。从蔡英文当局上台迄今在有关陆配议题上的表现来看，形势确实不容乐观。但无论如何，台当局针对两岸婚姻确实已经建构起一套完备的法律体系，基本实现了两岸婚姻管理的法治化。

三、大陆方面的主要法律与政策

大陆方面的涉台婚姻政策经历了一个由"劝阻"到开放的过程。1988 年 3 月 31 日，民政部等部门联合发布《关于台湾同胞与大陆公民之间办理结婚登记有关问题的通知》（民［1988］民字 9 号），这是大陆政府部门第一个关于两岸通婚的政策，其中规定："来大陆探亲、旅游、经商的台湾同胞申请与大陆公民结婚，一般应婉言劝阻；劝阻后仍然坚持结婚的，由省级人民政府指定的婚姻登记机关受理。"这一政策前后实行了十年。民政部和司法部于 1988 年 4 月联合下发的《关于去台人员与其留在大陆的配偶之间婚姻关系问题处理意见的通知》，以及最高人民法院于 1988 年 8 月发布的《关于人民法院处理涉台民事案件的几个法律问题》，均是处理两岸婚姻事项

---

① 笔者的调研显示，还有相当多数的陆配认为面谈制度在防止假结婚、净化陆配群体、改善陆配声誉等方面，有其积极意义，故不应废除，只需改善即可。参见王伟男：《台湾当局针对大陆籍配偶入台的面谈制度研究》，载《上海交通大学学报（哲学社会科学版）》2016 年第 2 期。

的直接法律依据。

1998 年 12 月，民政部在大陆各级民政部门十年来处理两岸婚姻事务实践经验的基础上，依据《中华人民共和国婚姻法》，颁布《大陆居民与台湾居民婚姻登记管理暂行办法》，首次对两岸婚姻中的登记、离婚、复婚等事项作出系统和明确的规定，迄今仍是大陆方面处理跨两岸婚配事宜的直接法律依据。值得注意的是，新出台的文件取消了"劝阻"字眼，表明大陆方面已经把两岸通婚视为正常现象。此外，大陆方面于 1998 年 5 月颁布《最高人民法院关于人民法院认可台湾地区有关法院民事判决的规定》，较为详细地规定了大陆地区人民法院认可台湾地区有关法院对包括婚姻关系在内的民事判决的条件和程序。

2003 年 10 月 1 日实施的《婚姻登记条例》，将以往对中国公民之间、中国公民与外国人、内地居民与港澳居民、大陆居民与台湾居民的结婚登记有关政策进行归并，统一以国务院行政法规的形式发布，体现了婚姻登记的严肃性。同样，新的婚姻登记条例对大陆居民与台湾居民之间的通婚未作任何额外限制，只要符合相关法律法规，婚姻登记机关就应依法办理。2009 年 5 月又颁布了《最高人民法院关于人民法院认可台湾地区有关法院民事判决的补充规定》。从这些法规的条文和具体实践来看，大陆方面对涉台婚姻实际上采取了一种非常宽松和人道的管理办法，尤其是对台籍配偶在大陆的居留、定居和工作没有做出刻意的身份限制。

然而，以上法律法规的作用仅限于规范两岸婚姻的生成程序，即结婚登记环节。现实中的两岸婚姻问题更多地发生在登记后的婚姻存续期间和中止以后，大陆政府针对这些后续问题的法律和政策严重缺失，已经影响到两岸婚姻当事人、特别是大陆籍配偶的合法权益，需要引起我们的高度重视。在两岸婚姻管理的法治化方面，我们还有较长的路要走。

四、当前两岸婚姻中的主要问题

笔者自 2012 年起，先后多次赴台进行两岸婚姻专题调研，累计耗时三个多月，从中发现了一些问题。这些问题可以粗略归纳为两个层面：一个层面是陆配群体在台生存与发展面临的问题，另一个层面是大陆方面相关法规和政策缺失的问题。前者主要包括：两岸婚姻的增量逐年减少；在台陆配素质参差不齐；陆配群体的组织化程度不高；陆配社团内部和社团之间竞争激烈，等。

1. 增量持续减少

自 2004 年台当局为防止假结婚而推出面谈制度以来，两岸婚姻数量即从 2003 年的 3.47 万例直线下降到 2004 年的 1.06 万例，此后虽有小幅起伏，但总的趋势是下降，到 2015 年已经下降到 0.93 万例。而且，在新近结婚的年轻陆配中，有越来越多的人不愿到台湾居住，而是继续留在大陆工作和生活。这是近年来两岸经济差距大幅缩小、大陆地区就业机会更多、沿海地区甚至薪资水平也比台湾高的直接结果。

2. 素质参差不齐

根据台当局于 2013 年针对 8826 名大陆配偶进行的抽样调查，学历为高中、初中、小学及以下的陆配分别为 35.8%、36.3% 和 14%，三者合计为 86.1%。① 虽然近年来结婚的陆配学历在整体上有大幅提高，但正如上文所述，这些高学历陆配大多和她们的台籍配偶一起，继续留在大陆工作和生活，并没有加入在台陆配群体中。因此，在台陆配学历普遍偏低，直接表现在生存技能和经济、社会地位都不高，整体素质参差不齐，成为陆配群体遭受台湾社会歧视的重要原因之一。

3. 组织化程度不高

虽然台湾民众组建社团甚至政党的门槛较低，官方管理也较宽松，但相对于台湾本地民众而言，陆配群体缺乏参政热情，组织化程度不高。根据笔者近年来多次赴台调研经验进行估算，目前在台长期居住的 22.2 万陆配中，参加各类社团和政党的大约只有十分之一，即 2 万多人；其中比较活跃、积极参加各类政治活动的又是只有十分之一，即 2 千多人。另据岛内长期从事社会运动的专业人士估计，目前整个台湾地区陆配社团共有 200 多个，比较活跃的约为五分之一到四分之一，即 40—50 个。②

4. 竞争比较激烈

这种竞争既存在于不同社团之间，也存在于单个社团内部。社团内部主要竞争本社团的领导权，社团之间主要竞争在陆配群体中的影响力。一个具有一定规模和影响力的陆配社团，可能获得如下利益：台当局和地方政府的补助款；政客出于选票考量而掷注的资源；企业为扩大营销网络而提供的资助；社团负责人建立自己的营销网络；回大陆参访受到相关部门的高规格接待；回大陆经商获得相关部门的政策优惠；社团负责人的大陆亲属获得地方政府的关照；等。在上述利益驱使下，各社团之间竞争非常激烈，尤其是在同一区域内的不同社团之间。因此，陆配社团看似不少，其实很难整合，"关键少数"作用不易发挥出来。

---

① 台当局"移民署"编印：《102 年外籍与大陆配偶生活需求调查报告》，2015 年 3 月出版，第 113 页。
② 按照台当局的相关规定，社团和政党是两种不同性质的组织。虽然目前岛内也存在少数几个以陆配为主体的政党，如中华生产党、中华新住民党、台湾新住民共和党等，但他们的运作模式更像社团，而非政党。本文一律称他们为社团。

关于大陆方面相关法规和政策缺失的问题，主要涉及陆配及其亲属在大陆的合法权益保障。这些问题又可进一步区分为共性问题与个性问题。共性问题主要涉及到陆配来往大陆的手续便利化、大陆涉台部门（公安、民政、台办等）服务的人性化等。个性问题主要根据陆配个人的具体情况而有所不同。例如，多数中老年陆配在大陆有工作经历，她们关心自己将来能否享受在大陆的退休待遇。有些陆配在大陆有房产，她们关心这些房产未来在交易或拆迁时其合法权益能否得到有效保障。有些中青年陆配的台籍子女由于各种原因自幼在大陆读书，她们忧心这些孩子将来能否正常参加大陆的升学考试。也有越来越多的陆配看到大陆日益发展的光明前景，希望将来能有机会恢复在大陆的户籍。此外，还有许多个案问题，虽不具有普遍性，但确实涉及当事人的合法权益，其诉求也有合情合理的成份。

因此，除了前述规范两岸婚姻生成程序的相关法律法规外，我方对两岸婚姻的管理工作一直处于"有工作，缺政策，缺法规"的不正常局面，陆配群体在大陆的合法权益难以得到有效保障，她们对此极度焦虑。大陆的两岸婚姻管理与服务工作急需走上法治化轨道。

五、两岸婚姻中的政治与两岸关系

政治决定政策，政策由法律法规来体现和实施。两岸婚姻作为一个中国法理框架下国内境外的特殊婚姻现象，首先是两岸特殊政治关系的产物，受到两岸关系的深刻影响。陆配群体在台湾受到的（尤其是相对于外籍配偶）歧视性政策，其根源就在于错综复杂的两岸关系。尤其是在李登辉和陈水扁执政时期，他们担心陆配的增多会改变岛内的政治结构，也担心陆配在岛内从事情报搜集等活动，因此制定了许多限制陆配正当权益的政策和法规。

站在陆配的角度来看，她们首要关心的是自身的合法权益问题。在台湾，她们主要向台当局声索权益，督促台当局放弃政治成见，消除对她们的歧视性法律和政策。面向大陆，她们主要向大陆方面声索她们认为的属于她们的权益。这些权益或许没有现成的法律规范来保障，因此似乎显得不够"合法"，但从情与理的角度来看，却是合情合理的，如财产权和福利权。

我们必须看到，陆配群体争取权益的努力正在经历两个历史性转变：其一是从早期的向外籍配偶权益看齐，转变为目前及未来向台湾本土居民权益看齐；其二是从早期的只向台当局争取权益，转变为同时也向大陆政府争取权益。前一个转变的出现，是陆配群体长期抗争及台当局陆配政策做出调整的结果；后一个转变的出现，则主要是大陆多年来快速发展、经济实力有了根本提升、对陆配吸引力与日俱增的结果。如果说前一个转变主要是对台当局提出挑战的话，那么后一个转变无疑就是对大陆政府提出的挑战。

中共十八大报告明确提出，要"巩固和深化两岸关系和平发展的政治、经济、文化、社会基础"，"扩大文化交流，增强民族认同"，"密切人民往来，融洽同胞感情"。两岸婚姻问题无疑属于社会和文化的范畴，更是增强岛内民众的中华民族认同、融洽两岸同胞感情的现成抓手，妥善处理好这个问题完全契合十八大报告中涉台论述的精神实质。近年来，中央领导人又先后提出"两岸一家亲""命运共同体""心灵契合"等对台工作新理念，而陆配群体实际上是落实这些对台工作新理念的首要目标群体。道理很简单：如果连自幼在大陆成长和生活的陆配都不认同我们的对台政策，甚至在国家认同问题上发生如同台湾普通民众那样的异变，我们怎么可能做好台湾普通民众的工作呢？

因此，我们必须深刻认识到做好陆配工作的政治意涵。笔者结合自己近年来的调研工作，兹提出如下建议：

1. 要尽快回应陆配群体的各项诉求

针对陆配群体普遍反映的问题，诸如在大陆的退休待遇、财产权保障、户籍注销与恢复、子女教育等，应本着合情合理的原则，由中央对台工作领导小组出面协调和督促，台办、社保、民政、公安、教育、统战等部门集思广益，结合专家学者的意见，提出切实可行的解决方案，并转化为各级政府必须严格执行的一揽子法律和政策措施，实现两岸婚姻管理与服务的法治化。这既是人道主义的基本要求，也是做好陆配工作的基础性工程，不宜再拖延。

2. 要协助陆配群体提升在台经济和社会地位

这包括两个方面：一是针对贫困或遭遇灾变的陆配，实施定向扶贫和急难救助，让她们感受到来自大陆"娘家"的温暖和关怀；二是针对有意在大陆寻找商机的陆配及其家属，我方可通过政策措施向她们提供方便，并通过相关政策措施鼓励经济条件好的陆配帮助或带动经济条件差的陆配。这样做的根本目的，在于提升陆配群体的经济地位和社会地位，提升她们在台生存发展的能力和信心。

3. 要高度重视调研工作，鼓励深入岛内的实地调研

没有调查就没有发言权。在陆配问题上，没有深入的调查研究同样没有发言权。要加大对调查研究的支持力度，尤其要鼓励赴台深度调研与访谈，从中发现真问题，

掌握陆配群体的真实需求与关切，为制定切实可行的两岸婚姻法律规定与政策、实现两岸婚姻管理与服务的法治化奠定基础。

六、结语

两岸婚姻问题是两岸民间交流交往中的重要内容，它对密切两岸人民往来、增强岛内民众的中华民族认同，起着最直接、最有说服力的作用。目前大陆针对两岸婚姻的法律法规和政策严重缺失，已经到了必须正视的时候。特别是随着民进党再次上台执政，我方将面临更加严峻的反"台独"斗争新形势，陆配群体在岛内的反歧视斗争前景也不容乐观。我们必须认识到陆配工作对于维护两岸关系和平发展社会基础的重大意义，尽快把它导向法治化轨道，用法治的途径和方法解决两岸婚姻中存在的问题。

//第二部分//

两岸司法改革与司法合作

十八大以来法治建设的发展与司法体制改革的成就

莫纪宏[*]

2012 年，党的十八大围绕"全面推进依法治国，加快建设社会主义法治国家"的战略目标，提出了一系列新理念新命题新任务：确认法治是治国理政的基本方式，强调要更加注重发挥法治在国家治理和社会管理中的重要作用；在党的十一届三中全会提出的"有法可依、有法必依、执法必严、违法必究"社会主义法制建设十六字方针基础上，根据法制建设诉面临的新情况、新问题和新要求，明确提出法治建设新十六字方针"科学立法、严格执法、公正司法、全民守法"；明确提出到 2020 年法治建设五大阶段性目标任务，即依法治国基本方略全面落实，法治政府基本建成，司法公信力不断提高，人权得到切实尊重和保障，国家各项工作法治化；明确提出要"提高领导干部运用法治思维和法治方式深化改革、推动发展、化解矛盾、维护稳定能力"；重申"任何组织或者个人都不得有超越宪法和法律的特权，绝不允许以言代法、以权压法、徇私枉法"。

党的十八大以来，以习近平同志为核心的党中央高举中国特色社会主义法治理论、法治体系和法治道路的大旗，以全面深化改革和全面推进依法治国为契机，从理论和实践两个方面健全和完善中国特色社会主义法治模式，走出一条有别于西方法治国家的国家治理和社会治理法治化和现代化的道路，取得了可圈可点的成绩。

2013 年 11 月 12 日，党的十八届三中全会做出《中共中央关于全面深化改革若干重大问题的决定》（以下简称《全面深化改革决定》），提出要"紧紧围绕坚持党的领导、人民当家作主、依法治国有机统一深化政治体制改革，加快推进社会主义民主政治制度化、规范化、程序化，建设社会主义法治国家"，将"推进法治中国建设"作为全面依法治国和全面深化改革的重要任务，首次以党的文件形式将习近平总书记2012 年 12 月 4 日在首都各界纪念现行宪法正式施行三十周年大会上讲话中提出的"建设法治中国，必须坚持依法治国、依法执政、依法行政共同推进，坚持法治国家、法治政府、法治社会一体建设"系统法治理念和思想肯定下来，为中国特色社会主义

---

* 莫纪宏，中国社会科学院法学研究所研究员。

法治实践提供了明确的发展方向。

2014年10月23日，党的十八届四中全会专题研究全面依法治国重大问题并做出《中共中央关于全面推进依法治国若干重大问题的决定》（以下简称《全面推进依法治国决定》），明确了全面依法治国的两项总目标、中国特色社会主义法治体系的五项具体内容、全面推进依法治国五项总原则、全面推进依法治国的六大领域以及190多项具体的法治改革措施，描绘了全面依法治国的总体蓝图和具体操作路线。这是我们党的历史上第一次专题研究、专门部署全面依法治国的中央全会，在我国法治史上具有重大的里程碑意义。

2015年，党的十八届五中全会明确提出"创新、协调、绿色、开放、共享"的新发展理念，强调法治是发展的可靠保障，必须加快建设法治经济和法治社会，把经济社会发展纳入法治轨道，明确了到2020年全面建成小康社会时的法治中国建设的阶段性目标，为实现全面依法治国的总目标奠定了坚实基础。

2016年，党的十八届六中全会专题研究全面从严治党问题，突显了思想建党和制度治党的主题，体现了依规治党与依法治国的结合，通过完善"四个全面"战略布局进一步深化了全面依法治国的战略地位和重要作用，进一步强化了全面从严治党对全面推进依法治国、建设法治中国的政治保障作用。

党的十八大以来，过去五年的法治建设在党的统一领导下，依法治国方略从正式确立到逐步深入贯彻落实和全面推进，在立法、执法、司法和守法等方面不断实践探索，在依法执政、依规治党、依宪治国、形成法律体系、建设法治政府和法治社会、推进司法改革等方面，不断创新发展，取得了一系列历史性成就。特别是在习近平全面依法治国新理念新思想新战略的指引下，全面依法治国在各领域各环节深入推进，一系列重大举措有力展开，依法治国基本方略在各领域、各地方得到全面落实，我国法律体系和法治体系不断完善发展，法治政府建设成绩突出，司法公信力不断提高，人权法治保障不断加强，全社会法治观念得到普遍提高，开辟了全面依法治国理论和实践的新境界，进入了中国特色社会主义法治建设的新时代。

一、依宪治国理念得到确认

依宪治国，就是依据宪法价值、宪法原则、宪法制度、宪法规范和宪法惯例等治国理政。宪法是国家的根本法，是治国安邦的总章程，是党和人民意志的集中体现，具有最高的法律地位、法律权威、法律效力。习近平总书记2012年12月4日在首都各界纪念现行宪法正式施行三十周年大会上讲话中指出，坚持依法治国首先要坚持依宪治国，坚持依法执政首先要坚持依宪执政。从宪法颁布实施以来的历史经验来看，我国宪法是符合国情、符合实际、符合时代发展要求的好宪法，是充分体现人民共同意志、充分保障人民民主权利、充分维护人民根本利益的好宪法，是推动国家发展进步、保证人民创造幸福生活、保障中华民族实现伟大复兴的好宪法，是我们国家和人民经受住各种困难和风险考验、始终沿着中国特色社会主义道路前进的根本法制保证。党的十八大以来，党和国家更加重视依宪治国，尤其是党的十八届四中全会《全面推进依法治国决定》为依宪治国提供了整体的制度性框架，有力地推进了各项宪法实施工作。

（一）实施宪法宣誓制度

十八届四中全会提出，实行宪法宣誓制度。十二届全国人大常委会第十五次会议决定，各级人民代表大会及县级以上各级人民代表大会常务委员会选举或者决定任命的国家工作人员，以及各级人民政府、人民法院、人民检察院任命的国家工作人员，在就职时应当公开进行宪法宣誓。2016年7月国务院常务会议通过《国务院及其各部门任命的国家工作人员宪法宣誓组织办法》，旨在激励和教育政府公职人员忠于宪法、遵守宪法、维护宪法、依法履职尽责，推进法治政府建设。2016年国务院首次举行宪法宣誓仪式，来自38个部门的55名负责人宣誓：忠于中华人民共和国宪法，维护宪法权威，履行法定职责，忠于祖国、忠于人民，恪尽职守、廉洁奉公，接受人民监督，为建设富强、民主、文明、和谐的社会主义国家努力奋斗！[①]

（二）设立国家宪法日

十八届四中全会将每年十二月四日定为国家宪法日，要求在全社会普遍开展宪法教育，弘扬宪法精神。十二届全国人大常委会第十一次会议决定将12月4日设立为国家宪法日。通过国家设立节日的方式来纪念、庆祝、宣传宪法，有助于社会各界深化对宪法内容和含义的直观认识，有助于使宪法观念深入人心，维护宪法权威。

（三）推进宪法实施监督

全国人大及其常委会按照中央要求，扎实推进备案审查工作，取得重要进展。据

---

① 《国务院首次举行宪法宣誓仪式　李克强总理监誓》，人民网，2016年9月18日，参见 http：//www.chinacourt.org/article/detail/2016/09/id/2087888. shtml，2017年7月24日最新访问。

统计，2004年以来，由公民和组织提出的各类审查建议有1137件，其中属于全国人大常委会备案审查范围的475件。截至2013年底，全国人大常委会累计收到报备案的行政法规502件、地方性法规（包括自治条例和单行条例）22253件、司法解释189件，对在审查中发现的同宪法法律相抵触的问题，已督促制定机关修改或废止。2013年至2016年，对"一府两院"新制定的42件行政法规和98件司法解释逐件进行主动审查研究；接收公民、组织提出的各类审查建议443件，认真做好审查建议的研究处理和反馈工作。对发现的违宪违法问题，加大监督纠正力度，依法纠正多件与法律规定不一致的地方性法规和司法解释。2015年法工委对司法解释逐件进行主动审查研究，发现司法解释存在与法律规定不一致问题的，第一次以书面形式将研究意见函送最高人民法院，督促其研究纠正。

二、建立和健全了科学立法机制

1997年，党的十五大明确提出，要"加强立法工作，提高立法质量，到二〇一〇年形成有中国特色社会主义法律体系"。到2010年底，一个立足中国国情和实际、适应改革开放和社会主义现代化建设需要、集中体现中国共产党和中国人民意志，以宪法为统帅，以宪法相关法、民法商法等多个法律部门的法律为主干，由法律、行政法规、地方性法规等多个层次法律规范构成的中国特色社会主义法律体系已经形成。2011年3月，十一届全国人大四次会议上，吴邦国委员长正式宣布中国特色社会主义法律体系基本形成。截至2017年6月，我国已制定现行宪法和有效法律近260部、行政法规近800部、地方性法规近9000部，涵盖社会关系各个方面的法律部门已经齐全，各个法律部门中基本的、主要的法律已经制定，相应的行政法规和地方性法规比较完备，法律体系内部总体做到科学和谐统一，已经形成中国特色社会主义法律体系，国家建设各方面已经实现有法可依。

十八大以来，习近平总书记针对全面依法治国面临的新形势新任务新要求，围绕科学立法提出了一系列新理念新思想新战略：全面依法治国首先要有法可依，坚持立法先行，发挥立法引领和推动作用；全面贯彻实施宪法是建设社会主义法治国家的首要任务和基础性工作；实现立法和改革决策相衔接，做到重大改革于法有据、立法主动适应改革发展需要；完善科学立法、民主立法机制，抓住提高立法质量这个关键，使社会主义法治成为良法善治；提出健全有立法权的人大主导立法工作的体制机制，发挥人大及其常委会在立法工作中的主导作用；立法人员必须具有很高的思想政治素质，具备遵循规律、发扬民主、加强协调、凝聚共识的能力等，为新时期加强和改进立法工作提供了重要指导。

（一）完善党领导立法的工作机制

2016 年，党中央专门修订出台了关于加强党领导立法工作的意见，为立法工作如何坚持党的领导提供了重要遵循。各级立法机关认真贯彻落实党中央决定，及时将党的路线方针政策和重大决策部署贯彻落实到立法中，使党的主张通过法定程序成为国家意志，成为全社会一体遵循的行为规范和活动准则。立法机关积极贯彻落实党中央确定的立法工作目标任务，科学研究制定立法规划计划，加强和改进立法工作。全国人大党组坚持健全重大立法项目和立法中的重大问题向党中央请示报告制度，重要法律的起草修改和立法工作中的其他重大事项，都及时向党中央请示报告，并将党中央的指示要求认真贯彻落实到立法工作中，形成了立法工作重大立法项目和重大问题向党中央请示报告的常态化、制度化机制。

（二）健全人大主导立法的工作机制

按照十八届四中全会的要求，全国人大及其常委会加强对立法工作的组织协调，牢牢把握立项、起草、审议等关键环节，发挥人大的主导作用。加强综合性、全局性、基础性重要法律案的组织起草工作，建立健全全国人大专门委员会、常委会工作机构组织起草重要法律草案制度。注重发挥全国人民代表大会行使国家立法权的职权，保障人大代表直接参与行使立法权力。2015 年至 2017 年，立法法的修改、慈善法和民法总则的制定，都是由全国人大审议通过的。认真吸收代表审议意见，努力凝聚代表们的最大共识。2017 年 3 月，在全国人大代表审议民法总则的过程中，共有700 多位代表发言，提出了近 2000 条意见建议，有关部门对这些意见逐条分析、认真研究，根据代表们的审议意见，对民法总则草案先后作了 150 多处修改，充分体现了人大代表在立法工作中的主体作用。①

（三）发挥立法对改革的引领推动作用，实现立法与改革协调推进

党的十八届四中全会明确提出要发挥立法的引领和推动作用。习近平总书记多次指出，凡属重大改革都要于法有据；把发展改革决策同立法决策更好结合起来；坚持问题导向，提高立法的针对性、及时性、系统性、可操作性，发挥立法引领和推动作

---

① 乔晓阳：《党的十八大以来立法工作新突破》，《求是》2017 年第 11 期。

用。全国人大及其常委会及时修改立法法，将上述理论成果从法律制度上予以确认，并在工作中积极践行。

（四）根据改革和经济社会发展需要，进一步完善法律体系

十八大以来，共制定或修改法律48部、行政法规42部、地方性法规2926部、规章3162部，同时通过"一揽子"方式，先后修订法律57部、行政法规130部，启动了民法典编纂、颁布了民法总则，中国特色社会主义法律体系日益完备①。落实十八届三中全会提出的深化财税体制改革要求，修改了预算法。适应改革需要，创新立法方式，对部分法律中涉及同类事项或者同一事由需要修改的个别条款，采取一并提出法律案的方式进行统筹修改。本届全国人大以来，全国人大常委会先后通过13个修法决定，统筹修改法律和有关法律问题的决定74件次，为相关改革试点试验工作提供法律依据和支持。为落实党的十八届三中、四中全会提出的重大改革举措，确保依法推进，全国人大常委会及时调整立法规划，将应立法解决的重大改革举措列入本届立法规划，使立法项目在原有68件的基础上增加34件，共达102件。

（五）依法赋予设区的市地方立法权

十八届四中全会对完善立法体制提出了明确要求。为了贯彻落实党中央决策部署，全国人大及时修改立法法，适应地方立法的实际需要，赋予所有设区的市地方立法权，同时明确其地方立法权限和范围，不断增强法律法规的体系化，维护国家法治统一。目前，新赋予地方立法权的273个市州中，已有269个经省、自治区确定开始制定地方性法规，已经出台300多件地方性法规。

三、法治政府建设稳步推进

2004年国务院发布《全面推进依法行政实施纲要》，明确提出建设法治政府的奋斗目标和具体任务。2010年国务院发布《关于加强法治政府建设的意见》，对加快建设法治政府的任务和措施提出了明确要求。党的十八大把基本建成法治政府确定为到2020年全面建成小康社会的重要目标。十八届四中全会把深入推进依法行政、加快建设法治政府确定为全面推进依法治国的重大任务，要求各级政府必须坚持在党的领导下、在法治轨道上开展工作，建立权责统一、权威高效的依法行政体制，加快建设职

---

① 袁曙宏：《党的十八大以来全面依法治国的重大成就和基本经验》，《求是》2017年第11期。

能科学、权责法定、执法严明、公开公正、廉洁高效、守法诚信的法治政府，为加快建设法治政府指明了方向，明确了任务。各地区各部门认真组织落实，法治政府建设稳步推进，取得了重大成就。

（一）法治政府的制度体系基本形成

完善行政管理法律法规、提高政府立法质量是建设法治政府的前提。政府立法工作始终坚持围绕党和国家工作大局，适应深化改革和经济社会发展需要，坚持从中国实际出发、切实解决中国的实际问题，将重点放在深化改革开放、繁荣和发展文化事业、保障和改善民生、推进生态文明建设、维护国家安全、规范政府自身建设等领域。截至 2014 年 9 月底，我国已制定现行有效的行政法规 737 件，国务院部门规章2856 件，地方政府规章 8909 件[①]，以规范经济、政治、文化、社会生活、生态环境以及政府自身活动为主要内容的制度体系逐步健全，总体上保证了行政立法、行政执法、行政救济与对行政行为的监督有法可依。

（二）行政体制改革不断深化，推进政府职能转变

国务院在坚持抓好宏观调控和市场监管的同时，更加注重公共服务、社会管理和环境保护，推进行政审批制度改革，促进政府职能转变和管理方式创新；推进相对集中行政处罚和强制权以及综合执法工作，实行行政执法责任制。近五年来，国务院先后取消、下放行政审批事项 618 项，彻底终结了非行政许可审批，激发了市场和社会活力；清单管理全面实行，31 个省级政府公布了省市县三级政府部门权力和责任清单；政府法律顾问制度普遍建立，行政决策科学化、民主化、法治化水平进一步提高；行政执法体制改革深入推进，严格规范公正文明执法水平明显提升；法治政府建设考核评价制度正在建立，督促检查力度显著加强。推进依法行政进入"快车道"，法治政府建设展现出前所未有的"加速度"。

（三）规范行政权力运行，促进严格规范公正文明执法

规范和约束行政权力是依法行政的核心内容。各级政府把科学民主依法决策作为政府工作的基本准则，健全决策机制，规范决策程序，政府决策的科学化民主化法治化水平不断提高，有效提升了决策质量，减少了决策失误，增强了社会共识。各级行政机关认真贯彻实施行政许可法、行政处罚法、行政强制法等行政管理法律法规，以

---

① 储信艳：《国务院法制办：中国已制定现行有效行政法规 737 件》，《新京报》2014 年 11 月 6 日。

行政程序建设为重点规范行政执法行为，定期清理行政执法依据、行政执法主体和行政执法人员，依法界定行政执法职权，严格规范行政裁量权，创新行政执法理念和执法方式，加强执法队伍建设，乱处罚、乱收费、乱摊派等"三乱"现象一定程度上得到遏制。

（四）政务公开稳步推进

党的十五大明确提出：城乡基层政权机关和基层群众性自治组织，都要健全民主选举制度，实行政务和财务公开，让群众参与讨论和决定基层公共事务和公益事业，对干部实行民主监督。经过二十年发展，我国政务公开走上法治化轨道，初步形成行政权力公开透明运行、政府信息公开、公共企事业单位办事公开的工作格局，有力促进了政府职能转变和经济社会发展。

（五）政府法治意识明显提升

行政机关公务员特别是各级领导干部依法行政的意识和能力有了很大增强。通过各种依法行政的培训、考核机制，广大公务员特别是各级领导干部越来越重视运用法治思维和法治方式深化改革、推动发展、化解矛盾、维护稳定，通过开展行政调解，进行行政复议，处理劳动争议，加强信访工作，支持和指导人民调解工作，依法妥善处理和化解了大量民间纠纷和行政纠纷，保障了人民群众的合法权益，维护了社会和谐稳定。注重应急管理体制机制建设，以突发事件应对法等有关应急法律法规章和各类应急预案为骨干的应急管理制度体系已经形成，依法应对自然灾害、突发公共卫生事件、群体性事件等各类突发事件的能力明显提高。

四、司法改革取得重大突破

十八大以来，以习近平同志为核心的党中央对司法体制改革高度重视，十八届三中全会提出 17 项司法改革任务，四中全会提出司法领域 84 项改革任务，对司法体制改革做出全面系统可行的顶层设计和战略部署。司法体制改革紧紧围绕建设中国特色社会主义法治体系、建设社会主义法治国家，紧紧围绕维护社会公平正义，抓紧落实有关改革举措，取得了重要进展，改革主体框架基本确立。司法责任制改革全面推开，以审判为中心的刑事诉讼制度改革深入推进，省以下地方法院、检察院人财物统一管理逐步推行，干预司法记录、通报和责任追究制度制定实施，知识产权法院、最高人民法院巡回法庭、跨行政区划法院检察院设立，实行了立案登记制，废止了劳教制度，一批重大冤假错案得到坚决纠正，司法职权配置不断优化，执法司法规范化建设进一步加强。司法质量、效率和公信力大幅提升，人民群众对司法领域公平正义的获得感明显增强。

（一）优化配置司法职权，确保依法独立公正行使审判权和检察权。

为了顺利推进司法改革，中央全面深化改革领导小组制定了一系列司法改革文件。2014 年 1 月至今，中央深改领导小组共召开 36 次会议，其中 20 多次会议研究讨论了有关司法改革的问题，先后通过了 40 多个有关（或涉及）司法改革的规定、方案、意见等文件。完善司法责任制、完善司法人员分类管理制度、健全司法职业保障制度、推进省以下地方法院检察院人财物省级统一管理四项改革在全国全面推开，以审判为中心的诉讼制度改革稳步推进，司法体制各项改革顺利展开。截至 2017 年 3 月，十八届三中、四中全会确定由最高人民法院牵头抓总的 18 项改革任务，已完成 17 项；法院"四五改革纲要"提出的 65 项改革举措，已全面推开 60 项，余下 5 项均在试点基础上有实质性进展①。

根据中央部署，北京、上海组建跨行政区划的法院和检察院，办理跨地区重大案件，解决一些当事人"争管辖"和诉讼"主客场"问题，促进法律统一正确实施。2015 年，最高人民法院在深圳、沈阳分别设立最高人民法院第一、第二巡回法庭，审理跨行政区域重大行政和民商事案件。2016 年 11 月，中央深改组第 29 次会议审议通过《关于最高人民法院增设巡回法庭的请示》，同意最高人民法院在深圳市、沈阳市设立第一、第二巡回法庭的基础上，在南京市、郑州市、重庆市、西安市增设第三、第四、第五、第六巡回法庭，六个巡回法庭的整体布局顺利完成。第一、第二巡回法庭设立两年来共受理案件 4721 件，审结 4573 件，充分发挥改革"试验田""排头兵"作用。

（二）逐步建立健全司法责任制，法官检察官办案主体地位更加凸显

2016 年全国法院基本完成法官员额制改革，85% 以上的司法人力资源配置到办案一线，激发了法官工作积极性。上海、广东、海南法官人均办案数量同比分别增长 21.9%、22.3% 和 34.8%。截至目前，全国共有员额法官 120138 人，这就意味着，

---

① 《最高法发布司法改革成效数据：18 项改革任务全部完成》，央广网，2017 年 7 月 7 日，参见 http：//news. ifeng. com/a/20170707/51391840＿0. shtml，2017 年 7 月 24 日最新访问。

将近 9 万名法官没有进入员额，说明司法体制改革确实是"人民法院的一场自我革命"①。逐步完善主审法官责任制、合议庭办案责任制和检察官办案责任制，明确法官、检察官办案的权力和责任，对所办案件质量终身负责，严格错案责任追究，形成权责明晰、权责统一、管理有序的司法权力运行机制。改革裁判文书签署机制，明确除审判委员会讨论决定的案件以外，法院院长、副院长、庭长对其未直接参加审理案件的裁判文书不再进行审核签发。明确法院院长、庭长除参加审判委员会、专业法官会议外，不得对其没有参加审理的案件发表倾向性意见，不得直接否定独任法官、合议庭意见。改革审判委员会制度，审判委员会评议实行录音、录像，全程留痕，所有参加讨论和表决的委员应当在审判委员会会议记录上签名，并建立审判委员会履职考评和内部公示机制。

（三）大力推进司法公开，当事人和公众的知情权、监督权得到有效保障

各级司法机关积极构建开放、动态、透明的阳光司法机制，审判、检务、警务、狱务公开进程明显加快。2013 年 11 月，最高人民法院建立审判流程公开、裁判文书公开、执行信息公开三大平台。最高人民法院自 2016 年 7 月 1 日起所有公开开庭案件都上网直播，各级法院直播庭审 62.5 万次，观看量达到 20.7 亿人次。截至 2017 年 2 月底，中国裁判文书网公开裁判文书超过 2680 万份，访问量突破 62 亿人次，覆盖 210 多个国家和地区，成为全球最有影响的裁判文书网。在执行信息网公开信息 4711 万条，江苏等地法院通过网络大力推进执行过程公开，有效提升执行工作透明度。②

（四）不断完善司法程序，加强人权司法保障

修改刑事诉讼法，落实罪刑法定、疑罪从无、非法证据排除等法律原则；改革法院案件受理制度，变立案审查制为立案登记制；修改行政诉讼法，强化行政相对人合法权益保护。

2012 年修改的刑事诉讼法明确规定尊重和保障人权，并通过完善证据制度、强制措施、辩护制度、侦查措施、审判程序、执行程序及增加规定特别程序予以落实。刑事诉讼法明确规定办案机关实施拘留、逮捕后，应当将被拘留人、被逮捕人立即送看守所羁押，并确立讯问犯罪嫌疑人、被告人全程录音录像制度。刑事诉讼法明确规定

---

① 《最高法发布司法改革成效数据：18 项改革任务全部完成》，央广网，2017 年 7 月 7 日，参见 http：//news. ifeng. com/a/20170707/51391840 _ 0. shtml，2017 年 7 月 24 日最新访问。

② 周强：《中国裁判文书网成为全球最有影响的裁判文书网》，人民网，2017 年 3 月 12 日，参见 http：//news. 163. com/17/0312/10/CFARJEOT000187V9.html，2017 年 7 月 24 日最新访问。

了非法证据的范围及排除非法证据的具体程序。司法机关在侦查、审查起诉和审判阶段发现有应当排除的非法证据的，都应当予以排除。扩大量刑规范化范围，适用罪名达到 23 种，覆盖全国基层法院 90% 的刑事案件，规范刑罚裁量权。

2017 年 6 月，最高人民法院、最高人民检察院、公安部、国家安全部、司法部发布《关于办理刑事案件严格排除非法证据若干问题的规定》，进一步明确和细化了非法证据排除的程序和规则，具体落实了不得强迫自证其罪的人权原则。

2015 年 5 月 1 日，人民法院立案登记制开始实施，切实做到有案必立、有诉必理，当事人依法"无障碍"行使诉权。从地方各级法院受理案件量看，2016 年较 2015 年增长了 24.67%，2017 年 1 至 5 月同比增长了 11.65%。从类型上看，行政案件增幅最大，2015 年 5 月至 2016 年 4 月同比增长 35.43%，2016 年 5 月到 2017 年 4 月同比增长 12.70%。① 房屋拆迁、土地征用、政府信息公开等行政诉讼"立案难"问题得到切实解决。推进人民陪审员制度改革试点，2016 年全国 50 家试点法院人民陪审员总数达到 13322 人，为法官员额数的 4.3 倍。一大批通民情、知民意、接地气的普通群众被选任为人民陪审员，来源更加广泛、结构更加合理。全国 22 万名人民陪审员共参审案件 306.3 万件，占一审普通程序案件的 77.2%。

五、全民普法推动了全民守法的实现

1985 年中共中央、国务院批转了《中央宣传部、司法部关于向全体公民基本普及法律常识的五年规划》，六届全国人大常委会第十三次会议作出《关于在公民中基本普及法律常识的决议》，拉开了最具中国特色的五年普法行动的序幕。

1986 年以来的 30 年，普法工作稳步推进，取得显著成就。2011 年 3 月，中共中央、国务院转发《中央宣传部、司法部关于在公民中开展法制宣传教育的第六个五年规划（2011—2015 年）》的通知，4 月，十一届全国人大常委会第二十次会议通过了《全国人民代表大会常务委员会关于进一步加强法制宣传教育的决议》。由此，启动了"六五"普法的大幕。"六五"普法工作亮点纷呈：提出新理念，实现了普法工作从"法制宣传教育"向"法治宣传教育"的转变；将 12 月 4 日定为国家宪法日；注重改进普法和法治宣传教育的形式，利用互联网技术不断提升法宣的实际效果；明确普法工作的"谁执法谁普法"的责任机制，将"依法普法"的法治理念引入普法领域；

---

① 《最高法发布司法改革成效数据：18 项改革任务全部完成》，央广网，2017 年 7 月 7 日，参见 http://news.ifeng.com/a/20170707/51391840_0.shtml，2017 年 7 月 24 日最新访问。

将普法和依法治理工作纳入依法行政的轨道。

仅以 2006 年至 2010 年"五五"普法规划实施期间为例，全国共培训公务员 4200 多万人次，公务员参加法律知识考试 2700 多万人次；组织企业经营管理人员法律知识培训 3.35 万多期，培训人员 290 多万人次，举办讲座、报告会 5.13 万多场次，参加人员 620 多万人次；培训农村"两委"干部 1200 多万人次，培训农民工 1.56 亿人次，提高了农民法律意识。重视普及法律知识与依法治理相结合，广泛开展"依法治省"（市、县、乡、村），开展法治城市和法治县（市、区）创建活动。① 全国各省（自治区、直辖市）普遍成立由党委、政府主要领导或分管领导担任组长的普法工作领导小组，建立健全党委领导、人大监督、政府实施的普法和依法治理工作领导体制。各部门、各行业成立由主要领导或分管领导任组长的普法工作领导小组，加强对本部门本行业普法工作的领导。

从 1994 年至 2014 年，中共中央政治局先后举行 100 多次集体学习，其中有近 30 次是关于法治建设或者涉及法治内容的。中央政治局带头进行法治讲座和学习，对推动全社会特别是国家公务人员学习法律知识、树立法治意识、增强法治理念起到良好示范作用。全国人大常委会、国务院常务会议、全国政协常务委员会组成人员也举行一系列法治学习，各级党组织和国家机关集体学习法律知识已形成制度。

十八大以来，党和国家更加重视和加强法治宣传教育。党的十八届三中全会要求"健全社会普法教育机制"；四中全会要求"坚持把全民普法和守法作为依法治国的长期基础性工作，深入开展法治宣传教育"；五中全会要求"弘扬社会主义法治精神，增强全社会特别是公职人员尊法学法守法用法观念，在全社会形成良好法治氛围和法治习惯"。为推进全民法治宣传教育深入开展，2016 年 4 月，十二届全国人大常委会第二十次会议通过了《关于开展第七个五年法治宣传教育的决议》，拉开了"七五"普法工作的序幕。

"七五"普法的目标是使全社会法治观念明显增强，法治思维和依法办事能力明显提高，形成崇尚法治的社会氛围；基本要求是：深入学习宣传习近平总书记关于全面依法治国的重要论述，深入学习宣传宪法，深入宣传中国特色社会主义法律体系，深入宣传党内法规，在全社会形成尊法学法守法用法的浓厚氛围；抓好领导干部这个"关键少数"，发挥领导干部尊法学法守法用法的表率、示范作用；坚持法治教育从青少年抓起，完善学校、家庭、社会一体化的青少年法治教育网络，引导青少年增强法

---

① 吴爱英：《巩固运用"五五"普法成果　更好服务经济社会科学发展》，法制网，2011 年 5 月 16 日，参见 http://news.163.com/11/0516/12/74652VH800014AEE.html，2017 年 7 月 25 日最新访问。

治观念、养成守法习惯；继续深化"法律六进"活动，加强新媒体新技术在普法教育中的运用，充分利用互联网、"两微一端"、动漫、微电影等，提高法治宣传教育的针对性和时效性等等，全面提升法治宣传教育与普法工作的水平。

2017年5月，两办下发《关于实行国家机关"谁执法谁普法"普法责任制的意见》，强调国家机关是国家法律的制定和执行主体，同时肩负着普法的重要职责。实行国家机关"谁执法谁普法"的普法责任制，是普法工作的重大理念创新和制度创新。《意见》对国家机关实行"谁执法谁普法"普法责任制的职责任务作了明确规定：建立普法责任制；明确普法内容；切实做好本系统普法；充分利用法律法规规章和司法解释起草制定过程向社会开展普法；围绕热点难点问题向社会开展普法；建立法官、检察官、行政执法人员、律师等以案释法制度；创新普法工作方式方法。

六、法治文化逐渐形成、法治社会初具雏形

党的十六届四中全会提出"加强社会建设和管理，推进社会管理体制创新"，为提出法治社会建设作了必要的理论准备。十六届六中全会在《关于构建社会主义和谐社会若干重大问题的决定》中，明确提出社会主义和谐社会是"民主法治、公平正义、诚信友爱、充满活力、安定有序、人与自然和谐相处的"社会，构建和谐社会必须完善法律制度，夯实社会和谐的法治基础。

十八大以来，我们党更加重视法治社会建设。习近平总书记2012年12月4日在首都各界纪念现行宪法正式施行三十周年大会上讲话中强调"坚持法治国家、法治政府、法治社会一体建设"，丰富了中国特色社会主义法治建设目标的内涵；十八届三中全会将"坚持法治国家、法治政府、法治社会一体建设"，作为"法治中国建设"的重要任务；四中全会把"法治社会"建设作为全面推进依法治国的一个重要方面，提出"增强全民法治观念，推进法治社会建设"的要求，强调要"发挥人民团体和社会组织在法治社会建设中的积极作用"。在法治中国建设"三位一体"工作格局中，法治社会是法治国家、法治政府建设的重要基础和基本前提，法治国家、法治政府是法治社会建设的重要保障。只有实现全社会对法治的普遍信仰，才能为全面推进依法治国提供坚实的思想基础。只有不断打造整个社会尊法、信法、守法、用法的法治环境，才能为全面推进依法治国提供广泛的社会基础。只有公平正义得到切实维护，公民权利得到有效保障，广大群众才会发自内心地崇尚和拥护法治，才能为全面推进依法治国打牢群众基础。

2016 年 12 月，两办印发《关于进一步把社会主义核心价值观融入法治建设的指导意见》，要求把社会主义核心价值观融入法治国家、法治政府、法治社会建设全过程，进一步深化了法治社会建设的内涵。

当前法治社会建设的主要任务有：（1）建立健全社会组织参与社会事务、维护公共利益、救助困难群众、帮教特殊人群、预防违法犯罪的机制和制度化渠道。支持行业协会商会类社会组织发挥行业自律和专业服务功能。（2）发挥社会组织对其成员的行为导引、规则约束、权益维护作用。（3）推进多层次多领域依法治理。坚持系统治理、依法治理、综合治理、源头治理，提高社会治理法治化水平。（4）深入开展多层次多形式法治创建活动，深化基层组织和部门、行业依法治理，支持各类社会主体自我约束、自我管理。发挥市民公约、乡规民约、行业规章、团体章程等社会规范在社会治理中的积极作用。2008 年以来，司法部、全国普法办在全国组织开展了法治城市、法治县（市、区）创建活动，目前已覆盖 93% 的地（市、州、盟）和 86.6% 的县（市、区、旗），同时积极开展"民主法治示范村""民主法治社区"创建活动，全社会依法治理水平明显提高。（5）把法治教育纳入文明城市、文明村镇、文明单位、文明家庭、文明校园创建活动，推动法律进机关、进乡村、进社区、进学校、进企业、进单位，拓宽人民群众有序参与立法、执法、司法的渠道和方式，调动人民群众投身依法治国实践的积极性和主动性。

法治文化是以社会主义核心价值观为引领，以社会主义道德为支撑，以培育法治精神、法治观念和法治思维为重点，以守法光荣、违法可耻为理念，增强规则意识、权利意识、义务意识、责任意识、程序义务和诚信意识，形成自觉维护法律权威的社会文化氛围。国家"六五"普法规划明确提出：积极推进社会主义法治文化建设。通过法制宣传教育，弘扬社会主义法治精神，在全社会形成崇尚法律、遵守法律、维护法律权威的氛围。开展丰富多彩的法治文化活动，使法制宣传教育与群众文化生活相结合，丰富法治文化活动载体和形式。

党的十八届四中全会进一步深化法治文化建设，明确提出要大力加强社会主义法治文化建设，强化道德对法治文化的支撑作用，把法治教育纳入精神文明创建内容，开展群众性法治文化活动。2016 年 12 月 25 日，中共中央办公厅、国务院办公厅印发了《关于进一步把社会主义核心价值观融入法治建设的指导意见》。《指导意见》则对法治文化建设提出具体要求：坚持法治宣传教育与法治实践相结合，建设社会主义法治文化，推动全社会树立法治意识、增强法治观念，形成守法光荣、违法可耻的社会氛围，使全体人民都成为社会主义法治的忠实崇尚者、社会主义核心价值观的自觉践行者；号召广泛开展群众性法治文化活动，大力弘扬中华优秀传统文化，深入挖掘和阐发中华民族讲仁爱、重民本、守诚信、崇正义、尚和合、求大同的时代价值，汲取中华法律文化精华，使之成为涵养社会主义法治文化的重要源泉。

七、地方法治建设取得了重大成就

全面依法治国的重要特色之一，是自下而上推进法治建设，地方法治作为中国特色社会主义法治建设的重要组成部分，在全面推进依法治国中成为最活跃、最生动、最具体的地方实践和推动力量。我国的地方法治建设始于改革开放之初，最集中的表现就是1982年现行宪法赋予了省级人大有地方性法规立法权以及省级政府有地方政府规章制定权，此外，全国人大还授权经济特区的地方人权制定特区法规，这些都有力地推动了地方法治建设。

党的十五大报告提出"依法治国，建设社会主义法治国家"治国方略之后，地方法治建设有了突出猛进的发展，最重要的特征就是地方国家机关不再仅仅满足享有地方立法权或者是在本行政区域内严格执行国家法律法规，地方的党委政府开始关注从宏观和战略层面来考虑本地方的法治发展问题。在"法治中国"的大背景下，"依法治省""依法治市""依法治县""依法治乡治镇""依法治村""依法治港""依法治澳""依法解决两岸关系""依法治理驻外机构和人员"等等，都是"法治中国"整体布局中的重要组成要素，而且是不可分割的组成部分，"地方法治"与"国家法治"之间产生了紧密的联系，对推动依法治国方略的实施起到非常重要的作用。

从2006年开始，我国的一些省级行政区域，就开始陆续提出"地方法治"的口号。例如，"法治浙江"①"法治湖南"②"法治江苏"③"法治广东"④ 等等。这些以"法治"命名的"地方行政单位"，都建立在党的十五大提出的已依法治国方略的指导下结合本地方的实际情况，采取确实可行的措施来努力推动地方法治建设。其中，"法治浙江"和"法治湖南"不仅没有停留在对概念的一般宣传上，而且还出台了比较全面和系统的规范性文件来具体落实"地方法治"的各项要求。

2006 年 5 月，浙江省委十一届十次全会通过《中共浙江省委关于建设"法治浙江"的决定》，从坚持和改善党的领导方式、坚持和完善人民代表大会制度、坚持和完善共产党领导的多党合作和政治协商制度、加强地方性法规和规章建设、加强法治政府建设、加强司法体制和工作机制建设、加强法制宣传教育，提高全民法律素质、确保人民的政治经济文化权益得到切实尊重和保障等八个方面，开创了地方法治建设的基础实践模式。湖南率先制定了《湖南省行政程序规定》，以地方政府规章的形式为中国行政程序法治化提供了一份"路线图"，很大程度上引领了法治政府建设的方向。2010 年，湖南省做出了"建设'法治湖南'"的决策。此后，《湖南省规范行政裁量权办法》（2010）、《湖南省政府服务规定》（2011）和《法治湖南建设纲要》

---

① 2006 年 5 月，浙江省委十一届十次全会通过《中共浙江省委关于建设"法治浙江"的决定》，从坚持和改善党的领导方式、坚持和完善人民代表大会制度、坚持和完善共产党领导的多党合作和政治协商制度、加强地方性法规和规章建设、加强法治政府建设、加强司法体制和工作机制建设、加强法制宣传教育，提高全民法律素质、确保人民的政治经济文化权益得到切实尊重和保障等八个方面，开创了地方法治建设的基础实践模式。

② 湖南率先制定了《湖南省行政程序规定》，以地方政府规章的形式为中国行政程序法治化提供了一份"路线图"，很大程度上引领了法治政府建设的方向。2010 年，湖南省做出了"建设'法治湖南'"的决策。此后，《湖南省规范行政裁量权办法》（2010）、《湖南省政府服务规定》（2011）和《法治湖南建设纲要》（2011）相继出台，形成了湖南法治发展模式的雏形。"法治湖南"从依法执政、科学立法、依法行政、有效监督等方面形成了地方法治体系，其中"行政程序法治化"和"政府服务法治化"成为法治湖南建设的两大亮点。

③ 江苏地处长江三角洲，是我国经济社会发展最活跃、最快速的地域，汇集了现代先进生产力和文化。2003 年，江苏省在全国率先提出法治江苏建设，并着眼于"两个率先"的需要，提出以"推进依法治省、建设法治江苏统领民主政治建设"的新目标。随后颁布了全国第一个省级法治纲要性文件《法治江苏建设纲要》（2004），率先提出省级区域法治建设的指导思想、进程目标和工作举措。法治江苏的主要特点在于，强调法律权威（领导干部带头学法守法用法）、权力制约观念（约束行政负责人，严格贯彻行政首长负责制）、人权保障观念（推进社区矫正及涉罪未成年人合法权益保护）。

④ 改革开放以来，广东在法治建设方面多有率先之举，如创建全国首家律师事务所（1983，深圳）、开通全国首个 110 报警平台（1986 年，广州）、开启中国检察举报制度的先河（1988，深圳）、率先出台《广东省公司条例》（1993）、在全国率先实行政府审批制度改革（1997，深圳）、全国首次刑事和解案件（2005，东莞）、出台全国首个法治政府指标（2009，深圳）。2011 年 1 月，广东省委通过《法治广东建设五年规划（2011—2015 年）》，再次掀起"法治广东"建设的新高潮。当前，法治广东建设的独特优势在于大力培育社会自治组织。2011 年 7 月，广东省委发布了《关于加强社会建设的决定》，其中明确提出"培育壮大社会组织，提升服务社会能力"的任务要求，推进政社分开、管办分离；推行政府向社会组织购买公益服务项目；编制社会组织名录及考核办法，给予资质优良、社会信誉好的社会组织承接公共服务优先权；拓宽依法参政议政渠道，鼓励有条件的市县政协设立新社会组织界别。近年来，广东通过各种方式逐渐明确政府和社会组织的各自边界，鼓励把社会组织培育成社会治理的主体；在工商经济类、公益慈善类和社会服务类社会组织推行"去行政化"和"去垄断化"改革，如在粤港澳三地达成了社工专业资格互认共识，率先承认港澳两地的社工专业资格；建立省、市两级社会组织扶持发展孵育基地，制订扶持发展专项计划。

（2011）相继出台，形成了湖南法治发展模式的雏形。"法治湖南"从依法执政、科学立法、依法行政、有效监督等方面形成了地方法治体系，其中"行政程序法治化"和"政府服务法治化"成为法治湖南建设的两大亮点。江苏地处长江三角洲，是我国经济社会发展最活跃、最快速的地域，汇集了现代先进生产力和文化。2003 年，江苏省在全国率先提出法治江苏建设，并着眼于"两个率先"的需要，提出了以"推进依法治省、建设法治江苏统领民主政治建设"的新目标。随后颁布了全国第一个省级法治纲要性文件《法治江苏建设纲要》（2004），率先提出省级区域法治建设的指导思想、进程目标和工作举措。法治江苏的主要特点在于，强调法律权威（领导干部带头学法守法用法）、权力制约观念（约束行政负责人，严格贯彻行政首长负责制）、人权保障观念（推进社区矫正及涉罪未成年人合法权益保护）。

党的十八大以来，以习近平同志为核心的党中央，从全面推进依法治国、建设法治国家的高度，提出强调了法治建设必须坚持国家法治与地方法治并进的格局，要把法治建设视为一项系统工程，抓好地方法治，为法治中国建设打下牢固的实践基础。习近平总书记明确指出，依法治国的根基在基层。在全面推进依法治国历史新起点上，各个地方进一步加强了党委对法治建设的领导，在全面推进依法治国的背景下，地方法治建设在科学立法、依法行政、司法改革和法治宣传教育等各个层面有序展开，取得了巨大成绩。

一是立法体制不断完善，地方立法成果丰硕。立法是法治的基础，要根据宪法和立法法，加快地方立法步伐，不断完善与国家法律法规相配套、具有地方特色的法规规章体系。十八大以来，在中央的统一部署下，各级地方立法机关积极探索创新，不断完善地方立法的工作机制，在党委领导地方立法、立法规划、法规起草审议等方面已经形成了一整套行之有效的体制机制。立法法修改将地方立法权进一步下放到设区的市，充分调动了地方的立法积极性。五年来，各级地方立法机关共制定或修改地方性法规 2926 部。各级地方立法机关紧紧围绕地方经济社会发展中的重点、难点问题，因地制宜，积极行使地方立法权，不断完善地方性法规体系，充分发挥地方立法在推进地方治理中的引领和推动作用，为地方经济社会全面发展营造了良好法治环境。

二是法治政府建设成果显著。十八大以来，各级地方人民政府依法行政，稳步推进法治政府建设。五年来，积极推进清单管理制度，31 个省级政府公布了省市县三级政府部门权力和责任清单。各级行政机关普遍建立了政府法律顾问制度，行政决策进一步科学化、民主化、法治化。行政监管制度不断健全，事中事后监管不断加强。各地稳步推进政府信息公开。地方政府深入推进执法体制改革，提高严格规范公正文明执法水平。各级地方政府建立健全了法治政府建设考核评价制度，有些地方政府还委托第三方开展法治政府建设评估。

三是地方司法改革稳步推进。司法权地方化和地方保护主义让司法机关受到地方因素的不当影响干预，导致司法公正难以实现、司法权威难以树立。十八大以来，中央明确提出，司法权是中央事权，为防止地方保护主义干预司法，在中央的统一部署下，各级司法机关遵循司法规律，逐步推进省以下地方法院、检察院人财物统一管理逐步推行。知识产权法院、最高人民法院巡回法庭、跨行政区划法院检察院的设立，有效地保障司法机关独立行使职权。各级司法机关推行司法公开，取得了显著成绩；司法机关实行了立案登记制，进一步完善了诉讼程序；废止了劳教制度，一批重大冤假错案得到坚决纠正；司法改革顺利推进，各项任务基本完成。

四是法治意识普遍提高。十八大以来，全国各地开展形式多样的普法宣传活动，增强了全社会学法尊法守法用法意识，全社会法治观念和法律意识普遍提高，法治社会建设成效显著。各级领导干部带头学法尊法守法用法，在思想观念上尊崇法治，在领导方式和工作方法上自觉运用法治思维和法治方式，在地方法治的体制机制上切实履行法治建设职责，稳步推进地方法治。

总结党的十八大以来我国法治建设的各方面取得的成功经验，归纳起来，有下列几个方面是值得肯定和推广的：

一是搞法治建设一定要从中国的具体实际出发，要从全面推进国家治理体系和治理能力现代化的高度来抓法治建设，不能把法治仅仅作为治国理政的一种工具，也是要把法治看成是治国理政的基本方式，要把法治看成是"善政"的基础，"良制"的前提，"善治"的重要表现形式，要树立法治优先、法治至上的治国理念，要通过法治来实现国家和社会的长治久安。

二是中国特色社会主义法治建设要走自己的道路，法治建设要从解决实践中的一个个具体问题出发，而不是从书本出发，从简单的逻辑推论出发，法学理论要与丰富的法律实践结合起来，要学会用法律理论来解决实践所提出的一个个具体的法律问题，法治建设关键在于实效。

三是要把法治建设视为国家建设和社会建设的一项系统工程，把法治原则渗透到治国理政的所有环节，做到"科学立法、严格执法、公正司法和全民守法"，要努力推进国家生活和社会生活的法律化，做到法治国家、法治政府和法治社会共同建设，要充分发挥法治的规范引领功能和对人们行为的可预期作用，要让政府和社会公众对国家和社会的未来有明确的预期。与此同时，又要把法治与其他的社会治理手段有机结合在一起，要对社会进行综合治理，要从意识形态、文化建设、经济发展、文化构建等等方面来全方位地设计国家治理和社会治理方案，要学会运用法治手段统筹各种治国理政的理念和措施，注重国家治理和社会治理的实际效果，要用秩序状况、法律意识、制度水平等等多重治理指标来评价法治建设的效果。

四是要把法治看成是手段与目标的统一体，要关注法治作为国家治理和社会治理方式的条件和前提，同时又要注重运用国家治理和社会治理的结果来不断修正法治实践的缺陷，要彻底破除从概念出发，从臆断出发，从简单的"拿来"出发，要运用法治创建符合我们这个时代的治理模式，真正地走出一条具有中国特色的社会主义法治道路。

两岸刑事司法改革主要脉络与相互借鉴

卞建林[*]

一、两岸刑事司法改革之脉络梳理

(一) 大陆地区的刑事司法改革

1. 1979 年《刑事诉讼法》颁布

作为新大陆第一部专门的刑事诉讼法典，1979 年《刑事诉讼法》继承了此前法律起草已经取得的成果，并在总结正反两方面经验的基础上加以完善，体例上分为"总则""立案、侦查和提起公诉""审判""执行"四编，共 164 条。为了强化 1979 年《刑事诉讼法》的可操作性，1979 年《刑事诉讼法》制定后，全国人大常委会陆续颁布了一系列单行法律，对陪审制度、审判组织、审判程序、办案期限、死刑复核权等作了补充规定。

2. 1996 年《刑事诉讼法》修改

在体例上增加了"附则"，并将条文数从 164 条增加至 225 条。此次修改，对刑事诉讼的任务和基本原则、具体程序设计均有不同程度的修改。例如，吸收无罪推定精神、确立未经法院判决不得确定任何人有罪、改革辩护制度、完善强制措施、细化逮捕条件、实行"复印件移送主义"、增强庭审对抗性，等等。

3. 2012 年《刑事诉讼法》修改

修改内容涉及 110 多处，修改比例超过总条文的 50%，修正后的条文总数已达 290 条，并且增加了新的编、章、节，是一次名副其实的"大修"。主要内容包括贯彻"尊重和保障人权"宪法原则，改革侦查程序、健全强制措施，规范司法行为、遏制刑讯逼供，完善辩护制度、扩大法律援助，完善证据制度、保证办案质量，健全审判程序、提高诉讼效率，增设特别程序、回应实践需求，强化诉讼监督、维护公平正义。

---

* 卞建林，中国政法大学诉讼法学研究院院长、教授、博士生导师，中国刑事诉讼法学研究会会长。

4. 2014 年《中共中央关于全面推进依法治国若干重大问题的决定》

十八届四中全会将"依法治国"作为主题深入研讨，在大陆共产党的历史上尚属首次，而"保证公正司法，提高司法公信力"作为全面推进依法治国的重要环节，其核心即是以审判为中心的诉讼制度改革，进而完善司法管理体制、健全司法权力运行机制、规范司法行为、加强对司法活动的监督。"推进以审判为中心的诉讼制度改革"的具体方向，也必将指引大陆刑事诉讼制度的新一轮变革，进而带动司法体制、诉讼程序、证据规则、庭审方式、辩护制度等诸多方面得以完善。

（二）台湾地区的刑事司法改革

1. 1967 年"修法"

"刑事诉讼法"之基本格调从"职权进行主义"逐渐向"改良式当事人进行主义"靠拢。后趋于稳定，20 世纪 90 年代前仅有二次修正，变革幅度相当有限。

2. 1990 年代"修法"

重视犯罪嫌疑人的人权保障造就了 90 年代后七次"修法"。而 1997 年"修法"被台湾学者称为"上世纪台湾刑事诉讼制度改革指标"，当时刑事诉讼制度虽早已由"纠问"走向"控诉"，但控诉只存于形式。"修法"强化被告人权利：羁押决定权回归法官（法官保留原则）、赋予被告缄默权、不正方法讯问禁止、人犯在途解送期间（限 24 小时）、强化被告防御权（智能障碍者应强制辩护）。1999 年司法改革会议，指出关键缺失有二：第一，审检辩彼此实际权能不均，公平法庭难以落实；第二，诉讼制度设计不符经济效益，虚耗司法资源。

3. 2002 年后"修法"

旨在强化"当事人进行主义"，去"职权色彩"。2002 年明确检察官应负举证责任、限缩法院应职权调查范围、新增缓起诉处分；2003 年确立确立交互诘问、确立集中审理原则、建构证据排除法则；2004 年增订认罪量行协商程序；2006 年扩大侦查中案件纳入强制辩护范围；2010 年通过刑事妥速审判法、确立被告与律师充分自由沟通之权利；2012 年 5 月通过"人民观审条例试行草案"。

二、两岸刑事司法改革之基本趋势

（一）平衡人权保障与发现真实

2012 年《刑事诉讼法》修改一个最突出的亮点就是将"尊重和保障人权"写进

刑事诉讼法总则，并在多项具体规定和制度完善中加以贯彻和体现。尊重和保障人权是我国宪法确立的一项重要原则，体现了社会主义制度的本质要求。《刑事诉讼法》是规范刑事诉讼活动的基本法律。刑事诉讼活动是国家追究犯罪、惩罚犯罪的活动，其诉讼过程与诉讼结果均与公民的人身自由、财产权利等基本权利息息相关。此次修改《刑事诉讼法》，坚持统筹处理好惩罚犯罪与保障人权的关系，既要有利于保证准确及时地查明犯罪事实，正确应用法律，惩罚犯罪分子，又要保障无罪的人不受刑事追究，尊重和保障人权，保证公民的诉讼权利和其他合法权利。为此，将"尊重和保障人权"写入《刑事诉讼法》总则第二条，既有利于彰显司法制度的社会主义性质，又有利于公安司法机关在刑事诉讼程序中更好地遵循和贯彻这一宪法原则。同样，近年来台湾社会人民普遍权利意识高涨，反映在刑事诉讼制度变革中促使被告与检察官地位实质平等、法官成为公正客观的审判者。2009 年台湾签订《公民与政治国际人权公约》（ICCPR），2009 年将其视为内国法。

（二）控辩审三方关系的均衡化调整

刑事诉讼构造是由一定的刑事诉讼目的决定的，并由主要诉讼程序和证据规则中的诉讼基本方式所体现的控诉、辩护、裁判三方的法律地位和关系，以及公安机关、检察机关和法院之间的相互地位与关系。随着刑事诉讼构造理论的兴起，1996 年《刑事诉讼法》修改吸收了相关理论观点，试图强化庭审对抗，但成效并不显著。2012 年《刑事诉讼法》修改进一步对控辩审三方关系进行调整，以实现控审分离、审判中立、控辩平等。而过往，台湾地区检察官不负实质举证责任、手握强制处分权，而被告防御权薄弱。面对审检辩三角关系的失衡，采取"改良式的当事人进行主义"调整法庭三角关系失衡状态，法庭证据调查活动应由当事人双方主导，朝向建构当事人实质平等诉讼环境努力。主要修法方向：1. 检察官承担实质举证责任；2. 诉讼模式转向"当事人进行"；3. 强化被告防御权。

（三）以审判为中心的诉讼制度改革

1. 大陆

《中共中央关于全面推进依法治国若干重大问题的决定》指出："推进以审判为中心的诉讼制度改革，确保侦查、审查起诉的案件事实证据经得起法律的检验。全面贯彻证据裁判规则，严格依法收集、固定、保存、审查、运用证据，完善证人、鉴定人出庭制度，保证庭审在查明事实、认定证据、保护诉权、公正裁判中发挥决定性作用。"对于"以审判为中心"的概念，人们可以见仁见智，但其核心涵义无疑应当包括以下方面：强调法官在定罪科刑方面的唯一性和权威性，法治国家唯有法官有权对被告人定罪并科以刑罚；强调审判在刑事诉讼中的核心地位，通过建立公开、理性、对抗的平台，对证据进行审查，对指控进行判定，实现追究犯罪的正当性和合法性；强调法庭审理的实质意义，一切与定罪量刑有关的证据都要在审判中提交和质证，所有与判决有关的事项都要经过法庭辩论，法官判决必须建立在法庭审理基础之上；强调对被告人辩护权的保障，特别是被告人对不利自己证人当庭对质的权利；强调重视律师的辩护作用，切实保障辩护律师权利，认真听取律师辩护意见；强调司法权对侦查权的制约，发挥审判对审前诉讼行为的规范和指引作用。

2. 台湾地区

近年来刑事诉讼改革，希望解决当前案件经常往返于二、三审的窘境。改革重点为：第一审事实审审判中心（主要关键），第二审事后审兼续审制，第三审严格法律审。具体举措有：首先，交互诘问的确立。刑事诉讼法第166条以下，由检察官、被告（积极主动）分别对证人直接问话，使证人讲出对自己有利证据；或发现证人虚伪陈述时，提出质问；其次，刑事审理集中化。为呼应集中与迅速审理，2010年台湾通过刑事妥速审判法；最后，审判前应为的准备程序（第273条）。以调查证据为核心的审判程序，调查证据之次序、范围、方法及整理，并告知争点等应如何安排。

（四）节约诉讼资源、提升诉讼效率

1. 大陆

1996年《刑事诉讼法》将"人民检察院建议或者同意适用简易程序"作为简易程序的适用条件之一，而"被告人认罪""被告人同意适用简易程序"都不在适用条件之列，因此，司法实践中被告人抗拒往往导致简易程序并不"简易"。2012年《刑事诉讼法》对简易程序的修正将被告人意愿充分考量，"被告人承认自己所犯罪行，对指控的犯罪事实没有异议的"和"被告人对适用简易程序没有异议的"均增设为简易程序的适用条件之一，充分保障被告人程序选择权，同时将范围扩大至基层人民法院管辖的可能判处有期徒刑以下刑罚的案件。并且，"适用简易程序审理公诉案件，人民检察院应当派员出席法庭"。

2014年6月27日，第十二届全国人民代表大会常务委员会第九次会议通过《关于授权最高人民法院、最高人民检察院在部分地区开展刑事案件速裁程序试点工作的决定》（以下简称"《决定》"），将在北京、天津、上海、重庆等18个地区开展刑事案件速裁程序试点工作。其中亮点在于：首先，在劳教废止和"简易程序不简易"的背景之下，"刑事速裁"将承担起与"简易程序"相衔接的制度任务，优化司法资源配置；其次，"刑事速裁"在提高司法效率的同时，并未忽视被告人权益保障，以程序选择权为中心，避免程序滥用。

2. 台湾地区

随着台湾人口增加，民众使用法院次数增加。当"职权进行"转向靠近"当事人主导"，若无相关配套，司法机关负担必将沉重。立法者针对不同案情，制定相异处理程序。例如，1990 增订，1995 年、1997 年持续扩大适用范围的"简易程序"。除被告所犯为"死刑、无期徒刑、最轻本刑为三年以上有期徒刑之罪或高等法院管辖第一审案件"者外，因案情已臻明确，审判长可参考当事人意见裁定进行简式审判程序。第一审法院认定被告犯罪事实证据明确，透过检察官声请或法官自行认定，开启程序"书面审理"替代通常审判程序。台湾近十年来，简易程序经历三次修正，不断放宽案件适用范围。2004 年增订认罪量行协商程序。事实明确或被告无争执的案件，程序重在"妥速"，而非"真实"，简单快速审理案件纷争（节省资源），起诉前可采用缓起诉，起诉后可采用简易、简式审判、协商程序。目的是将资源集中处理复杂（疑案）案件。

三、两岸刑事司法改革之共同规律

（一）超越当事人/职权主义

台湾地区刑事司法改革在空间和时间上与大陆地区接近，所针对的实践弊病也同样近似，即扭转案卷或笔录裁判、保障裁判者的独立地位不受干扰。不难发现，从英美法系到大陆法系、从当事人主义到职权主义，二战结束至今，德国、日本、韩国等现代法治国家均经历了确立审判中心的改革历程，而以美国为典型的英美法系国家，其"审前""审判""审后"的程序设置本身具有审判中心之传统。两大法系在这一点上达成共识，足以说明"以审判为中心"是现代刑事诉讼的客观要求、规律所在，是克服刑事司法实践问题的必由之路。而台湾地区从"职权进行主义"逐渐向"改良式当事人进行主义"靠拢，也正是说明了当事人主义与职权主义之间的鸿沟并非不可逾越，两大法系具有许多相同的价值取向，不能因为信奉何种主义而故步自封。

（二）从借鉴域外经验到关注本土需求

1979 及其之前的大陆刑事诉讼立法过程中，苏联影响最为深远，在 1996 年的《刑事诉讼法》修改中，英美德日的刑事诉讼理论所占权重则更大．随着学术研究探索的深入，国内理论界对域外制度逐步了解，自然试图借鉴，但 1996 年修法的效果并不理解，许多新制度遭遇了来自司法实践的排斥。因而，大陆刑事司法场域开始兴起试点改革，实际上是一种将"应然"在一定区域内化为"实然"进行实验，以刑事诉讼的国际准则为指导探寻本土法治话语的研究进路，即从司法中发现问题，在学理中分析问题，再回到司法中解决问题。利用试点推动改革，并通过试点的事前检验形成"缓冲期"，由点到面、循序渐进，避免传统变法改革带来的程序失灵问题，降低立法风险。2012《刑事诉讼法》修改中的诸多热点问题，例如刑事和解程序、刑事简易程序、侦查讯问程序、附条件不起诉制度、证人出庭作证等，都是经过"试点"推广、经验总结，并做出一定的理论推进之后，最终被立法机关所接受。2014 年以来，全国人大先后授权刑事案件速裁程序试点、人民陪审员制度改革试点，相比于过往的学者、司法机关推动试点，"人大授权试点"的模式显然更具合法性与正当性，"先试点、后修法"也很可能成为日后刑事诉讼制度改革的基本逻辑。

（三）从全局性变革到渐进式发展

2012 年《刑事诉讼法》修改幅度较大、进步明显，一方面，需要持续关注法律贯彻实施情况，通过司法实践检验修法效果；另一方面，应当正确认识十八届三中、四中全会以来的形势变化，并对《刑事诉讼法》的再修改展开研究。正如有学者所指出，十八届三中、四中全会《决定》中一些司法改革的重要内容必须通过制定或修改法律以保证其做到改革于法有据，并进一步丰富和完善我国的社会主义法律体系。由于司法改革相当多的内容涉及刑事诉讼制度，因此刑事诉讼法的第三次修改实际上已步入准备阶段。鉴于刑事诉讼法于 2012 年刚作了较大修改，近期再通过全国人大作大修改显然不太现实，因此最为可行的路径是借鉴刑法的成功经验，采取全国人大常委会通过《修正案》的方式，在下一届人大期间修改刑事诉讼法。而人大授权试点的方式，也是渐进式发展的体现。因而，相比于 1996、2012 年的大幅修改，试点、修正案的方式或许更适合当下的大陆刑事司法改革。

而台湾地区近年来的刑事司法改革也体现出渐进式发展的特点，各次改革焦点集中，总体持续时间长，并非一蹴而就的大修：2002 年明确检察官应负举证责任、限缩法院应职权调查范围、新增缓起诉处分；2003 年确立确立交互诘问、确立集中审理原则、建构证据排除法则；2004 年增订认罪量行协商程序；2006 年扩大侦查中案件纳入强制辩护范围；2010 年通过刑事妥速审判法、确立被告与律师充分自由沟通之权利；2012 年 5 月通过"人民观审条例试行草案"；2013 年 1 月再次强化辩护权范围；2013 年 12 月军事审判回归普通法院；2014 年"通讯保障监察法"的修正；2015 年再审的修正，等等。

臺灣近 20 年司法改革的趨向與檢討

張麗卿[*]

壹、前言

司法制度關係人民權益極大，若忽略社會變遷影響，制度將無法進步，無法達到發現真實與保障人權的目標。近年來，臺灣社會人民普遍權利意識高漲，此等權利意識的聲浪，尤其反映在司法制度的變革。

臺灣刑事司法制度在 1967 年後趨於穩定，20 世紀 90 年代前，僅有二次修正，變革幅度相當有限。然而，於 20 世紀 90 年代，對於犯罪嫌疑人的人權保障意識日趨受到重視，因此陸續造就了多次刑事司法制度的改革。其中除了 1997 年的強化被告人權的改革外，最大的變革在於 1999 年的改良式當事人主義的改革內容。其後，2010 年的持續變革與 2013 年後的重點改革，均獲致相當之成效。然而，2016 年才登場的再改革，項目極多，熱鬧異常，後效如何，有待觀察。

本文以臺灣近 20 年來（1997—2017 年間）刑事司法制度的改革脈動爲主軸，就歷次重大修法的背景與遭遇困境予以介紹，說明及檢討 20 年來重大司法制度變革的內容，並提出未來持續修法的方向與期待。

貳、1997 年的強化被告人權

1997 年之修正，堪稱"上世紀臺灣刑事司法制度的改革指標"，當時刑事訴訟制度雖早已由"糾問"走向"控訴"，但控訴終歸只有形式。檢察官雖作爲偵查主體，握有強制處分權，惟實質上並不負舉証責任，刑事訴訟之起訴證據仍全交由法官進行主道，使得"審、檢"雙方形同聯手共同打擊被告，無異於糾問制度重現。

因此，1997 年修法的改革在於強化被告人權之部分，其中包含：羈押決定權採行絕對法官保留原則，將羈押權限回歸法官，使剝奪人民自由權之羈押手段得到更嚴謹

　＊　張麗卿，臺灣高雄大學特聘教授、臺灣刑事法學會理事長。

的程序保障；再者，賦予被告緘默權，使被告無庸違背自己之意思而爲陳述；以及增訂不正方法訊問之禁止規定，例如，夜間訊問和疲勞訊問之禁止等；並增列人犯在途解送期間之限制，避免偵察機關不必要之拖延，恣意侵害被告之人身自由，使憲法人身自由權保障得以落實；最後，則是增訂智能障礙者若涉及刑事訴訟應予以強制辯護之規定，加強弱勢被告之訴訟防禦權，進而彰顯憲法訴訟權之保障。

1997 年的刑事訴訟法修法後，雖對於被告人權之保障有相當大的貢獻，然而，仍有許多弊病未受到解決。例如，檢察官依舊無庸負擔實質舉証責任，法官仍舊握有調查證據之主道權限，控訴制度並未落實，法庭的三角關係仍處於失衡狀態，也因此促成日後"改良式當事人進行主義"的變革。[1]

此外，隨著臺灣民眾使用法院次數增加，刑事訴訟制度若欲從"職權進行主義"轉向"當事人主道"，若無相關配套措施，司法機關負擔必將沉重。因此，立法者針對不同案情，制定相異處理方式。最爲顯著者，即爲 1990 年"簡易程序"的制定，其後更於 1995 年及 1997 年持續擴大"簡易程序"的適用範圍[2]。

參、1999 年後的改良式當事人進行主義

20 世紀末，臺灣面臨上述刑事司法的困境，因而引發一連串的改革。司法院於 1999 年召開司法改革會議，指出關鍵缺失有二：其一，審檢辯彼此實際權能不均，進而使得公平法庭難以落實；其二，訴訟制度設計不符合經濟效益，造成司法資源的長年虛耗。綜觀 90 年代末期至 21 世紀的改革特色，司法改革重點，主要圍遶在"改善法庭三角關係之失衡"，以及"減輕司法案件之負擔"兩大面向。以下説明這兩大主軸的重要變革：

一、改善失衡之法庭三角關係

面對審檢辯三角關係的失衡，其改革方向應朝向建構當事人實質平等的訴訟環境。其主要修法方向在於：檢察官應負擔實質舉証責任；被告，應強化被告訴訟防禦權，不至於落後檢察官過鉅；整體訴訟模式，盡力朝向當事人進行之模式修正。以下

---

① 在改良式當事人進行主義下，證據之調查原則應由當事人、代理人、輔佐人、辯護人或代理人聲請之，而非由法院職權調查。有關改良式當事人主義的詳細內容，參：張麗卿，《刑事訴訟法理論與運用》，2016 年 9 月，頁 364 以下。

② 本於訴訟經濟觀點與刑事政策目的，而設計的刑事案件簡易處理程序，除了簡易審判程序外，還有起訴便宜原則的適用，關於臺灣相關規定的內容以及與德國制度的比較，可參：張麗卿，《起訴便宜原則之比較研究》，《刑事訴訟制度與刑事證據》，中國檢察出版社，2016 年 9 月，頁 50—64。

是具體的作爲：

（一）落實檢察官的實質舉証責任

針對檢察官之舉証責任，2002 年“刑事訴訟法”修正 161 條：“檢察官就被告犯罪事實，應負舉証責任，並指出證明之方法。”其中，證明方法，應包括調查途徑、與待証事實之關聯以及證據證明力等事項，借此科以檢察官之實質舉証責任，貫徹無罪推定原則。第 2 項規定更“法院於第一次審判期日前，認爲檢察官指出之證明方法顯不足認定被告有成立犯罪之可能時，應以裁定定期通知檢察官補正；逾期未補正者，得以裁定駁回起訴。”借由“起訴審查”之規定，以立法方式要求檢察官檢視舉証是否達到起訴門檻，強化檢察官控訴力道。

然而，現仍採行“卷証並送”制度；亦即法官於審理前對於案件已了然於心，將可能使檢察官舉証責任流於形式。因此本文以爲，若要確實持續強化檢察官之實質舉証責任，可改採“卷証不並送”，避免審檢接力，干擾法官之心証。

（二）訴訟模式以當事人調查爲主

2002 年以前，臺灣仍是以職權調查爲主，例如法院調查優先原則、審判長應訊問被告調查證據等規定，皆彰顯職權主義之色彩。2002 年後，“刑事訴訟法”修正，改採“改良式當事人進行主義”，證據調查程序改以當事人爲主[1]，依據刑事訴訟法第 163 條，法院僅於事實未明、爲維護公平正義之必要或與被告利益有重大關係時，方得裁量是否補充介入調查。換言之，於證據調查程序中，法院之職權調查範圍已受到相當大程度之限縮。

實務上，臺灣地區“最高法院”更進一步於 2012 年第 2 次刑事庭會議決議做出決議，認爲法院僅就“有利被告事項”始有調查之義務[2]，可見法院調查證據之權限整體受到限縮，日益走向符合當事人進行主義精神之刑事證據調查程序。

（三）被告訴訟權的整體強化

改採“改良式當事人進行主義”後，證據調查程序由法院職權主道改由當事人進行主道。檢察官對於程序之進行必然較爲瞭解，且握有國家公權力，其訴訟實力必然強於被告，因此被告訴訟權的強化，在改行“改良式當事人進行主義”後，即是必然

---

[1] 證據調查若改以當事人爲主，檢察官之職權即至關重要。詳參：陳運財，《檢察獨立與檢察一體之分際》，月旦法學雜誌，124 期，2005 年 9 月，頁 11。

[2] 關於本決議，學說尚有不同意見，詳參：張麗卿，《刑事訴訟法理論與運用》，2016 年 9 月，頁 365。

要面對的課題，使其訴訟實力盡量能與檢察官相抗衡①。

目前臺灣設有之辯護制度有：公設辯護人、義務辯護人、選任辯護人以及法律扶助等，並設有"强制辯護"制度，使重罪或弱勢者涉訟，必有辯護人協助，確保弱勢族群面臨刑事訴訟時，受到足夠的辯護權保障。2006年，"刑事訴訟法"修正，更將偵查中案件亦納入强制辯護範圍，使强制辯護不再僅局限於審判程序當中。並於2010年修正，使被告與律師於羈押中有充分自由溝通之權利，不再受到不當之干預，亦無庸擔心談話内容可能作爲證據使用。

（四）建構堅實的事實審

臺灣之刑事訴訟程序，原則上採三級三審制。第一審爲事實審之審判中心；第二審採覆審制，形同"第二次的第一審"因此仍屬事實審。第三審則爲嚴格之法律審。臺灣實務上之案件，陷於經常往返二、三審的窘境，不僅造成訴訟之延宕，更造成第一審不斷上訴至第二審、第三審亦經常發回至第二審之"第二審肥大化"情形。此種情形表現出刑事審判結構不具效率，司法資源不斷消耗，法官工作負荷不斷加重，要求法官善盡應有的審判職責，無異緣木求魚。

建構一個堅實的審判結構便是刻不容緩的課題，其中又以事實審的建構最爲重要。至於如何建構出堅實有效的事實審，本文認爲，可以從交互詰問的確立、刑事審理集中化、證據法則的制定，三方面加以落實，以下分別討論。

1. 交互詰問的確立

交互詰問制度之建立及能否順利運行，乃刑事訴訟程序由"職權主義"成功轉型爲"當事人進行主義"的關鍵。交互詰問程序規定於刑事訴訟法第166條以下，大致上是由檢察官、被告（積極主動）分別對證人直接問話，使證人講出對自己有利證據；或發現證人虛偽陳述時，提出質問。

不過，交互詰問制度的運作仍有許多問題待解。例如法官、檢察官及辯護人一起詰問證人、交互詰問冗長，無法凸顯詰問重點，且講一句話就得記錄一句話，造成訴訟程序冗長，往往開一個下午的庭僅爲了交互詰問②。本文認爲，交互詰問衍生的問題，一方面應從提昇司法從業人員素質著手改革；另一方面則是於準備程序中切實整理出事實與爭點，方得於審判程序中有效率的發現真實。

---

① 例如，賦予被告對質詰問權，屬於强化被告訴訟權之一環，被告可借由對質詰問權之行使，確保其程序主體地位。詳參：張麗卿，《醫療糾紛鑑定與對質詰問權》，《東吳法律學報》，20卷2期，2008年10月，頁15。
② 此屬"當事人進行主義"下難以避免的缺點，詳參：王兆鵬、張明偉、李榮耕，《刑事訴訟法》（下），2013年9月，頁8—10。

2. 刑事審理集中化

2003 年前，刑事訴訟程序並未有集中審理的概念，法官的心証往往是歷經多次間隔久遠的開庭過程漸漸成型，很難進行有效率的法庭活動，造成實務工作者不少積案壓力。採行"改良式當事人進行主義"後，"集中審理原則"概念應孕而生，法院應將人物齊聚，集中證據調查與審理時程，有條不紊、按部就班迅速終結案件。因此，以梳理案件爲目的之"準備程序"，便扮演相當重要的角色，該程序具有過濾案件、整理爭點、篩選無證據能力證據之功能，係審判程序得順暢有效率進行集中審理之基石①。

此外，爲呼應集中與迅速審理，2010 年通過"刑事妥速審判法"，② 以契合"公民與政治權利國際公約"，保障人民接受迅速審判權之意旨。例如，該法第 4 條規定："法院行準備程序時，應落實刑事訴訟法相關規定，於準備程序終結後，盡速行集中審理，以利案件妥速審理。"即明文要求法院應盡速審判。

3. 證據法則的制定

發現真實，有賴證據的存在，以及"證據法則"的適用。其主要在落實幾項原則：一、無罪推定：排除傳統有罪預斷的觀念；二、證據裁判：犯罪事實依證據認定；三、自由心証：心証不能違背經驗及論理法則；四、嚴格證明：證據判斷須經合法調查程式。

2003 年修法的核心，便是證據法則的修正。首先爲"重大違法取証採絕對排除"，例如違背訊問禁止規定與告知事項，以及證人、鑑定人未具結所爲陳述，因此所得之證據皆予以絕對排除③；針對違反法定程式搜索、扣押等取証採相對排除，借由"刑事訴訟法"第 158－4 條審酌人權保障及公共利益間均衡維護判斷是否排除該證據④。

另外，就"自白法則"亦有大規模的修正。過去司法實務過度依賴自白，産生刑求取供、威逼利誘等不正訊問方式，造成錯誤判決和冤獄。因此 2003 年修法，規範偵查機關須需找尋其他證據（補強證據）佐証自白犯罪並非虛構，且自白必須符合

---

① 林俊益，《論準備程序有關證據能力爭議之調查——最高法院九十四年度臺上字第七二七四號判決之闡析》，月旦法學雜誌，139 期，2006 年 12 月，頁 256—257。
② 影響本法迅速立法的重要關鍵報導文學作品爲"流浪法庭 30 年"，全書寫三名銀行官員從 1979 年到 2007 年才獲三審無罪定讞，共達 28 年 6 月之久，是臺灣審判耗時最長的一個案件。本書深入探討臺灣司法"積案如山"的現況及成因。該書披露後，獲得巨大迴響，時任"司法院長"賴英照教授、陳長文所長及蘇永欽教授均爲之提序推薦。本人的序題爲：法律與文學的美麗火花。
③ 詳參：張麗卿，《關係人變被告》，月旦法學教室，73 期，2008 年 11 月，頁 23。
④ 詳參：張麗卿，《檢查身體之鑑定處分》，月旦法學教室，63 期，2008 年 1 月，頁 18—19。

"任意性"及"真實性"方得做爲證據。

除上述議題之外，關於被告以外之人審判外陳述，證據能力究竟如何，向來是實務重大困擾，2003 年修法時，亦引進"傳聞法則"，增訂"刑事訴訟法"第 159 條。依照該條規定，傳聞證據原則上不得採爲證據，但爲兼顧現實需要及實務運作無礙，亦設有例外規範，例如法官及檢察官前之陳述①、檢警偵調中之陳述、紀錄、證明文書符合必要性、可靠性、可信性的情況保證要件下，依情形定其證據能力等。

二、減輕司法案件之負擔

刑事證據調查趨於嚴謹、交互詰問下的法庭攻防，法院必須耗費更多時間精力進行審判，爲有效緩解當事人進行主義下累積的龐大訟源，陸續調整制定以下四道緩解訟源的機制：

（一）增定緩起訴制度

緩起訴制度是兼顧訴訟經濟與當事人進行主義的配套措施，主要參酌日本起訴猶豫制度，充分發揮篩檢案件功能，起訴案件大量減少。因此被譽爲"精密司法"，其主要功能在於使輕微犯罪，盡早脫離司法程式枷鎖，協助司法機關將心力投注重大復雜案件②。

2002 年，新增第 253 – 1 條"緩起訴處分"，其適用範圍限於輕罪，亦即被告所犯者爲"死刑、無期徒刑或最輕本刑三年以上以期徒刑"以外之罪方有適用，且須檢察官考慮認以"緩起訴爲適當"者方得科以緩起訴處分。至於是否適當，則分別觀察是否具充足的犯罪嫌疑以及權衡再社會化與一般預防綜合判斷。其優點在於犯人沒有經過公開審判或貼上標籤，因此緩起訴更能鼓勵自新。

（二）實行簡式審判程序

"簡式審判"是除被告所犯爲"死刑、無期徒刑、最輕本刑爲三年以上有期徒刑之罪或高等法院管轄第一審案件"者外，因案情已臻明確，審判長可參考當事人意見裁定進行簡式審判程式③。

該程序貴在迅速便捷，因此主要在於簡化繁複之證據調查程序，例如交互詰問程序、傳聞法則皆可省略。其優點及效果在於合理分配司法資源（訴訟經濟），以及迅

---

① 不過，法官或檢察官面前所爲的法庭外陳述，並不必然就有高可信度，因此第 159 條之 1 的理解上，應有"證人傳喚不能、所在不明"等不成文要件，以免傳聞證據立法的美意遭受破壞。參：張麗卿，《傳聞與共同被告的調查》，月旦法學教室，95 期，2010 年 9 月，頁 19。

② 緩起訴制度之詳細說明，可參：張麗卿，《刑事訴訟法理論與運用》，2016 年 9 月，頁 485—491。

③ 詳參：張麗卿，《刑事訴訟法理論與運用》，2016 年 9 月，頁 577。

速終結審判，被告免於訟累。

（三）擴大適用簡易程序

簡易程序，係指第一審法院認定被告犯罪事實證據明確，透過檢察官聲請或法官自行認定開啓程序，以"書面審理"替代通常審判程序。簡易判決所科之刑爲宣告緩刑、得易科罰金之有期徒刑及拘役或罰金之罪，是以"凡法院得爲二年以下有期徒刑、拘役或罰金宣告之案件"皆可適用簡易程序。簡易程序，最大特色亦在於簡化嚴格證據調查程序，采用書面審理的模式①。

（四）引進認罪協商制度

2004 年，增訂"認罪量刑協商"程序，規範在"刑事訴訟法"455－2 條以下②，其立法理由在於：爲建構良好的改良式當事人進行審判環境，將被告不爭執且非重罪的案件，宜適用協商制度快速終結，使法官專心重大繁複案件審理③。

協商制度程序，首先必須使檢察官與被告就 1. 科刑範圍、沒收之範圍、緩刑 2. 被告向被害人道歉 3. 支付賠償金 4. 向公庫支付一定金額，等事項進行協商並達成合意，再由檢察官向法院聲請協商判決，而法官必須依協商範圍進行判決。近年來，透過協商程序結案之案件量，每年均在 4500 件以上，2011 年甚至高達 8061 件④，顯示其確實有效紓解刑事訴訟資源。

肆、2010 年後的持續變革

2002 年以來雖不斷進行司法改革，但仍有許多待改善之處，諸如：未採卷证不並送、律師辯護品質不一之問題。更重要的是，案件量過大的問題仍無法獲得有效解決，司法判決無法獲得人民信賴。

2010 年 7 月中旬，法官、檢察官收賄情事接連爆發，震撼了臺灣社會。9 月下旬，連續幾件幼女性侵案件，法官都認定"沒有違反當事人意願"，爆發了白玫瑰運動，超過 10 萬網民連署要求法官下臺。在人民對於司法不信任的浪潮下，爲回應排

---

① 基於訴訟經濟而設之簡易程序制度，於 1995 年、1997 年皆修法擴大其適用的範圍，有關歷次重大修正的內容與疑義，可參：張麗卿，《刑事訴訟法理論與運用》，2016 年 9 月，頁 609—619。

② 關於協商程序之説明，可參：王兆鵬、張明偉、李榮耕，《刑事訴訟法》（下），2013 年 9 月，頁 120—145。

③ 重罪不得協商之理由，是因重罪協商將造成被告心理壓力，爲避免推定無罪之被告受不當之心理壓力，不適宜以簡易程序終結，而將重罪排除。參：王兆鵬，《新刑訴．新思維》，2004 年 10 月，頁 178；黃朝義，《訴訟制度：第五講—簡易訴訟制度——協商程序》，月旦法學教室，35 期，2005 年 9 月，頁 87。

④ 參考"司法院"年報。http：//data. gov. tw/node/44549（最後瀏覽日期：2017 年 7 月 4 日）。

山倒海的民怨，2011 年通過 "法官法"，作爲評鑑法官及檢察官之依據。"司法院" 更爲回應人民的司法改革聲浪，召開 "全民司法改革策進會"[①] 重新研擬司法改革的重大方向及人民參與審判的制度，希望借此挽回司法聲譽，讓人民相信司法。

（一）2011 年全民司法改革策進會

爲發揮訴訟制度功效，縮短社會與司法的距離，提高人民對司法的認識與認同，司法院組成 "全民司法改革策進會"，並於 2011 年 4 月，由 "司法院院長" 主持之首次會議正式啓動新司改，並以五個工作小組、四個委員會依計畫運作，並以各地方法院爲司改基地，期待司法決策更貼近民意。

爲解決積案問題，"刑事訴訟改革成效評估委員會" 確認 "刑事訴訟分流" 基本方向，將 "明案速斷、疑案慎判"。並將第二審朝向 "事後審" 及 "續審" 調整，並將第三審定位爲 "嚴格法律審"，由法律明文上訴事由，且僅得於抵觸憲法、違背司法解釋或判例時廢棄原判決。借此宣示金字塔型訴訟架構的落實勢在必行。

（二）人民參與審判

人民參與審判，其主要目的在於使司法程序透明化，提昇人民對司法的信賴。人民透過參與審判，可以對於法律規範與法庭活動更加理解，並因理解而信賴，展現司法民主化精神。

2012 年 6 月 "司法院" 提出 "人民觀審條例試行草案"，其後 2012—2014 年間司法院努力推動人民觀審制度在各地方法院試行，讓經由一定程序選出的人民擔任 "觀審員"，針對一些重罪案件，全程參與 "第一審" 法院的審判程序，觀審員在法官下判決結論時，雖不能參與表決，但可以表示意見，提供法官下判決時的參考[②]。遺憾的是，該制度因被質疑觀審員只有表意權沒有表決權的疑慮，以致於該制最後因政黨輪替，而胎死腹中。

伍、2013 年後的重點改革

臺灣於 2009 年通過 "公民與政治權利國際公約及經濟社會文化權利國際公約施行法"（簡稱 "兩公約施行法"）將兩公約視爲 "內國法"。刑事司法制度作爲憲法及

---

① 該會主要功能在於聽取，由其下所設幕僚小組所提之改革方案及各界建言，經討論後，提出推動改革之具體建議，召集人兼主席爲 "司法院院長" 賴浩敏，本人亦爲 "委員" 之一。http://www. judicial. gov. tw/revolution/index2. asp（最後瀏覽日期：2017 年 7 月 7 日）。

② 參考 "司法院" 人民參與審判網站。網址：http://www. judicial. gov. tw/LayParticipation/intro01. asp（最後瀏覽日期：2017 年 7 月 15 日）

人權保障之測震儀，① 其修法方向亦隨著兩公約施行法之通過，更轉向強化人權保障與被告防禦權之維護。大體而言，2013 年後因兩公約影響而有的司法改革，大致如下：

（一）再次強化辯護範圍

2013 年"刑事訴訟法"修正第 31 條，將強制辯護案件適用範圍持續擴張：於審判中，若被告具有少數民族身分或爲低收入戶、中低收入戶，則其所涉之刑事訴訟案件應予以強制辯護；於偵查中，亦使智能障礙者及具少數民族身分者獲得強制辯護之保障。此外，修正第 95 條，若被告爲少數民族、低收入戶、中低收入戶，應告知得請求法律扶助。

近日的修正，則是司法院針對羈押中被告之權利，進行"憲法法庭言詞辯論"，做出釋字 737 號解釋，該號揭示："本於憲法第八條及第十六條人身自由及訴訟權應予保障之意旨，對人身自由之剝奪尤應遵循正當法律程序原則。偵查中之羈押審查程序，應以適當方式及時使犯罪嫌疑人及其辯護人獲知檢察官據以聲請羈押之理由；始符憲法正當法律程序原則之要求。"，2017 年 4 月 26 日，依據該號解釋公佈修正第 101 條第 3 項，規定重點有二：一、羈押程序原則上應強制辯護；二、偵查中，以提供閱卷爲原則，僅於有礙偵查之部分，才得以例外限制或禁止。

對於保障被告辯護權之立意，本文表示贊同。然而，未來被告防禦權仍有待改善之處，例如律師品質參差不齊，且受法律扶助之被告皆爲弱勢或重罪，若未賦予更佳之辯護品質，幾與未保障其辯護權無異。因此，未來應朝向：培養刑事專業扶助律師、擴大法律扶助範圍及律師員額並建立有效的評鑑機制，繼續落實、努力。

（二）軍事審判的改革

2013 年，某士官因攜帶有照相功能的行動電話，遭查獲而被懲處禁閉，由於禁閉處分過度嚴厲而死亡。這個事件引發"廢軍審，回歸普通法院"的聲浪，促成軍事審判法修正②。

該次修正將軍人犯罪分爲"戰時"與"非戰時"。僅於戰時，方適用軍事審判法；若爲非戰時，則應回歸刑事訴訟法。

---

① 保障個人基本權的法治國原理，當然可適用於任何訴訟程序，而"刑事訴訟法"作爲國家刑罰權具體化所依據的法規，因此更顯其重要性。參：張麗卿，《憲法解釋與訴訟權之保障—以釋字第五六九號爲中心》，東海大學法學研究，24 期，2006 年 6 月，頁 4。

② 蘋果日報 2015 年 2 月 9 日，"洪仲丘枉死，白衫軍上街促‘軍審法’修法"。網址：http：//www. appledaily. com. tw/realtimenews/article/new/20150209/556703/（最後瀏覽日期：2017 年 7 月 14 日）

（三）"通訊保障監察法" 的修正

2013 年 6 至 9 月，特偵組懷疑柯建銘涉收賄案，向臺北地院聲請監聽。監聽中錄到 "柯建銘立委，請立法院院長王金平代爲處理全民電通背信案"。時任 "檢察總長" 的黃世銘親自求見馬英九，報告調查內容，進而引發濫權、違法監聽批評。因此促成 "通訊保障及監察法" 之修正[①]。

2014 年 "通訊保障及監察法" 修正，將通訊監察書之核發採 "絕對法官保留"，而通訊紀錄之調取採 "相對法官保留"；且一份通訊監察書僅得監聽一 "人" 非一 "案"，以確實將通訊監察與個人之人權保障做正確之連結。此外，原則上亦不容許另案監聽，若取得另案內容，原則上無證據能力。

（四）破除冤獄的再審制度

2015 年修法前，若因發現新事實、新證據而聲請再審，須符合 "新規性"，（指判決當時已存在，判決前未發現）和 "確實性"（指足以動搖勝敗）二要件。因此，若是判決後始存在的事實、證據即無法提起再審，例如：因新舊技術道致 DNA 鑑定結果不同，新鑑定結果將因不具 "新規性"，而無法據之聲請再審，恐造成許多已確定案件，雖有新事証得推翻原判決，但因法律之要件，而無法獲得再審之機會，造成不當之冤獄。

然而，再審制度應重在真實發現而非否定舊判決[②]，因而 2015 年刑事訴訟法修法，新事實、新證據之要件，僅需較原先事實、證據 "新" 即可，且不論判決前或判決後存在皆可，使得許多冤獄案件得以重新聲請再審，逐漸破除原先狹隘的再審大門。

陸、2016 年後的再改革

近 20 年來，臺灣雖然歷經多次的司法改革，但是仍許多重大案件之判決結果，難以符合人民期待，司法人員與人民之間的鴻溝越來越大。2016 年 5 月 20 日，蔡英文於就職演說時，聲明 "司法必須回應人民的需求，不再只是法律人的司法，而是全民的司法"，揭開臺灣司法再一次改革的序幕。2016 年 11 月，司法改革國是會議籌備

---

① 本次 "修法" 兼顧了許多重要的原則，包括：令狀元則、重罪原則、補充性原則、最小傷害原則、期間限定原則、事後監督原則。參：張麗卿，《通訊保障及監察法之修正與評析》，月旦法學雜誌，229 期，2014 年 6 月，頁 45。

② 相同意見，如王兆鵬，《重新檢視爲受判決人利益之再審制度》，臺灣大學法學論叢，39 卷 3 期，2010 年 9 月，頁 311。

委員會正式設置，並由蔡英文自任召集人①。

該次國是會議議題龐雜，將整體司法改革議題分爲五組，各組別之主要任務如下②：

（一）保護被害人與弱勢者的司法

長久以來，司法改革均著重在"審、檢、辯"的三方結構，因此，本組以"保護犯罪被害人"、"減低冤案發生與強化救濟機制"、"保護弱勢族群在司法中的處境"、"司法科學、鑑定機制與專家證人"、"偵查不公開、媒體影響審判與隱私保護"等議題爲重點。

（二）全民信賴公正專業的司法

如何從程序及組織的角度，對現行司法體系進行改造，以增進司法程序的效能，進一步落實憲法對於人權的保障，提昇人民對於司法的信賴。

主要議題包括："建立人權、效能、透明的大法官解釋程序"、"司法政策權歸屬－雙元司法行政系統的變革"、"建構效能、精實的法院組織與程序"、"建構專業的法院/法庭"、"切斷政治與司法的糾葛，維持司法的中立"及"設置司法政策研究機構"等。

（三）權責相符高效率的司法

權責相符的高效率司法，主要就審、檢、辯三方的內容進行檢討，討論如何提昇法律專業人員之能力進而提昇司法效率。其議題包括："提昇檢察系統的透明與效能"、"檢討法官、檢察官的任用、監督與退休給付"、"律師的專業化與職業倫理"、"檢討檢、警、調人員的專業分工"等。

（四）參與透明親近的司法

"建立參與、透明、親近的司法"，就是希望司法友善，透過改革拉近、消弭司法體系與人民之間的距離。討論內容有："法律人的養成、考選、專業訓練"、"人民參與司法"、"公開透明的司法"、"親近人民的司法"等。

（五）維護社會安全的司法

社會安全的議題範圍相當廣泛，本組橫跨刑事法、犯罪、警政、獄政、婦幼、少

---

① 有關此舉，各界意見看法不一，參照：《蘇永欽批蔡干預司法府倒打蘇：脫離時代價值》，https：//video. udn. com/news/524699（最後瀏覽日期：2017 年 7 月 16 日）。

② 以下內容，均參考："司法改革國是會議"官方網站，https：//justice. president. gov. tw/meetinggroup（最後瀏覽日期：2017 年 7 月 16 日）。

年、金融投資、媒體、政治等多元領域，討論議題大致有："獄政制度改革"、"毒品、物質濫用、精神疾病犯罪等刑事政策檢討"、"有效打擊犯罪"；"犯罪預防與管理"、"兒少與性別司法制度檢討" 等。

柒、結語

臺灣近 20 年來的若干司法改革措施，具有指標性的意義，例如，改採改良式當事人進行主義，改革的主軸以 "改善失衡之法庭三角關係" 及 "減輕司法案件之負擔" 爲目標而務實的持續前行。

司法最受人期待的，便是裁判品質，尤其是社會矚目的重大案件。因此，必須讓比較輕微的案件不要進入審理程序，或者不需要經由通常的審判程序。過去的司法改革爲此做了一些重要的決定，例如，規定緩起訴制度、簡易程序、簡式判決。目前刑事司法實務上，這些制度的運用都相當廣泛，也讓通常審判程序得到一定程度的抒解。

2016 年以來的臺灣司法改革，沸沸揚颺，熱鬧異常，但一般的評價是內容繁雜，共識有限。無論古今中外，一切改革的大病就是 "求其廣泛"，這是失敗的宿命。無論何種改革，成功的要素必須是 "逐步漸進"，而非 "無所不包"，司法改革的決策，也不能貪多。司法改革必須針對核心議題。

目前臺灣司法改革的迫切議題，仍應是 "人民參與審判" 與 "抒解案件壓力" 的核心。人民參與審判，是爲了讓司法更透明、更公開、更無可質疑。問題只是，參與的型態是什麼。這已經討論了幾十年，有爭議的是，要采取陪審制或參審制？或傾向於陪審制或參審制？這是司法改革的核心，永恆的議題，需要不斷凝聚共識，但也無須急於得到答案。至於諸如 "法庭直播" 等，則值得商榷[1]。

抒解案件壓力一直是司法界的夢想，長期以來就是司法改革的核心。針對這項議題，陸續建立了改善的制度，只是人民權利意識的昇高，讓訴訟案件越來越多，每個法官的案件量都超過負荷的限度，如何要求法官辦好每一個案件？解決之道無非是 "刑事訴訟分流" 的基本方向，金字塔型訴訟架構的落實勢在必行。讓案件合理地進入審判程序，法官可以有更多時間審理案件，思考判決的理由，所謂慢工出細活，法官的判決才能更具說服力，人們對司法才有更多的信賴。

---

[1] 司法不是演藝事業，司法的存在不是爲了取悅社會大眾。針對法庭直播的最大質疑是，被告因爲法庭直播在網路上任人指認，任人說三道四，如果判決有罪，烙印既深，將來如何復歸社會？而復歸社會不就是刑罰最重要的任務？所以法庭直播抵觸最根本的刑法理念。如果判決無罪，在法庭上被直播的人也已經受到難堪，名譽的損傷如何挽回？

論海峽兩岸新一輪之司法改革

林家祺[*]

壹、引言

海峽兩岸在近年不約而同進行了新一輪之司法改革，但兩岸各自側重之面向則有不同，大陸目前還處於維護司法獨立不受行政部門干預，以及司法裁判資訊公開之問題，但臺灣之司法除少數特例外大致已經獨立，基本上並不受行政部門之干預，臺灣面臨較大之問題是司法人員或司法判決不被人民信賴之問題[①]，臺灣之新領道人蔡英文在政治壓力下誓言司法改革，並稱將於 2016 年 10 月啓動新一輪司法改革之會議。而大陸在 2013 年十八屆三中全會決定了新一輪之司法改革方針，目標在於"確保依法獨立公正行使審判權檢察權。改革司法管理體制，推動省以下地方法院、檢察院人財物統一管理，建立與行政區劃適當分離的司法管轄制度，保証國家法律統一正確實施。"從大陸三中全會之司改方針可印証，大陸目前之司改還停留在維護司法獨立之議題上，亦即在大陸情況乃是法院無法制約行政機關，甚至是法院有時必須配合行政機關決定受制於行政部門，這樣之結果其實有很大之原因來自於人事權與預算權的控制來自行政部門。因此如果要司法機關確實獨立於行政部門之外，首先必須擺脫法院對地方的經濟上依賴，才能杜絕來自於行政機關的干預，進而建立司法獨立之威信，未來司法預算獨立對於大陸之司法獨立應有重要之影響。本文即就兩岸近年來進行之新一輪之司法改革作比較與評析。

---

* 林家祺，臺灣法學基金會副董事長、真理大學法律學係副教授、清華大學科技法律研究所兼任副教授。

① 臺灣之中正大學犯罪研究中心發佈"104 年全年度全國民眾犯罪被害暨政府維護治安施政滿意度調查"民調報告。該中心根據民調結果指出，有 43.9% 民眾認爲當前治安良好，雖爲歷年次佳表現，超過半數民眾仍表示不滿意，更值得警惕的是，民眾對院檢司法官的不信任度與不公正度卻持續飆昇高達 84.6% 與 76.5%。該研究報告是由中正大學犯罪防治係特聘教授兼犯罪研究中心主任楊士隆、及中正大學民調中心主任樓文達、犯罪防治係教授兼學務長鄭瑞隆、犯罪防治係教授兼係主任、犯防所所長許華孚所共研究完成。

貳、兩岸新一輪司法改革之異同

一、相同點——均屬由最高執政當局宣示改革

事實上海峽兩岸過去數十年來，均有各種不同程度之司法革新措施，然而此次新一輪之司法改革兩岸有一共同點就是均由最高執政當局啟動改革，大陸在 2013 年十八屆三中全會決定了新一輪之司法改革方針，由上而下之方式有別於以往由各司法部門啟動改革，有所不同，這種由最高執政當局下達之改革在大陸具有引導性之作用，可強化改革之廣度與深度，未來改革成效應可期待。①

至於臺灣方面 2016 年司法改革之推動也是由新領導人蔡英文啟動，預定於 2016 年先召開 "全國司法改革會議"，會議將不再采取以往之司法菁英式改革，而係欲廣納非法律背景之各界加入改革議題之討論，這個方向可以從新提名之 "司法院長" 謝文定之談話中可以獲得確認。大陸在 2013 年執政黨十八屆三中全會決定了新一輪之司法改革方針，目標在 "確保依法獨立公正行使審判權" 這一最高執政當局之政策性宣示將有助於未來具體落實司法獨立之相關改革。反觀臺灣所面臨的較不屬司法獨立之問題，而是司法過於獨立，而遭議司法獨裁之批評，這是來自於臺灣之司法獨立之要求在很早就已確立，盡可能在制度面免除法官審案之外在干擾與內部干擾，給予法官很寬廣之獨立審案空間，在這樣之條件下部分少數法官一些重大囑目之社會案件中不斷作出與整個社會情感相違背之判決，於是有所謂的 "恐龍法官" 之批評，這樣之發酵下讓臺灣司法人員在人民之信賴度履創新低，2016 年中正大學之調查結果竟有高達百分之 84 之人民不信任法院，讓執政者當頭棒喝，司法新一輪之改革也不得不由執政當局對人民公開之宣示。

二、相異點——兩岸改革面向之差異

在大陸之司法目前主要是在於司法獨立性之疑慮，也就是司法機關長期受到行政部門之牽制之問題，道致外界對於司法之獨立性公正性有所質疑。這和大陸方面關於

---

① 220 北京大學法學院，陳瑞華教授，"司法改革如何才能做得更好"？就對此由上而下之司法改革啟動撰文認為："通過執政黨政治性的檔，如十八屆三中全會、四中全會這種決議的方式通過司法體制改革的主要議題、框架和目標，這是過去前所未有的。説明本輪改革不是司法體制改革領道小組能決定的，已轉化成最高執政當局的政治決策。而且有個常設機構，中央深化改革領道小組，大大提高了它的政治規格，最高領導人擔任組長，若干常委擔任成員。深改小組的權威性、政治性、改革的力度前所未有"。參見 http：//www.21ccom.net/articles/china/ggzl/20150605125472_all.html（最後瀏覽日 2016 年 7 月 20 日）。

法院的設置和法官的管理，包括法官的任免、待遇、編制、昇遷、級別等都無與地方政府息息相關，這可能造成基層法院被地方政府所影響，影響司法之獨立性甚巨。[①] 是以大陸法院地方化、司法腐敗、地方保護主義與司法欠缺公信力的批評浪潮，其實本身當法院的人、財物受制於地方，具體個案中地方利益、國家利益和個人利益衝突之際，法院獨立公正行使審判權就難以實現。爲此，大陸未來之司法獨立性之改革必須讓司法部門完全獨立於行政部門之外，具體可行之作法包括：人事之獨立與預算之獨立等。

參、兩岸司法透明化之改革

一、法院裁判書之公開

（一）大陸方面

1. 關於司法透明化之改革，主要可從裁判書之公開來觀察

在早期兩岸之司法都是極爲封閉的體系，要求裁判書公開難上加難，法院長期不公開判決書，也反應了過去司法官素質低落判決書內容無法接受公眾之檢驗。其後大陸也認爲司法判決公開有其必要性，於是從 1999 年起最高人民法院連續三個《人民法院五年改革綱要》的相關規定中，都有這個目標。亦即順應司法公開的訴求一直是大陸最高司法機關的訴求。2009 年 12 月，爲進一步落實公開審判的憲法原則，擴大司法公開範圍，拓寬司法公開管道，保障人民群眾對人民法院工作的知情權、參與權、表達權和監督權，維護當事人的合法權益，提高司法水準，規範司法行爲，促進司法公正。2010 年《關於確定司法公開示範法院的決定》；值得注意的是法院裁判書之公開過去係由法院自行推動，但是這次大陸十八屆三中全會的決定中，表達要 "增強法律文書說理性，推動公開法院生效裁判文書" 乃是大陸執政當局的政治方針之一，終極目的是全面的將法院判決書公開上網，以期司法之透明化。相關之規範陸續公佈，2013 年 7 月，《最高人民法院裁判文書上網公佈暫行辦法》實施、最高人民法院關於人民法院在互聯網公佈裁判文書的規定，已於 2013 年 11 月由最高人民法院通過，並自 2014 年 1 月 1 日起施行。法院之裁判書公開後可提昇司法公信，因爲一旦裁判書對外公開即已相當程度就審判過程和結果對外公開，可成爲外部評價裁判品質之依據。然而亦有部分論者認爲在具體的實踐上並不如預期，並批評部分公開的裁判文

---

① 臺灣學者甚至評論認爲："新一輪的司法改革中，看到各種新制度的引進，表面上，可以看到大陸改革司法、重建人民法感情的決心；實際上，大陸仍未將審判權予以獨立，只要法官不真正獨立，所有的改革都只是空中樓閣，經不起考驗"。林志潔，《大陸司法改革白皮書之簡介與短評》，《展望與探索》第 10 卷第 11 期，頁 30。

書，如中國法院網、河南裁判文書庫、中國知識産權裁判文書庫以及中國海事裁判文書庫等，並不具備有嚴格意義上的法律數據庫的特徵與功能。本文就整體而言，認爲大陸之司法裁判公開乃屬跨出正確之一步，值得贊許。

2. 大陸司法裁判書公開之初步成果

大陸司法當局有感於透過司法裁判文書的公開，才能促進司法公正、維護當事人的合法權益；2013 年底由最高人民法院通過，法院判決必須在網路公開的決定，初步的具體成果可從"中國裁判文書網"的設置來説明。中國裁判文書網設置迄今，總瀏覽量超過七億人次，成爲目前全球最大的裁判文書網。到 2016 年四月，各級法院上傳公佈的裁判文書達一千九百餘萬份。① 該網並可依不同之條件查詢，已具法律數據庫特徵。透過搜尋上網公佈之判決書，不少民事判決書的内容，已經品質有所改進也能呈現司法審判過程和結果。不過由於大陸幅員遼擴，各省市之客觀主觀條件差異甚大，目前尚未能全面性之公開，未來努力之目標仍應朝全面化推動公開上網。

（二）臺灣方面

1. 裁判書之公開

臺灣在裁判書之公開之改革較大陸更早十餘年，因此基本上臺灣之裁判書公開基本上業已相當全面性及完整性，反而現在臺灣面臨的時裁判書過度公開會影響到當事人部分個人隱私或個人資料之保護（如：身份証字號、住所、居所等）之疑慮，爲此臺灣之司法院爲研議各級法院裁判書公開之方式，於 2012 年 10 月 19 日邀集"最高法院""最高行政法院"、臺灣高等法院、臺北高等行政法院、以及臺灣臺北、士林、板橋、新竹、臺中、高雄地方法院，開會研商法院組織法第 83 條規定之適用事宜，並作成以下結論：一、法院組織法第 83 條爲各級法院裁判書公開之特別規定，應予優先適用。故除法律另有規定外，各級法院及分院裁判書應以公開爲原則，至於所稱另有規定之法律，係指專門針對裁判書定有限制公開其内容之法律而言。二、各級法院及分院公開之裁判書，其公開内容，應包括當事人及其他訴訟關係人等自然人姓名，不含自然人之身分証統一編號、護照號碼及出生年月日、地址，並得不含其他足資識別該個人之資料。

肆、臺灣改革失敗之借鏡

一、觀審制未施行即走入歷史

臺灣之"司法院"很早就開始研議有關人民參與刑事審判的相關法制，2012 年 1

---

① 筆者於 2016 年 7 月 24 日之瀏覽，顯示已有 19457499 篇之裁判書在線上供檢索，參 http：//wenshu. court. gov. cn/

月 11 日"司法院"參酌世界各國法制研議一套"人民觀審制",此制主要由司法院副院長蘇永欽推動。觀審制的主要內容如下①:1. 依一定程序選出人民擔任觀審員 2. 針對一些重罪案件 3. 觀審員從頭到尾全程參與"第一審"法院的審判程序 4. 觀審員在法官下判決結論時,不能參與表決,但可表示意見,法官有義務納入判決"參考"。依司法院司法院版本"人民觀審試行條例草案",本來預定該草案於 2012 年春季完成立法程序,並擇定士林、嘉義兩個地方法院"試辦"。但因各種複雜之因素道致該條例在立法院三年多均無法獲得通過。2016 年新政府上臺後"司法院副院長"蘇永欽在請辭獲准後,發表了公開信與批評執政當局刻意阻饒觀審制之立法進程,臺灣之"總統府"亦公開反駁,至此推動觀審制在未來極可能走入歷史,一切從頭再規畫。其實,基本上本於司法民主化的理念,本來道入"人民參與審判"之走向應是增加司法公信之有效作法,這樣會使審判權不再僅由職業法官單獨行使,因而更具備民主正當性。觀審制失敗之另一原因是,民間司改團體之對觀審制之失望,民間司改團體認爲司法院之觀審制剝奪實質決定權,人民淪爲觀審的背書花瓶②,國民參與審判的制度核心,在於降低由職業法官獨攬審判權力所可能出現的風險。因此認爲應賦予人民"實際參與決定的權力"。然而,"司法院"之觀審制之人民觀審員對法官也僅供參考,並無拘束力。臺灣在觀審制走不下去之際,新當局上臺即宣示將於 2016 年召開全國司法改革會議,未來之改革走向恐必須等待十月份召開全國司改會議後始能明朗化。

二、法官法之淘汰機制形同虛設

臺灣另一個被認爲失敗之司法改革制度—汰除不適任法官機制,施行迄今沒有依該法淘汰任何一位法官,被譏爲法官"保障法"。去年宣騰一時之製造黑心油事件,集團董事長也被法官以自行製造搆成要件之方式硬判無罪,再度引起臺灣全民之公憤。③ 按審判獨立僅是是權力分立原則下,爲履行司法對人民保護之義務而衍生,並非以審判獨立而可置法官違法濫權之藉口。爲保障人民受充分而有效公平審判之權利,以維護人民之司法受益權,且由"憲法"第 81 條身分獨立保障原則之規定亦可推知,當法官有違法失職應予課責之事由發生時,不僅亦應受適切之懲戒處分,尚得

---

① 臺灣方面相關之觀審制主要精神及規定,參見"司法院"官網 http://www.judicial.gov.tw/Guan－Shen/(最後瀏覽日 2016 年 7 月 20 日)

② 臺灣民間司改會網頁 https://www.jrf.org.tw/articles/217。

③ 例如:2015 年頂新案判決"適用法律"最大的爭議,就是臺灣之食安法第 49 條第 1 項所規定的犯罪搆成要件,明明沒有食品"客觀上有造成人之生命、身體、健康危害之虞爲限"這個要件限縮,但法官卻硬加上這個要件而判決黑心商人無罪。這種適用法律方式一般民眾實在無法理解,再度引起民眾對"司法信心喪失怠盡"。

在依正當法律程序下，免除其法官職務，以淘汰不適任者，方能使整體司法權運作之機制更爲健全。臺灣之法官法本來係爲提昇裁判品質，但2011年三讀通過法官法引進法官評鑑制度，藉以淘汰不適任的劣幣，但形同虛設。爲淘汰不適任之法官2011年三讀通過法官法，引進法官評鑑制度，本欲借此法淘汰不適任的法官，但形同虛設。因爲法官法第30條第3項規定"適用法律之見解，不得據爲法官個案評鑑之事由"，這就思味著，縱使法官誤用曲解法律到達全民公憤之地步，也不得懲戒法官。這條之立法理由是"法官執行職務適用法律之見解，如發生歧異，乃獨立審判不可避免之結果"，爲維護司法獨立，應讓法官有寬廣的裁量空間。臺灣有許多律師及法界人士反對此項規定，因爲此項規定形同法官是"絕對免責"，讓本來欲淘汰不良法官之法官法變成絕對保障法官違法裁判之護身符，何其諷刺？當法官作出一個絕大多數國人都無法接受之判決理由時，如果此時還能不將法官送交評鑑委員會，試問如何能區分法官到底是"誤解法律"還是"曲解法律"？由於上訴審只能檢視"判決"本身，並不能檢視"法官"本人，因此正本清源還是要再修法將法官法第30條之"絕對保障"條文刪除。

伍、兩岸司法之電子化改革

（一）大陸方面之電子化

兩岸在司法電子化改革亦有著墨，大陸部分法院如河南省，已經開始試行建設完全借用網路系統進行案件記録、檔卷系統、流程管理全面電子化的法院審判，朝無紙化的作業時代嘗試，未來也可能達到法庭資訊審檢辯同步。事實上，司法訴訟之過程透過網路而逐漸公開透明，亦可減少訴訟當事人乃至社會公眾取得正確法院資訊的障礙，避免以訛傳訛，有助建立司法之公信力。因此全面之電子化不僅是資源或效能之問題而已，兩岸均應將之列爲司法改革的優先目標。

（二）臺灣方面之司法電子化

臺灣方面之電子化除了前述之裁判書上網業已成熟，在筆録之電子化亦有可觀之成效，目前全臺各地之法院審判筆録，幾乎都在一周內可以上網供律師查詢並下載，節省了許多以前人工閱卷之人力與物力。臺南高分院實施了司法電子化措施，也就是審判卷证全面電子化措施，實質提昇了審判工作的效率，也實質提昇了裁判與法官評議的品質，應該將之視爲臺灣司法改革工作中，尤其是在增加司法審判透明度與正確性上，一項十分令人意外的具體成績。臺灣之"司法院"也有推動全面電子卷宗化之計畫，但目前僅限於單一法院之實施尚未擴及全國各地之法院均普遍施行。

陸、結論

兩岸對經濟發展均有高度之重視，而經濟發展尤其是外商在評估投資之法律風險時，司法是否能獨立公正行使職權而不受行政之干預乃重要之指標，因此司法獨立除具有實現公平正義外，亦兼具有經濟之正向發展之因素之一，一旦被外資認定有健全獨立之司法制度，外商基本上認為權利保障有獨立司法部門之維護，而具有較高之參與投資意願。此外，本文認為兩岸之司法改革應再強化律師之改革參與度，其實廣義而言增加律師之參與就等於是增加改革的社會參與度，尤其律師是司法制度、訴訟制度的最大消費者，他們直接親身參與了體制之運作，最瞭解體制的優劣，最瞭解存在的弊病和痼疾。另一方面，是因律師是第一線與人民接觸之橋樑①，目的在於合法保障人權，但兩岸之司法改革似乎都未能將律師納入司法改革之適當位置，以臺灣為例就因為律師被排除在司法改革之決策圈外，因此，律師在多年前被迫自行成立民間司法改革基金會，轉換成監督者之角色，但以民間力量始終無法有效的協助司法部門推動司法改革，大陸方面之司法改革亦同樣有由官方之主道而未適當納入民間之意見與律師參與之弊。另外值得欣慰的是兩岸這次新一輪之司法改革均係由最高執政當局（雖然大陸是由執政黨下達，而非政府部門），但無論如何至少具有宣示性之作用，對於日後之真正落實還是起了積極正面之作用，應予肯定。兩岸之文化歷史相同，司法方面之革新所面對之問題有類似之處，亦有各自面對不同之政治與社會背景因素，但人民對司法能夠發揮社會公平正義實現之期許並無差異，值此兩岸啓動新一輪之司法改革之際，吾人還是衷心盼望兩岸未來之司法改革是成功的，且能為人民所信賴。

---

① 臺灣前"司法院長"賴英照在一次司法座談會中表示，座談會舉辦之目的在於建立律師與司法機關的交流平臺，審、檢、辯雖各自在不同崗位上努力，但保障人民訴訟權利、實現社會正義的理念一致。律師在第一線接觸訴訟當事人，最瞭解民眾的需求，希望律師能扮演人民與司法機關之間的橋樑，協助法院發現真實，讓司法審判更加進步。以上參見，《司法週刊》，1762 期。

台湾地区新一轮"司法改革"初探：模式、法理与影响

刘文戈*

2016 年，台湾地区"政党再轮替"，蔡英文当选台湾地区领导人。对于"政党再轮替"的关注，现有研究聚焦于行政、立法两权的变化，较少关注司法权。司法权虽然在权力架构中呈现"被动""中立"的弱势形象，但其运行的过程影响台湾社会的方方面面，是台湾形塑"法理定位"的重要场域①，与两岸共同打击犯罪及司法互助框架息息相关。台湾地区司法权及其在"政党再轮替"后的变化亟需得到重视。

在 2016 年的台湾地区领导人竞选过程中，蔡英文提出了关于"司法改革"的政见，主张"由'总统'亲自领导司法改革"②。就任后，蔡英文着手在"总统府"设置机构负责司法改革，准备召开所谓"司法国是会议"，启动"司法改革"。2016 年 7 月，台湾地区现任的司法主管机构正副负责人提出辞职，并针对蔡英文的"司法改革"有关问题提出了不同意见，引起了一些公法上的争论。台湾新一轮"司法改革"尚处于预备阶段，尚无法对蔡英文的"司法改革"具体内容的实施进行观察。然而，从"司法改革"的推动模式观察，已经可以见得一些新变化，值得我们关注。本文将重点分析台湾地区新一轮"司法改革"的组织模式，探讨相关法理争议，并对台湾地区新"司法改革"组织模式可能带来的影响进行展望。

一、台湾地区新一轮"司法改革"的组织模式分析

台湾地区"司法改革"改什么？由蔡英文在竞选期间提出的台湾地区新一轮"司法改革"，列举了历次"司法改革"的不足，指出了台湾地区司法存在的若干问题，提出建立"人民的司法"，实现司法"民主化""专业化""透明化"等价值目

---

* 刘文戈，男，武汉大学法学博士，两岸关系和平发展协同创新中心、厦门大学台湾研究院助理教授，硕士生导师，主要研究台湾问题、两岸及港澳法制。

① 参见周叶中、祝捷：《台湾地区"宪政改革"研究》，香港社会科学出版社 2007 年版。

② 参见蔡英文：《蔡英文司法改革政策谈话全文》，载台湾地区民主进步党网站，网址：http://www.dpp.org.tw/news_content.php? sn=8120，最后访问日期：2016 年 7 月 25 日。

标，并从"建立人民的法院""修正'司法院'定位""健全'违宪审查'机制""刑事人权保障""加强司法人员的专业能力""司法人员任用及监督淘汰机制""建立友善人民的司法环境""普及法治教育及司改政策理念""革新狱政体系"等九个方面详细列举了具体的改革内容①。可以说，蔡英文的"司法改革"政策主张覆盖了台湾地区司法所面临的绝大多数现实问题，涉及侦查、审判、立法、法治教育、司法行政、刑罚执行等不同的面向。

台湾地区领导人关于司法的论述（1996—2016）

时间	姓名	"就职演说"中的司法论述
1996.5.20	李登辉	"……司法改革首要强化法治精神，尤其要站在人民的立场，落实司法审判的公平，真正做到法律之前，人人平等。法治精神是民主政治的基础，如果司法审判不能受到人民充分的信赖，民主政治势必受到严重的斲伤。司法改革也绝对不能轻忽任何基本人权，包括受刑人及涉讼人在内，均应得到完整的尊重。对于审检体系的清廉与效率，更要痛下决心，具体改善。"
2000.5.20	陈水扁	"……司法的尊严是民主政治与社会正义的坚强防线。一个公正、独立的司法体系不仅是社会秩序的维护者，也是人民权益的捍卫者。目前司法的改革还有一段很长的路要走，'国人'必须继续给予司法界严格的督促与殷切的期盼，在此同时，我们也应该节制行政权力，还给司法独立运作、不受干扰的空间。"
2004.5.20	陈水扁	"……坚持改革，是要让政治、司法、教育、金融、财政、媒体及社会的改革，响应人民长久的期待。相信就有力量，坚持才能实现理想。现在付出的一切努力，是要让我们的下一代生活在一个符合社会正义、经济正义、司法正义、性别正义、以及国际正义的公义新台湾。"
2008.5.20	马英九	"……司法机关落实法治人权"
2012.5.20	马英九	"……司法是保障人民权益的正义防线。四年来，我们完成'刑事妥速审判法'、'法官法'、'家事事件法'的立法，成立廉政署，'最高法院'的保密分案制也已走入历史。司法必须独立，但绝对不能孤立，更不能背离人民对司法正义的合理期待。未来四年，英九会竭尽所能，全力推动与社会脉动结合的司法改革，要让'我国'百年前从西方移植而来的司法制度，真正在台湾生根，使法治成为我们生活的方式、人权成为我们内化的价值。"
2016.5.20	蔡英文	"……接下来，新'政府'也会积极推动司法改革。这是现阶段台湾人民最关心的议题。司法无法亲近人民、不被人民信任、司法无法有效打击犯罪，以及，司法失去作为正义最后一道防线的功能，是人民普遍的感受。 为了展现新政府的决心，我们会在今年十月召开司法'国是'会议，透过人民实际的参与，让社会力进来，一起推动司法改革。司法必须响应人民的需求，不再只是法律人的司法，而是全民的司法。司法改革也不只是司法人的家务事，而是全民参与的改革。这就是我对司法改革的期待。"

数据来源：台湾地区"总统府公报"。

---

① 参见蔡英文：《2016"总统大选"蔡英文司法改革政策主张》，载"2016 蔡英文、陈建仁竞选官网"，网址 http：//iing.tw/posts/65，最后访问日期：2016 年 7 月 25 日。

作为台湾社会热点问题的司法，一直以来都是台湾地区领导人选举政见的重要内容。自1996年台湾地区实行领导人"直选"以来，历任台湾地区领导人均就司法问题提出过论述：

台湾地区领导人并非台湾地区司法事务的主管官员，其投入大量精力论述"司法改革"仿佛有"不务正业"嫌疑。然而，从上表所列举的部分历任台湾地区领导人的"就职演说"涉及司法的论述可以看出，台湾地区领导人提出关于"司法"的政策主张已经是惯例，而且1996年以来的司法主张多是涉及"司法改革"，既包含对社会大众的法治价值宣导，也涉及具体的制度改革目标。这体现了"司法改革"议题在台湾选举中所扮演的重要角色，也反映了政治人物及政党就"司法改革"政策对于社会需求的政策回应。

台湾地区"司法改革"谁来领导？通过"就职演说"的文本比较，蔡英文的司法改革政策在具体议题上与其前任们的司法改革政策大同小异，也并未直接触及"司法改革"的组织模式问题。从台湾地区历次"司法改革"实践来看，在政治民主化之前的重要司法改革过程中，时任台湾地区领导人通过政党和公权力部门推动司法改革政策的实施。例如，20世纪70年代至80年代时任台湾地区领导人蒋经国曾推动"审检分隶"改革，先在国民党内提出相关政策主张，后通过立法机构对相关制度进行修改，使"审检分隶"付诸实现①。李登辉担任台湾地区领导人期间，于1994年提名施启扬任"司法院院长"，设立"司法院司法改革委员会""司法院定位委员会"等机构，透过"司法院"的运作推动司法改革②。在1999年台湾地区召开了司法改革史上具有里程碑意义的"司法改革会议"，在"司法院"主导下，由审、检、辩、学等各方探讨司法改革政策。由"司法院"主导的组织模式一直持续到陈水扁担任台湾地区领导人时期。之后的司法改革实践，无论是制定"刑事妥速审判法"、修改"法官法"或是推动"观审制"，台湾地区的司法改革主导者都是"司法院"，台湾地区领导人主要通过行使人事权提名"司法院"的负责人，或是通过政策倡导等方式来参与"司法改革"。

蔡英文提出了有别于惯例的台湾地区新一轮"司法改革"组织模式，即"'总统'领导司法改革"。回溯蔡英文自2012年竞选时提出的"十年政纲"的"司法改革篇"，"总统亲自领导司法改革""由总统适时召集全国司法改革会议"被置于第一

---

① 参见王泰升：《台湾检察史：制度变迁史与运作实况》，台湾地区"法务部"2008年版，第1—81页。

② 参见施启扬：《三十年公职回忆》，台湾幼狮文化公司2004年版，第166页；刘孔中、王红霞：《台湾地区司法改革60年：司法独立的实践与挑战》，载《东方法学》2011年第4期，第71—72页。

项政策主张①。台湾地区智库的报告则暗示，这一"司法改革"的组织模式的提出，带有浓厚的蔡英文"个人色彩"②。在《2016"总统大选"蔡英文司法改革政策主张》中，蔡英文虽没有将"总统亲自领导司法改革"置于首要政策，但其在"蔡英文司法改革政策谈话"中，则延续了"十年政纲"中对"总统亲自领导司法改革"的坚持，并从司法权的重要性、司法改革的动力机制和司法改革的复杂性等方面加以论述，将"司法改革"作为"总统"的责任③。因此，完整分析蔡英文的司法改革政策主张，"'总统'领导司法改革"这一组织模式是其司法改革政策的突出特点。

二、"'总统'领导司法改革"组织模式的法理探讨

"'总统'领导司法改革"组织模式在台湾地区引起了若干争议，引发了社会关于司法改革的讨论。有论者认为"总统"介入司法改革不能有效达成"司法为民"的改革目标、政治考虑会打破社会共识④；也有论者从重新提名"司法院"正副"院长""大法官"的角度分析指出"总统"为主导司法改革的人事任免活动会"冒犯司法独立的精神"⑤；更有论者认为"总统府"设置"司法改革委员会"的行为"明显违反权责分立的宪政原则"⑥。当然，也有舆论支持"总统"主导司法改革，例如有论者认为司法政策的推动应当符合责任政治原则⑦，有论者主张设立由"总统"主持的"司法改革委员会"⑧。不同的意见背后可能有不同的政治立场，反映了不同的政

① 参见邹丽泳：《蔡英文：当选后主导司改　明年底开司改会议》，载中国评论新闻网，2011年8月25日，网址：http：//hk. crntt. com/crn-webapp/doc/docDetailCNML. jsp? coluid=93&kindid=2931&docid=101812288，最后访问日期：2016年5月21日。

② 参见罗承宗：《速评十年政纲司改篇》，载《新世纪智库论坛》第55期（2011年9月30日），第41—42页。

③ 对此问题，《蔡英文司法改革政策谈话全文》的论述如下："必须由总统来领导司法改革，有三个原因。第一，司法是实践宪政、正义与人权的重要场域，换句话说，它是国家最基本的。第二，司法体系不会自动改革，必须有足够的政治推力，才有改革的可能。第三，司法改革业务横跨各院、各部会，由总统出面主持，才能据以推动，才能加快改革的脚步。"

④ 参见吕启元：《总统不应介入司法改革》，载"国家政策研究基金会"网站，网址：http：//www. npf. org. tw/1/16008，最后访问日期：2016年7月27日。

⑤ 参见李念祖：《正副院长大法官任命背后的宪法解释与政治文化》，载"风传媒"网站，网址：http：//www. storm. mg/article/141039，最后访问日期：2016年7月13日。

⑥ 参见林上祚：《苏永钦专访：认同蔡英文司法改革理念但司改会明显违宪》，载"风传媒"网站，网址：http：//www. storm. mg/article/141252，最后访问日期：2016年7月12日。

⑦ 参见蔡志宏：《谁来为司法政策负责?》，载"自由时报"网站，网址：http：//talk. ltn. com. tw/article/paper/990220，最后访问日期：2016年5月16日。

⑧ 参见高荣志：《新总统的软柿子—司法改革》，载"公视新闻议题中心"网站，网址：http：//pnn. pts. org. tw/main/2015/08/20/%E3%80%90%E8%AA%AA%E6%B3%95%E3%80%91%E6%96%B0%E7%B8%BD%E7%B5%B1%E7%9A%84%E8%BB%9F%E6%9F%BF%E5%AD%90−%E5%8F%B8%E6%B3%95%E6%94%B9%E9%9D%A9/，最后访问日期：2015年8月21日。

见。司法改革组织模式从根本上看是公权力配置的问题，围绕这一模式的法理分析可在"总统"权限的规范分析基础上，从支持和反对"'总统'领导司法改革"的论证两个方面展开。

（一）"总统"涉及司法改革权限的规范分析

根据台湾地区现行"宪法"及其他制度规定，"总统"直接涉及司法的权限主要包括赦免权、司法人事权和组织自主权。赦免权是直接影响司法效果的权力，尽管根据台湾地区现行"宪法"第40条规定，"总统"拥有"大赦""特赦""减刑"和"复权"的权力，权力的行使虽具有主动性，但这些权力行使受到立法机构的程序性限制或需要通过行政机构审议①。

在司法人事权方面，根据台湾地区现行"宪法"及"宪法增修条文"，"司法院"正副"院长"及"大法官"由"总统"提名、立法机构行使同意权。鉴于"司法院"为台湾地区"最高司法机关"，拥有法律提案权、司法行政权、"宪法解释权"和法令统一解释权，此一司法人事权是"总统"传递和贯彻司法政策的重要节点。由于相关规范的模糊性，"司法院"正副"院长"职位是否受到"任期保障"存在不同见解，这也就导致了"总统"可否在现任"司法院"负责人在任时提名新的"司法院"负责人的可能争议埋下隐患②。当然，从实践观察，台湾地区尚未出现这种情况，"司法院"负责人往往是自行辞职后，由"总统"提名新任人选。根据"释字第392号解释"，检察机关属于"广义的司法机关"③。"总统"依据"法院组织法"可提名"最高法院检察署"检察总长，经立法机构行使人事同意权④。关于检察总长的提名权使得"总统"的权力深入到"行政院"内部，虽然这一制度设计存在若干体制性争议⑤，"总统"对于检察体系也产生了现实的影响力。

"'总统'领导司法改革"的一个重要的组织建制是在"总统府"设立"司法改革委员会"。如前文所述，这一机构存在"越权"的嫌疑。但根据台湾地区"中央行政机关组织基准法"等规范，"总统"有权在"总统府"设立咨询机构性质的"任务

---

① 台湾地区"赦免法"第六条："总统得命令行政院转令主管部为大赦、特赦、减刑、复权之研议。全国性之减刑，得依大赦程序办理。"
② 台湾地区"宪法增修条文"第五条："司法院大法官任期八年，不分届次，个别计算，并不得连任。但并为院长、副院长之大法官，不受任期之保障。"
③ 参见"释字第392号解释"："……宪法第八条第一项所规定之'司法机关'，自非仅指同法第七十七条规定之司法机关而言，而系包括检察机关在内之广义司法机关。"
④ 台湾地区"法院组织法"第66条："……最高法院检察署检察总长由总统提名，经立法院同意任命之，任期四年，不得连任。"
⑤ 参见苏子乔：《中华民国宪法——宪政体制的原理与实际》，三民书局2013年版，第169—170页。

编组"①。从台湾地区"总统府"设置机构的实践来看，马英九担任台湾地区领导人期间即设立了不具调查权和执行权的"总统府人权咨询委员会"，该委员会涉及议题与"行政院""监察院"下设机构虽有交叉，但透过制度设计分工整合，未产生权力冲突②。

（二）支持"'总统'领导司法改革"的法理论证评析

主张"'总统'领导司法改革"的一个基本论证是认为"总统"具有"民主正当性"，司法改革需要回应民主，因而"总统"可以"领导"司法改革。由于台湾地区的民主政治发展，"总统"是政治体系中最具"民意基础"的官员，其民意基础与现实"宪政体制"的权力分配出现了一定的落差。在"五权宪法"体制下，"总统"和"五院"是不同的机关，而"总统"往往在选举中提出了超越其本身职权的政见，在落实这些政见过程中，如何不逾越"宪法"的界限行使权力是一个重要的问题。在"释字第520号解释"中，"大法官"提出"总统候选人于竞选时提出政见，获选民支持而当选，自得推行其竞选时之承诺，从而总统经由其任命之行政院院长，变更先前存在，与其政见未洽之施政方针或政策，毋乃政党政治之常态。"主张"总统"应透过人事权变更相应机关的负责人来推行，"任何施政方针或重要政策之改变仍应遵循宪法秩序所赖以维系之权力制衡设计，以及法律所定之相关程序。盖基于法治国原则，纵令实质正当亦不可取代程序合法。"③在台湾地区的政治实践中，两个主要政党的政治人物当选"总统"时，均兼任"党主席"。因此，"总统"完全具备透过政党政治在"宪政体制"内兑现竞选政见的可能性。

主张"'总统'领导司法改革"的另一规范依据是台湾地区现行"宪法"所赋予"总统"的"院际争执调解权"④。"院际争执调解权"的行使，前提是存在争执需要调解⑤。因此，这一仲裁、被动性质的权力能否作为一种事前的、主动性的权力存在疑问。"院际争执调解权"在实践中并未成为"宪法争议"的主角，但在"释字第419号解释"中，"大法官"对其作出了如下评价："查宪法第四十四条称：'总统对

---

① 台湾地区"中央行政机关组织基准法"第28条："机关得视业务需要设任务编组，所需人员，应由相关机关人员派充或兼任。"

② 参见"总统府人权咨询委员会成立缘起"，载台湾当局"总统府"网站，网址：http：//www. president. gov. tw/Default. aspx？tabid＝1412，最后访问日期：2016年7月20日。

③ "释字第520号解释"理由书。

④ 参见林修卉：《响应苏永钦　总统府：总统解决院际争议无关司法干预》，载苹果日报网站，网址：http：//www. appledaily. com. tw/realtimenews/article/new/20160712/906350/，最后访问日期：2016年7月12日。

⑤ 台湾地区现行"宪法"第44条："总统对于院与院间之争执，除本宪法有规定者外，得召集有关各院院长会商解决之。"

于院与院间之争执，除本宪法有规定者外，得召集有关各院院长会商解决之.'此一规定论者有将之比拟为元首之中立权者，……应超然于五权之上，……。惟不论宪法本条之规定是否等同于元首权或中立权，学理上尚无定论，且所谓元首权（pouvoir royal）又称中立权或调和权（pouvoir neutre，intrmediaire et rgulateur），乃十九世纪初年一、二法国学者（Clermont - Tonnerre，B. Constant）为维持在君主立宪体制之下，君主作为国家元首所保留之少许权力所提倡之学说……，此种意义之中立权或调和权与日后代议民主政治发展之实情不符，而受批评为人为设想之名词……；且宪法学者亦有认为无论国王或总统作为国家元首，政治上调和鼎鼐本无待宪法规定，可谓事物之本质者。中立权是否已成为现代国家宪法上之建制，犹有争论，并未形成普遍接受之权力分立理论……"① 由此可见，"总统"的"院际争执调解权"在台湾地区"宪政实践"中的评价并非正面，将其作为证成"'总统'领导司法改革"的规范基础略显薄弱。

（三）反对"'总统'领导司法改革"的法理论证评析

质疑"'总统'领导司法改革"的讨论，往往以"政治干预司法""总统"干涉"司法独立"作为立论基础。台湾地区现行"宪法"第80条所规定，"法官须超出党派以外，依据法律独立审判，不受任何干涉"。作为司法权最本质的微观层面，司法审判不容任何干涉。即便是有权机关针对司法行政监督所制定的规范，"如涉及审判上之法律见解，仅供法官参考，法官于审判案件时，亦不受其拘束"②。因此，"'总统'领导司法改革"并不能介入法官独立审判的领域，这是具有深厚的规范基础的。然而，司法并不仅仅是审判，横向来看涵盖了检察权，纵向来看包括有司法行政监督、司法制度的立法等等。而司法改革所涉及的内容多集中于司法行政和立法等领域，并非"审判核心之范围"③，在确保无碍于审判独立的前提下，存在介入和改造的空间。

"'总统'领导司法改革"最直接影响到"司法院"的运行及"司法院"负责人的职权。根据台湾地区现行"宪法"第77条，"司法院"应为"最高司法机关"。然而现实中，"司法院"除了职司"宪法解释""统一解释法令"、政党"违宪"解散、"总统副总统"弹劾等司法性质的权力外，主要负责司法行政监督、司法预算、司法

---

① 参见"释字第419号解释"理由书。
② 参见"释字第216号解释"解释文。
③ 参见"释字第530号解释"理由书。

领域的立法等事物。1999 年"司法改革会议"和"释字第 530 号解释"所主张的"司法院审判机关化"尚未实现。在这种情形下，"司法院"的运作是否受到"司法自主性"①的完全保障。

"'总统'领导司法改革"在具体运作上，必然会通过修法、立法等来改造制度。而根据"释字第 175 号解释"，"司法院就其所掌有关司法机关之组织及司法权行使之事项"拥有法律提案权②。"总统"的立法主张如何与"司法院"的法律提案权协调，是一个无法回避的问题。当然，在"司法院审判机关化"的"宪政定位"和改革趋势下，对于"司法院"拥有法律提案权本身有相当多不同的意见，不少论者倾向于"司法院"不具有法律提案权③。

从司法权的现状看，司法权包括有不同的层次，既有审判等微观层面，需要司法独立来保障司法公正；又有司法行政等中观层面，以法律保留下的司法自主来维护审判独立；还有司法政策等宏观层面，通过制度的创制、修改来落实"宪法"要求和回应的社会需求。"司法独立"对司法的不同层面保护力度应是有区别的。从司法改革的逻辑看，改革的诸多内容涉及司法行政与立法，如果通通以"司法独立""（司）法官自主"来排除外力的介入，这样的改革是无法达成目标的。因此，在"外力""司法自主"和"审判独立"之间形成合理的平衡，是有必要的。

三、台湾地区新"司法改革"组织模式的影响展望

蔡英文的"'总统'领导司法改革"刚刚起步，尽管"司法院"的人事已经开始变动，"司法改革国是会议"已在筹备中。从已有的改革措施并不能全面评价这一轮司法改革的成效。但是，透过对新"司法改革"组织模式的分析，回顾台湾地区历次司法改革的特点，我们仍可以对本次"司法改革"组织模式对台湾的司法决策中心和司法改革资源所带来的影响进行展望。

（一）台湾地区司法决策中心的转移

由于制度形成史的原因，台湾地区的司法决策呈现出"多中心"的格局④。在政

---

① 参见"释字第 530 号解释"："司法机关应有其自主性，其内容包括法官之独立、司法行政权及规则制定权。"
② 参见"释字第 175 号解释"理由书。
③ 参见林子仪、叶俊荣、黄昭元、张文贞：《宪法：权力分立》（修订二版），新学林 2014 年版，第 213—214 页。
④ 参见周赟：《台湾地区司法决策机制及其借鉴研究——从司法决策的本来逻辑说起》，载《台湾研究集刊》2016 年第 3 期，第 1—8 页。

治民主化和追求"审判独立"的大潮流之下，由"司法院""法务部"等组成的"多中心"司法决策格局顺应了司法改革的趋势。在多个司法决策中心之下，审判权、检察权等不同权力得以自主发展，法官、检察官群体逐步形成了自治、自主的"共同体"。然而在司法改革深化，回应社会需求的时代，司法改革对于改革的整体协调性提出了更高的要求。但在"多中心"格局下，审判、检察两大群体存在不同的取向，这就使得单纯以"司法院"为决策中心的司法改革无法良好推进。

"'总统'领导司法改革"组织模式的一个突出影响即是将分属于不同权力分支的司法决策统摄于"总统"之下，使"总统"在人事权之外对司法政策拥有掌控力。司法决策中心转移到"总统"后，理想状态下，"司法院""法务部"可在制度的框架内扮演各自的司法角色。新司法改革的整体性方能更好地凸显。

当然，司法决策中心转移到"总统"后，可能出现的一个后果就是"总统"对司法权拥有了一定的控制力。这种控制力是否能够在体制内被有效制衡、在体制外被民意充分监督，这取决于制度、政党结构等因素的影响。司法改革需要改革者对司法权有一定的控制力，而司法改革本身亦可加强对司法权的控制。对司法权的控制是改革的手段，还是改革的实际目的，有待进一步的观察。

（二）台湾地区司法改革资源的汇流

台湾地区近年来的司法改革成效有限，受制于政党结构，受制于改革者的政治能力，也受制于司法改革资源的分散化。"'总统'领导司法改革"组织模式有助于司法改革资源的汇流。

在法律专业群体内部，体制内分化为法官、检察官两大群体，体制外则有律师、学者。不同群体由于立场、思维模式、背景等因素，无法形成合力，司法改革的主导群体带有"竞争性立场"，这导致了过往的司法改革呈现出"本位主义"的特点[1]。法官、检察官、律师存在着不同的立场，更有甚者，在学者内部，由于学术背景的差异，"学派之争"延伸至司法改革论域[2]。在这种格局之下，如果有一个具有充分正当性基础的"主导者"提出上位政策，将不同群体的力量汇聚，方可在法律专业群体内部促成司法改革的合力。

在公权力架构内部，司法改革会涉及到"司法院""行政院""立法院""考试

---

[1] 参见高荣志：《本位主义的司法改革之争？——以司法健全指标考察审检辩于1999年全国司法改革会议的主张与坚持》，载《全国律师》2014年9月号，第46—55页。
[2] 参见廖元豪：《给新政府建言——独立司法要食人间烟火》，载"中时电子报"网站，网址：http://www.chinatimes.com/cn/newspapers/20160525000456-260109，最后访问时间：2016年5月26日。

院"。尤其是涉及司法人员的教、考、训、用等环节的制度改革，必须由"司法院""法务部""考试院"等协作完成修法。在"五权相维"的格局之下，完成相关制度改革是难上加难。如果有一个具备特殊"宪政地位"的"主导者"来协调不同权力分支的政策及行动，将有助于制度改革目标的达成。因为"司法院""考试院"是具有相对独立的"宪政地位"的机关，这种"院际协调"并不容易。

司法改革最终是回应社会的需求。台湾的社会围绕司法改革存在着各种"公民团体"，既有体制内的"法官协会""检察官协会"，也有"检改会"，还有"民间司改会"以及各种涉及司法人权的民间组织。在以往的司法改革中，各种民间组织与不同司法领域的公权力分别互动，无法有效达成共识；不同的民间团体之间也有不同立场。透过"总统"直接吸纳民间社会的改革呼声，加以整合后再反馈到司法改革的具体领域，也许是一种有效的"整合民意"方式。民间团体的理念往往较为"前卫"，如何吸纳多元意见，非赋予特定民间团体"垄断性"地位而失去代表性，将是台湾新一轮司法改革需要面对的重要问题。

四、结语

台湾地区司法改革的具体经验多年以来都是祖国大陆法学界主要的借鉴样本，在比较具体改革经验的同时，有必要对台湾地区司法改革的组织模式等规律性、基础性问题加以关注，这样方能认识到司法改革的作用机理。台湾地区司法改革的动向对于两岸关系的发展也具有重要意义。一方面，蔡英文的"中华民国宪政体制"论述除了"宪法本文、增修条文、相关宪政释文"，还包括"法官判决"。尤其当政治权力对司法加强控制之后，"政治意识形态"的外溢是否会影响司法、如何影响司法以及如何通过司法实施两岸关系"法理形塑"，值得警惕，需要引起重视。另一方面，两岸共同打击犯罪及司法互助框架的深化，需要对两岸司法制度的差异性有深刻地认知。两岸均在进行司法改革，改革的过程、改革的后果会使得两岸的司法协作基础增强或是削弱，现有的两岸共同打击犯罪及司法互助框架应当如何因应，都是摆在两岸法律人面前的重要课题。

我国大陆与台湾地区民商事判决相互承认与执行之问题与对策*

刘仁山**

　　区际民商事判决的承认与执行，关涉区际民商事诉讼当事人行使司法救济权最终结果。构建公平合理的区际民商事判决承认与执行之机制，就成为区际民商事活动当事人权益的重要保障。

　　近年来，我国大陆与台湾地区之间民商事判决承认与执行之需求日益突出。[①] 伴随两岸之间民商事交流与经贸合作的进一步发展，特别是《海峡两岸经济合作框架协议》等一系列经贸投资协议的实施，对两岸间包括民商事司法协助在内的民商事纠纷解决机制，将提出更高要求。我国内地与香港和澳门特别行政区已经取得较大进展，[②]但大陆与台湾地区在该问题上，则进展缓慢。台湾地区"最高法院"最近对大陆法院判决承认与执行问题的处理，甚至出现令人忧虑的迹象。为此，本文拟基于对两岸民商事判决承认与执行问题的分析，提出原则性建议，以求引玉。

　　* 本文系作者主持的 2014 年度国家社科基金重大招标项目"中国涉外民事关系法体系完善研究"（批准号：14ZDC032）的阶段性成果之一。本文修作过程中，中南财经政法大学国际法专业博士生陈丽萍、贺增磊、陈杰及国际法专业硕士生谭晓杰帮助收集资料，特致谢意！

　　** 刘仁山，法学博士、中南财经政法大学法学院教授，博士生导师。

　　① 如大陆地区人民法院办理的涉台民商事案件数量呈不断增长态势。2003—2007 年间，大陆各级人民法院共审结涉台民商事案件 16130 件，同比上升 85.27（见肖扬：《最高人民法院工作报告》2008 年 3 月 10 日），而到 2015 年，全国各级人民法院审结各类涉台民商事案件 5382 件，同比上升 8.6%（http://www.court.gov.cn/fabu-xiangqing - 18362.html，2016 年 7 月 4 日访问）。与此相应，需要台湾地区法院承认和执行大陆地区人民法院民商事判决的需求也在不断增长。如 1997—2007 年间，第三人向台湾地区高等法院申请裁定认可大陆法院判决的案件，共 25 件（参见黄国昌：《一个美丽的错误：裁定认可之中国大陆判决有无既判力？——评最高法院九十六年度台上字第二五三一号判决》，《月旦法学杂志》，2009 年第 167 期，第 193 页）；2000—2012 年间，仅大陆地区法院作出的民事调解书，就有 86 份在台湾地区法院申请认可（参见张自合：《论大陆法院调解书在台湾地区的认可》，载《台湾研究集刊》，2014 年第 1 期，第 41 页）；另据笔者不完全统计，2000—2015 年间，台湾地区各级法院就大陆法院民商事判决之认可共计作出 1166 份裁判文书。（此数据系在台湾地区"司法院"官网"法学资料检索系统"查询结果统计，查询时间范围为 2000 年 1 月 1 日至 2016 年 1 月 1 日）。而 2009—2014 年间，大陆人民法院办理的涉台司法互助案件从 1200 件增长到 10678 件，共办理涉台司法互助案件 43252 件。台湾地区法院民事判决需得到大陆地区法院承认和执行的数量，同样呈增长趋势。如受理申请认可和执行台湾地区法院民事判决、仲裁裁决案件 315 件（http://www.chinacourt.org/article/detail/2015/06/id/1658180.shtml，2016 年 7 月 4 日访问）。

　　② 如 2006 年 4 月 1 日生效的《最高人民法院关于内地与澳门特别行政区相互认可和执行民商事判决的安排》、2008 年 8 月 1 日生效的《最高人民法院关于内地与香港特别行政区法院相互认可和执行当事人协议管辖的民商事案件判决的安排》等。

一、问题

两岸开启有限互通以来，为解决包括承认和执行彼此民商事判决在内的一系列司法互助问题，彼此从立法或司法层面出台了一系列规定，并有了一定司法实践。梳理两岸民商事判决承认和执行之现状，便不难发现其中存在的问题。

（一）两岸民商事判决承认与执行之现状

1. 大陆对台湾地区民商事判决承认与执行的现状

大陆地区各级人民法院承认与执行台湾地区法院民商事判决的依据，主要为最高人民法院颁行的相关司法解释。2015 年之前，就台湾民事裁判在大陆的认可和执行，最高人民法院曾先后发布有四个司法解释。即：1998 年《最高人民法院关于人民法院认可台湾地区有关法院民事判决的规定》（以下简称为 1998 年《规定》）、1999 年《最高人民法院关于当事人持台湾地区有关法院民事调解书或者有关机构出具或确认的调解协议书向人民法院申请认可人民法院应否受理的批复》、①2001 年《最高人民法院关于当事人持台湾地区有关法院支付命令向人民法院申请认可人民法院应否受理的批复》② 以及 2009 年 5 月 14 日公布的《关于人民法院认可台湾地区有关法院民事判决的补充规定》（以下简称《补充规定》）。③ 值得一提的是，2009 年 4 月 26 日海协

---

① 1999 年 5 月 12 日《最高人民法院关于当事人持台湾地区有关法院民事调解书或者有关机构出具或确认的调解协议书向人民法院申请认可人民法院应否受理的批复》，是针对四川省高级人民法院的请示所作的个案批复式司法解释。对人民法院认可台湾地区民事调解协议问题，该《批复》规定："台湾地区有关法院出具的民事调解书，是在法院主持下双方当事人达成的协议，应视为与法院民事判决书具有同等效力。当事人向人民法院申请认可的，人民法院应比照 1998 年《规定》予以受理。但对台湾地区有关机构（包括民间调解机构）出具或确认的调解协议书，当事人向人民法院申请认可的，人民法院不应予以受理。"见《最高人民法院公报》1999 年第 3 期。

② 2001 年 4 月 27 日《最高人民法院关于当事人持台湾地区有关法院支付命令向人民法院申请认可人民法院应否受理的批复》，对人民法院认可台湾地区法院的支付令问题，该《批复》规定："人民法院对当事人持台湾地区有关法院支付命令及其确定证明书申请认可的，可比照 1998 年《最高人民法院关于人民法院认可台湾地区有关法院民事判决的规定》予以受理。"

③ 该《补充规定》是最高人民法院为执行《海峡两岸共同打击犯罪及司法互助协议》关于认可及执行民事裁判与仲裁裁决（仲裁判断）的有关规定，维护两岸同胞合法权益，促进两岸关系和平发展，做出的又一重要司法解释。《补充规定》共十个条款，主要从适用范围、案件管辖、举证责任、财产保全、审查程序、审判组织、申请认可及审理的期限等方面作了规范。该《补充规定》的"补充性"主要体现在三个方面：（1）扩大了申请认可的范围。即申请认可的对象不仅包括台湾地区有关法院的民事判决，还包括申请认可台湾地区有关法院民事裁定、调解书、支付令以及台湾地区仲裁机构的裁决；对于申请认可的民事判决的范围，《补充规定》进一步明确为：既包括一般意义上的民事判决，也包括对商事、知识产权和海事纠纷案件作出的判决〔（2）对财产保全做了专门规定。参照民事诉讼法相关条款，明确了申请财产保全的时间、条件以及财产保全的解除〔（3）延长了期限。将原来《规定》中申请认可台湾地区有关法院民事判决的期限由 1 年改为 2 年。

会与海基会签署的《海峡两岸共同打击犯罪及司法互助协议》（以下简称《司法互助协议》）是两岸司法协助的第一份综合性合作协议，也为两岸相互认可与执行民事判决提供了框架性的法律依据。①

但是，随着近年来两岸关系和平发展和两岸交流的日益密切，上述规定已不能充分满足两岸交流和审判实践需要。为此，最高人民法院针对民事判决和仲裁裁决的不同特点，将认可和执行台湾地区民事判决和仲裁裁决加以区分，于 2015 年 6 月 29 日颁布《关于认可和执行台湾地区法院民事判决的规定》（以下简称 2015 年《规定》）和《关于认可和执行台湾地区仲裁裁决的规定》（以下简称《认可台湾仲裁裁决规定》），前述四个司法解释同时废止。相较以往四个司法解释的规定，2015 年《规定》主要有以下变化：

（1）扩大了申请认可的范围。依据 2015 年《规定》第 2 条②，可申请认可的对象不仅包括 1998 年《规定》和《补充规定》中已经明确的台湾地区有关法院作出的生效民事判决、民事裁定、和解笔录、调解笔录、支付命令③，而且包括台湾地区有关法院在刑事附带民事诉讼中作出的民事损害赔偿生效裁判、和解笔录，以及由台湾地区乡镇市调解委员会等出具并经台湾地区法院核定的与台湾地区生效民事判决具有同等效力的调解文书。同时，为避免将来出现当事人持与台湾地区生效民事判决具有同等效力相关生效调解文书向人民法院申请认可和执行，而人民法院无受理依据的情况，2015 年《规定》第 2 条第 3 款在文中加了"等"字，其目的在于"使该款在一定程度上具有兜底条款的性质"④。这样，其实就是将在台湾地区具有民事裁判性质和效力的几乎所有法律文书均纳入了认可和执行的范围。

（2）扩大了受托法院的范围。对于大陆地区哪些法院可受理关于承认和执行台湾地区法院判决的诉求这一问题，2015 年《规定》在 1998 年《规定》的申请人住所地、经常居住地或者被执行财产所在地中级人民法院之基础上，⑤ 又明确规定被申请

---

① 《司法互助协议》第 10 条规定："双方同意基于互惠原则，于不违反公共秩序或善良风俗之情况下，相互认可及执行民事确定裁判与仲裁裁决（仲裁判断）。"

② 第 2 条规定："本规定所称台湾地区法院民事判决，包括台湾地区法院作出的生效民事判决、裁定、和解笔录、调解笔录、支付命令等。（第 1 款）申请认可台湾地区法院在刑事案件中作出的有关民事损害赔偿的生效判决、裁定、和解笔录的，适用本规定。（第 2 款）申请认可由台湾地区乡镇市调解委员会等出具并经台湾地区法院核定，与台湾地区法院生效民事判决具有同等效力的调解文书的，参照适用本规定。（第 3 款）"

③ 为使新司法解释的相关概念与台湾地区"民事诉讼法"的相关规定及司法实践相一致，2015 年《规定》对以往旧规定中涉及台湾地区部分法律文书的称谓作了相应的文字修改：将"调解书"改为"调解笔录、和解笔录"，将"支付令"改为"支付命令"。

④ 邰中林、李赛敏：《〈关于认可和执行台湾地区法院民事判决的规定〉的理解与适用》，《人民司法》2016 年第 7 期，第 33 页。

⑤ 参见 1998 年《规定》第 3 条。

人住所地、经常居住地中级人民法院也可受理该类案件。同时，2015 年《规定》还明确了专门人民法院，如海事法院、知识产权法院等对此类申请案也享有管辖权。① 大陆地区法院的实践表明，对外法域民事判决的承认和执行，大陆地区法院采取的虽然是申请认可程序，但同样涉及管辖权问题。2015 年《规定》就是通过增加管辖因素的方式来扩大受托法院范围的。

（3）简化部分程序事项。这主要体现在：其一，港澳台及外国当事人作为申请人并委托他人代理时，如果授权委托书是在大陆人民法院法官见证下签署或者经大陆公证机关证明系在大陆签署的，可免于履行相关公证、认证或者其他证明手续；其二，申请书无需记明当事人受传唤和应诉情况及证明文件，② 同时，明确台湾地区法律文书是否违反"一个中国原则"并非立案审查条件，而是将之作为认可的审查条件；其三，申请人若无法提供证明台湾地区民事判决之真实性及是否生效之证明文件时，可以申请人民法院通过海峡两岸调查取证之司法互助途径来查明台湾地区法院民事判决的真实性和是否生效。此外，人民法院认为有必要时，也可以就有关事项依职权通过司法互助途径向台湾地区请求调查取证。

（4）增加程序救济途径。1998 年《规定》第 6 条仅规定对于不符合受理条件的，裁定不予受理并在 7 日内通知申请人。1998 年《规定》第 9、10 条及《补充规定》第 8 条规定了对于台湾地区的民事判决裁定（不予）认可和驳回申请的具体条件。但申请人或当事人若对上述裁定不服时，应如何救济？上述规定均付之阙如。为了更好地保护当事人的合法权益，彰显对台湾同胞的同等保护③，2015 年《规定》进一步作出规定：申请人对于不予受理的裁定不服，可以提起上诉；当事人对于人民法院作出的（不予）认可台湾地区民事判决的裁定、驳回申请的裁定不服的，可自裁定送达之日起 10 日内向上一级人民法院申请复议。

（5）确立平行诉讼新规则。根据 1998 年《规定》第 13 条、第 16 条规定，如果海峡两岸出现了平行诉讼，且台湾地区法院先作出民事判决的，在大陆地区人民法院作出判决前，一方当事人申请认可台湾地区法院判决的，大陆人民法院就应当中止诉

---

① 参见 2015 年《规定》第 4 条。

② 尽管申请书中无需记载，但 2015 年《规定》第 7 条规定：台湾地区法院民事判决为缺席判决的，申请人应当同时提交台湾地区法院已经合法传唤当事人的证明文件，但判决已经对此予以明确说明的除外。当然，申请人在无法提交时，可以申请人民法院通过海峡两岸调查取证司法互助途径查明当事人得到合法传唤的证明文件。此外，法院在必要时，也可以依职权查明。

③ 《最高人民法院关于内地与澳门特别行政区相互认可和执行民商事判决的安排》第 12 条、《最高人民法院关于内地与香港特别行政区法院相互认可和执行当事人协议管辖的民商事案件判决的安排》第 12 条均规定了相关的救济途径。

讼，对申请进行审查；如果符合认可条件的，裁定认可，终结诉讼；若不符合认可条件，则恢复诉讼。但"这实际上意味着大陆人民法院通过在一定程度上主动放弃管辖来解决因管辖积极冲突而产生的两岸平行诉讼问题，优先考虑对方判决作出的日期，明显有过度扩张台湾地区民事判决效力之嫌。"[1] 考虑到大陆地区对港澳地区及国际平行诉讼均无如此规定，且台湾地区对大陆的民事判决也未有此项规定，故2015年《规定》第11条第2款规定："一方当事人向人民法院起诉后，另一方当事人向人民法院申请认可的，对于认可的申请不予受理。"

（6）明确申请期限的相关规定。《补充规定》将原来1998年《规定》中申请认可台湾地区有关法院民事判决的期限由1年改为2年。2015年《规定》参照《民事诉讼法》第239条及2015年最高人民法院公布的《关于适用〈中华人民共和国民事诉讼法〉若干问题的解释》（以下简称《民诉法解释》）第547条之规定，进一步明确：申请执行时效的中止、中断，适用法律关于诉讼时效中止、中断的规定，但申请认可台湾地区法院有关身份关系的判决除外。若申请人申请认可并同时申请执行，申请执行的期间从人民法院作出的认可裁定生效之日起重新计算。

（7）其他方面。2015年《规定》还对认可台湾地区民事判决审查期限的计算及延长条件、文书送达、费用缴纳、裁定不予认可的情形等问题，予以相应细化或修改。

2. 台湾地区对大陆民商事判决承认与执行的现状

台湾地区关于大陆判决的承认与执行之规定，主要体现在1992年7月16日台湾地区颁行的"台湾地区与大陆地区人民关系条例"中，其第74条规定："在大陆地区作成之民事确定裁判或民事仲裁判断，不违背台湾地区公共秩序或善良风俗者，得声请法院裁定认可。前项经法院认可之裁判或判断，以给付为内容者，得为执行名义"。台湾当局在1997年5月对条例进行修订时（以下简称1997年"条例"），于第74条增加了一项，规定："前二项规定，以在台湾地区作成之民事确定裁判、民事仲裁判断，得声请大陆地区法院裁定认可或为执行名义者，始适用之。"亦即台湾承认和执行大陆的判决和裁决，须以互惠和对等为原则。因此，台湾承认与执行大陆法院判决的限制性条件有两个，即公共秩序保留和互惠对等原则。1998年5月，台湾"行政院"又对"台湾地区与大陆地区人民关系条例施行细则"（以下简称"两岸关系条例施行细则"）第54条（现68条）增订一款，即"依本条例（1997年《条例》）第74

---

① 郑中林、李赛敏：《〈关于认可和执行台湾地区法院民事判决的规定〉的理解与适用》，《人民司法》2016年第7期，第34页。

条规定声请法院裁定认可之民事确定裁判、民事仲裁判断，应经行政院设立或指定之机构或委托之民事团体验证。"这一规定实际上增加了台湾认可大陆民事判决的法律环节。1999年10月15日，台湾板桥地方法院民事二庭裁定认可海口市中级人民法院（1995）海中法经字第54号民事判决，从而启动了大陆法院的生效判决在台湾申请强制执行的程序。此后，1992年"台湾地区与大陆地区人民关系条例"虽历经十余次修改、"两岸关系条例施行细则"也经过四次修改，但自1997年以来，对于"条例"第74条，台湾当局并未做任何修改。

（二）两岸民商事判决承认与执行之主要问题

从前述两岸各自承认与执行民商事判决的立法来看，两岸的单方立法存在一定的差异，主要有以下问题值得注意：

1. 关于民商事判决的范围问题

如前文所述，根据2015年《规定》第2条之规定，大陆扩大了对台湾民事判决与执行可申请认可的范围，几乎将在台湾地区具有民事裁判性质和效力的所有法律文书均纳入了可认可和执行的范围。然而，根据1997年"条例"第74条之规定，台湾地区"司法院"认为，得申请法院裁定认可而取得执行名义者，应以在大陆地区作成之民事确定裁判或民事仲裁判断，并以给付内容者为限。这里，"民事确定裁判"或"民事仲裁判断"范围如何？大陆地区法院的含给付内容的民事调解书是否属于"民事确定裁判"？尚需明确。

台湾学者中有人认为，大陆法院制作的民事调解书不包括在承认与执行的判决之内，台湾地区法院也有相应实践。[①]台湾地区"司法院"在（94）密台家厅民三字第20524号函中直接说明，"条例"第74条所指的民事确定裁判不包括"民事调解书"。2009年签订的《司法互助协议》第10条依然没有改变用语，一定程度上仍旧反映出两岸在其范围上的差异。但台湾地区"民事诉讼法"规定，法院调解成立与确定判决有同一效力。[②]台湾地区"强制执行法"第4条第1项第3款将依"民事诉讼法"成立之和解或调解列为该强制执行的名义之一。可见，将民事确定裁判理解为不包括民事调解书在内的观点和做法，与上述台湾地区"民事诉讼法"和"强制执行法"的

---

① 台湾板桥地方法院1999年第977号民事裁定书认为：河南郑州市金水区人民法院作出之离婚事件调解书，不是生效民事判决和仲裁裁决，裁定驳回当事人申请。

② 该法第416条规定："调解经当事人合意而成立；调解成立者，与诉讼上和解有同一之效力。"而该法第380条第1项规定："和解成立后，与确定判决有同一之效力。"

规定是相悖的。① 不过近年来，台湾地区对于大陆法院的调解书之认可态度有很大转变。2000 年到 2012 年间，共有 86 份民事调解书在台湾地区法院申请认可，其中获得认可的 20 件，占比近 23%。获得认可的调解书中，19 件为离婚调解书，1 件为商事调解书。这种变化或许是台湾地区对相关制度调整的结果②，但也反映出《司法互助协议》确已发挥积极作用。大陆地区对于台湾地区作出的调解文书早已持认可态度，不论是基于互惠原则还是基于调解书之性质，③ 台湾地区立法都没有必要将调解书排除在外。

对于支付命令之认可，目前台湾地区没有明确权威的解释。基于台湾地区司法界采用的是严格文义解释方法，以及大陆支付令的确定力情况，④ 极有可能出现将"支付命令"排除适用的情况。但从互惠原则和现实情况出发，大陆地区从 2000 年就认可了台湾地区高雄地方法院发出的支付令的申请，台湾地区有必要对大陆的支付令予以认可。而且港澳地区和大陆之间民商事判决的承认与执行的范围已然包括支付令、调解书，如果全然依据字面解释排除支付令的适用，显然存在不合理之处。

对于和解协议，依据《民事诉讼法》第 50 条和第 230 条之规定，当事人可在审判程序达成和解协议，当事人可以向法院申请制作调解书以确认和解协议的效力。因此，其认可情况就可以依据调解书来处理。未经法院确认效力的和解协议不在认可范围之列。

值得注意的是，基于仲裁裁决和民事判决认可条件之间的差异，⑤ 大陆最高人民

---

① 有学者认为台湾法院这样做有其特殊原因，台湾地区法院这样做，也确有一定的特殊原因。根据台湾地区的相关法律规定，"调解书"是由台湾乡镇市调解委员会、消费争议调解委员会、著作权专责机构等调解机构在调解成立时作成的文书。其中只有那些经过法院核定的调解书，才具有与民事确定判决同一效力。此外，台湾法院对大陆法院制作的离婚调解书持否定态度，与两岸调解离婚制度的不同也有关。参见袁泉：《两岸现行相互认可与执行民事判决法律制度的分歧及其解决路径》，载《广东外语外贸大学学报》2015 年第 6 期，第 5—10 页。

② 参见张自合：《论大陆法院调解书在台湾地区的认可》，载《台湾研究集刊》2014 年第 1 期，第 41—48 页。2011 年 5 月 25 日，修正后的台湾地区"户籍法"第 34 条进一步明确：经判决离婚确定、法院调解或法院和解成立或其他离婚已生效者，均可以当事人之一方为申请人，也即单方即可以持法院相关法律文书直接办理离婚登记，不再要求双方共同申请。台湾地区离婚程序制度与大陆趋同，使得认可调解书的必要性增加，应是大陆人民法院的离婚调解书近一两年在台湾获得认可的案例增加的原因之一。

③ 人民法院作成的调解书的性质为裁定，与大陆法系的调解、和解有本质差别。从人民法院作出的调解书的正文来看，系由调解协议和司法确认两部分构成，调解书在记录当事人的调解协议后需要写明人民法院对调解协议的审查意见。制作调解书属法院的职权行为，其目的是对调解协议是否合法作出判定，调解书体现了对调解协议合法性的审查结果，一经送达即应发生法律效力。调解书作为法院确认调解协议的意思表示，其性质应属于裁定。参见张自合：《论大陆法院调解书在台湾地区的认可》，载《台湾研究集刊》2014 年第 1 期，第 41—48 页。

④ 根据《民诉法解释》第 443 条之规定，人民法院院长发现本院已经发生法律效力的支付令确有错误，认为需要撤销的，应当提交本院审判委员会讨论决定后，裁定撤销支付令，驳回债权人的申请。由此可知，支付令的效力与民事确定判决相比，还是有所不同。

⑤ 就具体审查条件而言，仲裁裁决与法院判决在申请认可与执行方面存在一定差异，部分审查条件甚至可能相互冲突。在认可与执行程序中，对仲裁裁决简单套用对法院判决的审查条件显有不妥。邵中林、李赛敏《〈关于认可和执行台湾地区法院民事判决的规定〉的理解与适用》，载《人民司法（应用版）》2016 年第 7 期，第 32—36 页。

法院另行颁布了《认可台湾仲裁裁决规定》，即将仲裁排除在民事判决认可范围之列，制度层面上更加科学规范。而台湾地区对于大陆地区民事确定判决和仲裁裁决的认可，制度层面上并未严格区分，即在不违反公序良俗和互惠对等原则的基础上，对仲裁判断予以认可。但其司法实践并非如此，不论是在审查标准还是既判力方面，都与大陆有较大差距，条件限制相对严格。因此，从两岸现行规定看，在认可民事判决和仲裁裁决的条件上，不对等情况是甚为明显的。要实现两岸判决或仲裁裁决的自由流动，依然困难重重。

2. 公共秩序保留制度的适用问题

关于公共秩序保留制度，两岸相关规定主要体现在大陆地区 2015 年《规定》第 15 条第 2 款、台湾地区 1997 年《条例》74 条第 1 款以及《司法互助协议》第 10 条之中。从相关规定的内容来看，两岸都将公共秩序作为认可判决的前提条件。然而，无论采用何种称谓，"公共秩序"和"善良风俗"都是内涵甚为丰富的弹性概念，灵活性既是其优点，也是其往往被过度使用甚至滥用的借口。为此，各国对公共秩序保留有慎用趋势，不少国家的立法采用"明显"违背公共秩序等限制性措辞，这不但体现在对外国法的适用上，也体现在对外国判决的承认与执行上。[①] 因而，如何合理、适度地适用公共秩序保留制度，是完善两岸司法互助的重要举措。

大陆地区人民法院在审查台湾地区法院的判决时，对公共秩序保留制度的适用持审慎态度，认为这一制度针对的是损害国家利益的重大事项，不可轻易适用。在 2015 年《规定》中，将 1998 年《规定》第 9 条第（6）项所规定的公共秩序保留原则规定于第 15 条第 2 款中，同时明确在判断有关台湾地区法院民事判决是否违反"一个中国原则"等国家法律的基本原则或者损害社会公共利益时，应采用"结果说"，即只有在认可台湾地区法院相关判决的客观结果将导致危及国家法律基本原则或社会公共利益时，方可适用这一制度。[②] 截至目前，尚未出现大陆地区法院引用该项规定拒绝认可台湾地区法院民事判决的案例。

反观台湾地区法院的做法，台湾地区司法部门对公共秩序和善良风俗作广义理解，其既涉及程序问题又涉及实体问题。台湾"司法院"曾就台湾地区法院认可内地

① 于飞《公共秩序保留的适度适用——以两岸相互认可与执行法院判决和仲裁裁决为视角》，载《台湾研究集刊》2010 年第 3 期，第 11—17 页。如 1986 年修改的《德国民事诉讼法》第 328 条第 1 款规定，如果对外国法院判决承认的结果与德国法律的根本原则明显不符，则判决将不被承认。第 1041 条规定，如果承认裁决，结果将明显违背德国法的基本原则，特别是承认裁决与基本权利不符，则可申请撤销裁决。
② 邵中林、李赛敏《〈关于认可和执行台湾地区法院民事判决的规定〉的理解与适用》，载《人民司法（应用版）》2016 年第 7 期，第 32—36 页。

判决的准则作过几点解释，涉及公共秩序的内容包括：1.依台湾地区有关规定，内地法院之判决违反专属管辖者，因与公益有关，不予认可；2.认可内地法院之判决仅审查其判决内容有无违背台湾地区公共秩序或善良风俗；3.公共秩序或善良风俗原系不确定之法律概念，是否违背该规定应就个别具体案件来探究，并应注意下列事项：（1）依台湾"宪法"保障人民基本权利之原则。（2）应注意保障台湾地区人民福祉之原则。（3）大陆地区法院之判决违反台湾地区强制禁止规定者，得视个别具体情形认定是否违反公共秩序或善良风俗。① 显然，由于对"公共秩序"或"善良风俗"的解释带有任意性，大陆地区法院的民事判决能否在台湾地区得到认可与执行，仍是缺乏预见性的。

从现有实践来看，台湾地区法院在利用公共秩序保留政策拒绝认可执行大陆地区法院判决时，主要存在以下问题：首先，根据1997年"条例"和《司法互助协议》之规定，违背公共秩序和善良风俗，是拒绝认可的唯一标准。但实践中，台湾地区法院往往将两岸在实体法上的差异作为公共秩序审查的标准。② 例如，台湾地区法院常以台湾地区"民法"第1052条规定为标准，来审查大陆离婚判决，一旦其判决理由不符合其"民法"之规定，该判决就不能得到认可。③ 亦即台湾地区法院对需要承认和执行的大陆地区法院民事判决的审查实践，与世界上绝大多数国家（或法域）坚持的形式审查实践或原则是相悖的。其次，台湾地区对大陆地区的判决进行审查时，对于公共秩序保留制度的运用，与部分多法域国家在解决区际法律冲突中所坚持的"有限的公共秩序保留制度"之实践，存在明显差异。例如，在英国，虽然外国法院民商事判决可因其承认或执行违反公共政策而受到质疑，但在英格兰承认和执行苏格兰或北爱尔兰的判决时，却不能以公共政策为由；④ 加拿大虽允许普通省或区法院援引公共秩序拒绝外省判决的承认和执行，但对公共秩序的解释却有严格限制。⑤ 再次，台湾地区法院的实践违背了对等原则。前述大陆地区法院在认可执行台湾地区法院的民事判决，对这一制度之适用持审慎态度，而台湾地区法院在利用公共秩序进行审查时

---

① 新华社《台港澳情况》，1993年5月第18期，第8—9页。

② 如果单从"民事诉讼法"第402条和1997年《条例》第74条成文规定来看，对大陆地区判决承认执行的审查标准要相对窄一些，并未规定对管辖权和程序性事项的审查。但在实践中，台湾地区法院除了对"司法院"解释的内容进行审查外，还会直接或间接将大陆地区法院裁判作出之程序如是否合法送达纳入其公共秩序或善良风俗的审查范围，如2002年度家声字第195号裁定。

③ 但司法实践中法院也存有不同观点。认为不能仅仅依据其法律规定不同，就认定大陆法院作出的判决违背公共秩序和善良风俗。参见台湾地区"高等法院"高雄分院2007年度非抗字第13号民事裁定书，转自袁泉《两岸现行相互认可与执行民事判决法律制度的分歧及其解决路径》，载《广东外语外贸大学学报》2015年第6期，第5—10页。

④ 高晓力：《国际私法上公共政策的运用》，中国民主法制出版社2008年版，第135页。

⑤ 刘仁山：《加拿大国际私法研究》，法律出版社2001年版，第167页。

却持更大的自由裁量空间，且审查标准具有不确定性。① 例如，在是否应该以"民法"第 1052 条第 2 项作为审查是否违背公共秩序问题上尚未达成一致，实践中依旧存在两种截然相反的结果。这种违背对等原则的做法，不利于两岸司法互助平台的搭建。在两岸各方交流日渐频繁的情况下，无论是从司法实践需要出发，还是从互惠及对等原则出发，台湾地区法院在承认执行大陆判决时应该审慎适用公共秩序保留政策，避开对判决的事实和法律的审查，侧重考虑执行后果对公共秩序的影响，避免公共秩序过度适用成为实现判决自由流动的障碍。

3. 民商事判决的"既判力"问题

既判力，亦称为判决的实质确定力，是指确定的终局判决在实体上对于当事人和法院所具有的强制性通用力。既判力的作用主要是针对后诉而言的：其一，当事人就同一法律关系不得再行起诉或在后诉中主张与确定终局判决相反的内容，法院在后诉中作出的裁判亦不得与该确定判决相抵触；其二，"后诉法院的裁判必须以前诉法院判决的内容作为前提。"② 因此，既判力理论的实质就是要坚持"一事不再理原则"。

从各国实践看，各国对外国（包括外法域）判决的承认，即是承认外法域判决在内法域的包括既判力（或称实质确定力）在内的所有效力。③ 比如，至少从 Godard v. Gray 案④开始，英国法院便承认外国法院的司法裁决在英国境内有既判力。当然，外国法院判决需满足下列条件：第一，作出判决的外国法院必须具有合适的权限；第二，外国判决必须是终局的，并且是基于案件本体事实。所谓终局性，系指双方当事人所争议的标的已在之前的司法裁判中经过充分抗辩，并且该裁判将不会启动进一步

---

① 大陆地区迄今为止尚无以公共秩序保留为理由驳回申请的实例，而台湾地区的地方法院却已有数件大陆民事判决因违反台湾地区的公共秩序或善良风俗而不予认可。参见宋锡祥：《国〈区〉际民商事司法活动的冲突与协调》，中国法制出版社 2014 年版，第 66 页。

② 参见张卫平：《民事诉讼：关键词展开》，中国人民大学出版社 2005 年版，第 309 页。

③ 陈启垂：《外国判决的承认与执行》，《月旦法学杂志》第 75 期，2001 年 8 月，第 147—170 页。

④ Godard v. Gray, (1870) LR 6 QB 139. 原告是法国人，在桑德兰起诉英国人，在他们的租船合同中包含这样一个条款，即"不履行协议的惩罚，对运费进行估计"。法国法院将这个条款视为固定数量的违约金，反对被告对两次航行中的运费担责。上诉中，高级法院对其中其一航行的运费进行了缩减。法国的所有当事人都租船合同中的条款进行这样理解视为理所当然，但是英国法却并非如此，其认为这种条款并不是对任何一方损失进行限制，当事人一方如何认为合适的话，可以以此为基础，要求超过惩罚数额的赔偿。后该法国的判决在英国寻求承认执行。Blackburn 法官认为，在英格兰，当具有适当对人管辖权的外国法院所作出的判决在英格兰寻求承认执行时，当事人不能基于案情实质对其进行质疑，尽管其在法律上或事实上是存在错误的。这不仅是承担基本责任的义务的证据，也是对外国判决中的债务进行诉讼答辩的模式。

的程序来再次审理已被确认事实的争议。瑞德（Reid J.）在 Carl Zeiss 案①中明确指出，判断一个外国判决是否具有终局性，应依据作出该判决的法院地法，而不能是英国法律。判决基于案件本体事实，是指判决必须就争议所关涉的特定事实之存在与否作出确认，同时阐明对该特定事实应适用何等法律规则，并应就上述法律之适用得出结论。在成文法系国家中，通常坚持的理论是，判决具有既判力效力，是以判决已经生效（或判决具有终局性）为前提的。如果判决虽已形成但尚未确定时，即存在可以变更裁判的情形时，该判决是不具有既判力的。只有在上诉、抗告等救济程序均已用尽的条件下，判决才具有既判力。

根据 1997 年《条例》第 74 条第 2 款之规定可知，对于给付判决之效力仅规定其具有执行力。② 在浙江省纺织品进出口集团公司诉长荣海运股份有限公司案（以下简称长荣案）中，台湾地区"最高法院"以大陆民事确定判决经台湾法院裁定认可后只具有执行力，并不具有与台湾地区法院做出判决的既判力为由，准予债务人提起债务异议之诉，而最终未予执行大陆法院做出的判决。③ 继该案之后，大陆地区法院判决在台湾地区是否具有既判力问题，曾引发无数讨论。2015 年，台湾地区"最高法院"再次出现对大陆地区法律文书效力质疑的判决。台湾地区"高等法院"在 101 年度上字第 1408 号民事判决中认为，对于大陆地区仲裁判断经台湾法院认不违反台湾地区公共秩序或善良风俗而裁定认可后，亦应承认兼具既判力。但随后，"最高法院"却废弃了这一决定，仍旧坚持大陆的裁判仅具有执行力而不具既判力。④ 由此，民商事判决的"既判力"问题，再次为两岸理论与实践界高度关注。

（1）执行力与既判力的关系问题。

在前文所提及的长荣案中，台湾地区最高法院指出"经台湾法院裁定认可确定之

---

① Carl - Zeiss - Stiftung v. Rayner & Keeler, Ltd., [1966] 2 All E. R. 536. Reid 法官认为原则上无法找到拒绝承认外国判决既判力的可能性的理由。但是在任何情况下，似乎有至少三个理由让我保持谨慎。首先，我们不熟悉许多国外的诉讼程序，而且，确定一个特定问题是否已成争点或者决定其是否外国判决的基础或是附带性问题时是不容易的。其次，我已经提到在审判过程中被告的实际困难，根据判决决议来反对他，即便是在他所在的国家，他是否应当承担部署此案的麻烦与费用与否，因为让他来承担一切的做法对于在国外无足轻重的他在案件初期是行不通的。再次，荒谬的是，在德国判决里我们应当视为终局性的东西西德国法庭却并非如此。诚然，既判力是由法院地法所决定的，但它也应当以一种符合合理性的方式来发展。

② 依据原告起诉之类型，将判决分为给付判决、形成判决和确认判决，因两岸关系条例将给付判决予以单独列出，所以有必要对这三种类型的认可效力分别进行讨论。

③ 未被执行的大陆法院判决为：关于浙江省纺织品进出口集团公司诉长荣海运股份有限公司（原被告人为立荣海运股份有限公司，后为长荣公司合并，长荣公司成为被告人）无单放货赔偿案的上海市高级人民法院（2003）沪高民四（海）终字第 39 号判决。参见台湾地区"最高法院"2007 年台上字 2531 号判决、2008 年台上字第 2376 号判决、台湾地区桃园地方法院 2004 年申字第 1032 号民事裁定、桃园地方法院 2005 年重诉字第 208 号判决、台湾地区"高等法院"2007 年重上字第 175 号判决，以及台湾地区"高等法院"2007 年重上更（一）字第 210 号判决。

④ 参见台湾地区"最高法院"104 年度台上自第 33 号判决。

大陆民事确定给付判决，仅有执行力，并无既判力"。正是由于这一表述，使得学界开始思考既判力与执行力的关系问题。

实际上，根据台湾"民事诉讼法"第 380 条之 1 规定和"乡镇市调解条例"第 27 条之规定①可以看出，"执行名义"和"与民事确定判决有同一之效力"，二者是相对而言的。依台湾地区民事强制执行法原理，执行名义可以分为有既判力之执行名义和无既判力之执行名义，② 1997 年《条例》并没有采用确定力或既判力之用语，也无相互对照情形，如果仅仅依据"执行名义"就认定大陆判决没有既判力，似乎过于草率。

一方面，依据台湾实务中的见解，大陆形成判决经台湾地区法院裁定认可后具有确定力，③ 此种情形亦符合两岸司法互助之本旨；另一方面，如果否认经台湾法院认可之大陆判决的既判力，那么同一当事人随时可以在台湾就同一事件重新起诉，这对于耗费时间和金钱赴台申请认可大陆民事确定判决的当事人其意义何在？因此，单凭 1997 年《条例》第 74 条第 2 项之规定就认为给付判决仅仅具有执行力，不仅与之前的实务见解有异，还极有可能引发混乱。尤其是在婚姻判决效力问题上，更是难以避免。所以刘铁铮、陈荣传、姜世明等教授均认为经认可之大陆判决应有既判力。④

而学者之中最易引起争议的是杨建华教授的观点，其认为："大陆地区作成之民事确定裁判，并非基于台湾地区司法权所为，亦非外国法院之裁判，在两岸关系尚未有妥善办法解决以前，其裁判仅为一项事实，暂无从认具有法律上之既判力，其所生法律上之效力（包括执行力），乃基于台湾地区法院认可之裁定，并非大陆地区裁判本身，均如前文所述，若当事人未经裁定认可之大陆地区民事确定裁判，向台湾地区法院提起民事诉讼，固难认其在法律上为一事再理。纵已经法院裁定认可，亦难适用"民事诉讼法"第 249 条第 1 项第 7 款后段规定，认为该诉讼标的为确定判决效力所

---

① 台湾"民事诉讼法"第 380 条之 1 规定："当事人就未声明之事项或第三人参加和解成立者，得为执行名义。""乡镇市调解条例"第 27 条规定："调解经法院核定后，当事人就该事件不得再行起诉、告诉或自诉。（第 1 项）经法院核定之民事调解，与民事确定判决有同一之效力；经法院核定之刑事调解，以给付金钱或其它代替物或有价证券之一定数量为标的者，其调解书得为执行名义。（第 2 项）"

② 详细介绍可参见吴光陆：《强制执行法》（修订三版），三民书局股份有限公司 2015 年版，第 45 页。

③ 例如台湾"高等法院""九十四年度家抗字第 188 号判决"明白表示离婚判决必须于判决确定后始生效力（确定力）。

④ 刘铁铮法官、陈荣传教授在其合著中认为：认可仅系就声请之裁判或仲裁判断，审查是否在台湾有其效力，并非另为新判决，故经认可之大陆确定裁判或仲裁判断，在台湾应有其判决本身之确定力、既判力、形成力及执行力。姜世明教授认为若大陆承认台湾判决之既判力，则台湾地区又何有局限而不承认其判决或仲裁判断之相关效力之理由？仅在其不承认台湾裁判或仲裁判断相关裁判效力，或其本身对于相关效力范围有其特殊局限之下，乃有特殊对待之必要，其若仅为保护台商不受大陆部分落后司法制度之伤害，亦属多虑。参见伍伟华：《经台湾法院裁定认可确定值大陆民事确定裁判及仲裁判断是否有既判力？——最高法院 96 年度台上字第 2531 号判决、97 年度台上字第 2376 号判决之分析》，载《台大法学论丛》2009 年第 38 卷第 4 期，第 385—442 页。

及，而得以裁定驳回其诉。"这一观点在长荣案中被当事人和法院援引用来说明经认可之大陆判决仅有执行力。但他们却忽视了杨建华教授的这段话之后的说明，即唯大陆地区作成之民事确定裁判经台湾地区的法院裁定认可后，其认可裁定之本身，应具有法律上之效力，且得为执行名义，如当事人仍旧同一事实起诉者，应认该诉讼欠缺诉之利益（狭义），亦即欠缺权利保护之要见，依判决程序驳回原告之诉。① 综合来看，杨建华教授的观点应为虽然经认可之大陆确定判决没有既判力，但当事人也不能基于同一事实而重新起诉。因此，杨建华教授所谓的执行力已经具备了既判力的特征，这显然与台湾地区"最高法院"所坚持的执行力是不同的，因此"最高法院"对该观点解读有失偏颇。

台湾地区知名学者陈长文认为，"最高法院"的法官，似乎只因 1997 年《条例》之规定与民事诉讼法的规定文字不同，② 即径行推论"经台湾地区相关法院裁定认可之大陆地区民事确定裁判，应只具有执行力而无与我国法院确定判决同一效力之既判力"，于是准许债务人于台湾另行起诉，而重新就相同的诉讼标的请求实质判决，进而可能做出与大陆早已确定的判决不同的决定。这种立场是严重倒退，因为无论从法律的字义或立法理由，均看不出立法者有排除承认大陆民事确定判决的既判力之意图。实务界甚至认为，这种做法不符合"宪法"保障人民之诉讼权是为当事人可获得迅速有效之救济本质。③ 因而，台湾学者认为，无论是从既判力本质还是从博弈论角度而言，台湾地区法院并不存在通过拒绝承认大陆法院判决的既判力来强迫其承认台湾地区判决的现实需要，因此，经大陆法院程序保障作成之裁判，或经当事人合意选择大陆仲裁机构所作成之仲裁判断，应有既判力。④

（2）对外法域判决的承认，是进行形式审查还是实质审查？

一般而言，对于域外判决的承认仅采用形式审查而非实质审查，即仅审查判决是否违背台湾公共秩序或善良风俗，对于实体部分不予审查。而在长荣案中，台湾地区

---

① 参见伍伟华：《经台湾法院裁定认可确定值大陆民事确定裁判及仲裁判断是否有既判力？——最高法院 96 年度台上字第 2531 号判决、97 年度台上字第 2376 号判决之分析》，载《台大法学论丛》2009 年第 38 卷第 4 期，第 385—442 页。

② 台湾地区"民事诉讼法"第 402 条规定，外国法院之确定判决，有情形之一者，不认其效力："一，依中华民国之法律，外国法院无管辖权者。二、败诉之一造，为中华民国人而未应诉者。但开始诉讼所需之通知或命令已在该国送达本人，或依中华民国法律上之协助送达者，不在此限。三、外国法院之判决，有背公共秩序或善良风俗者。四、无国际相互之承认者。"

③ 刘昌坪：《从宪法角度检视台湾地区与大陆地区人民关系条例第七十四条规定——最高法院九六年度台上字第二五三一号、九七年度台上字第二三七六号判决评释》，载《月旦裁判时报》2013 年第 20 期，第 88—99 页。

④ 伍伟华：《经台湾法院裁定认可确定值大陆民事确定裁判及仲裁判断是否有既判力？——最高法院 96 年度台上字第 2531 号判决、97 年度台上字第 2376 号判决之分析》，载《台大法学论丛》2009 年第 38 卷的第 4 期，第 385—442 页。

"最高法院"认定该案当事人之间不存在海上货物运输合同关系，大陆法院认定事实错误，并据此认定债务人有权依据台湾地区"强制执行法"第 14 条第 2 项规定，以执行名义成立前，有债权不成立或消灭或妨碍债权人请求之事由发生。于强制执行程序终结前，提起债务人异议之诉。因此，台湾地区法院之所以不承认大陆法院判决具有既判力，是因为如果承认大陆法院判决只具有执行力而无既判力，就可以绕开既判力效力的约束，而对大陆法院判决所认定事实和适用法律进行审查。① 显然，台湾地区法院的这一做法，这与民商事判决承认与执行中一般只进行形式审查而不进行实质审查的实践是相悖的。

4. 管辖权冲突的解决

当一方当事人向大陆法院起诉，另一方当事人向大陆法院申请认可台湾地区判决时，法院应如何处理也是一个必须解决的问题。综合考虑两岸相互认可与执行民事判决现状，参考内地与港澳以及国际上处理平行诉讼的一般做法，2015 年《规定》对处理两岸平行诉讼之规则作了适度调整。②

如前文所述，根据 1998 年《规定》第 13 条、16 条，只要台湾地区法院先行作出判决，大陆地区人民法院就必须中止审理以审查台湾地区的判决。即只要台湾地区法院的判决日期在前，就要优先考虑台湾地区作出的判决。这就忽略了人民法院的受案日期，在一定程度上是要人民法院放弃管辖来解决管辖权冲突问题，明显扩大了台湾地区判决的效力。而大陆与香港、澳门之间处理国际平行诉讼的方式和台湾地区认可大陆判决的相关规定，并无类似做法。因此，从 2015 年《规定》第 10 条、11 条、12 条可知，③ 大陆地区法院只遵循受理在先的程序。④ 这一规定有其合理性，但对于解决管辖权冲突问题其作用依然有限。

---

① 台湾法院承认和执行大陆法院判决时，也有以大陆法院适用的法律与台湾法律冲突为理由而拒绝承认和执行的实例。如台北地方法院在 573 号民事裁定中认为：根据《台湾地区与大陆地区人民关系条例》第 52 条第 2 项规定，上海杨浦区法院民初字第 453 号民事裁决所持理由与台湾判决离婚采有责主义政策相悖，依台湾地区"民法"第 1052 条规定，因而不予认可。

② 邵中林、李赛敏：《〈关于认可和执行台湾地区法院民事判决的规定〉的理解与适用》，载《人民司法（应用版）》2016 年第 7 期，第 32—36 页。

③ 2015 年《规定》第 10 条规定："人民法院受理认可台湾地区法院民事判决的申请之前或者之后，可以按照民事诉讼法及相关司法解释的规定，根据申请人的申请，裁定采取保全措施。"第 11 条规定："人民法院受理认可台湾地区法院民事判决的申请后，当事人就同一争议起诉的，不予受理。一方当事人向人民法院起诉后，另一方当事人向人民法院申请认可的，对于认可的申请不予受理。"第 12 条规定："案件虽经台湾地区有关法院判决，但当事人未申请认可，而是就同一争议向人民法院起诉的，应予受理。"

④ 只要人民法院已经受理认可申请，就不再受理就同一争议提起的诉讼；反之亦然。即不论是当事人起诉或申请认可，人民法院只进行其在先启动的程序，这样更便于人民法院的操作和当事人的运用。邵中林、李赛敏：《〈关于认可和执行台湾地区法院民事判决的规定〉的理解与适用》，载《人民司法（应用版）》2016 年第 7 期，第 32—36 页。

　　管辖权冲突问题不仅关乎实体法的适用，而且也会直接影响判决的域外承认与执行。导致大陆地区与台湾地区管辖权冲突的原因是多方面的，归纳起来主要包括如下几点：其一，平行诉讼立法上的差异。目前大陆地区与台湾地区并未就管辖权冲突问题的解决达成有效的双边协议，因而在管辖权的行使上主要依据的各自的民事程序规定；[①] 其二，管辖权立法上的差异。两岸在有关专属管辖和协议管辖问题上存有不同；[②] 其三，"一事不再理"原则在规制平行诉讼上所发挥的作用有限，均未将其适用于两岸平行诉讼中；[③] 其四，两岸司法实践的不统一，台湾地区法院往往忽视大陆法院已经受理的事实，而对同一案件予以受理，即对平行诉讼采放任态度。[④] 反观大陆地区的司法实践，虽在立法上放任平行诉讼的存在，但在司法实践中已然出现了法官通过自由裁量限制平行诉讼的案例；[⑤] 其五，在判决的承认与执行问题上，两岸认可条件严重不对等、认可结果不一致，[⑥] 致使大陆判决在台湾难以得到承认执行。此外，处于对一方当事人的利益保护，例如台湾地区对大陆当事人赴台诉讼予以限制，[⑦]

---

　　① 台湾地区对于如何处理与大陆之间的平行诉讼问题并没有专门的法律规定。台湾地区《民事诉讼法》第182条之2规定可知，台湾地区对于涉外平行诉讼的解决采预期承认理论。但该条规定并不适用于两岸国际冲突，且在《两岸关系条例》中也未对管辖权予以明确。根据大陆地区《民事诉讼法》司法解释第533条可知，一方当事人在国外起诉，另一方当事人在国内起诉的，我国法院也予以受理。此规定类推适用于涉台案件。结合2015年《规定》和我国《民事诉讼法》及其司法解释有关规定可知，不论台湾地区法院是否已经做出裁判，只要当事人未在大陆地区法院申请承认执行，大陆法院就享有管辖权。

　　② 比较而言，大陆地区的专属管辖范围较台湾地区更为广泛。例如，对于不动产纠纷，大陆地区将其全部涵盖在专属管辖之列，而台湾地区法院则将其限定在不动产物权涉讼、不动产分割涉讼、不动产经界涉讼中。两岸对于协议管辖制度虽然都予以认可，但在具体的条件限制上却存在差异。大陆地区法院将选择的范围局限在与案件有实际联系的法院，而台湾地区法院对选择的法院不附加任何条件。

　　③ 《民事诉讼法》第35条规定："两个以上人民法院都有管辖权的诉讼，原告可以向其中一个人民法院起诉；原告向两个以上有管辖权的人民法院起诉的，由最先立案的人民法院管辖。"《民诉法若干解释》第36条："两个以上人民法院都有管辖权的诉讼，先立案的人民法院不得将案件移送给另一个有管辖权的人民法院。人民法院在立案前发现其他有管辖权的人民法院已先立案的，不得重复立案；立案后发现其他有管辖权的人民法院已先立案的，裁定将案件移送给先立案的人民法院。"该解释第247条还首次明确将重复诉讼作为规则对象，原则上禁止重复诉讼，明确规定了判断重复诉讼的标准。台湾地区"民事诉讼法"第253条（一事不再理）规定："当事人不得就已起诉之事件，于诉讼系属中，更行起诉。"

　　④ 如林某诉蔡某离婚案。参见王建源：《论两岸民事司法中的平行诉讼问题》，载《台湾研究集刊》2004年第1期，第12—35页。

　　⑤ 惠高运通有限公司诉内田电子股份有限公司、内田电器制造（厦门）有限公司侵犯财产权纠纷案，参见王建源：《海峡两岸管辖权冲突及其解决的实证研究》，载《福建法学》2009年第3期，第56—61页。

　　⑥ 大陆地区法院认可台湾地区法院判决具有既判力，而台湾地区则认为大陆地区法院的判决仅具有执行力。

　　⑦ 2010年1月15日台湾"内政部"修订发布的"大陆地区人民进入台湾地区许可办法"第10条第1项规定："大陆地区人民在台湾地区经司法机关羁押，所犯为死刑、无期徒刑或最轻本刑为五年以上有期徒刑之罪，其配偶或三亲等内之亲属得申请进入台湾地区探视。大陆海峡两岸关系协会或大陆红十字会总会人员为协助前项大陆地区人员进入台湾地区处理相关事务，并符合平等互惠原则，得声请进入台湾地区探视。"第11条规定："大陆地区人民因刑事案件经司法机关传唤者，得申请进入台湾地区进行诉讼。"

　　比较而言，大陆地区的专属管辖范围较台湾地区更为广泛。例如，对于不动产纠纷，大陆地区将其全部涵盖在专属管辖之列，而台湾地区法院则将其限定在不动产物权涉讼、不动产分割涉讼、不动产经界涉讼中。

地方法院不得不行使管辖。正因为如此，两岸平行诉讼频发，这就极有可能导致大陆地区法院的判决无法在台湾地区得到承认执行，台湾地区法院的判决也无法在大陆地区得到认可执行，从而使得当事人的诉讼目的得不到实现，无法迅速解决纠纷保障交易安全。因此，合理地解决管辖权冲突问题是完善域外判决承认执行的重要手段。

管辖权冲突涉及多方面的问题，需要两岸共同努力。在目前两岸并未就此达成相关协议情况下，两岸彼此完善现有制度势在必行。一方面既要合理地对本地区的管辖权予以限制，另一方面也要在遵循礼让原则基础上适当地认可对方的司法管辖。两岸之间的管辖权冲突是区际私法冲突，与协调或解决国际民商事司法管辖冲突相比，两岸对这类冲突的协调或解决应持更加宽容的态度。正如邱联恭教授所言，分裂国家的双方人民均有受平等的司法救济之权利，海峡两岸人民间所应受平等处遇之程度，应无反低于两个主权国家的双方人民之理。① 因此，加强司法协助，提升两岸司法互信，乃明智之抉择。

二、建议

通过对两岸民商事判决的承认与执行现状的考察及相关问题的思考，本文对构建两岸民商事判决承认与执行之机制，特提出如下建议：

（一）承认与执行民商事判决的法理——利益需要说

无论作为一个国家，还是作为一个国家组成部分的法域，对民商事案件的管辖权均是属地的。管辖权的属地性，与外法域民商事判决在内法域的承认和执行的需求，二者毫无疑问是矛盾的。而国际间或者复合法域国家中法域之间的实践表明，跨国的或跨区域的民商事交流之发展，必然要求解决民商事判决的域外承认与执行问题。对此，各国国际私法学者，一直在探讨解决该问题的理论。由此产生了诸如"既得权说""债务说""法律和判决相协调说"等。

对上述理论，马丁·沃尔夫在进行批判的同时，也提出了"利益需要说"，笔者认为，重新解读马丁·沃尔夫的理论，对我们是有启发意义的。

马丁·沃尔夫认为，不同法域相互间民商事判决的承认与执行，是利益的需要。在马丁·沃尔夫看来，如果所有的判决在世界所有地方都能获得承认与执行，就会使

---

① 参见邱联恭教授在台湾地区民事诉讼法研究会第 31 次研讨会"中共法院民事判决之承认与执行问题"上发言之会后补注（注十二），载民事诉讼法研究会编：《民事诉讼法之研讨（三）》，三民书局 2000 年版，第 455 页。

个人的关系在全世界具有稳定性。如果关于婚姻关系的某一判决作出后，相关当事人可以避免"跛脚婚姻"情况（在一法域有效而在另一法域无效或者是可以解除的婚姻）的产生，那么，该当事人就无需再在其它法域提起新的诉讼了。[①] 尽管马丁·沃尔夫没有明确指出这里的"利益需要"，到底是当事人的利益需要，还是国家或者国家之下的不同法域的利益需要？但我们不难看出，在人员的跨国或跨法域迁徙更为自由的今天，民商事判决的"自由流动"，无论对个人，还是对国家之间或者国家之下的法域之间而言，都是甚为重要且必须的。

加拿大国际私法学家卡斯特尔（J. – G. Castel）也认为，与迅速发展的国际或省际民商事活动相比，我们还尚未确立起与之配套的债权人的救济制度。其表现之一就是各法域对外法域判决采取的排斥态度。尽管法域主权（territorial sovereignty）规则使得外法域民商事判决不能直接在加拿大的各省或区生效，但对外法域判决的这种态度本身，就是因为对外法域法律制度的不信任。卡斯特尔指出，商人通常不会关心法律的技术性问题，其关心的主要问题是如何使自己免受债务人破产的风险或者遭遇实现其债权时的其它障碍。从这一点而言，判决无论是在内法域还是在外法域做出的，都必须是快捷的、确定的和有效力的。在冲突法领域，确保交易的稳定性是最基本的政策，如果不能确保这一点，商事交流无疑毫无保障。除此之外，由于交通的便捷和人类迁徙的迅速发展，对外法域判决承认与执行采取宽松态度，就成为一个社会问题了。[②]

尽管两位国际私法学家提出的论断相隔近 70 年，但他们的思想无疑是一致的。从他们的思想中，我们似乎可以有这样两点认识：

第一，相互承认和执行彼此的民商事判决，是海峡两岸构建公平、稳定民商事交流秩序的关键。两岸"三通"基本实现、两岸经济合作架构协议（ECFA）的顺利签署，均表明两岸共同体市场的建立已经具有相应政治基础。但是，就目前情况看，海峡两岸无论在民商事实体法上，还是在冲突法上，都没有发展到协商统一的阶段，在判决的承认与执行方面，如果不尽快克服前述所存在的困难，民商事争议当事人主张的合法权益的实现，就难以有最终保障，民商事法律关系的稳定性问题也就难以解决。

第二，对承认与执行外法域民商事判决的风险应有客观和理性的认识。马丁·沃尔夫认为，同承认与执行判决所产生的利益一样，其所产生的风险也是同样明显的。

---

① Martin Wolff, *Private International Law*, Oxford Clarendon Press, 2nd ed., 1950, pp. 249 – 253.

② J – G. Castel, *Introduction to Conflict of Laws*, Butterworth Toronto, 3rd, 1998, pp. 89 – 90.

诸如法官对立法者意图的曲解、法官的枉法裁判、法官受外部事件的干扰等，都可能成为受托法院普遍承认与执行民商事判决的障碍；不同法域对同一法律关系有不同看法，也可能使普遍承认民商事判决造成不公平的结果。但我们应注意到，与承认民商事判决带来的确保民商事关系的稳定性以及当事人权益的可预见性利益相比，尤其对构建公平合理的跨法域民商事交流秩序而言，受托法院对这类风险的承担是必要的。当然，受托法院对这类风险的承担并不是单向的，受托法院和判决法院对这类风险的承担是相互的。

实践表明，两岸关于民商事判决承认与执行的现有审查机制是可以将这类风险降低至最低的。我们不能因噎废食，更不能使民商事活动当事人的利益受到政府或政党的政治分歧的影响。

因此，有必要增强对彼此法律制度的互信，有必要确立和坚持司法礼让原则，从而，有助于彼此的民商事判决在海峡两岸"自由流动"。

（二）承认与执行民商事判决的原则——司法礼让原则

前述两岸之间在民商事判决的承认与执行方面现存的问题，尽管原因是多方面且较为复杂的，但笔者认为，两岸之间坚持司法上的礼让原则，是很有必要的。

国际私法上讲的礼让问题，源于胡伯的"国际礼让说"。该学说从其提出以来，一直是用以解决法律适用之依据问题的。对于多法域国家而言，在区际民商事判决承认与执行中扩充礼让规则的内涵，既是国家的宪法性要求，也是建立共同市场消除各种区际贸易障碍的要求。因此，本文所讲的礼让，是指在民商事判决承认与执行中，主权国家之间或者同一主权国家的不同法域之间所应遵守的原则。[①] 其具体含义为：

1. 司法礼让是受托法院对外国法院司法管辖权的尊重

如果判决法院所行使的管辖权是恰当的，受托法院就应对该判决给予充分信任。在确定判决法院行使管辖权是否正当问题上，又含有两种不同标准：

（1）类似情况标准。即判决法院行使管辖权的依据，也是受托法院在类似情况下行使管辖权的依据。同样属于复合法域国家的加拿大，在 1990 年的莫哥德投资有限公司（Morguard Investments Ltd. v. De Savoye）案之前，一直遵守的是英国艾默纽尔诉希芒案（Emanuel v. Symon）规则。但在莫哥德投资公司案中，对于亚伯特法院做出的、对住所在该省之外的被告行使对人诉讼管辖权的判决应否承认和执行的问题，不

---

① 刘仁山：《国际民商事判决承认与执行中的司法礼让原则——对英国与加拿大相关实践的考察》，载《中国法学》，2010 年第 5 期，第 1—11 页。

列颠哥伦比亚上诉法院采取了肯定态度。其理由是：只要这些事实发生在不列颠哥伦比亚，不列颠哥伦比亚法院同样有管辖权。[1] 不列颠哥伦比亚上诉法院在该案中所确立所谓"类似情况标准"，最终为加拿大联邦最高法院所认可。莫哥德投资有限公司案也因此成为加拿大姊妹省相互之间承认和执行民商事判决的具有里程碑意义的案件。也正是因为该案，加拿大在与外国法院相互间承认和执行民商事判决、与加拿大各省相互间承认和执行民商事判决之间，出现了分别适用不同规则的趋势。由于莫哥德投资有限公司案规则的适用，各省相互间在民商事判决承认与执行问题上，呈现宽松与和谐的氛围。该案件使得加拿大学者明确了在判决承认与执行方面的新法理，即不同于传统"礼让说"的新礼让说。

（2）真实与实质联系标准。在对管辖区域外的被告行使的对人诉讼管辖中，如果管辖法院与案件具有实质性联系，即只要管辖权的行使是因为管辖法域与案件及当事人之间具有真实与实质联系，则管辖权的行使应认为是恰当的。

一般而言，对被告的管辖可能存在两种情况：一是诉讼时被告在管辖区域内或以明示或者默示协议方式服从法院管辖；一是诉讼时被告在管辖区域外并且对管辖表示抗辩。对第一种情况，管辖法院的判决在承认与执行方面一般不会遇到问题；第二种情况下，被申请法院往往要确定判决法院的管辖权是否恰当。尽管实践中，包括英国、加拿大在内的普通法系国家，对于受案法院向管辖区域外的被告送达传票之规则中，相关的限制性条件较少。在认定判决法院管辖权恰当性方面，基本的限制性一般是以真实与实质联系原则为依据的。[2] 在莫瑞诉加拿大波尔有限公司案中（Moran v. Pyle National〈Canada〉Ltd.），[3] 联邦法院的迪克逊法官（Dickson J.）在解释撤销裁决的原因时，阐明萨斯克其万法院行使管辖权符合"就近原则"。[4] 该案中，迪克逊法官是从产品的"正常销售渠道"，尤其是"省际商业流通"中推导出萨斯克其万行使管辖权的合理性。由此产生的结果就是，只要一省法院行使管辖权是合理的，则该判决在其他省被承认和执行也似乎是同样合理的。因此，迪克逊法官认为，礼让是

---

① Morguard Investments Ltd. v. Douglas De Savoye. (1987) 18 B. C. L. R. (2d) 262, (1988) 1. W. W. R. 87.

② Janet Walker, *Castel and Walker's Canadian Conflict of Laws*, Lexis Nexis Butterworth, 6th ed., 2005, p. 68.

③ Moran v. Pyle National (Canada) Ltd. (1975) 1S. C. R. 393. 在该案中，一电工在萨斯克其万拆除由安大略公司制造的灯泡时受重伤致死。而该公司在萨斯克其万无营业所也无任何财产，该公司的所有产品均销售给经销商而未卖给消费者，该公司在萨斯克其万也没有推销员或代理商。该电工的配偶及子女根据《萨斯克其万严重事故法》对该公司提起诉讼，并声称该公司在生产灯泡时有过失且未能提供有效的安全机制以防止不安全的灯泡出厂及出售使用。在受案之前，法官认为任何过失都是在安大略发生的，所以侵权发生在法院地之外。但法官根据王座法庭法对原告在萨斯克其万提起诉讼给予了特别许可，并作出裁决允许向安大略送达起诉书和传票。后被告成功地向萨斯克其万上诉法院上诉，但上诉法院的判决被联邦法院撤销。

④ Moran v. Pyle National (Canada) Ltd. (1975) 1S. C. R. 393.

基于作出判决的管辖权和承认判决的管辖权双方的共同利益。

不论加拿大采用何种标准确定管辖权的行使是否正当，实质上都是受托法院在根据本国管辖权规则判定原审法院的管辖权，受托法院据此对外国判决的承认与执行，实质上是行使本国间接管辖权的结果。其最终表明，加拿大法院所遵从的礼让，已是最大化消除民商事领域内各种藩篱的礼让。这种对外国判决的新的礼让态度，在促进国际以及区际民商事交流方面，无疑是积极的。

2. 礼让是互惠的前提

判决承认与执行过程中，通常提法较多的是互惠问题。加拿大联邦巡回法院高·柯法官于1987年在马科特诉梅格森案（Marcotte v. Megson）的对人诉讼的强制判决中适用互惠方式。[①] 另外，加拿大制定有《互惠承认和执行外国判决法》（the Reciprocal Enforcement of Judgment Act），适用于对外国的金钱给付判决的承认和执行。那么，司法礼让原则与互惠原则的关系如何？具体而言，二者是两个并列的命题还是具有从属关系的命题？笔者认为，司法礼让应该是互惠的前提。即只有被申请法院根据礼让规则承认和执行管辖法院的判决，才有随之而来的判决承认和执行中的互惠问题。反过来讲，如果被申请法院没有依据前述"类似情况标准"和"真实与实质联系标准"，来决定是否承认和执行管辖法院的判决，那么，相关法域之间也就不存在所谓互惠问题。

不过，司法礼让并非毫无原则或限制的礼让。一般而言，司法礼让往往要受到以下限制：

第一，外国法院的司法程序必须合法。程序合法是程序正义的必要保障，也是正义司法的表现。从各国涉外民商事审判的实践看，各国对程序合法性往往有两方面的要求：一是必须给当事人合理的通知和答辩机会；二是法院的判决不是通过欺诈或违法方式获得的。如果原审法院在程序上存在上述问题，被申请法院则可以作为例外，拒绝承认和执行该外国法院的判决。

第二，承认和执行外国法院判决不得违背法院地的公共秩序。法律适用中的公共秩序保留制度有所谓主观标准和客观标准，在外国法院判决的承认和执行问题上，采

---

① Marcotte v. Megson（1987）19 B. C. L. R. 该判决理由含蓄地表达了在加拿大联邦中应适用私法管辖权互惠的原则。该判决指出：该诉讼与一相邻省份的判决相关，而该相邻省份不是一外国国家而是作为邦联组成部分的一个省。但该判决不能被登记为国内判决，因为被告从未接受亚伯特法院的管辖。加之该判决是一缺席判决，所以本应在法律意义上公开以便被选择接受管辖，但他故意选择不接受管辖，并以"不出庭"和"不辩护"的方式停止为自己辩护。在该情况下，因为有如同亚伯特和不列颠哥伦比亚之间的司法管辖权互惠，所以适用我们法院应承认其自身所主张的管辖权的这一原则是十分恰当的。

用何种标准，一般由各国自己决定。

（三）确立制度依据——签订相关协议和完善彼此现有制度

1. 签订相关协议

目前，台湾地区分别与大陆、香港和澳门特区签署了 1997 年《条例》和《香港澳门关系条例》；另一方面，大陆地区也分别与香港和澳门特区签署了《内地与相关特别行政区相互任何与执行民商事判决的安排》和《内地与澳门特别行政区相互认可与执行民商事判决的安排》，因此，大陆和台湾地区签订相关协议，有丰富实践经验作为参考。

从当前实践来看，两岸关于民商事判决承认和执行的现行制度还不能充分发挥作用，其原因主要体现为两个方面：

第一，现有制度上的缺陷。1997 年《条例》第 74 条规定了台湾承认和执行内地的判决和裁决，须以互惠和对等为原则。这实际上是在两岸相互承认与执行对方法院判决施加的一种前提条件。即如果大陆地区法院未承认台湾地区法院的判决，那么台湾地区法院可以互惠原则为由拒绝承认与执行大陆地区的判决。在这种情形下，互惠原则往往会造成"以彼之道，还施彼身"的恶性循环。正如德国学者所说，采用互惠原则就可以促使外国法院承认和执行本国法院判决，这只是制度设计者的一种幻想。[①]因此，现有制度中，有必要明确司法礼让应成为互惠原则之前提。

第二，两岸司法合作规范有待进一步明确。作为两岸司法协助的第一份综合性合作协议，《司法互助协议》第 10 条即为两岸认可及执行民事确定裁判与仲裁判断的基础。该协议签订以来，从大陆地区最高人民法院所公布的数据来看，申请认可和执行台湾地区判决的案件量逐年增加。然而，该协议中的相关规定仅仅是一种原则性的规定，仍缺乏现实操作性。

基于前述，笔者认为，在司法礼让原则的指导下，增强两岸司法互信，改善不对等之现状，签署更为全面的两岸判决承认与执行的合作协议有其必要性。未来协议应重点解决如下问题：明确民商事判决的概念、简化认可与执行民商事判决的程序、对公共秩序进行严格解释、明确判决的既判力等问题，最大限度的避免或消除两岸互相认可与执行民商事判决制度间的差异与分歧。

2. 完善彼此现有制度

2015 年《规定》是对现有承认与执行台湾地区民商事判决之制度的进一步完善，

---

① 杜涛：《互惠原则与外国法院判决的承认与执行》，载《环球法律评论》2007 年第 1 期，第 115 页。

为大陆地区承认与执行台湾地区法院判决开启了新篇章。虽然 2015 年《规定》仍有不完善之处，但就目前情形来看，对台湾地区的现行制度之完善，尤为迫切。作为台湾地区现行关于大陆判决的承认与执行的主要依据，台湾地区 1997 年《条例》第 74 条有必要从如下方面予以完善：

第一，扩大"民事确定裁判"的范围。考虑到台湾地区"民事诉讼法"和"强制执行法"中的相关规定，以及近年实践中台湾地区对于大陆法院的调解书书之认可态度的转变，笔者认为，应将经法院确定的民事调解书及和解协议纳入"民事确定裁判"。关于支付令的认可，台湾地区目前没有明确权威的解释。2015 年 6 月 15 日，台湾地区"立法院"在修改"民事诉讼法"时，快速通过了关于支付命令的修正案，其中就支付命令的效力问题，作出重大修改：若债务人对于支付命令未在法定期间内合法提出异议时，将旧法规定"支付命令与确定判决有同一效力"修正为"支付命令得为执行名义"（第 521 条第 1 项）。质言之，台湾当局将对支付令的效力进行模糊处理，仅承认支付命令具有执行力，从而使得支付令的既判力效力成为有待明确的问题。反观大陆地区，大陆人民法院从 2000 年就认可了台湾地区高雄地方法院发出的支付令的申请，同时，大陆 2015 年《规定》也明确将支付令列入可承认与执行的范围。由此观之，不论台湾地区的支付命令具有既判力，抑或是其效力被限缩为仅具有执行力，大陆在认可时均等同视之。因此，笔者呼吁台湾地区对大陆的支付令予以认可，以此彰显公平及互惠原则，这也是对 1997 年《条例》第 74 条第 3 项立法理由的积极回应。①

第二，审慎适用公共秩序保留原则。前述台湾地区法院在承认和执行的大陆地区法院民事判决时，通常采用的是实质审查。为避免公共秩序过度适用对判决的自由流动造成阻碍，台湾地区应该适当地限制公共秩序保留制度在判决的承认执行中的适用，尤其应避免仅因实体法的不同即判定违背公共秩序的情形。亦即应在区际司法互助的框架内考虑公共秩序保留的适用问题。

第三，确认大陆地区法院民事判决的既判力。前述台湾地区法院对大陆地区法院判决是否具有既判力的实践，引起了广泛争议。台湾有学者曾建议在第 74 条第 1 项现有文字之后增加"其经认可者，与台湾地区法院确定裁判具同一效力"，以明确文

---

① 该项立法理由如下："依本条例规定，在大陆地区作成之民事确定裁判及民事仲裁判断，不违背台湾地区公共秩序或善良风俗者，得声请我法院裁定认可，并得为执行名义；惟大陆方面却未能秉持互惠、对等之原则，承认在我方作成之民事确定裁判及民事仲裁判断，得声请大陆地区法院裁定认可，并得在大陆地区执行，显属不公，爰依公平及互惠原则，增订第三项规定，期使中共当局正视两岸司法互助问题，能以诚意解决，俾维护两岸法律制度，并兼顾当事人权益。"

字杜绝既判力问题所引发的争议。① 对于这种做法，笔者颇为赞同。

首先，1997 年《条例》未能明确经台湾法院裁定认可确定之大陆民事判决或仲裁裁决的效力，实际上属于立法上的漏洞。然而，台湾地区"最高法院"仅以"法无明文规定"为由，对大陆判决及仲裁裁决的既判力予以否认，这充分体现了两岸司法互信的缺失。这种司法互信的缺失，对于区际民商事判决的自由流动够构成巨大阻碍。一方面，如果经台湾法院裁定认可确认的大陆民商事判决或仲裁裁决没有既判力而仅具执行力，则当事人可随时在台湾就同一事件重复起诉或提交仲裁，那么当事人赴台湾法院声请裁定认可大陆民商事判决或仲裁裁决则会徒劳无获；另一方面，如果经台湾法院裁定认可确认的大陆民商事判决或仲裁裁决仅具执行力，并无既判力，则该执行力可能随时在台湾由于重新起诉的判决或仲裁裁决得以推翻，那么该执行力又有何意义？

其次，台湾地区与香港和澳门地区签订的《香港澳门关系条例》第 42 条，直接将在香港及澳门地区所作之民事确定裁判、民事仲裁判决的效力参照台湾地区"民事诉讼法"第 402 条的规定执行，而该"民事诉讼法"第 402 条是关于对外国判决的承认与执行问题的规定，其明确赋予了外国判决具有既判力的效力。这意味着，根据《香港澳门关系条例》，台湾地区赋予香港和澳门地区民事确定裁判和民事仲裁判决以既判力。相反，由于 1997 年《条例》第 74 条的不明确，台湾地区"最高法院"却在实践中否认大陆地区民商事判决和仲裁裁决之既判力。这种完全矛盾的做法，显然无助于两岸民商事交流顺畅的发展。

因此，笔者认为，在 1997 年《条例》第 74 条中明确大陆地区民商事判决的既判力，既是对现有制度缺陷的修正，也是台湾地区司法实务界的现实需求。

三、结语

海峡两岸之间在相互承认和执行民商事判决问题上，尽管中国大陆地区及台湾地区均有相应的制度性规定，但现状及问题表明，两岸在民商事判决范围问题、民商事判决承认和执行过程中公共秩序保留制度适用问题，以及两岸彼此赋予民商事判决既判力的态度等，均有较大分歧。大陆地区和台湾地区法院在相互认可民商事判决以及仲裁裁决上的不对等之现状，表明在实现两岸判决或仲裁裁决的自由流动愿景上，依

---

① 伍伟华：《经台湾法院裁定认可确定之大陆民事确定裁判及仲裁判断是否有既判力？——最高法院 96 年度台上字第 2531 号判决、97 年度台上字第 2376 号判决之分析》，载《台大法学论坛》2009 年第 38 卷第 4 期，第 421 页。

然面临诸多困境。倡导或坚持民商事判决相互承认和执行中的司法礼让原则，彼此进一步完善相关制度，增强两岸司法互信，适时达成全面司法互助协议，无疑是解决现有问题的明智之举。

　　总之，建立健全有利于促进和保障两岸民商事交流之机制，不仅有助于促进两岸共同体市场乃至大中华经济圈的形成，从而增进人民福祉，而且有助于为推进两岸乃至整个亚太地区和平稳定局面提供保障，进而彰显中华民族在国际（区际）私法领域的智慧和贡献。

涉台民商事案件法律适用研究

——以大陆五省（直辖市）法院的司法实践为基础

薛永慧*

前　言

自 1949 年《共同纲领》宣布废除国民党反动政府的法律后，在台湾得以延续的"中华民国"法律在大陆失去效力。台湾地区法律不被大陆承认，自然不可能被大陆法院在裁判中适用。也即，在 2010 年 10 月 27 日最高人民法院发布的《关于审理涉台民商事案件法律适用问题的规定》（以下简称《涉台案件法律适用规定》）于 2011年 1 月 1 日施行之前，大陆法院以务实的态度设法解决涉台案件的法律适用问题，并一致以大陆地区的法律为准据法。① 《涉台案件法律适用规定》首次明确了大陆法院应参照国际私法规范处理涉台民商事纠纷，并明确了人民法院审理涉台民商事案件可以适用台湾民事法律，从而出现了台湾法适用与查明问题。然而，"书本中的法律"（law in books）未必会等于"行动中的法律"（law in action）。伴随着对台湾法适用在立法（司法解释）层面的解冻，司法实践呈现何种面相？自《涉台案件法律适用规定》开始试行后，大陆法院在涉台民商事案件裁判中依据什么规则选择应适用的法律？大陆法院在涉台民商事审判中适用大陆法和台湾法的比例如何？大陆法院适用台湾法面临何种困难与顾虑？大陆法院如何查明以及如何理解台湾法？对这些问题的深入探究，不但可以总结归纳大陆法院涉台民商事审判法律适用和台湾法适用、查明方面的经验和智慧，为我国域外法的适用与查明提供智识和启示，而且通过对台湾法适用与查明实务中的不足与问题的找寻与解决，更可以提升大陆法院适用台湾法的能力，平等保护两岸人民权利，增加两岸人民福祉，助力于两岸和平统一。

本文选取截至 2017 年 1 月 19 日中国裁判文书网公布的、大陆涉台民商事案件最为集中的五个省（直辖市）法院 2011 年 1 月 1 日至 2016 年 12 月 31 日作出的所有涉

　＊　薛永慧，法学博士，两岸关系和平发展协同创新中心成员，厦门大学台湾研究院副教授。
　①　于飞：《涉台民商事案件法律适用司法实践析评》，《台湾研究集刊》2016 年第 2 期，第 71—72 页。

台民商事判决作为样本，对上述问题进行实证研究。关于本文研究样本的选取，说明如下：其一，本文的研究样本排除了涉台资企业的判决。其二，虽然最高人民法院对相关案件的裁判和观点具有最高权威性和指引性，但截至2017年1月19日，中国裁判文书网发布的最高人民法院的涉台民商事判决仅二例，其中一例是一审涉及法律适用二审（最高人民法院）未涉及法律适用，另一例二审（最高人民法院）涉及法律适用问题，但仅是认可一审法院适用意见（根据当事人选择适用中国法律）。故最高法院涉台案件法律适用没有纳入本文研究范畴的价值。其三，地方法院中，本文选取福建、广东、江苏、浙江和上海五个省（直辖市）法院的涉台民商事判决作为样本。这五个省（直辖市）是大陆涉台民商事案件最集中、数量最多的地区，这五个省（直辖市）的涉台民商事案件量约占全国案件总量的70%。

一、涉台民商事案件法律适用总体情况

在中国裁判文书网上，笔者查找到大陆五省（直辖市）法院2011.1.1—2016.12.31涉台民商事判决总共2337例，其中福建省1007例，广东省700例，江苏省258例，上海市215例，浙江省157例。大陆五省（直辖市）2011.1.1—2016.12.31涉台民商事案件法律适用总体情况见表1。

表1　五省（直辖市）法院2011.1.1—2016.12.31涉台民商事案件法律适用总体情况

		福建省			广东省			江苏省			上海市			浙江省			合计
		高级法院	中级法院	基层法院	高级法院	中级法院	基层法院	高级法院	中级法院	基层法院	高级法院	中级法院	基层法院	高级法院	中级法院	基层法院	
未涉及法律适用		2	74	320	17	130	243	12	54	93	2	60	124	5	27	52	1215
适用大陆法律	无理由适用	1	22	363	0	18	9	0	0	2	0	0	2	1	6	8	432
	当事人选择	6	12	17	6	35	58	0	17	18	1	8	8	1	18	5	210
	最密切联系原则	1	39	121	1	46	118	0	8	48	0	3	5	1	19	7	417
	其他冲突规范	0	1	246	11	1	4	1	0	1	1	0	3	4	57		
	域外法无法查明	0	0	0	0	0	1	0	0	0	0	0	0	0	0	0	1
适用台湾有关规定		0	0	2	0	0	0	0	0	0	0	0	0	0	0	0	2
适用香港法律		0	0	0	0	1	0	0	0	0	0	0	0	0	0	0	1
适用区际惯例		0	2	0	0	0	0	0	0	0	0	0	0	0	0	0	2
合计		10	150	847	24	236	440	13	83	162	3	72	140	8	73	76	2337
总计		1007			700			258			215			157			

注：中级法院包括海事法院、知识产权法院。

资料来源：笔者通过统计中国裁判文书网公布的案例制作。

笔者发现，大陆法院涉台案件法律适用具有如下特点：（1）通常只有涉台湾主体的案件才涉及法律选择和适用，除广州海事法院一个主体非涉台但多式联运合同运输始发地为台湾从而涉及法律选择和适用的判决〔（2012）广海法初字第1049号〕和一个主体非涉台但海上运输目的地在台湾而涉及法律适用的判决〔（2016）粤72民初170号〕、上海海事法院一个主体非涉台但因保险事故发生在台湾而涉及法律适用的判决〔（2013）沪海法商初字第1739号〕外，未发现有其他因素涉台（标的物和法律事实涉台）的案件法院在裁判中涉及法律选择和适用问题。（2）同一个或同一地区的法院，对于法律选择和适用问题的处理往往有着高度的一致性。例如，在福建省福清市法院350例（全部为离婚判决）只说明应适用大陆法律而未阐明理由的判决中，对法律适用的表述基本均为："依照《最高人民法院关于审理涉台民商事案件法律适用问题的规定》第一条第一款的规定，本案适用大陆法律为准据法。"而福建省平潭县法院仅有的4例根据最密切联系原则适用大陆法律的判决，均未具体阐明法律适用理由，仅表明"本院依法适用与本案具有最密切联系的法律即中华人民共和国法律作为本案的准据法"。

（一）冲突规范强制适用还是任意适用

在五省（直辖市）法院2011.1.1—2016.12.31作出的2337例涉台民商事判决中，对法律选择和适用问题做了说明的有1122例，未对法律选择和适用问题作出说明的有1215例，约占总判决数的52%。未对法律选择和适用作出说明的判决中，一审判决877例，约占总判决数的37.5%；二审和再审判决是338例，约占总判决数的14.5%，具体情况见表2。未对法律选择和适用作出说明的判决，无一例外都是直接适用大陆法律进行裁判。在所有的涉台民商事判决中，几乎所有的交通事故赔偿判决都没涉及法律选择和适用问题，相当一部分离婚纠纷判决也未涉及法律选择和适用问题，很多劳动争议判决也未涉及法律选择和适用。

表2　五省（直辖市）法院未对法律选择和适用作出说明的判决

	福建省	广东省	江苏省	上海市	浙江省	合计
一审	334	251	103	126	63	877
二审	53	138	55	60	21	327
再审	9	1	1	0	0	11
合计	396	390	159	186	84	1215

资料来源：笔者根据中国裁判文书网公布的判决制作。

如果说大陆法院二审或再审一般只对上诉状中载明的请求事项或裁判错误事项进行审查，从而如果当事人上诉或案件决定再审时未涉及法律适用问题，二审或再审裁判便不会涉及法律适用问题尚属正常现象的话，如此多的一审判决未对法律选择和适用作出说明而直接适用大陆法律，则说明了一个问题：在涉台民商事审判实践中，法官任意适用冲突规范是一个普遍现象。因为如果坚持冲突规范强制适用，法官均应根据冲突规范寻找应适用的法律并对此作出说明。

冲突规范的任意适用，是指在涉外民商事案件的审理中，只有在一方当事人提出请求时，法院才会适用冲突规范及其指向的外国法。[①] 冲突规范的强制适用则是指在涉外民商事案件的审理中，法官有义务依职权主动适用冲突规范及其指向的外国法。各国立法对冲突规范适用的规定不一，但各国的司法实践表明，冲突规范的任意适用是一个普遍现象。即便在学说和最高司法机关判例确立了冲突规范依职权主动适用原则的德国，冲突法也在相当程度上成了任意性法律。[②]

对于冲突规范的适用，大陆司法解释和司法性文件曾有所涉及。1988 年 1 月 26 日最高人民法院《关于贯彻执行〈中华人民共和国民法通则〉若干问题的意见（试行）》第 178 条第 2 款规定："人民法院在审理涉外民事关系的案件时，应当按照《民法通则》第八章的规定确定应适用的实体法。"最高人民法院 2000 年《关于审理和执行涉外民商事案件应当注意的几个问题的通知》特别指出：各级法院应该严格依照冲突规范适用处理案件的民商事法律，切实做到依法公开、公正、及时、平等地保护国内外当事人的合法权益；除《合同法》第 126 条第 2 款规定的三类合同必须适用中国法律外，均应依照有关规定或者当事人约定，准确选用准据法。最高人民法院的前述意见和通知表明，依职权适用冲突法规范和准确选用准据法是大陆各级人民法院的义务。[③] 2011 年 4 月 1 日生效的《中华人民共和国涉外民事关系法律适用法》（以下简称《法律适用法》）第 2 条第 1 款规定："涉外民事关系适用的法律，依照本法确定。其他法律对涉外民事关系法律适用另有特别规定的，依照其规定。"该条在法律层面明确了冲突规范强制适用的要求。

对于冲突规范的适用，大陆学者对此的看法也不尽相同，大致有三种观点：其一，认为我国法院应依职权适用冲突规则。[④] 其二，认为冲突规范的任意性具有"原

[①] 徐鹏：《冲突规范任意性适用研究》，厦门大学出版社 2010 年版，第 2 页。
[②] 徐鹏：《冲突规范任意性适用研究》，厦门大学出版社 2010 年版，第 2—4 页。
[③] 秦瑞亭：《强制性冲突法和任意性冲突法理论初探》，《南开学报》（哲学社会科学版）2007 年第 4 期，第 88 页。
[④] 郭玉军：《近年中国有关外国法查明与适用的理论与实践》，《武大国际法评论》（第 7 卷），武汉大学出版社 2007 年版，第 4 页；秦瑞亭：《强制性冲突法和任意性冲突法理论初探》，《南开学报》（哲学社会科学版）2007 年第 4 期，第 88—89 页；宋晓：《程序法视野下冲突规则的适用模式》，《法学研究》2010 年第 5 期，第 194 页。

则"地位，我国对此应予承认。[①] 其三，认为可以采用一种折中的适用方式，即依据法律关系的不同性质将其划分为不同的范畴，分别采用法官依职权和依当事人申请适用方式。[②] 司法实践中，目前为止，大陆法院对冲突规范的适用仍未形成统一意见和做法。据黄进教授等人的统计，2009—2013 年抽样的大陆法院所作的涉外（包括港澳台）民商事判决中，法院未说明理由而直接适用中国法[③]的案件的比率分别为 9%、2%、2%、0 和 10%。[④] 这些数据说明，这期间的涉外（包括港澳台）民商事审判实践中，也有冲突规范任意适用的现象，但并非普遍。

在笔者的调研中，海沧法院的个别受访法官认为冲突规范是强制适用，厦门中院的法官也曾表示某个案件因为无法促成当事人就适用大陆法律达成合意故不得不涉及台湾法的适用问题，这说明此法官秉持了冲突规范强制适用的理念。即便如此，实践中，海沧法院 2011.1.1—2016.12.31 作出的 186 例涉台民商事判决中，仍有 20 例未对法律选择和适用作出说明。而厦门中院这期间作出的 53 例涉台民商事判决中，则有 50 例未对法律选择和适用作出说明，其中一审判决 11 例，二审判决 33 例，再审判决 6 例。可见，在涉台民商事审判实践中，冲突规范任意适用很普遍。

既然法律对冲突规范的强制适用已有要求，为何冲突规范任意适用在涉台民商事审判实践中依然是普遍现象呢？这主要是因为法官在适用域外法（主要是台湾法）方面的困难和风险导致法官对冲突规范和域外法的适用采取规避态度。笔者认为，在涉台民商事审判中，为了如下政策考量，应引导法官尽量依冲突规范确定应适用的法律：其一，随着两岸交流交往的不断开展和深入，平等保护两岸当事人的权益是两岸关系发展的必然要求，而平等适用两岸法律是平等保护两岸当事人权益的路径；其二，若要谋求两岸的和平统一，两岸的法律规定得到彼此的承认与尊重是必然要求，承认并平等适用两岸法律规定是一国多法域国家的现实需求。

（二）适用台湾地区法律规定还是大陆法律

在大陆五省（直辖市）法院 2011.1.1—2016.12.31 对法律选择和适用作出说明的 1122 例涉台民商事判决中，除厦门海事法院 2 例 ［（2012）厦海法商初字第 519 号和（2012）厦海法商初字第 520 号］适用两岸渔船船员劳务合作惯例作为裁判依据，

---

① 王娟：《论冲突规则的性质》，载《中国国际司法学会 2004 年年会论文集》（上卷），第 427 页。

② 徐鹏：《冲突规范任意性适用研究》，厦门大学出版社 2010 年版，第 154 页。

③ 这可能包括本文所说的"未对法律选择和适用作出说明"和"仅表明适用大陆法律但未阐明理由"两种情形。

④ 参见黄进等人所著 2009—2013 年"中国国际私法司法实践评述"系列文章，载《中国国际私法与比较法年刊》第 13—17 卷，北京大学出版社。

以及广州中院 1 例［（2014）穗中法民四终字第 40 号］二审认可一审法律适用意见从而适用香港法律裁判的判决外，仅厦门市海沧区人民法院有 2 例判决［（2012）海民初字第 2106 号和（2013）海民初字第 172 号］涉及台湾法律的适用，且都是部分争点适用台湾法律认定、部分争点适用大陆法律认定，其余 1117 例判决均适用大陆法律裁判[①]。即在所有涉及法律选择和适用的判决中，适用大陆法的判决约占 99.6%，适用台湾法的判决为零，同时适用了大陆法和台湾法的判决约占 0.18%。

虽然倾向于适用本国（地区）法进行裁判是世界各国（地区）法院的普遍做法，但相对而言，大陆法院涉台民商事审判台湾法的适用率仍然偏低。例如，据黄进教授等人的统计，2009—2013 年抽样的大陆法院所作的涉外（含港澳台）民商事判决中，适用域外法（含同时适用大陆法和域外法）的案件比率分别为 3%、6%、2%、8% 和 8%。[②] 这说明大陆法院涉台民商事判决台湾法适用率低于大陆法院涉外（含港澳台）民商事判决域外法适用率。再例如，据学者统计，从 2009 年 1 月 1 日起至 2013 年 11 月 1 日止，台湾法院共计 8714 份涉及法律选择和适用的涉陆民商事裁判书中，适用了大陆法的有 195 件，占 2.24%；适用了台湾法的有 8424 件，占 96.67%；同时适用了大陆法和台湾法的有 95 件，占 1.09%。[③] 也即，台湾法院 2009.1.1—2013.11.1 近五年间适用大陆法律（包括同时适用了大陆法和台湾法）的涉陆民商事裁判占所有对法律选择和适用作出说明的涉陆民商事裁判的 3.33%，也高于大陆五省（直辖市）法院 2011.1.1—2016.12.31 六年间涉台民商事案件 0.18% 的台湾法适用率。

涉台民商事判决之所以出现如此低的台湾法的适用率，原因大致如下：1. 相对于台湾地区在 1992 年出台"两岸人民关系条例"（第三章"民事"部分，涉及两岸民事关系法律适用的规定有 22 条）已对涉陆案件法律适用有所规定，大陆直到 2010 年 12 月 27 日才出台了《涉台案件法律适用规定》明确法院裁判涉台案件可以适用台湾民事法律。由于台湾法律地位和效力的长期未定，加之涉台事务的高度敏感性和政治性，大陆法院在适用台湾法解冻之初，势必对台湾法的适用保持审慎态度。2. 大陆法

---

① 其中有一个判决［（2013）东中法民四终字第 68 号］东莞市中级人民法院不认可一审法院（广东省东莞市第二人民法院）认为从合同即保证合同应适用大陆法律的意见，认为应适用台湾法，只是各方当事人二审期间均未对此提出上诉或异议，所以东莞市中级人民法院未予处理，也即二审维持了一审法律适用意见。其中还有一个判决［（2011）厦民初字第 575 号］既根据最密切联系原则适用大陆法律，同时又适用国际惯例。

② 参见黄进等人所著 2009—2013 年"中国国际私法司法实践评述"系列文章，载《中国国际私法与比较法年刊》第 13—17 卷，北京大学出版社。

③ 曾丽凌：《台湾地区涉大陆案件法律适用实证研究》，载《2013 年海峡两岸国际私法学术研讨会》论文集，第 89 页。

院法官在查明和理解适用台湾法方面存在困难和障碍。台湾"司法院"很早就购买了万律（westlaw）的大陆法规数据库供台湾法院法官使用，且台湾"司法院"内部网站"司法院数字图书馆"中有"外国法令查复一览表"，将已有的由台湾高等法院嘱托海基会查询的大陆地区法制内容汇编列目供法官查询。① 而大陆法院系统在这方面则告阙如，通过司法互助和专家查明的方式查明台湾法仍在尝试和探索阶段。再加上网络限制等原因，大陆法官可以使用的台湾法查明途径非常有限。而且即便通过各种途径查明了台湾法的法条，在理解和准确适用台湾法方面，大陆法官同样存在困难。在台湾法无法查明或者对台湾法的理解适用存在困难的情况下，大陆法官自然会规避台湾法的适用。目前为止，笔者没有发现有判决在法律适用部分以台湾法无法查明或无法准确理解和适用为由转为适用大陆法的表述，而据笔者的调研，法官普遍反映在查明和理解适用台湾法方面有困难从而无法适用台湾法。可以想象，凡是无法查明和无法准确理解适用台湾法的案件，几乎都是以适用大陆法的方式规避台湾法的适用。

（三）是否将《涉台案件法律适用规定》作为法律适用的依据

2011 年 1 月 1 日起施行的《涉台案件法律适用规定》首次明确了大陆法院应参照国际私法规范处理涉台民商事纠纷，并明确了可以适用台湾民事法律。所以，《涉台案件法律适用规定》应是涉台案件法律选择与适用首先被援引的法源，因为它是法院援引相关国际私法规范处理涉台案件的依据。那么，实际情况如何呢？

据笔者的统计，在 1122 例对法律选择和适用作出说明的判决中，共有 411 例判决引用《涉台案件法律适用规定》，引用率约为 36.6%。这 411 例判决具体分布为福建省 394 例，广东省 9 例，浙江省 6 例，江苏省 2 例。相对而言，福建省法院的引用率最高，在 611 件对法律选择和适用作出说明的判决中，有 394 例判决援引该司法解释，援引率约为 64.5%。但援引率高似乎也不意味着法院对该司法解释的理解和重视程度高。例如，福建省法院援引该司法解释的判决主要集中在福州市两级法院，福州市两级法院共有 362 例判决引用该司法解释，但福州市福清市法院近 350 例引用该司法解释的判决对法律适用的表述基本均为："依照《最高人民法院关于审理涉台民商事案件法律适用问题的规定》第一条第一款的规定，本案适用大陆法律为准据法。"这显示了裁判法官知晓《涉台案件法律适用规定》的发布施行并想要将其作为法律适用的依据，但对该规定条文的理解不到位：法官将《涉台案件法律适用规定》第 1 条第 1 款错误地理解为冲突规范，认为此条款概括规定涉台民商事案件的准据法为大陆

---

① 伍伟华：《大陆地区法律之证明及适用》，（台）《法学新论》第 12 期（2009 年 7 月），第 99—100 页。

法律和司法解释。

从援引《涉台案件法律适用规定》的情况看，大陆法院对该司法解释的重视程度、理解程度和适用程度都还有所欠缺，大陆法院需要继续加强对该司法解释的宣传、理解和适用。

二、涉台民商事案件大陆法律适用

在五省（直辖市）法院的涉台民商事判决中，没有发现适用大陆强制性法律规定、因台湾法（或外国法）没有规定而适用大陆法律以及台湾法（或外国法）的适用将损害大陆社会公共利益从而适用大陆法律的判决。在 1117 例适用大陆法律裁判的判决中，仅说明应适用大陆法律但没有阐明具体理由或理由不明确的有 432 例，当事人双方在案件审理前或审理中达成合意选择适用大陆法律的有 210 例，当事人未选择法律而由法院根据最密切联系原则确定适用大陆法律的 417 例，当事人未选择或不能选择而由法院根据其他法律适用原则（冲突规范）适用大陆法律的 57 例，当事人约定适用的域外法（香港法）因无法查明转而适用大陆法律的 1 例。可见，最密切联系原则是涉台民商事案件确定准据法的最常用的方法。

（一）未阐明法律适用理由或理由不明确

432 例仅说明应适用大陆法律但没有阐明具体理由或理由不明确的判决，福建省占绝大多数，有 383 例。在 432 例判决中，有的是仅说明适用大陆法律而无法律适用理由，例如，厦门市海沧区人民法院有 9 例判决只表明法律选择结果，即"本案应适用中华人民共和国法律"。有的是看似引用了法律依据或者对法律适用理由做了说明，但实际上却看不出真正的理由为何。例如，福建省福清市法院近 350 例引用《涉台案件法律适用规定》作为法律适用唯一理由的判决，实际上并未明确适用大陆法的真正理由。

涉外民商事裁判中法官阐明并证立其法律选择理由是现代社会赋予法官的一项基本义务，也是我国司法改革的一项重要内容。现代法治关于法官法律选择证立的要求反映了在新的时代背景下涉外民事裁判所应该具有的一种面相，即法律选择证立要向案件的当事人表明司法者作出的结论是合法的，是法院对诉诸司法的公民的一种合理回答。[①] 在涉外民商事裁判中，法律选择证立的目的在于通过论证法律选择的合法性、

---

① 张志铭：《法理思考的印迹》，中国政法大学出版社 2003 年版，第 387 页。

合理性、客观性和融贯性来正当化其法律选择行为。① 法律适用的情形基本包括三种：适用内国强制性法律规定、根据当事人意思自治适用当事人选择的法律、根据冲突规范选择准据法。不论是依据何规则确定涉外（或外法域）案件应适用的准据法，法院在裁判时均应对法律选择和适用理由作出说明，这是法院裁判涉外（或外法域）案件的一般原则，也是当事人、上级法院及社会对法院适用法律正确与否进行评价的要求所在。大陆五省（直辖市）法院 1117 例适用大陆法裁判的判决中有 432 例没有就法律适用理由作出阐述或理由不明确，显示了大陆法院在涉台案件中规范适用法律方面仍有所欠缺。

之所以有如此多的判决未阐述法律适用理由或理由不明确，原因主要包括：（1）法官对法律适用问题的态度不够积极严谨。例如，"谢某与罗某、谢某、中国平安财产保险股份有限公司佛山市顺德支公司机动车交通事故责任纠纷一审民事判决书"〔（2013）佛顺法民一初字第 454 号〕对法律适用的表述为"适用中华人民共和国法律审理。"而对于本案这样的台湾被告在大陆酒驾致大陆原告受伤的损害赔偿纠纷，按照《法律适用法》的规定，在双方未达成法律适用合意的情况下，应该适用当事人共同经常居住地法（判决未明确大陆原告与台湾被告是否有共同经常居住地，如果有，也是大陆）或侵权行为地法即大陆法律，故法院适用大陆法律裁判的法律选择结果并没有错，大陆法律对此也提供了明确依据，法官完全有条件阐明适用大陆法律的理由，而之所以未予阐明，只能归因于法官不积极作为。（2）法官对法律的熟悉程度和理解的准确程度不够。例如，"原告黄某与被告刘某离婚纠纷一审民事判决书"〔（2013）清新法民一初字第 186 号〕对法律适用的表述为："由于被告刘某是台湾地区居民，《最高人民法院关于审理涉台民商事案件法律适用问题的规定》第一条第一款规定：'人民法院审理涉台民商事案件，应当适用法律和司法解释的有关规定'，原告黄某和被告刘某在广东省清远市清新区民政局登记结婚，根据《中华人民共和国民法通则》第八条第一款：'在中华人民共和国领域内的民事活动，适用中华人民共和国法律，法律另有规定的除外'，因此对原告、被告的婚姻关系的处理，应适用《中华人民共和国婚姻法》及相关司法解释。"而《民法通则》第 8 条是关于民事活动应适用的法律的一般规定，并非离婚纠纷的冲突规范，离婚纠纷另有冲突规范。故法院引用法律错误，法律适用理由也就模糊不清了。（3）法官意图规避台湾法的适用但又找不到合适的理由，故不对法律适用理由进行阐述或做模糊处理。例如，"张某与马某民间借贷纠纷一审民事判决书"〔（2014）甬慈商外初字第 46 号〕和"简某与钟某

---

① 翁杰：《论涉外民事裁判中法律选择的证立问题》，《法律科学》2015 年第 5 期，第 186—187 页。

民间借贷纠纷一审民事判决书"［（2015）甬慈商外初字第 1 号］对法律适用的阐述为："在法律适用上，原、被告未作约定，原告在庭审中选择适用中华人民共和国的法律，故适用中华人民共和国的法律作为本案裁判的法律依据。"很显然，若为当事人选择法律，应为当事人双方达成明示或默示合意而非一方选择法律。以当事一方选择适用大陆法律为由适用大陆法律，显然太过牵强。这只能理解为裁判法官有明显的适用大陆法律的倾向并为此寻找了如此牵强的理由。

（二）当事人合意选择适用大陆法律

1. 当事人合意选择法律的案件类型

在 210 例当事人合意选择大陆法律的判决中，物权纠纷（返还财产、返还原物、财产损害赔偿纠纷）共 3 个，约占 1.4%；合同纠纷共 156 个，约占 74.3%；追偿权纠纷 3 个，约占 1.4%；不当得利纠纷 1 个，约占 0.5%；海事海商纠纷共 14 个（其中 13 个是合同纠纷，1 个是共同海损纠纷），约占 6.7%；与公司有关的纠纷共 31 个（其中 24 个股权转让纠纷应为合同纠纷），约占 14.8%；案外人执行异议之诉纠纷共 2 个，约占 0.1%。如果将海事海商纠纷和与公司有关的纠纷中的合同纠纷都归入合同纠纷，那么合同纠纷就有 193 个，占全部合意选择大陆法律的判决的 92%。

涉台民商事纠纷有大量的合同纠纷，当事人意思自治原则又是合同纠纷法律适用的首要原则，故当事人合意选择法律的纠纷绝大多数是合同纠纷不足为奇。当事人合意选择大陆法律的 3 个物权纠纷皆为动产纠纷，《法律适用法》37 条规定当事人可以协议选择动产物权适用的法律，故法院以当事人合意作为确定准据法的依据符合法律规定。虽然我国法律对追偿权纠纷法律适用无明确规定，但当事人选择适用法律的 3 个追偿权纠纷要么是保证合同引起的，要么是隐名投资合同引起的，故法院根据当事人选择确定应适用的准据法有其合理性。《法律适用法》第 47 条明确对不当得利纠纷当事人可以协议选择适用的法律，故大陆法院对不当得利纠纷适用当事人选择的法律也有法律依据。《海商法》第 274 条规定"共同海损理算，适用理算地法律。"故共同海损纠纷大陆法院根据当事人选择确定准据法的做法无法律依据。除去股权转让纠纷，剩余的 7 个与公司有关的纠纷包括 1 个公司设立纠纷、1 个股东资格确认纠纷、1 个股东知情权纠纷、3 个股东出资纠纷和 1 个公司解散纠纷。《法律适用法》第 14 条规定："法人及其分支机构的民事权利能力、民事行为能力、组织机构、股东权利义务等事项，适用登记地法律。"可见，股东知情权纠纷应根据《法律适用法》第 14 条确定准据法。其他与公司有关的纠纷因法律对法律适用无明文规定，根据《法律适用法》第 2 条第 2 款的规定，应根据最密切联系原则确定应适用的法律。[①] 故这些案件大陆法院根据当事人选择确定准据法的做法于法无据。同理，大陆法律对案外人执行异议之诉纠纷的法律适用也无明文规定，也应根据最密切联系原则而非当事人选择确定准据法。

2. 当事人合意选择法律的方式

《法律适用法》第 3 条规定："当事人依照法律规定可以明示选择涉外民事关系适用的法律。"这似乎意味着我国只承认以明示方式选择案件应适用的法律。然而，2012 年最高人民法院《关于适用〈中华人民共和国涉外民事关系法律适用法〉若干问题的解释（一）》（以下简称《法律适用法解释（一）》）第 8 条第 2 款规定："各方当事人援引相同国家的法律且未提出法律适用异议的，人民法院可以认定当事人已经就涉外民事关系适用的法律做出了选择。"这表明我国也承认默示方式选择法律，但只能以"当事人援引相同国家的法律且未提出法律适用异议"的方式默示选择法律，而不能以其他形式。

就我国涉台审判司法实践而言，当事人选择法律多是以明示方式作出，但审判实践中也曾出现法官认可默示法律选择的做法。只是有些默示选择法律的方式符合法律规定故可产生当事人选择法律的效力，而有些默示选择法律的方式不符合法律规定故不能产生当事人选择法律的效力。例如，"刘某与杨某民间借贷纠纷一审民事判决书"[（2016）浙 0103 民初 00742 号]关于法律适用的表述为："本院认为，被告杨某系台湾地区居民，本案为涉台民事纠纷。原告刘某在案件审理过程中选择适用大陆法律，被告杨某收到诉状及证据副本后，为此未有异议，故本案适用大陆法律作为准据法。"本案中，杨某实际上缺席法庭审理故不可能援引大陆法律并不对法律适用提出异议，因此，本案认定此种方式构成当事人默示选择法律是不合法的，也是无效的。

3. 当事人合意选择适用法律的时间

当事人可在诉讼前就法律适用达成合意，也可在诉讼中就法律适用达成合意。在诉讼前就法律适用达成合意的最典型方式，是在合同中就法律适用作出约定。这一类做法比较常见于格式合同中，最典型的就是银行借贷纠纷和信用卡纠纷，通常银行与借款人和信用卡领用人签订的是银行提供的格式合同，其中便约定如果发生争议，应适用大陆法律解决争议。当事人对法律有事先明示选择，发生争议后法院按照当事人

[①] 当然，司法实践中存在着把《法律适用法》第 14 条扩大化，适用于股权转让、股权确认、解散、破产清算等事项的倾向。参见郭燕明：《我国涉外法人法律适用的司法分歧与解决思路》，《国际法研究》2017 年第 2 期，第 50 页。

约定法律裁判，对于法院而言是最便捷的操作，通常也不存在争议。

当事人选择适用大陆法律的另一种方式是在诉讼过程中达成法律选择合意。这种法律选择方式固然体现了当事人的意思自治，但往往也伴随着法院的说服和引导工作。笔者在调研时就常听到法官说某案件因为没办法做当事人的说服工作（例如当事人一方在台湾没有出庭应诉）所以必须面临台湾法适用的问题。因而，出于回避台湾法适用的目的（当然这并不意味着都是法官对适用本地法有偏好，有时候主要是缘于台湾法查明和理解适用的不便），法院倾向于说服或引导当事人选择适用大陆法律。

4. 当事人合意选择的法律的类别

除了有一个当事人选择适用香港法和厦门市海沧区人民法院有一个当事人选择适用台湾法的案件外，所有选择适用法律的案件当事人都是选择适用大陆法律。究其原因，大致包括以下方面：（1）主要法律事实（签约、履行等）发生在大陆。涉台民商事纠纷中绝大多数是主体涉台的纠纷，一般都是台湾居民（或企业）在大陆经商、生活、侵权等而产生纠纷。这类纠纷一般都具有主要事实发生在大陆的特点，故当事人在法律选择中也倾向于选择大陆法律。（2）大陆方当事人在合意达成中占据优势地位。例如，在银行借贷和信用卡纠纷中，通常都是位于大陆的银行与借款人、信用卡领用人或担保人发生纠纷。位于大陆的银行一般倾向于适用大陆法律解决争议，且在合同订立中居于优势地位（一般都是银行提供格式合同），故容易与对方当事人达成适用大陆法律的合意。（3）法院倾向于引导当事人选择适用大陆法律。在诉讼阶段达成选择法律的合意的案件中，法院基于规避适用台湾法的不便与风险的目的，倾向于引导当事人选择大陆法律作为案件准据法。

（三）根据最密切联系原则适用大陆法律

1. 根据最密切联系原则适用大陆法律的案件类型

根据最密切联系原则确定准据法的案件主要是合同争议，对此，《民法通则》第145条、《海商法》第269条、《合同法》第126条、《最高人民法院关于审理涉外民事或商事合同纠纷案件法律适用若干问题的规定》（以下简称《涉外合同纠纷法律适用规定》，已失效）第5条和《法律适用法》第41条都有明确规定。除合同争议外，《法律适用法》第6条指定多法域国家的法律为准据法时的法律适用、第19条处理国籍积极冲突的规定和第39条有价证券法律适用等也采用最密切联系原则。此外，《法律适用法》第2条第2款规定："本法和其他法律对涉外民事关系法律适用没有规定的，适用与该涉外民事关系有最密切联系的法律。"

417 个适用最密切联系原则确定准据法的判决，绝大部分是合同纠纷判决，但也有一些非合同纠纷判决，这些判决包括 5 个追偿权纠纷判决①、1 个承包地征收补偿费用分配纠纷判决②、1 个案外人执行异议之诉判决③、1 个其他与公司有关的纠纷的判决④、1 个所有权确认（不动产所有权确认）纠纷判决⑤、1 个不当得利纠纷判决⑥、1 个与公司有关的争议（实为还款协议纠纷）的判决⑦、1 个公司解散纠纷判决⑧和 1 个被继承人债务清偿纠纷判决⑨。以上非合同纠纷中，有些纠纷法律对其法律适用没有规定故可以适用最密切联系原则确定准据法，但有些纠纷法律对其法律适用有明确规定故不应适用最密切联系原则确定准据法。例如，《民法通则》第 144 条对不动产所有权争议法律适用有明确规定，《法律适用法》第 47 条对不当得利纠纷法律适用也有明确规定，且均不适用最密切联系原则，故不动产所有权确认争议和不当得利纠纷不应适用最密切联系原则确定准据法。

2. 根据最密切联系原则适用大陆法律的冲突规范和法律依据援引

据笔者统计，在 417 例根据最密切联系原则确定大陆法律为准据法的判决中，150 例判决无冲突规范和法律依据援引；20 例引用《民法通则》第 145 条，4 例同时援引《民法通则》第 145 条和《合同法》126 条，6 例同时援引《民法通则》第 145 条和《涉台案件法律适用规定》第 1 条；1 例援引《海商法》第 269 条，1 例同时援引《海商法》第 269 条和《涉台案件法律适用规定》第 1 条；46 例援引《合同法》第 126 条，3 例同时援引《合同法》第 126 条和《涉外合同纠纷法律适用规定》第 5 条，3 例同时援引《合同法》第 126 条和《法律适用法》第 41 条，3 例同时援引《合同法》第 126 条和《涉台案件法律适用规定》第 1 条；3 例援引《涉外合同纠纷法律适用规定》第 5 条；164 例援引《法律适用法》第 41 条，1 例同时援引《法律适用法》第 41 条和《涉外合同纠纷法律适用规定》第 5 条，7 例同时援引《法律适用法》第 41 条和《涉台案件法律适用规定》第 1 条；1 例援引《法律适用法》第 2 条；4 例

---

① 分别为（2015）海民初字第 1636 号、（2016）粤 19 民终 751 号、（2014）中一法民三初字第 1 号、（2013）浦民二（商）初字第 3281 号和（2015）穗越法民四初字第 127 号。

② （2012）海民初字第 514 号。

③ （2013）沪一中民四（商）终字第 S2142 号。

④ （2014）松民二（商）初字第 893 号。

⑤ （2013）中一法沙民一初字第 555 号。

⑥ （2012）海民初字第 1659 号。

⑦ （2016）粤 0491 民初 189 号。

⑧ （2014）宁商外初字第 41 号。

⑨ （2014）虹民一（民）初字第 1284 号。

援引《涉台案件法律适用规定》第 1 条。可见，《法律适用法》第 41 条是最密切联系原则适用引用最频繁的冲突规范，其次是《合同法》第 126 条和《民法通则》第 145 条。

在冲突规范援引上，大陆法院根据最密切联系原则确定准据法尚存在如下问题：（1）冲突规范援引不规范。417 例判决中尚有 150 例缺少冲突规范援引，比例为 36%。有的合同纠纷判决援引《法律适用法》第 2 条或有的判决单独援引《涉台案件法律适用规定》第 1 条作为最密切联系原则适用依据，都是错误做法。（2）引用陈旧冲突规范。以合同纠纷为例，《法律适用法》第 41 条对合同纠纷法律适用的最密切联系原则有明确规定，根据新法优于旧法、上位法优于下位法原则，自 2011 年 4 月 1 日起，大陆法院应以《法律适用法》第 41 条作为合同纠纷最密切联系原则的冲突规范，而非之前的民法通则、合同法和相关司法解释。而实际上，2011.1.1—2016.12.31 期间适用《法律适用法》第 41 条作为合同争议最密切联系原则依据的仅有 172 例，占全部适用最密切联系原则确定准据法的 403 例合同纠纷判决的约 43%。可见，新的法律和司法解释的熟练掌握和运用还有一个过程，法院有必要继续加强对这些法律和司法解释的理解和运用。

3. 根据最密切联系原则适用大陆法律的法律选择证立

在具体的法律选择证立中，法官应就案件事实与冲突规范的相适应、定性以及冲突规范的解释问题展开证立。[①]就根据最密切联系原则确定准据法而言，法官要对法律选择进行证立，至少要明确以下内容：案件定性、当事人有无选择法律的权利及是否作出了选择、冲突规范以及最密切联系地的认定等。而在 417 例根据最密切联系原则适用大陆法的判决中，5 例仅说明根据最密切联系原则适用中国法律而无任何法律证立，113 例仅说明当事人没有约定案件应适用的法律从而根据最密切联系原则适用大陆法律，23 例仅表明根据某个冲突规范应根据最密切联系原则适用大陆法律，11 例仅表明案件与大陆有某种牵连故根据最密切联系原则适用大陆法律，22 例表明当事人没有选择案件应适用的法律故根据某个最密切联系原则冲突规范应适用大陆法律，21 例表明当事人没有选择案件应适用的法律而案件与大陆有某种牵连故根据最密切联系原则适用大陆法律，64 例仅表明案件与大陆有某种牵连故依据某个最密切联系原则冲突规范适用大陆法律，仅有 158 例说明当事人未选择法律且大陆与案件有某种牵连，所以依据某个最密切联系原则的冲突规范适用大陆法律。也就是说只有 158 例判

---

① 翁杰：《论涉外民事裁判中法律选择的证立问题》，《法律科学》2015 年第 5 期，第 186 页。

决对法律适用理由做了全面说明，其他 259 例判决要么对法律适用理由没有做说明，要么说明不全面。可见，大陆法院在法律选择的证立方面还有进一步提升的空间。

（四）根据其他冲突规范适用大陆法律

根据其他冲突规范适用大陆法律是指除根据当事人合意选择法律和最密切联系原则冲突规范之外的其他冲突规范选择法律的情形。相对于前面几种法律适用情形，根据其他冲突规范适用大陆法律判决数量较少，在 1117 例适用大陆法律裁判的涉台民商事判决中，根据其他冲突规范确定准据法的有 57 例，约占 5%。与最密切联系原则涉及最密切联系地的认定不同，根据其他冲突规范确定应适用的法律在操作上相对简单，只需要对案件进行定性，然后寻找相关的冲突规范，再根据连接点所在地确定应适用的法律。

在 57 例根据其他冲突规范适用大陆法律的判决中，有些判决对法律选择的证立相对规范、有说服力。例如，在"吴某等诉洪某等共有物分割纠纷案判决书"〔（2012）海民初字第 2508 号〕的法律适用部分，法官明确了本案是不动产物权纠纷，根据《法律适用法》第 36 条，不动产纠纷应适用不动产所在地法，而本案争议的不动产位于福建省厦门市，故应适用大陆法律。但也有相当部分的判决对法律选择的证立很不充分。例如，"漳州天福茶业有限公司、李某与刘某擅自使用他人企业名称、姓名纠纷一审民事判决书"〔（2014）漳民初字第 376 号〕对法律选择的表述仅仅是："根据《中华人民共和国民法通则》第一百四十六条，本案适用中华人民共和国法律作为解决本案争议的准据法。"对于本案涉及的擅自使用他人企业名称、姓名纠纷，固然可根据侵权纠纷冲突规范确定应适用的法律，但至少应该明确本案争议的性质、援引的冲突规范、大陆与本案的牵连因素等才能证立法律选择，仅有冲突规范是远远不够的。而且在《法律适用法》对侵权纠纷的法律适用已有新的规定的情况下，应适用新法而非旧法。

三、涉台民商事案件台湾地区法律适用

除了从中国裁判文书网查到的 2 例既适用大陆法又适用台湾法的判决外，笔者从其他来源还发现了 2 例既适用大陆法又适用台湾法的判决和 1 例适用台湾法的判决。这是目前为止笔者所知的大陆所有的适用台湾法的案例。这 5 例判决的具体情况见表 3。

表3　大陆法院适用台湾法律裁判的案例

序号	案由 / 案号	审理法院 / 裁判日期	当事人选择法律情况	适用法律	法律适用理由	台湾法查明责任主体	台湾法查明方法	台湾法查明情况	台湾法的审查认定与解释	台湾法的适用方式	是否援引《涉台案件法律适用规定》
1	股权转让协议纠纷 / （2011）武民商外初字第1号	武汉市中级人民法院 / 2012年8月3日	判决未说明	1. 特康公司股权转让协议效力问题适用大陆法律。2. 宏智公司董事长丁修智在涉案股权转让协议上签字行为的法律效力问题适用台湾地区法律。	1. 因转让的股份为特康公司股份，特康公司系注册于大陆地区的台商独资企业，参照《涉外合同纠纷法律适用规定》第8条第4项的规定，中外合资经营企业、中外合作经营企业、外商独资企业股份转让合同适用中华人民共和国法律，故涉及特康公司股权转让协议效力问题应适用大陆法律。2. 因宏智公司系台湾地区注册的企业法人，参照《法律适用法》第14条第1款的规定，法人及其分支机构的民事权利能力、民事行为能力、组织机构、股东权利义务等事项，适用登记地法律，故宏智公司董事长丁修智在涉案股权转让协议上签字行为的法律效力问题应适用台湾地区法律。	法院	委托专家查明	已查明，获得了法律适用意见书	判决未说明	在判决说理和判决依据部分引用	否
2	信用卡纠纷 / （2012）海民初字第2305号	厦门市海沧区人民法院 / 2013年3月12日	未约定	1. 关于法定继承，三被告对被继承人的动产继承以及对被继承人在中国大陆的不动产继承适用大陆法律，而对被继承人在台湾地区的不动产继承适用台湾地区法律。2. 关于双方争议法律关系的性质问题，适用法院地法律即大陆法律。	1.《法律适用法》第31条规定："法定继承，适用被继承人死亡时经常居所地法律，但不动产法定继承，适用不动产所在地法律。"被继承人死亡时经常居住地为福建省厦门市，故对动产继承和在中国大陆的不动产继承应适用大陆法律，对台湾不动产的继承适用台湾法律。2.《法律适用法》第8条规定："关于涉外民事关系的定性，适用法院地法律的规定。"故双方争议法律关系的性质应适用大陆法律。	法院	通过司法互助途径查明	已查明，获得了法律条文	判决未说明	在判决说理部分引用	否

续表

序号	案由 案号	审理法院 裁判日期	当事人选择法律情况	适用法律	法律适用理由	台湾法查明责任主体	台湾法查明方法	台湾法查明情况	台湾法的审查认定与解释	台湾法的适用方式	是否援引《涉台案件法律适用规定》
3	房屋买卖合同纠纷 （2013）海民初字第172号	厦门市海沧区人民法院 2013年10月15日	未约定	1. 讼争房产的夫妻财产关系，适用台湾地区法律。 2. 房屋买卖合同履行，适用大陆法律。 3. 法定继承适用大陆法律。	1.《法律适用法》第24条规定："夫妻财产关系，当事人可以协议选择适用一方当事人经常居所地法律、国籍国法律或者主要财产所在地法律。当事人没有选择的，适用共同经常居所地法律；没有共同经常居所地的，适用共同国籍国法律。"黄炳文和被告林春妗并未就法律适用达成协议，应适用台湾地区法律。 2.《法律适用法》第41条规定："当事人可以协议选择合同适用的法律。当事人没有选择的，适用履行义务最能体现该合同特征的一方当事人经常居所地法律或者其他与该合同有最密切联系的法律。"本案涉及的《房屋买卖合同》未就法律适用进行约定，故应适用大陆法律。 3.《法律适用法》第31条规定："法定继承，适用被继承人死亡时经常居所地法律，但不动产法定继承，适用不动产所在地法律。"本案涉及的是位于厦门市的房产的继承，故应适用大陆法律。	不清楚	不清楚	已查明，获得了法律条文。	判决未说明	在判决说理部分引用	否
4	继承纠纷 （2012）海民初字第2106号	厦门市海沧区人民法院 2014年1月23日	未约定	1. 夫妻财产关系适用台湾法律。 2. 法定继承适用大陆法律。	1.《法律适用法》第24条规定："夫妻财产关系，当事人可以协议选择适用一方当事人经常居所地法律、国籍国法律或者主要财产所在地法律。当事人没有选择的，适用共同经常居所地法律；没有共同经常居所地的，适用共同国籍国法律。"范少如生前与被告未以契约订立夫妻财产制，范少如来大陆后长期居住福建省厦门市，其与被告无共同经常居住地，故适用共同户籍地法即台湾法。 2.《法律适用法》第31条规定："法定继承，适用被继承人死亡时经常居所地法律，但不动产法定继承，适用不动产所在地法律"。本案被继承人死亡时经常居住地为福建省厦门市，本案争议的遗产均在中国大陆，故应适用被继承人死亡时经常居住地法律即大陆法律。	法院	通过司法互助途径查明	已查明，获得了法律条文。	判决未说明	在判决说理部分引用	否

序号	案由	审理法院	当事人选择法律情况	适用法律	法律适用理由	台湾法查明责任主体	台湾法查明方法	台湾法查明情况	台湾法的审查认定与解释	台湾法的适用方式	是否援引《涉台案件法律适用规定》
	案号	裁判日期									
5	民间借贷纠纷	厦门市海沧区人民法院	当事人约定适用台湾法律	全部争点均适用台湾法裁判。	不清楚	法院	委托专家查明	已查明，获得了法律适用意见书	不清楚	在判决说理和判决依据部分引用	不清楚
	（2016）闽0205民初字第250号	2016年11月									

资料来源：笔者根据获取的适用台湾法的判决和相关资讯整理。

（一）涉台民商事案件台湾法适用总体情况

从上述案例可知，大陆法院涉台民商事案件台湾法适用总体情况如下：（1）台湾法的适用比例相对较低，目前为止笔者仅发现5例判决适用台湾法，而且4例是部分适用台湾法。（2）适用台湾法的类型目前有依据冲突规范适用台湾法和根据当事人约定适用台湾法两类。但根据当事人约定适用台湾法的第5例判决做出后当事人提出上诉且尚未审结，故一审判决截止本文截稿尚未公布，无从探知法律适用的具体情况。（3）就台湾法适用的法律依据援引，除了案例5因为没有获得裁判文书情况尚不清楚外，案例1—4都未援引《涉台案件法律适用规定》，而是直接引用《法律适用法》作为适用台湾法的依据。（4）适用台湾法的争点类型和具体适用的台湾法，目前5个案例的具体情况为：案例1：公司营业或财产转让程序和效力，适用台湾地区"公司法"；案例2：不动产法定继承，适用台湾地区"民法"；案例3和4：夫妻财产关系，适用台湾地区"民法"；案例5：借贷关系所涉及的共同借款人还款责任类型、保证责任类型、债务转移效力、担保合同效力、借款利息约定的效力和利率认定等问题，适用台湾地区"民法"。（5）法律适用理由证立方面，对于大陆法院和法官而言，适用台湾法裁判案件是相对严肃而敏感的事件，所以对于台湾法适用理由的说明都很认真、规范，一般都对案件所涉争点的性质、案件与台湾的牵连因素、冲突规范和准据法的选择等有详细说明。（6）就台湾法的适用方式而言，案例1和5采用了在判决说理部分（"本院认为"部分）引用台湾法对特定争点进行认定并同时引用台湾法作为裁判依据的做法，案例2—4采用了仅在判决说理部分（"本院认为"部分或专门就法律适用进行说明部分）引用台湾法对特定争点进行认定的方式。大陆法院能够将台湾法作为裁判依据，是在台湾法适用方面正确的尝试，值得肯定。法院无论是在判决说理部分引用台湾法对特定争点进行认定，还是引援引台湾法作为裁判依据，都是适用台湾法的方式，都能达到适用台湾法进行裁判的效果。

（二）涉台民商事案件台湾法查明

在适用台湾法裁判过程中，台湾法的查明是关键步骤。从表3可以看出，大陆法院涉台民商事案件台湾法的查明具有如下特点：（1）在适用台湾法的5个案例中，除了第3号案例的查明责任主体不清楚外，其他4个案例的台湾法查明均是以法院作为主体。可见，自《涉台案件法律适用规定》发布以来，大陆法院在台湾法查明方面发挥了积极性和主动性。在第1、2和4号案例中，因为是法官依据冲突规范决定适用台湾法，故由法院承担台湾法查明责任，符合法律规定。但案例5本是当事人选择适用台湾法，在这种情况下法院是否可以主动通过法律查明机构委托专家查明法律，是存在争议的。依据《法律适用法》第10条，这种情况应该是当事人承担法律查明责任，而由当事人负担法律查明责任时法院能否帮助当事人查明的问题，最高人民法院2005年发布的《第二次全国涉外商事海事审判工作会议纪要》明确"当事人对提供外国法律确有困难的，可以申请人民法院依职权查明相关外国法律"，但2010年《法律适用法》及其司法解释对此并未涉及。（2）不同于一般的涉外案件中国际司法协助途径很少被适用的情形，在台湾法查明中，两岸司法互助途径得到了很好的利用并发挥了积极的功效，案例2和4都是通过司法互助途径查明台湾法。（3）对于专家查明台湾法，法官有偏好且希望适用，但鉴于专家的挑选、合作模式、委托程序、费用负担等问题尚未得到解决，故在台湾法查明中，专家查明尚处于试验阶段。

四、结语

2011年1月1日台湾法适用在立法（司法解释）层面解冻后，大陆一些法院开始在涉台民商事审判中适用台湾法裁判，这是非常积极且有意义的举动。适用台湾法裁判案件可以丰富我国法院域外法适用与查明的实践，对促进两岸民众权益的平等保护、提升两岸民众福祉、促进两岸和平统一具有重要意义，也可以为我国一国多法域国家的建构提供积极探索。就大陆目前涉台案件法律适用而言，在肯定大陆法院的积极努力的同时，我们应该看到目前的司法实践尚存在诸多问题。在未来的司法实践中，大陆法院需要在调整冲突规范任意适用的惯习、提升台湾法适用的比率、规范法律依据和冲突规范援引、规范法律选择证立等方面做出进一步的努力。

目前为止，适用台湾法的类型包括根据冲突规范适用台湾法和根据当事人约定适用台湾法两类，适用台湾法的种类主要是台湾地区"民法"，适用的方式包括在判决说理部分援引和作为裁判依据两种。相对于大陆法的适用，台湾法的适用更为敏感也更受重视，故大陆法院台湾法适用的规范度更高。作为台湾法适用前提的台湾法查明问题，大陆法院目前尚在探索之中，通过两岸司法互助途径查明和委托专家查明都是大陆法院在积极尝试的方式，但尚有诸多问题有待解决。相信随着台湾法适用和查明领域诸多问题的不断探索和解决，台湾法适用的障碍会逐步减少，大陆法院适用台湾法的意愿和比例会随之提升。

论台湾地区判决先例的查明及适用

刘文戈[*]

一、引论

外法域法律查明[①]，是冲突法研究与实践的重要议题。近年来，依托高等院校或社会组织成立的法律查明机构纷纷成立[②]，查明和适用外法域法律的案件不断涌现[③]，审判机关探索出台相关查明规则[④]。外法域法律查明从教科书走进了审判实践，最高人民法院将港澳台和外国法查明定位为建设具有国际竞争优势的法治环境的基础性工作[⑤]，这与法学界长期以来对于外法域法律查明的研究是分不开的。冲突法学对于外法域法律查明的研究，聚焦于外法域法律的性质、法律查明机构、法律查明渠道、法律查明责任分配、法律查明不能的处理方式等配套制度和程序性问题。[⑥] 尽管有学者

* 刘文戈，法学博士，两岸关系和平发展协同创新中心、厦门大学台湾研究院助理教授。

本研究受到福建省社会科学规划项目"闽台社会融合中两岸居民权利平等保护的法律问题研究"（项目号：2014C134）和教育部人文社会科学重点研究基地重大项目"两岸关系和平发展的法制保障研究"（项目号：14JJD810009）资助。

① 冲突法学研究对于此问题的通常表述为"外国法查明"。由于我国特殊的国情，人民法院在审判中除查明外国法，还面临香港特别行政区、澳门特别行政区和台湾地区等三个不属于外国的"外法域"的法律查明问题。因此，本文采用"外法域法律查明"来描述，以符合现状。类似表述参见于飞：《涉台民商事案件法律适用司法实践评析》，《台湾研究集刊》2016年第2期。

② 据不完全统计，由实务部门与高校合作成立的法律查明机构包括中国政法大学外国法查明研究中心、西南政法大学中国——东盟法律研究中心、华东政法大学外国法查明研究中心和厦门大学台湾研究院台湾地区法律查明研究中心等；由社会组织为主体的法律查明机构包括深圳蓝海现代法律服务发展中心等。

③ 例如，深圳市中级人民法院委托深圳蓝海现代法律服务发展中心聘请法律专家查明美国法律，作出"（2015）深中法涉外仲字第91号"民事裁定书；武汉市中级人民法院委托武汉大学法学院相关专家提供咨询意见的方式查明并适用台湾地区民事法律，作出"（2011）武民商外初字第1号"民事判决书；宁波市北仑区人民法院委托华东政法大学外国法查明研究中心查明我国香港特别行政区法律，作出"（2015）甬仑商外初字第19号"民事判决书。

④ 例如，深圳前海合作区人民法院于2015年制定了《深圳前海合作区人民法院域外法查明办法》。

⑤ 丁广宇：《贺荣在中国港澳台和外国法律查明研究中心及最高人民法院查明与研究基地揭牌仪式上强调：全面加强港澳台和外国法律查明，推进建设具有国际竞争优势的法治环境》，《人民法院报》，2015年9月21日，第1版、第2版。

⑥ 典型研究如黄进、杜焕芳：《"外国法的查明和解释"的条文设计与论证》，《求是学刊》2005年第2期；郭玉军：《近年中国有关外国法查明与适用的理论与实践》，《武大国际法评论》2007年第2期；肖芳：《论外国法的查明——中国法视角下的比较法研究》，北京：北京大学出版社2010年版；高晓力：《涉外民商事审判实践中外国法的查明》，《武大国际法评论》2014年第1期。

撰文探讨英美法系判例的查明和适用,① 总体而言,学界对查明法律的具体方法和查明法律的适用等问题关注较少。正确地适用通过各种途径查明的外法域法律,是审判者的职责。对外法域法律渊源及查明方法的认识程度,会影响审判者适用外法域法律的能力和意愿,决定着外法域法律查明及适用制度的效果。

台湾地区的法律和成文法系外国法有相似性。研究查明台湾地区的法律,可为研究成文法系法域的法律查明提供很好的样本。尽管海峡两岸尚未结束政治对立,从1990年的《金门协议》到2009年的《海峡两岸共同打击犯罪及司法互助协议》,两岸司法合作的制度框架逐渐形成。2010年起施行的《最高人民法院关于审理涉台民商事案件法律适用问题的规定》,明确人民法院可以适用台湾地区民事法律。人民法院的涉台审判实践通过司法互助渠道查明台湾地区法律开展了卓有成效的探索。② 如何理解"台湾地区民事法律"的范围?③ 台湾地区的判决先例是否属于"台湾地区民事法律"? 人民法院如何查明台湾地区判决先例? 人民法院如何适用台湾地区判决先例? 回答这些问题,需要综合运用冲突法学和法理学、宪法学的学科资源,深入探究台湾地区现行制度。本文将集中讨论人民法院在涉台审判中适用台湾地区判决先例的必要性和可行性,并具体探讨查明和适用台湾地区判决先例的具体方法。

二、人民法院在涉台审判中可以适用台湾地区判决先例

冲突法学经典教科书将法分为程序法、冲突规范和实体法,经冲突规范指引用以解决具体民商事争议的实体法就是准据法。④ 法理学对法的形式分类包括制定法、判例法等等。⑤ 这两种分类方式相互并不排斥,存在交叉领域。从准据法的特点看,实体法并不局限于形式意义的立法,而应包括在相关法域具有效力的法律渊源。无论实体法的表现形式是制定法还是判例法,只要依法经冲突规范指引,适于解决案件的具体争议,就可作为准据法被人民法院所适用。尽管司法判决在大陆不属于法律渊源,我国冲突法一般理论并未对冲突规范所指引的准据法的形态加以限制,理论研究和审

---

① 肖永平:《论英美法系国家判例法的查明和适用》,《中国法学》2006年第4期。

② 例如,厦门市海沧区人民法院循《海峡两岸共同打击犯罪及司法互助协议》规定的调查取证程序委托台湾地区法院查明台湾地区"民法"相关条款,作出"(2012)海民初字第2305号"民事判决书。

③ "台湾地区民事法律"概念出自《最高人民法院关于审理涉台民商事案件法律适用问题的规定》第一条"根据法律和司法解释中选择适用法律的规则,确定适用台湾地区民事法律的,人民法院予以适用。"

④ 韩德培主编:《国际私法》(第二版),北京:高等教育出版社2007年版,第108页。

⑤ 参见张文显:《法理学》(第三版),北京:高等教育出版社2007年版,第94—96页。

判实践对英美法系判例持肯定态度。①

判决先例，在台湾地区常被简称为"判例"，指经一定程序遴选的"最高法院"及"最高行政法院"裁判，依原裁判法庭（院）不同分为民事、刑事和行政三类。在台湾地区，民事审判是适用和解释民事法律的主要场域；由于个案法律关系的复杂性，在刑事审判和行政审判中，法院也会适用和解释民事法律②。最高人民法院允许人民法院在审理涉台民商事案件中适用"台湾地区民事法律"，仅从部门法的角度限制作为准据法的"台湾地区法律"范围，并未限定"台湾地区法律"的形式。判决先例在台湾地区具有拘束力，承载着规范权利义务关系的实体法。经过冲突规范指引的台湾地区判决先例，当然可以作为准据法为人民法院所适用。

（一）判决先例在台湾地区具有拘束力

判决先例在台湾地区是否对民事关系产生拘束力，决定了其是否可被纳入"台湾地区民事法律"而作为冲突规范指引的准据法。从20世纪70年代起，判决先例的拘束力问题，一直是台湾地区法学界和法律实务界研讨和改革判决先例制度的焦点。1979年第一次"台大法学讲座"即以"判例之拘束力与判例之变更"为主题，王泽鉴、杨日然、黄茂荣等多位后来担任"司法院大法官"的知名法学学者，从不同角度讨论了判例的拘束力问题。③进入21世纪以来，伴随台湾地区的司法体制改革，法学界和法律实务界的多次研讨均涉及判例的拘束力问题④。大陆的法学界以建立"指导性案例制度"为目的，研究台湾地区判决先例制度中，也对拘束力问题进行过分析。总体而言，台湾地区对判决先例拘束力的认识分为"有法律拘束力""无法律拘束力、有事实拘束力"和"无任何拘束力"三种⑤。分歧的产生原因涉及台湾地区的"权力分立"原则、"法官独立审判"制度、"宪法解释"制度、"最高法院"选编判

---

① 参见肖永平：《论英美法系国家判例法的查明和适用》，《中国法学》2006年第4期；宁波市北仑区人民法院"（2015）甬仑商外初字第19号"民事判决书。

② 例如，台湾地区"最高行政法院"1984年"判字第746号判例"对台湾地区"民法"第264条进行解释；在台湾地区"司法院"法学资料检索系统，以"民法"为关键词可搜出61笔"最高法院刑事判例"，涉及侵权法、婚姻法等诸多"民法"条文的适用问题。本文举例以"民事判例"为主，并不意味着排除涉及"民事法律"的"刑事判例"和"行政判例"，特此说明。

③ 参见王泽鉴、杨日然、黄茂荣、骆永家、吴明轩：《判例之拘束力与判例之变更》，《台大法学论丛》第9卷第1—2期（1980年6月）。

④ 参见台湾法学会法律专业与伦理委员会：《"'最高法院'大法庭座谈会"会议纪录——实务工作者观点》，《月旦裁判时报》第19期（2013年2月）；"司法院"：《"'终审机关'统一法律见解功能之再检视"会议综述》，《月旦法学杂志》第215期（2013年4月）；台湾法学会民事法委员会、台湾大学法律学院民事法中心：《"民事判例制度的过去、现在与未来座谈会"会议综述》，《月旦裁判时报》第23期（2013年10月），。

⑤ 参见唐丰鹤：《台湾判例制度三论》，《台湾研究》2014年第2期

决先例的程序、上下级法院间和"最高法院"内部组织等方面,①错综复杂。从现实考量争议产生的背景,正是判决先例产生了拘束效果,因此才引起若干法律上的问题及争论。

司法是观察判决先例拘束力的重要场域,台湾地区下级法院如违背判决先例作出的裁判,可能被上级法院乃至"最高法院"撤销。台湾地区的"民法"第1条规定"民事,法律所未规定者,依习惯;无习惯者,依法理"。纵观台湾地区成文法中的各项规定,提到"判例"或"判决先例"一般涉及判例制度的遴选程序,并未直接提到判决先例的规范地位。根据台湾地区"民事诉讼法"第496条将"适用法规显有错误"作为案件再审的理由。台湾地区"最高法院"陆续作出1968年"台上字第1091号"民事判例、1971年"台再字第170号"民事判例和1982年"台上字第314号"民事判例,将司法裁判违背判决先例纳入"适用法规显有错误"的范围②,从而透过审级监督使得判决先例产生拘束的效果。尽管这一过程存在"自我授权"的问题,但相关制度仍施行至今。2010年公布的台湾地区"刑事妥速审判法"第9条将"判决违背判例"列入提起上诉的理由,尽管这仅涉及刑事诉讼领域,但从某种程度上肯定了"最高法院"的立场。

"司法院"虽未对判决先例的拘束力问题明确定性,但"大法官解释"将判决先例与法律、法令等一同纳入解释标的。根据台湾地区现行"中华民国宪法"第78条,"司法院"拥有解释"宪法"和统一解释法律及命令的权力。1978年,"司法院"首次受理以"最高法院判例"为标的的案件,作出"释字第153号解释",认定适用1961年"台抗字第242号"民事判例并不"违宪"。据统计,台湾地区"司法院"通

① 参见吴明轩:《从释字第一七七号解释谈判例之效力》,《法令月刊》第35卷第4期(1984年4月);李模:《"我国"判例制度之商榷——判例不应引为判决基础》,《法令月刊》第45卷9期(1994年9月);林孟皇:《台湾判例制度的起源、沿革、问题与改革方向(下)——从"最高法院二十五年非字第一二三号刑事判例"谈起》,《月旦法学杂志》第196期(2011年9月);吴明轩:《民刑事大法庭取代判例制度之商榷》,《月旦法学杂志》第221期(2013年10月)。
② 1968年"台上字第1091号民事判例"的要旨提出"民事诉讼法第四百九十六条第一项第一款所谓适用法规显有错误,应以确定判决违背法规或现存判例解释者为限……",1971年"台再字第170号民事判例"的要旨提出"民事诉讼法第四百九十六条第一项第一款所谓适用法规显有错误者,系指确定判决所适用之法规显然不合于法律规定,或与司法院现尚有效及大法官会议之解释,或本院尚有效之判例显然违反者而言……";1982年"台上字第314号民事判例"的要旨提出"当事人依民事诉讼法第四百六十八条规定以第二审判决有不适用法规或适用法规不当为上诉理由时,其上诉状或理由书应有具体之指摘,并揭示该法规之条项或其内容,若系成文法以外之法则,应揭示该法则之旨趣,倘为司法院解释或本院之判例,则应揭示该判解之字号或其内容"。1971年"台再字第170号民事判例"受到"司法院大法官会议"作出的"释字第177号解释"修正,但不涉及判例作为再审原因的部分。

过"大法官解释"对判决先例进行审查的案件共约 50 件，^①"大法官解释"审查的判决先例遍及"最高法院"作出的民事判例、刑事判例和"最高行政法院"作出的行政判例。"司法院"认识到判决先例对人民权利会产生重大影响，从而以判决先例事实上具有拘束力为前提对其进行审查。^②

判决先例的拘束力不同于一般法律渊源所具有的规范依据，但"同案同判"的法理和"宪法"上平等原则可以为其提供一定的支撑；苏永钦借鉴德国法学上"个案规范"理论对司法判决拘束力的分析，对判决先例的拘束力问题具有一定的解释力。^③作为在台湾地区具有事实上拘束力、在司法体系内具有较强约束效果的判决先例，理应纳入"台湾地区民事法律"的范围。

（二）判决先例是台湾地区民事实体法的重要渊源

台湾地区的判决先例制度源于中华法系传统思维和做法中的"例"，即通过司法个案的裁判增补制定法，以适应社会发展。^④二十世纪初，中华民国创立之时，由于新的"民法"尚未制定，当时的最高司法机关大理院的推事（即法官）通过援引民事习惯或民法草案作为法理来审判，并透过"判例"来"造法"。^⑤尽管民国的法律制度不断健全，1927 年至 1946 年间最高法院承袭大理院的判例制度，继续通过个案来进行法律续造。1947 年，"中华民国宪法"施行后，最高法院仍依照 1932 年制定的"法院组织法"及"最高法院处务规程"选编判例。

1949 年以后，台湾当局在台湾地区继续实行判决先例制度，通过司法裁判创设了新的制度，丰富了台湾地区民事法律，使之符合社会发展的需要。例如，台湾地区"最高法院"先后作出的 1973 年"台上字第 2996 号"民事判例、1977 年"台再字第

---

① 数据来自作者经"司法院大法官"网站之"大法官解释"栏目以"判例"为关键词初步搜索，后经人工筛选后得出。"司法院大法官"网站网址：http：//www. judicial. gov. tw/constitutionalcourt/P03. asp，最后访问日期：2016 年 8 月 18 日。

② "释字第 374 号解释"的理由书中分析"最高法院决议"是否为审查对象时，对判决先例的法源地位分析如下："至于司法机关在具体个案之外，表示其适用法律之见解者，依现行制度有判例及决议二种。判例经人民指摘违宪者，视同命令予以审查，已行之有年，……最高法院之决议原仅供院内法官办案之参考，并无必然之拘束力，与判例虽不能等量齐观，惟决议之制作既有法令依据，……又为代表最高法院之法律见解，如经法官于裁判上援用时，自亦应认与命令相当，许人民依首开法律之规定，声请本院解释，合先说明。"

③ 参见苏永钦：《试论判决的法源性》，《政大法学评论》第 25 期（1982 年 6 月）。

④ 参见林孟皇：《台湾判例制度的起源、沿革、问题与改革方向（上）——从"最高法院二十五年"非字第一二三号刑事判例谈起》，《月旦法学杂志》第 195 期（2011 年 8 月）。

⑤ 参见黄源盛：《民初法律变迁与裁判（1912—1928）》，台北：政治大学法学丛书 2000 年版。

42 号"民事判例，① 创设了成文法上所未明文规定的信托制度。② 这些判决先例作为台湾地区信托制度的规范依据长达二十多年，直到台湾地区"信托法"施行六年后的 2002 年，这些判决先例才因"信托法"施行为由被"最高法院"民事庭会议决议不再援用为判决先例③。类似情形还有 1973 年"台上字第 776 号"民事判例，该判决先例对最高额抵押进行阐释，至今仍为有效判决先例，而"民法"直到 2007 年才增订最高额抵押的条文。从 1930 年到 1982 年的半个世纪时间里，"民法"未进行修改，判决先例丰富和发展了台湾地区的民事法律制度。曾担任"司法院大法官"的民法学泰斗王泽鉴回顾"最高法院"的运作过程，认为其"以法典守其经，以判例通其变，惨淡经营，默默耕耘"，④ 促进台湾地区法律制度的发展。20 世纪 80 年代至今，台湾地区的"民法"修改的频率提高，成文法的完善逐渐能跟上社会发展的节奏。但判决先例并未淡出，而是继续为台湾地区的民事法律制度"添砖加瓦"。例如，台湾地区"最高法院"2003 年作出的"台上字第 164 号"民事判例，将"于他人居住区域发出超越一般人社会生活所能容忍之噪音"定性为"不法侵害他人居住安宁之人格利益"，被害人可以依"民法"第 195 条规定请求赔偿，从而发展出"居住安宁"的保障制度。⑤

从制度发展的过程看，台湾地区的民事成文法终会通过立法、修法等方式发展和完善，以回应社会变迁需要。但从历史断面观察，判决先例的法律见解相对成文法具有超前性，往往提前对现实需求做出回应，并作用于司法过程。除了创设制度的"造法活动"，判决先例还通过类推适用、目的性扩张、目的性限缩等解释方法"填补法律漏洞"，这个问题在台湾地区民法学和法学方法论经典著作中均有讨论，⑥ 本文不作展开。本文想指出的是，任何成文法律都存在"法律漏洞"，当台湾地区成文法作为"准据法"为人民法院适用时，同样会遇到填补"法律漏洞"的问题。如能将台湾地区司法实践填补法律漏洞的成果纳入查明的范围，即可以为正确适用台湾地区法律提供参照。本文认为，将判决先例纳入"台湾地区民事法律"范围，人民法院才能更完

---

① 本文中判决先例等台湾地区法律资料均来自"司法院"法学资料检索系统，下同。本文除采大陆习惯以公元纪年标注判例年号外，其他部分皆采用台湾地区的一般标注规则标注判决先例的裁判字号，以便读者搜索，特此说明。
② 参见包刚桥：《我国台湾地区判例制度研究》，复旦大学 2008 年硕士学位论文，第 23—24 页。
③ 台湾地区"最高法院"公告（九一）台资字第〇〇六九六号，2002 年 10 月 31 日。
④ 参见王泽鉴：《民法学说与判例研究（重排合订本）》，北京：北京大学出版社 2015 年版，第 102 页。
⑤ 台湾法学会民事法委员会、台湾大学法律学院民事法中心：《"民事判例制度的过去、现在与未来座谈会"会议综述》，《月旦裁判时报》第 23 期（2013 年 10 月）。
⑥ 参见王泽鉴：《民法学说与判例研究（重排合订本）》，北京：北京大学出版社 2015 年版，第 96—99 页；黄茂荣：《法学方法与现代民法》，北京：中国政法大学出版社 2001 年版，第 290—347 页、第 392—404 页；杨仁寿：《法学方法论》（第二版），北京：中国政法大学出版社 2013 年版，第 191—204 页。

整、科学地查明和适用台湾地区民事法律。

综上所述，当人民法院依法根据冲突规范指引适用台湾地区民事法律时，如果存在判决先例的法律见解适合解决案件的具体争议，人民法院可同时查明成文法和判决先例，并根据案件实际加以适用。

三、查明台湾地区判决先例的方法

冲突法学对外法域法律查明方法有系统的研究，从外法域法律的性质认定、查明责任承担、不同查明途径的特点、无法查明外法域法律的后果及限制等环节进行研究，[①] 并形成了较为成熟的模式。《民法通则》和《涉外民事法律关系法律适用法》的相关司法解释亦为外法域法律查明确立了基本的制度框架。现有的理论和制度，可适用于台湾地区民事法律的查明。有学者对英美法系判例法的查明进行研究，根据判例法的特点提出了相关的查明方法。[②] 本文认为，台湾地区的判决先例不同于英美法系的判例法，其本质是依附于成文法规范的法律见解，[③] 并不适用查明英美法系判例法的方式。两岸关系不是国际关系，两岸间有独特的司法合作框架。因此，应当根据台湾地区整体法律制度和判决先例制度的实际，并结合涉台审判和两岸司法互助的实践，探讨查明台湾地区判决先例的特殊之处。查明外法域法律的途径是外法域法律查明理论和实务探讨的"热点"，判断查明的外法域法律的有效性是审判机关行使判断权的重要环节，却是理论研究的"盲区"。本部分拟就"热点"和"盲区"，集中分析查明台湾地区判决先例的方法。

（一）获取台湾地区判决先例的途径

查明台湾地区判决先例首先要获得台湾地区判决先例的载体，这对于法院、当事人或受委托的法律专家而言，都是必需的步骤。从冲突法对于此问题的一般理论、台湾地区民事法律查明的实践来看，通过两岸司法互助调查取证程序、查询权威出版物、查询互联网数据库、咨询法律专家这四种方式应当作为获取台湾地区判决先例的基本途径。前述四种途径各有优劣，亟待改进。

通过两岸司法互助调查取证程序获取台湾地区判决先例，效率偏低、质量最高。

---

① 参见肖芳：《论外国法的查明——中国法视角下的比较法研究》，北京：北京大学出版社 2010 年版。
② 肖永平：《论英美法系国家判例法的查明和适用》，《中国法学》2006 年第 4 期。
③ 参见苏永钦：《判例制度何去何从》，《法令月刊》第 63 卷第 10 期（2012 年 10 月）。

作者曾对厦门市两级人民法院涉台审判机关进行调研，得知在使用两岸司法互助调查取证程序查明台湾地区民事法律的"（2012）海民初字第2305号"民事判决中，调查取证程序时间较长，受委托的台湾地区法院仅提供相关法律条文的复印件。如果查明的内容为台湾地区判决先例，则受委托台湾地区法院在资料收集、传递方面需要花费更多的时间。

查询权威出版物获取台湾地区判决先例，效率较高、质量参差不齐，台湾地区"最高法院"编辑出版"判决要旨汇编"和"判例全文汇编"，前者按成文法的体例在条文下列举判例要旨及判例文号，后者按成文法章节列出判决先例的判例要旨和裁判全文，由于判决先例有依法变更或停止援引的情形，而年度定期再版的权威出版物显然无法满足判决先例的动态特点。权威出版物在大陆馆藏有限，不能满足人民法院涉台审判的实际需要。

查询互联网数据库获取台湾地区判决先例，效率较高。目前，台湾地区"司法院"网站建置有"法学资料检索系统"，可以通过判决先例的案号在"判解函释"中查询判决先例的要旨和全文。台湾地区"最高法院"网站的"资讯查询服务"栏目会公布判例的增、改、删情况。但以上两种权威的互联网查询途径，均只能以案件编号查询判例，与以法条查判例的思考模式并不匹配。除了官方数据库，台湾地区还有"法源法律网""月旦法学知识库"等商业数据库，可以通过法律条文反查相关判例，内容较为权威，有偿使用。

通过受委托的法律专家获取台湾地区判决先例，本质上是通过查询权威出版物或查询互联网数据库等方式获取台湾地区判决先例。大陆相关法律、司法解释并未明确规定法律专家的资质、专家的法律责任、聘请法律专家的费用承担等问题。现实中虽有一些试验性案例，[①] 但相关途径制度化程度较低。

本文认为，以上四种途径可以综合运用，在确保获取台湾地区判决先例的同时，提高查明的效率：两岸司法互助途径启动之前，人民法院可以通过查询互联网数据库、权威出版物或咨询法律专家等方式，明确委托台湾地区法院获取台湾地区法律或判决先例的内容，当然寄希望于两岸司法互助渠道的效率优化也是一种思路；查询权威出版物和查询互联网数据库的方式可以配合进行，相互印证，以提高查明的质量。此外，运用两岸司法互助途径查明台湾地区法律，应不局限于《海峡两岸共同打击犯罪及司法互助协议》"调查取证"条文，该协议"业务交流"项下规定了"交流双方

---

① 例如武汉市中级人民法院委托武汉大学法学院相关专家提供咨询意见的方式查明并适用台湾地区民事法律，作出"（2011）武民商外初字第1号"民事判决书。

制度规范、裁判文书及其他相关资讯"。实践中，最高人民法院曾与台湾方面互换1949 年以前的司法档案，弥补了台湾地区因缺乏 1949 年之前的判决文书而无法公布"最高法院判例"全文的缺憾。① 人民法院完全可以透过两岸司法互助，定期获取台湾地区民事法律成文法及判决先例的权威出版物，以备不时之需。

（二）对台湾地区判决先例的形式审查

科学建置获取台湾地区判决先例的途径，能又快又好地获取台湾地区判决先例。任何途径获取的台湾地区民事法律，都应经过人民法院判断其有效性后，方能进入适用环节。在形式审查的过程中，人民法院应当依据台湾地区法律制度的基本特点，对台湾地区判决先例的有效性进行辨析。

判决先例是司法裁判依照一定程序遴选得来的。如果判决先例依台湾地区有关制度所规定的程序被变更，则判决先例的内容或效力就会发生变化，或"不再援用"，或因"加注"而被限制适用范围。不同于英美法系的判例法，台湾地区判决先例是法院在审理涉及成文法条文案件时所作出的法律见解，依附于台湾地区成文法条文而存在。因此，如果成文法条文遭到修改或废止，而判决先例尚未依程序调整时，需要审慎斟酌其有效性。

值得关注的是，"大法官解释"对判决先例的效力的影响。前文提到过，曾有 50余个"大法官解释"以"判决先例"为审查对象，有的被宣告"与'宪法'尚无抵触"，② 有的被宣告"不再援用"。③ 依据台湾地区"司法院"的"释字第 185 号解释"，"司法院"作出的"大法官解释"具有普遍的拘束力，"违背解释之判例，当然失其效力"。④ 因此，被"大法官解释"宣告"不再援用"的判决先例，即失去效力，无论其是否经过"最高法院"的判例变更程序废止。

此外，"大法官解释"对判决先例的处理，并非简单地宣告"合宪"，或是全部宣告"不再援用"，其解释方法具有相当的灵活度。"大法官解释"在认定判决先例不"违宪"时，会运用"合宪性解释"的方法对判决先例的规范效力予以限制。⑤ 例如，在"释字第 372 号解释"中，大法官认为 1934 年"上字第 4554 号"民事判例要旨提出的"夫妻之一方受他方不堪同居之虐待，固得请求离婚，惟因一方之行为不检

---

① 荆龙：《两岸案例制度研讨暨司法档案成果发表在京举行》，《人民法院报》2015 年 8 月 21 日，第 1、4 版。
② 例如，"释字第 372 号解释"对"最高法院"1934 年"上字第 4554 号民事判例"的判断。
③ 例如，"释字第 576 号解释"对"最高法院""1987 年"台上字第 1166 号民事判例"的处理。"
④ "司法院大法官"释字第 185 号解释，解释文，1984 年 1 月 27 日。
⑤ 参见吴庚：《宪法的解释与适用》，台北：三民书局 2004 年版，第 585—595 页。

而他方一时忿激，致有过当之行为，不得即谓不堪同居之虐待"是"与'宪法'尚无抵触"，但通过解释"宪法"上人格尊严的内涵，为该判例的适用附加了"过当之行为逾越维系婚姻关系之存续所能忍受"的条件，对判例的法律见解予以实质限缩。①"大法官解释"在认定判决先例"违宪"而"不再援用"时，往往采用"部分不再援用"的处理方式。例如，"释字第587号解释"对1934年"上字第3473号"民事判例、1986年"台上字第2071号"民事判例关于违背"宪法"保障人格权及诉讼权的部分作出"不予援用"的处理，"最高法院"保留了两则判决先例，并加注"本则判例与司法院释字第五八七号解释不符部分不再援用"②。因此，在对获取的判决先例进行形式审查时，不仅要考察其是否经判例变更程序而发生内容或效力上的变化，更要了解该判例是否受到"大法官解释"影响及受何种程度的影响。

四、适用台湾地区判决先例的方法

适用准据法，应遵循准据法所在法域适用法律的一般方法。台湾地区采成文法系传统，在适用成文法的方法上，与大陆相近，隔阂较少。两岸尚未结束政治对立，人民法院适用包括判决先例在内的台湾地区民事法律，应遵循法律对于公共秩序保留的一般规定，并应当警惕台湾地区判决先例中可能出现的"政治解释"。判决先例在台湾地区的适用经历了从"判例要旨"到"判例全文"的转变，人民法院在适用台湾地区判决先例时应注意这种变化，采用恰当的适用方式。

（一）重视台湾地区判决先例中的"政治解释"现象

一般而言，判决先例是法院按照法律解释的方法对个案进行裁判后，形成对类似案件的规范，以确保"法安定性"。但这存在于"法官依法独立审判"的前提下。台湾地区的"法官独立审判"经历了一个从弱到强过程，而台湾地区的不同意识形态力量对比不断发生变化，民主政治的发展使得政治力对于法官独立审判和司法权的运作产生影响。这也间接体现在判决先例的作成与废止，以及其中对于法律的解释。

台湾学者黄瑞明的论文《从二则"反攻大陆"判例的作成与废止论民法上的政治解释》③ 以法社会学的视角评析了两则判决先例的作成、废止中的所谓"政治解

---

① "司法院大法官"释字第372号解释，解释文及解释理由书，1995年2月24日。
② "司法院大法官"释字第587号解释，解释文及解释理由书，2004年12月30日。
③ 参见黄瑞明：《从二则"反攻大陆"判例的作成与废止论民法上的政治解释》，《台大法学论丛》第34卷第4期，第1—57页。

释"方法，以及背后的"非法律因素"。尽管文中两则判决先例适用的空间不大，但产生这一问题的土壤仍旧存在，值得注意。台湾地区"民法"规定了租约增减租金的制度。在1958年"台上字第1635号"民事判例（下文简称1958年判例）中，"最高法院"认为"反攻大陆"为定有期限的租赁，从而排除了"民法"关于增减租金的条款适用。在1973年"台上字第1618号"民事判例（下文简称"1973年判例"）中，"最高法院"延续了前一判例的法律见解，认为"反攻大陆胜利"为租赁期限届满之时。2001年，"最高法院"召开民事庭会议决议废止"1973年判例"，理由是"反攻大陆胜利究属条件或期限尚有争议"。① 黄瑞明的论文分析了两则判例及废止"1973年判例"时台湾地区的政治气候变化，认为"1958年判例"将"条件"认定为"期限"，是受到意识形态压力的错误解释；而废止"1973年判例"时，"最高法院"的理由与其在1958年选编判例时的行为及机关认知矛盾。意识形态的力量左右了"最高法院"在这一类案件中的法律解释。

前述研究揭示了台湾地区判决先例作为经遴选的"最高法院"裁判，其全文或判例要旨均是"人工雕琢"产物的实际。台湾地区成长中的"法官独立审判"制度，并不能完全抵御政治力的侵袭。人民法院在适用台湾地区判决先例过程中，特别是原裁判涉及"统独"等台湾地区敏感议题的判决先例，需要对判决先例的历史背景加以认识，务必以"客观"② 的方法来审视判决先例的法律见解，认识到隐藏在法解释背后的"政治角力"，防止"政治解释"的影响。人民法院查明和适用台湾地区法律的过程也应对台湾问题的特殊性有所关照。

（二）遵循台湾地区适用判决先例的方法论转变

在判决先例制度形成的相当长时间里，台湾地区"最高法院"定期遴选判例并出版"判例要旨汇编"，台湾地区的法官以适用成文法条文的方式将"判例要旨"作为大前提代入个案的审判。自"司法院"于2004年作出"释字第576号解释"后，"最高法院"开始出版"判例全文汇编"。判决先例在台湾地区的适用方法逐渐转变，判决先例的事实部分越来越重要。

"释字第576号解释"认定，1987年"台上字第6116号"民事判例因不当限制契约自由而"违宪"。在该号解释的"协同意见书"中，三位大法官对判决先例制度

---

① 台湾地区"最高法院"公告（九〇）台资字第〇〇三〇〇号，2001年5月8日。
② 有关法律解释认识目的"主观"与"客观"，参见王泽鉴：《民法学说与判例研究（重排合订本）》，北京：北京大学出版社2015年版，第91—92页。

进行了系统的检讨，并就判决先例的适用方法问题展开论证，指出"脱离案件基础事实而通案抽象地适用判例，将失却遵循判例法理基础"，并可能"扭曲判例原意或误解判例法律见解"。该"协同意见书"提出援用判例"绝不能与基础事实分离而片面割裂其判例要旨"，以符合"相同案件相同处理之原则"。① 尽管该"协同意见书"无规范效力，但相关讨论引发了台湾地区关于判例制度的深刻反思。仅靠理论上的检讨，无法解决问题。法官在援用判例时，只能通过"判例要旨汇编"查到"判例要旨"和案件号。当时互联网不够发达，台湾地区的司法电子化公开刚刚起步，要查询判决先例的事实部分比较麻烦；加上前文所述，1949 年以前的司法档案留存于大陆，相关判例的全文难以查询。直到参与撰写"协同意见书"的杨仁寿于 2007 年转任"最高法院院长"，其推动出版"判例全文汇编"后，在援用判决先例时同时适用事实部分和法律部分才大规模付诸实践。

表一："判例要旨汇编"与"判例全文汇编"的体例对比

"判例要旨"	"判例全文汇编"
第一类 民法 第一编　总则 第一章　法例 第一条　民事，法律所未规定者，依习惯；无习惯者，依法理。 **习惯法之成立，须以多年惯行之事实及普通一般人之确信心为其基础（案号）** ……	最高法院民事判例 **案号** **判例要旨** …… 相关法条 …… 裁判书全文 上诉人××× …… 主文 …… 理由 ……

　　表格说明：黑体部分为"判例要旨"及案号。
　　内容来源：《"最高法院"判例要旨："民国 16—94 年"》（"104 年"修订版民事部分），"最高法院"印行，第 1 页；《"最高法院"判例全文汇编："民国三十九年至九十四年"》（第一册民事部分"39—46 年"），"最高法院"印行，第 1 页。

　　杨仁寿在《法学方法论》中，对台湾地区判决先例的适用方式进行了分析。该书主张法官就具体案件援用判例时，应当进行"类推适用"，即将案件的事实部分与判例的事实部分进行比较，如相似，则以判例的法律见解作为案件的裁判依据。对于事

实部分"相类似"的判断，则对"重要要素"加以比较确定。① 人民法院在适用台湾地区判决先例时，也应将案件的事实部分与判决先例的事实部分进行比较，对事实部分的类似性进行分析后，方能适用判决先例的法律见解。

五、结语

总结本文的分析，台湾地区判决先例应作为台湾地区民事法律，被人民法院在涉台审判中查明和适用，切实保障两岸当事人的正当权益，有效维护两岸民商事交往的正常秩序。应综合运用多种方法又快又好地查明台湾地区判决先例，并结合台湾地区的制度对获取的判决先例的效力进行形式审查。适用判决先例应将法律规定的公共秩序保留与台湾问题的特殊性相结合，以事实和法律兼顾的方法论来适用判决先例。

本文的探讨告一段落，围绕涉台审判的法律适用仍有些问题值得探究：判决先例制度的未来改革，对人民法院适用台湾地区判决先例有何影响？台湾地区"最高法院决议"，其可否及如何为涉台审判所援用？作为台湾地区"民法"规范所承认的法律渊源，习惯、法理（学说）在涉台审判中扮演何种角色？台湾地区的法律制度与一些外国的成文法系法域类似，德国、日本、意大利等外国成文法系法域也存在"法官造法"的活动，② 人民法院查明和适用台湾地区法律的经验能否拓展为查明适用外法域法律的规律？以上问题，都有待未来的探索。

---

① 参见杨仁寿：《法学方法论》（第二版），北京：中国政法大学出版社 2013 年版，第 282—284 页。
② 参见刘飞：《德国"法官造法"的功能解构》，《华东政法大学学报》2009 年第 1 期；薛军：《意大利的判例制度》，《华东政法大学学报》2009 年第 1 期；解亘：《日本的判例制度》，《华东政法大学学报》2009 年第 1 期。

第三方机构在查明台湾地区法规方面的运用初探

——以 H 法院涉台审判实务为研究样本

张玲玲*

一、台湾地区法查明的必然性及其审判诉求

（一）区际冲突规则的强制性适用

台湾地区与大陆同属"一个中国"。长期以来，海峡两岸各自实行不同的政治、法律制度，事实上形成了两个相互独立的"法域"，不可避免地存在区际法律冲突。在涉台审判中对于冲突规范之适用使台湾地区法查明成为必然。欧洲的学界主流观点认为冲突规范是强制适用的，大陆法系大多国家在实践中亦坚持法官依职权强制适用冲突规则，如德国、奥地利、比利时、意大利等。① 受大陆法系国际私法影响，大陆及台湾地区在理论上其主流观点均主张法律冲突规范由法官依职权强制适用。

就大陆现行立法而言，《民法通则》即针对涉外民商事关系的法律适用专立一章，从法律适用条款的行文来看，冲突规则由"法律关系＋适用法律"构成，未留选择适用的余地；而《民通意见》第 192 条"依法应当适用外国法律的……"，则直观表达了冲突规则适用的应然性。2011 年，我国针对法律适用问题专门出台的《涉外民事关系法律适用法》（下称《法律适用法》），进一步体现强制适用冲突规范并对法律冲突问题予以体系化的立法态度。

针对涉台审判，最高院于 2010 年 4 月 26 日出台了《关于审理涉台民商事案件法律适用问题的规定》（下称《规定》），其中第一条明确规定"根据法律和司法解释中选择适用法律的规则，确定适用台湾地区民事法律的，人民法院予以适用"。按照最高人民法院有关负责人在就《规定》答记者问中的表态，《规定》所称的"选择适用法律的规则"，指的是参照适用的涉外民商事关系的法律适用规则，也即冲突规则，

＊ 张玲玲，厦门海沧区人民法院涉台审判庭法官。

① 于飞：《台湾地区域外法查明实践之考查》，载《南京大学法律评论》2012 年第 37 期，第 312 页。

包括《民法通则》第八章以及全国人大常委会通过的《中华人民共和国涉外民事关系法律适用法》（下称《法律适用法》）等规定的内容。① 因此，在涉台审判中，区际法律冲突问题通过类推方式，直接适用已成体系的涉外法律冲突规范，必然导致在繁复的民商事审判中，台湾地区法的查明将不可避免地发生。因此，寻求高效的法律查明途径查明进而准确适用台湾地区相关法律规定，是当前涉台审判中亟待解决的问题。

（二）台湾地区法查明的审判诉求

法律是一个体系，而非单一的规定。关于法律查明的内容，作为原则，大多数欧盟成员国倾向于不仅包括成文法规定，还要知晓该外国法在其本国实践及学术界如何解释及适用。② 无论是英美法系国家，还是大陆法系国家均认为法官应根据外国法所在法律体系的解释规则进行解释，也只有这样才能够更好的把握外国法的本来含义和真实意思。③ 台湾地区"2005 年度台抗字第 81 号"裁定认为："内国法院对于该法律之解释，应以该外国法或大陆地区之法院所为解释为依据，并应考虑其判例、习惯等不成文法，不得以内国法院解释内国法之原则对之为解释。"④ 易言之，查明法律重点在"明"，即对于已查明的法律能否正确地予以解释、适用是司法审判中除了追求审判效率之外的主要诉求。

以我院涉台审判中遇到的一起涉及台湾地区法查明的案件为例：

2015 年 11 月 20 日，武汉 A 公司、厦门 B 公司、吴某、陈某、厦门 C 公司和蔡某签订一份《借款合同》，约定 A 公司、B 公司、吴某作为共同借款人向蔡某借款 100 万元，利息按日 3‰计算，借款期限至 2015 年 11 月 27 日；同时三方确认，因 A 公司和吴某之前共同结欠蔡某 228 万元，B 公司知晓此笔借款并愿意作为该 228 万元借款的共同借款人，故吴某、A 公司、B 公司应于 2015 年 11 月 27 日共同偿还蔡某借款本金 328 万元及利息 2.1 万元；陈某、C 公司作为保证人为上述借款本息承担连带保证清偿责任。合同另约定，发生争议适用台湾地区法律进行裁决或者调解。合同签订后，蔡某向吴某转账支付了 100 万元。

还款期限届至，吴某、A 公司、B 公司未依约还款。经蔡某催讨，吴某和蔡某于

---

① 参见《正确审理涉台民商事案件，切实维护两岸当事人权益》，载《人民法院报》2010 年 12 月 30 日第 2 版。

② 张建：《外国法查明问题的各国实践与典型案例——基于若干样本的考察》，载《海峡法学》2016 年第 3 期，第 91 页。

③ 刘来平：《中国外国法查明的司法实践及其立法建议》，载《首都师范科学版》（社会科学版）2006 年第 6 期，第 38 页。

④ 转引自于飞《台湾地区域外法查明实践之考查》，载《南京大学法律评论》2012 年第 37 期，第 313 页。

2015 年 12 月 3 日以短信方式达成一份"还款共识":于 2015 年 12 月 4 日支付 2015 年 11 月 21 日至 2015 年 12 月 10 日期间的利息 6.6 万元,于 2015 年 12 月 11 日前偿还 100 万元,于 2015 年 12 月底偿还 100 万元。同日蔡某将该"还款共识"发送给陈某,陈某表示需要向吴某核实,并无表示同意与否。

后吴某于 2015 年 11 月 20 日、12 月 4 日、12 月 12 日各支付蔡某 12.8 万元、6.6 万元、7.4 万元。

蔡某催款未果,于 2016 年 6 月诉至法院,请求判令:一、吴某、A 公司、B 公司共同偿还借款 3301000 元及利息(按 3301000 万元为基数,按中国人民银行同期贷款利率标准自 2015 年 11 月 28 日计算至实际付清款项之日止);二、陈某、C 公司对上述第一项承担连带清偿责任。

吴某、A 公司、B 公司辩称,一、确认确实向蔡某借款 328 万元,但根据台湾地区法律规定,如无法律明文规定,"数人负同一债务"为按份之债,故该债务应由吴某、A 公司、B 公司按份负担。二、台湾地区民法第 205 条规定:"约定利率,超过周年百分之二十者,债权人对于超过部分之利息,无请求权。"蔡某本案主张自 2015 年 11 月 28 日起按中国人民银行同期贷款利率计息,系某自愿放弃其权利。因此,本案中约定月利率日 3‰的借款 328 万元,在 2015 年 11 月 20 日至 11 月 27 日期间应按年利率 20% 计息,自 2015 年 11 月 28 日起应按中国人民银行同期贷款利率计息。吴某已付 12.8 万元系预扣利息,另 6.6 万元和 7.4 万元,应先用于抵扣按上述标准计算的利息,剩余部分应抵扣本金。

陈某辩称,一、根据台湾地区民法第 745 条:"保证人于债权人未就主债务人之财产强制执行而无效果前,对于债权人得拒绝清偿"之规定,其享有检索抗辩权。二、其并未同意蔡某与吴某于 2015 年 12 月 3 日达成的"还款共识",根据台湾地区民法第 755 条"就定有期限之债务为保证者,如债权人允许主债务人延期清偿时,保证人除对延期已为同意外,不负保证责任"之规定,其对上述借款无需承担保证责任。

上述案件,对于台湾地区相关法律规定的查明,并不存在问题。关键在于台湾地区法的正确适用问题。法律是一项体系,单单依据某一法条往往无法直接适用,需要查阅台湾地区相关判例才能加以确认。比如,本案中:1. 台湾地区法律条文中并没有"共同"字眼,本案借款协议中的"共同偿还"如何认定;2. 债权人允许延期清偿,根据台湾地区法条文,保证人免责,但台湾地区判例却有例外情形;3. 已付超额利息能否抵扣本金问题。以上问题在台湾地区法条文中,并无明确答案,需要查阅相关判例、学者论述或者向台湾地区法官请教方能解决。有鉴于此，寻求合适的台湾地区法查明途径并予以常规化运作是满足当前涉台司法审判诉求的基本条件。

二、引入第三方台湾地区法查明机构的必要性分析

（一）现有台湾地区法查明途径无法满足涉台审判诉求

《民通意见》第 193 条列举了五种法律查明途径，概括而言即当事人提供、司法协助、外交途径、寻求法律专家。鉴于涉台司法审判的特殊性，对于台湾地区法的查明，五种查明途径中的第三、四项，即外交途径无法适用。台湾地区对于域外法的查明途径并无明确规定；实践中，涉及大陆地区法律查明的案件，则主要是由台湾高等法院委托海基会调查，后者也可能请求海协会协助。

目前的涉台审判中，台湾地区法的查明途径除了通过当事人提供及法官自行查询之外，还可依据最高人民法院颁布实施的《关于人民法院办理海峡两岸送达文书和调查取证司法互助案件的规定》及其配套文件《人民法院办理海峡两岸司法互助案件文书样式（试行）》，通过司法互助的方法，以调查取证的方式查明台湾地区法。然而，现有的台湾地区法查明途径均无法满足笔者前述的查明效率或正确适用的审判诉求，具体分析如下。

1. 当事人提供。根据《法律适用法》的规定，涉台审判中，台湾地区法查明的责任仅在当事人选择适用台湾地区法律的情况下，由当事人承担；其他情况下，由人民法院承担查明义务。故当事人提供这一途径并不具有普适性，无法满足审判需要。此外，囿于当事人的诉讼立场、专业水平及查明技术，其要么选择性提供法律，要么提供的法律不完整、缺乏针对性和准确性。因此，对于当事人提供的法律，人民法院存在审查义务，此义务亦明确规定于《法律适用法》解释（一）第十八条，即"法院听取当事人对外国法内容及其理解与适用的意见，当事人对该外国法的内容及其理解与适均无异议的，法院可以予以确认；有异议的，由法院审查认定"。法院的审查义务导致涉台审判实践中，为更准确的理解与适用台湾地区法，在当事人承担查明义务的情况下，法院亦有自身查明的必要。前述案例即是此种情况，后文亦有所涉及。

2. 司法协助，根据 H 法院 2012 年 2 月集中管辖涉台案件以来的数据统计分析，H 法院委托台湾地区调查取证或委托送达①的案件，平均耗时 83.2 天，调查取证或送

---

① 调查取证与委托送达虽不尽然相同，调查取证的内容本身亦有区别。但基于调查取证与委托送达所适用的程序相同、路径相似，对效率分析而言，其结果并无二致。

达环节平均耗时仅 21 天。具体如下图：①

H 法院请求台湾地区法院协助送达流转情况

H 法院向省高院寄出请求书日与省高院函转台方联络人日间隔	省高院函转台方联络人日与台湾协助法院完成送达日间隔	台湾协助法院完成送达日间隔日与台方联络人向省高院寄出送达证明材料日间隔	台方联络人向省高院寄出送达证明材料日与省高院收到台方回复日间隔	省高院收到台方回复日与 H 法院收到省高院函转台方回复日间隔
2.3 天	40.1 天	20.9 天	12.1 天	7.8 天

委托总时长（从 H 法院发出请求至收到台方回复）83.2 天

上表直观显示，通过司法协助途径查明台湾地区法，3/4 的时间将消耗在公文流转环节，审判效率大打折扣。在不论及查明效果的情况下，此途径已无法满足涉台审判的效率诉求。

3. 中外法律专家提供。实践中往往是由当事人通过聘请中外法律专家提供，故其弊端及局限性同当事人提供。

4. 法官自行查询：法官自行查询的方式，仅适用于便于检索的法条或案例，对于小众的或难以查询的法律，此路径无法满足审判需要；此外，此途径仅适用于法律理解及适用无分歧，即查询对象明确、查询量较小的情况。

（二）H 法院涉及台湾地区法查明的案件情况分析

以 H 法院自 2012 年 2 月实行涉台案件集中管辖以来，过去五年涉台案件收案数分别为：453 件、650 件、784 件、1294 件、902 件，收案数呈现逐年显著递增趋势。随着两岸交往日益密切，可以预见未来涉台案件的受理数量将只增不减。理论上，在涉台审判实践中，涉及法律冲突进而适用台湾地区法的情况将不可避免地日益增多。但是，目前的审判实践反映出来却是案件中涉及全部或部分法律问题须适用台湾地区法的情况屈指可数。

以过去一年涉台案件结案情况为例，2016 年 5 月 1 日至 2017 年 4 月 30 日期间，H 法院涉台案件以判决方式结案的有 401 件，其中适用台湾地区法的仅 1 件（即前文笔者所列案件），且该案是基于当事人选择才适用台湾地区法；法官依职权适用台湾地区法的案件少之又少，② 绝大多数案件主要由当事人选择或者依最密切联系原则适用大陆法律。之所以形成如此强烈反差，笔者认为，在排除大多数案件本身确实应当

---

① 李桦、许荣锟：《关于厦门法院两岸送达文书司法互助工作情况的调研报告》，载《东南司法评论》2015 卷。

② 自 H 法院涉台审判成立以来，依职权适用台湾地区法的案件不超过 10 件。

适用大陆法的前提下，不可否认法官对于适用台湾地区法仍存在一定消极性和被动性。

无独有偶，有学者曾通过数据库查询方式对 2014 年 7 月 31 日前公布的全国涉外案件适用外国法的情况进行统计，其查到的 17 个涉外案件，适用外国法的仅 3 例。① 诚如该学者所言，此既有主观上的消极想法，也有客观上的局限性。就主观方面而言，即使遇到必须适用域外法的情况，法官相对更愿意通过当事人查明模式，而不愿意陷入自身查明的困境中。以 H 法院为例，遇到必须适用台湾地区法的案件，考虑到审判压力及效率问题，法官确会先要求当事人提供相应法律；而客观上，则是法律查明难、成本高、时间长、效果差，笔者在前文已有详细阐述。然，隐藏问题或遵循旧例并非问题解决之道，寻求适应涉台审判诉求的台湾地区法查明途径并予以常规化运作乃当务之急。

三、第三方台湾地区法查明机构常规化运用的优势及实践分析

台湾地区法的查明，其目的在于查明结果。从实用主义角度出发，作为手段的查明途径不应受到过多限制。对域外法查明途径的规定，除英国严格限制查明方法之外，其他国家均允许法院采取各种方法查明外法的内容，态度颇为灵活。② 从我国的立法来看，亦未禁止法官或其他查明主体探寻其他有效途径来查明法律；退一步而言，从现有的《民通意见》列举的五种查明途径来看，"通过中外法律专家提供"这一途径，亦为"第三方台湾地区法查明机构"的适用提供了法律依据。

（一）先例

外国法、比较法研究机构在法律查明领域能发挥的作用不可小觑。以德国的实践做法为例，通过咨询法律查明机构获得有关外国法的专家意见是法官查法的一条常用途径。③ 国外的法律查明机构，比较著名的有德国的马克思·普郎克汉堡研究所、法国的"国际法信息中心"等。④ 他们出具的咨询意见往往成为查明域外法通行的、权

---

① 林燕萍、黄艳如：《外国法为何难以查明——基于〈涉外民事关系法律适用法〉第 10 条的实证分析》，载《法学》2014 年第 10 期，第 119 页。
② 刘来平：《中国外国法查明的司法实践及其立法建议》，载《首都师范科学版》（社会科学版）2006 年第 6 期，第 40 页。
③ 马擎宇：《从审判实践角度完善我国的外国法查明制度》，载南阳师范学院（社会科学版）第 10 卷第 7 期，第 11 页。
④ 刘来平：《外国法的查明比较研究》，华东政法大学硕士论文，2006 年。

威的方法。

我国司法实践近几年亦致力于探索并建立类似的第三方域外法查明中心。如 2014 年 2 月成立的我国首家法律查明中心——深圳市蓝海现代法律服务发展中心（以下简称"蓝海中心"），以及之后陆续成立的中国政法大学外国法查明中心、华东政法大学外国法查明中心（以下简称"华政查明中心"）等，在域外法查明领域已开始发挥愈发重要的作用。以笔者不久前访问的宁波中院为例，其是最早与华政查明中心签订协议，建立外国法查明专项合作的法院。目前委托查明外国法的案件 6 件，已交付 5 件，其中涉及澳大利亚公司法 1 件、香港公司法 2 件、匈牙利保险法 1 件，其他 2 件；以上均取得了良好的查明效果。

值得一提的是，上述查明中心在建立之初即定位为综合性法律查询机构，如华政查明中心内设英美法律部、欧洲法律部、亚非拉法律部、海事法律部、港澳台法律部、"一带一路"法律部等多个查明团队。相较之下，于涉台审判工作而言，专项的台湾地区法查明平台在资料获取便利、专家资源分配、查明深度等多方面则更占优势。

（二）第三方台湾地区法查明机构查明法律的优势分析

2016 年，为进一步规范和完善台湾地区法律查明工作，提升涉台民商事案件法律适用水平，H 法院所在 X 市与厦门大学台湾地区法律查明中心（以下简称"台湾地区法查明中心"）签订框架协议，依托厦大台湾研究院的科研力量，台湾地区法查明中心为 X 市法院提供专项台湾地区法查明服务。目前，台湾地区法查明中心已为 X 市的法院提供查明服务 1 件（即本文前述案件①）。框架协议的签订对于 X 市法院涉台审判中常规化运用台湾地区法查明中心进行法律查明工作提供了制度保障；相对的，在涉台审判中常规化运用查明机构查明法律则是使其优势得以最大限度发挥的前提。具体而言，台湾地区法查明中心的优势体现在其很好地实现了笔者前述的法律查明审判诉求。

就查明效率而言，依托高校科研力量的法律查明平台，其在资料获取、专家资源

---

① 该案关于台湾地区法查明的情况：蔡某提交了经台湾地区台北地方法院所属公证人敏律联合事务公证的台湾地区民法第二编"债"的法律条文以及台湾地区审判主管机构的相关判例。吴某等对其真实性持有异议，并向 H 法院申请核对。H 法院经各方当事人同意后，委托台湾地区法查明中心核实蔡某提供的上述法律条文和判例的真实性，并就涉及案件争议焦点的相关法律适用问题出具法律意见。后台湾地区法查明中心出具相应的《法律意见书》确认了上述台湾地区法律条文的真实性，且仍有效施行，并对 H 法院的委托事项附以详尽法律分析。该《法律意见书》送达当事人后，当事人均表示无异议。台湾地区法查明中心出具的法律意见，与司法协助相比，效率较高，且相关法律适用分析对审判人员如何具体适用台湾地区法律极具参考价值。

方面已有天然优势，天然具备高效查询的条件。以宁波中院与华政查明中心的合作为例，双方约定成文法查明时间1个月，判例法查明时间为3个月；再以台湾地区法查明中心为例，X市法院通过与台湾地区法查明中心签订的框架协议，约定出具法律意见的时间一般情况下为一个月，特殊情况经双方协商可以延长。前文所述的H法院委托台湾地区法查明中心查明的案例，自委托到出结果，耗时不超过一个月，与H法院以往通过司法协助途径查明台湾地区法相比，其效率的提高程度颇为喜人。

就查明效果而言，与华政查明中心相同的是，台湾地区法查明中心作为第三方法律查明机构，不接受当事人委托，从而确保其天然的中立性；此与蓝海中心可接受社会各界委托的定位显著不同。在具体案件中，则通过三个方面可进一步确保查明效果。其一，由法院作为委托方委托查明，保证案情陈述客观中立，查明焦点恰对症结。具体而言，法院在委托查明中心时，对于案情的批露以实现查明需要为限，不必披露全部案情，从而避免查明中心先入为主，影响查明结果；法院委托查明的内容往往已由法院归纳争议焦点后提出，其甚至可具体到某个名词的解释或理解，从而最大程度避免"查不对路"的情况。其二，由中心针对问题选任合适查明专家，确保查明结果符合预期。X市法院与台湾地区法查明中心的框架协议约定，中心接受查明委托后，应选任熟悉台湾地区民商法及其查明方法的专家或者组成专家组开展工作；同时附有相关专家的身份证明、专家资质说明、本人与案件或当事人不存在利益关系的声明等材料。值得一提的是，对于查明专家的具体资质要求，有待于进一步研究讨论并完善，本文尚不涉及。其三，查明结论要求附有参考及出处，实现查明内容完整而权威。台湾地区法查明中心出具的法律意见书，文末应附上有关法律、文本解释、判例及学者著述，以便法官进一步审查参考。

（三）审判实务中的几个问题

1. 适用情况

我国立法规定的法律查明主体有两类，即当事人或法院等裁判机构。在法官并非法律查明义务主体的情况下，即由当事人选择适用台湾地区法时，是否可以或有必要由法院委托台湾地区法查明中心查明法律。宁波中院的涉外审判中的经验是，仅对法官依职权适用外国法的案件委托华政查明中心查明法律；当事人选择适用法院的情况则不适用。对此，X市法院与台湾地区法查明中心的框架协议并未作特别约定或限制。笔者认为，审判实践中，并无必要以法律查明责任主体为标准对是否适用台湾地区法查明中心查明法律进行区分或限制。即便是当事人选择适用台湾地区法的情况，法官作为居中裁判者，其识别与审查认定的义务并未消除。因此，在必要情况下（如本文所引的 H 法院的案例），法官亦应介入法律查明之中。值得一提的是，涉台审判实践中的必要情况往往是对于所适用的台湾地区法的具体理解与适用不明，此时适用台湾地区法查明中心查明法律，其优势益发突显。

2. 查明机构出具的法律意见书的审查程序

对于当事人提供的域外法查明结果，法官应听取当事人的意见，当事人无异议的，法院可以予以适用，有异议的，由法院审查认定。此关于法官的审查义务规定于《涉外民事法律关系适用法解释（一）》第 18 条；在此前的《第二次全国涉外商事海事审判工作会议纪要》第 52 条亦有涉及。但对于法官依职权查明的法律查明结果，是否应有类似前述的审查程序？对此，有学者指出，域外法同客观事实一样，具有信息不对称信和不可知性，因此针对客观事实而制定的确认法律事实的程序规则同样适用在域外法的查明上。[①] 笔者赞同上述观点，事实上我国司法实践亦有判例支持了此种观点，荣生（香港）投资有限公司上诉一案中，广东高院认为原审法院未征询当事人意见即直接采纳司法部委托的某香港所出具的法律意见书缺乏法律依据。[②] 德国相关法律亦有规定，在上诉案件中，对于外国法适用正确与否不予审查；但法官的法律查明程序属于法院适用程序法的行为，应审查。[③] 综上，法律查明机构出具的查明结果亦应听取当事人意见，从而保障当事人的程序权利；对于有异议者由法院自行认定。笔者本文所引的 H 法院的案例，法官在收到台湾地区法查明中心的法律意见书后即组织当事人发表意见，当事人均表示无异议；而关于台湾地区法的理解与适用问题由法官最终认定。

3. 费用负担

H 法院就本文所指案件委托台湾地区法查明中心，尚属友情服务，并未收费。然而在涉台审判实践中，通过台湾地区法查明中心这一途径查明台湾地区法一旦常规化予以适用，费用问题势必需要考虑。笔者前文提及现有的查明中心，唯蓝海中心有出台明确的费用收取办法，委托查明的费用由三个部分构成，即（1）蓝海中心的委托代理费；（2）答复主体的查明服务费，由答复主体根据具体的委托事项、查明的难易

---

① 宋晓：《外国法："事实"与"法律"之辩》，载《环球法律评论》2010 年第 1 期，第 17 页；闫卫军：《论正确查明和适用外国法的可能性——兼论外国法查明问题的定性》，载《海峡法学》2010 年第 3 期，第 103 页。

② 转引自张磊：《外国法查明在中国大陆法院之实践（英文）》，载《武大国际法评论》2009 年第 2 期，第 228 页。

③ 王葆莳：《行政法案件中的国际私法先决问题和外国法查明——德国联邦行政法院 2012 年 7 月 19 日判决评析》，载《国际法研究》2015 年第 1 期，第 54 页。

程度和工作量确定；（3）公证、翻译等其他依委托人要求查明的费用。据笔者调研，华政查明中心和台湾地区法查明中心尚未出具具体的收费办法。此外，值得注意的是，与蓝海中心不同，华政查明中心和台湾地区法查明中心均只接受法院的委托，法院作为委托的主体及委托关系的相对方，在法律上应当为负担查明费用的主体，此逻辑对于法院依职权查明法律的需要而负担费用尚属合理；但倘若基于当事人选择法律，而在当事人提出异议、法院又有必要进一步查明法律的情况下，费用负担问题则有待进一步研究确定。鉴于本文的篇幅及侧重点，对此暂且不深入。

四、结语

第三方法律查明机构作为一条新型的域外法查明途径，有其存在的必要性及不可替代的优势；但在目前司法审判中，适用者仍属少数。为更好地实现司法效率及查明效果，逐步提升我国的涉外（港澳台）审判环境和水平，于审判实践中的域外法查明环节，引入第三方法律查明机构已刻不容缓，相关问题的研究仍有待进一步重视和深入。

《海峡两岸仲裁中心仲裁规则》述评[*]

——以比较研究为视角

刘 冰 常 琳[**]

一、问题之缘起

近年来海峡两岸之间的经贸往来日益紧密,据统计,2016 年 1—6 月,大陆与台湾地区贸易额为 807 亿美元,占大陆对外贸易总额的 4.7%。其中,大陆对台湾地区出口为 192 亿美元;自台湾地区进口为 615 亿美元。[①] 目前,台湾地区已经成为大陆第七大贸易伙伴和第六大进口来源地。除了经贸关系呈现出平稳且上升态势外,两岸之间的投资活动也日益频繁且成果喜人。据统计,2016 年 1—6 月,大陆共批准台商投资项目 1741 个,同比上升 47.5%,实际使用台资金额 12.3 亿美元,同比上升 33.8%。[②] 紧密的经贸及投资往来,除了给两岸带来经济增长外,也催生了两岸企业、自然人之间的经贸纠纷。据中国法治网统计数据显示,2015 年全国共有 62 家仲裁委员会受理涉港澳台案件和其他涉外案件共计 2085 件,占案件总数的 1.5%。[③]

值得注意的是,两岸之间由于法律规定存在较大的差异,在解决两岸经贸争议的过程中将不可避免地引发两岸区际法律冲突,如何及时、妥善解决两岸经贸争议,不仅对维护两岸经贸关系意义重大,也影响着两岸政治关系的平稳发展。在诸多解决争议的方法中,笔者认为仲裁于解决经贸争议而言有着不可比拟的优势:充分尊重当事人意思自治、民间中立更大程度上确保裁决结果公平公正、一裁终局能够在一定程度

---

* 本文系 2014 年福建省社会科学规划项目(一般项目)《构建海峡两岸自由贸易试验区的法制议题研究》(项目编号:2014B230)的阶段性研究成果。

** 刘冰,福建江夏学院法学院副教授,《海峡法学》编辑,福建省台湾法律研究所研究人员。常琳,福建江夏学院法学院副教授,《海峡法学》编辑,福建省台湾法律研究所研究人员。

① 2016 年 1—6 月大陆与台湾贸易、投资情况,http://tga.mofcom.gov.cn/article/sjzl/jmjl/201608/20160801379650.shtml,下载日期:2016 年 8 月 29 日。

② 2016 年 1—6 月大陆与台湾贸易、投资情况,http://tga.mofcom.gov.cn/article/sjzl/jmjl/201608/20160801379650.shtml,下载日期:2016 年 8 月 29 日。

③ 2015 年全国受理仲裁案件 136924 件增 20%,http://www.legaldaily.com.cn/Arbitration/content/2016-03/29/content_6545612.htm?node=79488,下载日期:2016 年 8 月 29 日。

上缩短解决争议的时间，更为适应高速发展的经济。

为了更有针对性解决两岸经贸争议，2015 年 12 月 29 日，大陆第一家专门受理涉台纠纷的仲裁机构——海峡两岸仲裁中心在福建平潭综合试验区台湾创业园正式成立。仲裁中心的主要职能是，通过仲裁方式解决当事人约定由仲裁中心管辖的民商事（包括海事）合同和其他财产权益纠纷。仲裁中心也可通过调解或其他非诉讼争议解决方式，解决当事人约定由仲裁中心管辖的民商事（包括海事）合同和其他财产权益纠纷。仲裁中心也可根据有关部门的授权受理其他纠纷。"良法是善治的前提"，对于仲裁而言，仲裁规则是仲裁机构执行仲裁程序的行为规范，也是人民法院对仲裁裁决效力进行司法审查的法定依据。因此，海峡两岸仲裁中心若要充分实现其预期职能，制定一套完备的、更符合其设立目标的仲裁规则就显得尤为重要。2016 年 6 月 1 日起，经由中国贸促会（中国国际商会）核准的《海峡两岸仲裁中心仲裁规则》正式实施。

《海峡两岸仲裁中心仲裁规则》在制定过程中，充分借鉴了主要国内、国际仲裁机构最新的成果，在引进诸多先进仲裁制度的同时充分结合两岸经贸争议的特点，因此，《海峡两岸仲裁中心仲裁规则》的实施引起了中国仲裁理论界和实务界的共同关注，笔者通过比较研究的方法在对《新加坡国际仲裁中心仲裁规则（2016 版）》（以下简称《新仲规则 2016》）和《中国（上海）自由贸易区仲裁规则》（以下简称《自贸区仲裁规则》）研究的基础上对《海峡两岸仲裁中心仲裁规则》中多份合同仲裁、合并仲裁、追加当事人三项制度进行评析，以期探求中国仲裁制度发展的新思路。

二、多份合同仲裁及合并仲裁

随着商事交易模式、内容的快速发展和变换，因相同当事人之间连环交易、项目系列商事交易而同时发生的多份合同争议的数量也在快速增加。[①] 所谓多份合同争议是指，相同当事人在多份合同中发生的争议。为了提高仲裁效率、节约仲裁成本，近些年来一些仲裁机构纷纷在其仲裁规则中增加了多份合同"合并仲裁"条款，即存在两个或两个以上相互关联的仲裁程序时，为了一揽子解决所有争议，通过一定的程序

---

① 张喜东、邱宗亚：《多份合同项下争议能否在同一仲裁案件中合并提出申请》，载《中国律师》2016 年第 1 期，第 65 页。

设计，将所有的当事人召集在一起，通过一个仲裁程序处理所有争议的制度。① 传统观点认为，尽管当事人完全相同，但是多份合同形成的是各自独立的合同关系，合同中当事人明示选择以何种方式解决争议的条款也应该是相互独立的。且不说每份合同中当事人选择解决争议的方式不同，就是相同当事人缔结的所有合同均约定采用仲裁方式解决争议，但也有可能每份合同中约定选择的仲裁机构不同、适用的仲裁规则有别。而选择哪一个仲裁机构、适用何种仲裁规则，是合同当事人意思自治的产物。意思自治原则是确定合同准据法时普遍采用的一项原则，也是仲裁这种古老的争议解决方式产生乃至发展的重要基础和存在价值，有学者指出，商事仲裁法的首要原则就是当事人意思自治原则。② 在仲裁协议中，仲裁条款是当事人有关仲裁具体事项达成意思自治最直接的载体，因此，仲裁条款不仅对当事人产生合同上的约束力，而且依据仲裁法被赋予了不得单方变更的强制约束力，是整个仲裁程序合法性、有效性的基石。③ 在仲裁条款没有约定的情况下将多份合同争议通过一个仲裁申请提起仲裁，这一做法构成了对仲裁条款的实质性变更。而多数国家的仲裁立法或仲裁机构的仲裁规则都规定，仲裁程序须遵守仲裁条款，违反仲裁条款的仲裁裁决将不予承认和执行。

从上述分析可以看出，传统"一份仲裁协议—仲裁程序"的观点是充分尊重仲裁条款中当事人意思自治的体现，但当相同当事人之间因多份合同出现争议时，如果一份仲裁协议只能对应一个仲裁程序，那么待到多份合同中的商事争议全部解决完，所花费的时间明显超过将多份合同争议合并解决这一做法。基于更好地解决现今愈加复杂的商事争端及满足当事人高效、快速解决商事争端的需求，近些年来一些仲裁机构在修订其仲裁规则时纷纷增加了"多份合同仲裁条款"。例如，《新仲规则2016》在其第6条第1款就涉及多份合同争议的申请人在申请仲裁时规定可以有两种选择：（1）根据每份合同所载的仲裁协议分别提交一份"仲裁通知书"，并同时申请合并这些仲裁案件〔（2）根据所有仲裁协议仅提交一份"仲裁通知书"并在通知书中说明每份合同及其仲裁协议的情况，该"仲裁通知书"被视为将所有这些仲裁进行合并审理的申请。无论采取上述哪种形式，实际上申请人都是将多份合同合并，向新加坡国际仲裁中心申请一个仲裁，而无论当事人采用哪一种选择都要求满足第8条第1款的

---

① 黄荣楠：《中国（上海）自由贸易试验区仲裁规则评述》，载《上海对外经贸大学学报》2014年第6期，第31页。

② ［英］施米托夫著：《国际贸易法文选》，赵秀文译，中国大百科全书出版社1993年版，第611页。

③ 张喜东、邱宗亚：《多份合同项下争议能否在同一仲裁案件中合并提出申请》，载《中国律师》2016年第1期，第66页。

规定。① 由第 6 条第 1 款的规定可知，满足第 8 条第 1 款②的规定是当事人就多份合同提起合并仲裁的前提条件。其中第 8 条第 1 款 a 项的规定是要求多份合同中的所有当事人均同意合并仲裁，这一条件的设置从根本上解决了传统观点对多份合同提起合并仲裁将会破坏商事仲裁中当事人意思自治原则的顾虑。除了所有当事人同意将多份合同进行合并仲裁外，《新仲规则 2016》第 8 条第 1 款还规定了另外两种可以将多份合同进行合并仲裁的情况——各仲裁案件的所有请求是依据同一份仲裁协议提出或者多份合同中包含的仲裁协议具有相容性且争议具有一定的关联性，如法律关系相同、主从合同关系、相同或系列交易等。这两种情况的规定应该是基于快速解决商事争议的目的而被纳入允许多份合同合并仲裁的范围——仲裁协议具有相容性且争议具有一定的关联性，意味着合并仲裁具有一定的可能性和可行性，而非牵强合并于一个仲裁程序。况且，任何仲裁机构的仲裁规则都是公开的，当事人在知晓仲裁规则的情况下仍选择某一仲裁规则，代表着对于该仲裁规则的认可，愿意接受该规则的约束。因此，如果当事人共同选择了《新仲规则 2016》，也就意味着在满足第 8 条第 1 款（b）项或（c）项时同意仲裁庭合并仲裁多份合同争议，日后待到条件满足进行的合并仲裁仍然是当事人意思自治的结果，并未违反商事仲裁中当事人意思自治原则。

《自贸区仲裁规则》对于"多份合同"并没有做出单独条款的规定，第 36 条是有关"案件合并"的规定。③ 通过比较可以看出，《自贸区仲裁规则》第 36 条其实是将《新仲规则 2016》第 6 条和第 8 条合二为一之后的规定，但前者规定的合并仲裁的条件要比后者严格：《自贸区仲裁规则》第 36 条第 1 款规定，合并仲裁的案件不仅仲裁标的为同一种类或者有关联的两个或两个以上的案件，同时要求须经一方当事人申请并征得其他当事人同意，仲裁庭才可以做出决定合并审理；而《新仲规则 2016》

---

① 《新仲规则 2016》第 6 条第 1 款：如果案件的争议事项由多份合同引起或者与多份合同有关，申请人可以：（a）就援引的每一份仲裁协议，分别提交一份"仲裁通知书"，并同时按照第 8.1 条的规定申请合并该些仲裁案件；或者（b）就援引的所有仲裁协议仅提交一份"仲裁通知书"，但"仲裁通知书"中应包括对每份合同和其分别援引的仲裁协议的陈述以及对是否已经满足了第 8.1 条所规定的适用条件的说明。如果这样做，则申请人应被视为是开始了多个仲裁程序（每个仲裁协议对应一个仲裁程序），根据本第 6.1（b）提交的"仲裁通知书"应被视为是根据第 8.1 条提出的将所有该些仲裁程序进行合并审理的申请。

② 《新仲规则 2016》第 8 条第 1 款：在拟合并的各仲裁案件的仲裁庭均未组成之前，拟合并的各仲裁案件符合下列条件之一的，一方当事人可以向主簿提出申请，要求将两个或以上根据本规则正在进行的待决仲裁案件合并为一个仲裁案：a. 所有当事人同意合并仲裁；b. 各仲裁案件的所有请求是依据同一份仲裁协议提出；或者 c. 各仲裁协议相容，并且：（i）争议由相同法律关系产生〔（ii）产生争议的多个合同系主从合同的关系；或者（iii）争议由同一交易或同一系列交易产生。

③ 《自贸区仲裁规则》第 36 条：案件合并：（一）仲裁标的为同一种类或者有关联的两个或者两个以上的案件，经一方当事人申请并征得其他当事人同意，仲裁庭可以决定合并审理。（二）除非当事人另有约定，合并的仲裁案件应当合并于最先开始仲裁程序的仲裁案件。除非当事人一致同意作出一份裁决书，仲裁庭应就合并的仲裁案件分别作出裁决书。（三）仲裁庭组成人员不同的两个或者两个以上的案件，不适用本条的规定。

第8条第1款a项与b项和c项之间的关系是"或者"，而也就是说，即使并非所有当事人都同意合并仲裁，但只要满足b项或c项条件中的任意一项时，一方当事人认可向新加坡国际仲裁院提出合并仲裁的申请。另外，《自贸区仲裁规则》第36条第3款规定：仲裁庭组成人员不同的两个或者两个以上的案件，不能合并仲裁。这一规定与《新仲规则2016》第8条第7款设置的条件相似。①

《海峡两岸仲裁中心仲裁规则》第14条是关于"多份合同的仲裁"②规定，第19条是关于"合并仲裁"的规定。③其中第14条的规定是将《新仲规则2016》第8条第1款c项与其下属的只需选择满足其一的三个"目"中设置的条件进行了整合，整合之后要求能够提起"多份合同的仲裁"必须同时满足三项条件。可以看出，《海峡两岸仲裁中心仲裁规则》规定的"多份合同的仲裁"的条件要更加严格。第19条"合并仲裁"的规定是将《新仲规则2016》第8条第1款的三项内容进行了整合，但没有"各仲裁协议相容，并且争议由同一交易或同一系列交易产生"这一情形，值得注意的是，这一情形在《海峡两岸仲裁中心仲裁规则》中并不是缺失，而是将其规定在第14条之中。

通过与《新仲规则2016》比较分析可以看出，《海峡两岸仲裁中心仲裁规则》中关于"多份合同的仲裁"和"合并仲裁"的规定基本与《新仲规则2016》中的相关规定相似，只是略微严格而已。但笔者认为，不能因《海峡两岸仲裁中心仲裁规则》规定较为严格的适用条件就简单的断定它与国际仲裁领域中高水平的仲裁规则相距甚远，相反，严格条件的设定更说明海峡两岸仲裁中心对处理涉台经贸争议的谨慎态度。新加坡国际仲裁中心自1991年成立以来受到来自世界多地，特别是包括中国在内的众多亚洲地区用户的欢迎。近年来，新加坡国际仲裁中心无论在受案数量、金额还是在在国际仲裁界的影响力方面，都取得了业界瞩目的成就。根据伦敦大学玛丽皇

---

① 《新仲规则2016》第8条第7款：在拟合并的仲裁案件中已有案件组成了仲裁庭的情况下，如果拟合并的各仲裁案件符合下列条件之一的，一方当事人可以向仲裁庭提出申请，要求将依据本规则正在进行的两个或以上待决仲裁案件合并为一个仲裁案件：a. 所有当事人同意合并仲裁；b. 各仲裁案的所有请求是依据同一份仲裁协议提出，并且各个仲裁案已经组成了仲裁员相同的仲裁庭，或者其他仲裁案件尚未组成仲裁庭；或者c. 各仲裁协议相容，各仲裁案已经组成了仲裁员相同的仲裁庭，或者其他仲裁案件尚未组成仲裁庭，并且：（i）争议由相同法律关系产生［（ii）产生争议的多个合同系主从合同的关系；或者（iii）争议由同一交易或同一系列交易产生。

② 《海峡两岸仲裁中心仲裁规则》第14条：申请人就多份合同项下的争议可在同一仲裁案件中合并提出仲裁申请，但应同时符合下列条件：1. 多份合同系主从合同关系；或多份合同所涉当事人相同且法律关系性质相同；2. 争议源于同一交易或同一系列交易；3. 多份合同中的仲裁协议内容相同或相容。

③ 《海峡两岸仲裁中心仲裁规则》第19条：（一）符合下列条件之一的，经一方当事人请求，仲裁中心可以决定将根据本规则进行的两个或两个以上的仲裁案件合并为一个仲裁案件，进行审理。1. 各案仲裁请求依据同一个仲裁协议提出；2. 各案仲裁请求依据多份仲裁协议提出，该多份仲裁协议内容相同或相容，且各案当事人相同、各争议所涉及的而法律关系性质相同；3. 各案仲裁请求依据多份仲裁协议提出，该多份仲裁协议内容相同或相容，且涉及的多份合同为主从合同关系；4. 所有案件的当事人均同意合并仲裁。

后学院国际仲裁学院发布的《2015 年国际仲裁调查报告：国际仲裁的改进与创新》，新加坡国际仲裁中心是全球最受欢迎和最广泛使用的五大国际仲裁机构之一。① 发展的历史和取得的成绩足以说明，新加坡国际仲裁中心在仲裁过程中应对新情况、新问题的能力已经达到一个较高的水平，因此其制定的仲裁规则可以更加开放、更加灵活。与之相比，海峡两岸仲裁中心是一个全新的仲裁机构，加之受两岸之间政治关系的影响，仲裁中心在解决两岸经贸争议时就要更加谨慎、更加稳妥，因此制定较为严格的适用条件是与实际情况相符合的。

《海峡两岸仲裁中心仲裁规则》关于"多份合同的仲裁""合并仲裁"的规定适应了当今跨境商业交易日趋复杂化的趋势。随着商事交易类型的快速发展，一个商业交易往往与多个关联交易交织在一起，而交易主体也不再局限于一对一的模式，当事人之间的权利义务关系交错在一起形成了复杂的关联交易。如果"一份争议一个仲裁"那么所有的关联争议全部单独解决完则需要花费大量的时间。但如果将这些复杂关联交易产生的纠纷合并仲裁，力图通过一个仲裁程序解决所有相关交易，不仅可以为当事人大大节约成本和时间，更可以保证争议最终得到统一的有效解决，避免不同仲裁庭作出相互矛盾的裁决。《海峡两岸仲裁中心仲裁规则》和《新仲规则 2016》中关于"多份合同仲裁"和"合并仲裁"的规定正是回应了经济快速发展和满足了仲裁当事人快速解决争议的需求。

三、追加当事人

如果一个仲裁案件在申请时未能包括所有相关方，案件当事人和非当事人能否申请追加一个或多个新增当事人作为申请人之一或被申请人之一加入正在进行的待决仲裁案件中呢？对于这一问题《新仲规则 2016》第 7 条第 1 款和第 8 款②就仲裁庭组成前和仲裁庭组成后两种情况分别做出了相应规定。在仲裁庭组成前追加当事人的申请是向新加坡国际仲裁中心提出，在仲裁庭组成后追加当事人的申请是向仲裁庭提出，

---

① 叶渌、刘郁武、李丽：《最新版新加坡国际仲裁中心仲裁规则亮点介绍》，http：//blog. sina. com. cn/s/blog_8f30351d0102wjp3. html，下载日期：2016 年 11 月 1 日。

② 《新仲规则 2016》第 7 条第 1 款：在仲裁庭组成之前，凡符合下列条件之一的，一方当事人或者非案件当事人均可以向主簿提出申请，要求追加一个或以上新增的当事人作为申请人之一或被申请人之一以加入根据本规则已在进行的待决仲裁程序：a. 从表面上看，被追加的新增当事人受仲裁协议的约束；或者 b. 包括被追加的当事人在内的所有当事人均同意被追加的当事人加入该仲裁程序。第 7 条第 8 款：在仲裁庭组成之后，凡符合下列条件之一的，一方当事人或者非案件当事人可以向仲裁庭提出申请，要求追加一个或以上新增的当事人作为申请人之一或被申请人之一以加入根据本规则已在进行的待决仲裁：a. 从表面上看，被追加的新增当事人受仲裁协议的约束；或者 b. 包括被追加的新增当事人在内的所有当事人均同意追加新增当事人参与该仲裁程序。

这是第 7 条第 1 款和第 8 款最主要的区别点所在。值得注意的是,《新仲规则 2016》第 7 条第 12 款①对仲裁庭组庭完毕后追加当事人的情况,要求取得被追加或申请追加的当事人的同意,并且规定其同意被视为放弃参与仲裁员选任的权利并视为同意现有仲裁庭的组成,但仍有权对仲裁员提出回避申请。《新仲规则 2016》增加追加当事人的规定是为了适应跨境商业交易日趋复杂化和主体多元化的趋势,力图通过在待决案件中追加当事人的方式,让那些在申请仲裁时因各种原因未能参加到仲裁中来的当事人以经济、高效的方式加入正在进行的待决仲裁中,避免另起新的仲裁案件,增加当事人纠纷解决的时间和金钱成本,并减少不同仲裁裁决之间冲突的风险。可以说,追加当事人制度是《新加坡仲裁规则 2016》的一大创新,也代表了国际仲裁制度发展的趋势。

我国《仲裁法》中并没有追加当事人的规定,通过对《仲裁法》中相关条文的分析可以看出,我国《仲裁法》在立法本意上是反对仲裁程序过程中追加当事人的。②《仲裁法》第 4 条规定:"当事人采用仲裁方式解决纠纷,应当双方自愿达成仲裁协议,如果没有仲裁协议,一方申请仲裁的,仲裁委员会不予受理。"这条规定要求当事人要参加仲裁必须同时满足实质要件与形式要件。实质要件即当事人自愿选择以仲裁方式解决争议;形式要件是当事人签署了仲裁协议。实践过程中很多当事人由于种种原因没有签署仲裁协议,在此种情况下,即使当事人自愿选择以仲裁方式解决争端,但仍然无法加入到仲裁程序之中。我国现行《仲裁法》制定于 1994 年,至今已有 20 余年,可以说,现今的社会形势、经济发展状况与制定《仲裁法》时相比已有了巨大的变化,而《仲裁法》也显示出与现今社会形势不相适应的状况,这本身并不能简单定论为我国立法水平低下,实际上也是法律滞后性本质使然的结果。在《仲裁法》尚未修订的情况下,我国一些仲裁机构针对仲裁实践领域出现的新问题,开始尝试对仲裁中追加当事人这一制度作出自己的规定。

《自贸区仲裁规则》并没有使用"追加当事人"这一说法,而是将相关内容分别规定在第 37 条"其他协议方加入仲裁程序"③ 和第 38 条"案外人加入仲裁程序"④。

---

① 《新仲规则 2016》第 7 条第 12 款:追加申请根据第 7.4 条或第 7.10 条获得批准时,任何未进行仲裁员提名或以其他方式参与仲裁庭组成程序的当事人,将被视为放弃仲裁员的提名或以其他方式参与仲裁庭组成程序的权利,但是,不影响该当事人根据第 14 条的规定要求仲裁员回避的权利。

② 李永亮:《论国际商事仲裁第三人制度》,华东政法大学 2015 年硕士学位论文,第 22 页。

③ 《自贸区仲裁规则》第 37 条:(一)在仲裁庭组成前,申请人或被申请人请求增加同一仲裁协议下其他协议方为申请人或被申请人的,应当提交书面申请。由秘书处决定是否同意。秘书处作出同意决定的,多方申请人及/或多方被申请人不能共同选定该方仲裁员的,则该案仲裁员全部由仲裁委员会主任指定,即使当事人之前已选定仲裁员。(二)仲裁庭已组成的,申请人及/或被申请人请求增加同一仲裁协议下其他协议方为被申请人,且该协议方放弃重新选定仲裁员并认可已进行的仲裁程序的,仲裁庭可以决定是否同意。

④ 《自贸区仲裁规则》第 38 条:在仲裁程序中,双方当事人可经案外人同意后,书面申请增加其为仲裁当事人,案外人也可经双方当事人同意后书面申请作为仲裁当事人。案外人加入仲裁的申请是否同意,由仲裁庭决定;仲裁庭尚未组成的,由秘书处决定。

第 37 条与第 38 条的主要区别点在于前者申请/被申请加入到仲裁程序的是同一仲裁协议下的其他协议方；后者申请/被申请加入到仲裁程序的是案件外的人。在第 37 条中又根据提出将其他协议方增加到仲裁程序的申请提出时仲裁庭是否已经组成分成两种情况：第 1 款规定，在仲裁庭组成前，由上海国际经济贸易仲裁委员会秘书处做出是否同意将同一仲裁协议下的其他协议方申请/被申请到仲裁程序之中；第 2 款规定，在仲裁庭已经组成的情况下，申请人及/或被申请人请求增加同一仲裁协议下其他协议方为被申请人，此种情况要求只有在该协议方放弃重新选定仲裁员并认可已进行的仲裁程序的前提下，仲裁庭才可以决定是否同意其他协议方加入到仲裁程序之中。对于"案外人"加入仲裁程序，《自贸区仲裁规则》第 38 条规定是在双方当事人和申请人均同意的情况下，仲裁庭或秘书处可以同意第三人加入仲裁。该规定以当事人和案外人的合意作为案外人加入仲裁的基础有效的解决了学界认为仲裁第三人制度是对当事人意思自治原则背离的反对之声。但可以看出，第 38 条的规定简单、笼统，例如，没有对"案外人"的范围进行界定，又无对"案外人"权利义务的设置，仅以当事人意思自治原则作为案外人加入仲裁的唯一条件而不做扩充解释的做法将导致实践中操作的困难。

《海峡两岸仲裁中心仲裁规则》在第 18 条中通过共 7 款内容对"追加当事人"做出规定，其中第 1 款①规定的是提出追加当事人申请的条件。通过比较分析可以看出，《海峡两岸仲裁中心仲裁规则》规定的"追加当事人"的条件仅为"存在表面上约束被追加当事人的案涉仲裁协议"这一项，与《新仲规则 2016》相比，缺少了"包括被追加的当事人在内的所有当事人均同意被追加的当事人加入该仲裁程序"这一情形。笔者认为，《海峡两岸仲裁中心仲裁规则》没有将"包括被追加的当事人在内的所有当事人均同意被追加的当事人加入该仲裁程序"作为"追加当事人"的条件，不仅限制了海峡两岸仲裁中心的管辖权，也在一定程度上打破了非仲裁协议的当事人希望通过仲裁解决争议的希望。很多情况下，与仲裁程序、裁决结果有着密切关系的第三人由于种种原因并没有与仲裁协议的当事人共同签署仲裁协议，但其又希望加入仲裁程序，也自愿接受仲裁裁决的约束，笔者认为，基于快速处理争议，并保证仲裁裁决的统一性，可以在"包括被追加的当事人在内的所有当事人均同意被追加的当事人加入该仲裁程序"的情况下允许仲裁协议之外的第三人追加到仲裁程序之中。另

---

① 《海峡两岸仲裁中心仲裁规则》第 18 条第 1 款：在仲裁程序中，一方当事人依据表面上约束被追加当事人的案涉仲裁协议可以向仲裁中心申请追加当事人。在仲裁庭组成后申请追加当事人的，如果仲裁庭认为确有必要，应在征求包括被追加当事人在内的各方当事人的意见后，由仲裁中心作出决定。仲裁中心秘书处收到追加当事人申请之日视为针对该被追加当事人的仲裁开始之日。

外，《海峡两岸仲裁中心仲裁规则》第 1 款规定 "在仲裁庭组成后申请追加当事人的，如果仲裁庭认为确有必要，应在征求包括被追加当事人在内的各方当事人的意见后，由仲裁中心作出决定……" 通过对《新仲规则 2016》及《自贸区仲裁规则》中相应条款的比较发现，在这两个仲裁规则中，当仲裁庭组成后提起追加当事人申请的，由仲裁庭做出是否同意的决定。笔者认为，《海峡两岸仲裁中心仲裁规则》在仲裁庭组成后规定仍由仲裁中心做出是否同意追加当事人的申请限制了仲裁庭的权限，与国际惯例和各国有关仲裁的立法不相符合，建议予以修改。

如果在仲裁庭已经组成之后提起追加当事人申请并获得批准的，那么追加的当事人是否有权就已经组成的仲裁庭提出更换仲裁员的请求？《新仲规则 2016》第 7 条第 12 款和《自贸区仲裁规则》第 37 条第 2 款都对这种情况作出了规定，尽管措辞不同，但两个仲裁规则均认为申请/被申请加入仲裁程序的当事人认可已经组成的仲裁庭人员构成，放弃选定仲裁员的权利。《海峡两岸仲裁中心仲裁规则》第 18 条第 5 款规定："在仲裁庭组成后决定追加当事人，仲裁庭应就已经进行的包括仲裁庭组成在内的仲裁程序征求被追加当事人的意见。被追加当事人要求选定或委托仲裁中心主任指定仲裁员的，双方当事人应重新选定或委托仲裁中心主任指定仲裁员。" 可见，《海峡两岸仲裁中心仲裁规则》在一点上的规定与《新仲规则 2016》和《自贸区仲裁规则》不同，笔者认为，允许在仲裁庭组成后申请/被申请加入仲裁程序的当事人行使选定仲裁员的权利，固然尊重、保护了被追加当事人作为仲裁程序当事人的权利，但是，如果被追加的当事人对于已经选定的仲裁员不满意，重新选定仲裁员必然要花费一定的时间，也就在一定程度上延缓了仲裁的进程，不利于争议的迅速解决。而且笔者还认为，如果仲裁庭已经组成，第三人仍然同意被申请或自愿申请加入仲裁程序实际上意味着他同意仲裁庭人员的组成，在此种情况下不允许其提出更换仲裁员的要求并不是对其权利的限制。基于上述分析，笔者建议，《海峡两岸仲裁中心仲裁规则》第 18 条第 5 款的规定应做相应的修改。

通过上述分析可以看出，多份合同仲裁、合并仲裁、追加当事人这些新兴的仲裁程序机制有一定的共通性，均意味着传统上一份仲裁协议对应两名/两方当事人、处理较单一争议的图景发生转变，同时这些新兴的仲裁规则也反映出国际仲裁领域发展的趋势。《海峡两岸仲裁中心仲裁规则》的颁布、实施顺应了国际仲裁立法和国际仲裁实务的潮流，有助于海峡两岸仲裁中心更专业、更公正地解决涉台民商事纠纷，在推动海峡两岸经贸关系平稳发展的同时，对于两岸政治关系的和谐发展也有一定的贡献。但是，不可否认的是，作为新生事物的《海峡两岸仲裁中心仲裁规则》与国际仲裁领域高水平的仲裁规则相比，仍有一定的差距，例如，《新仲规则2016》中有关"提前驳回请求和抗辩"的规定在《海峡两岸仲裁中心仲裁规则》中并没有涉及，这就需要在适用过程中不断发现不足、完善不足，使其更好地发挥预期作用，并形成可复制、可推广的经验，在立足高效、公正解决涉台民商事争议的基础上，进而推动我国仲裁制度与国际化的接轨。